Gebt mir 10 Jahre Zeit und ihr
kennt Deutschland nicht wieder

Adolf Hitler

Hans-Ulrich Thamer

ADOLF HITLER

Hans-Ulrich Thamer

ADOLF HITLER

Biographie eines Diktators

C.H.Beck

Vorderer und hinterer Vorsatz:

- «Wir tragen das Hakenkreuz in unsere Kirche.» Mitglieder der «Evangelischen Frauenhilfe» und der «NS-Frauenschaft» im nordhessischen Rotenburg stickten 1934/35 einen Wandbehang und trugen ihn am 1. Mai 1935 in einer feierlichen Prozession vom Rathaus in die evangelische Kirche – ein Zeugnis der nationalen Zustimmungsbereitschaft großer Teile des Kirchenvolks zum NS-Regime.

- Auch wenn der unbekannte Autor dieses Schildes nicht richtig gerechnet hat, er konnte keinen besseren Ort für seine Bilanz der zerstörerischen Herrschaft Hitlers auswählen als das Trümmerfeld der Berliner Innenstadt.

Frontispiz:

Seit 1923 hat Heinrich Hoffmann in zahllosen Porträtsitzungen mit Adolf Hitler versucht, das richtige Führerbild zu inszenieren. Warum dieses Foto aus dem Jahre 1925 von der NS-Publizistik nie veröffentlicht wurde, kann man nur erahnen. Wie immer zeigt sich Hitler auf diesem Bild starr und entschlossen, aber vielleicht erschien der Hund eindrucksvoller als die Person. Die zerbrochene Fotoplatte hinter dem «Führer» deutet überdies an, wie fragil eine solche Inszenierung sein kann.

Mit 30 Abbildungen und einem farbigen Vorsatz

Satz: Fotosatz Amann, Memmingen
Druck und Bindung: GGP Media GmbH, Pößneck
Umschlaggestaltung: Kunst oder Reklame, München
Umschlagabbildung: Hitler in München im Trauerzug für den verstorbenen General Erich Ludendorff, 22. Dezember 1937 (Ausschnitt); ullstein bild
Gedruckt auf säurefreiem, alterungsbeständigem Papier
(hergestellt aus chlorfrei gebleichtem Zellstoff)
Printed in Germany
ISBN 978 3 406 71375 0

www.chbeck.de

INHALT

1. EINLEITUNG

Er ist noch immer da. Der lange Schatten Adolf Hitlers lastet nach wie vor auf der deutschen und europäischen Geschichte. Mit seinem Namen verbindet sich bis heute die Erinnerung an Diktatur, Krieg und Völkermord. Er ist zum Inbegriff des Bösen und des Monströsen geworden. Zu den Bildern von Hitlers Macht, die sich in unsere Erinnerung eingegraben haben, gehören jedoch nicht nur Bilder von Marschkolonnen, Lagern und Leichenbergen, sondern auch von jubelnden «Volksgenossen», von Zeichen massenhafter Begeisterung und Zustimmungsbereitschaft zu ihrem «Führer». Hitler gab sich als nationaler Retter und ließ sich schließlich als politisches Genie feiern. Damit erfüllte er die Erwartungen einer krisengeschüttelten und erlösungsbereiten Gesellschaft, hinter deren Hoffnungen auf die vermeintliche Geschlossenheit einer «nationalen Volksgemeinschaft» sich die blutige Praxis der Ausgrenzung und Vernichtung von «Gemeinschaftsfremden» nur teilweise verbergen konnte. Hitlers Macht konnte sich auf die sozialen Erlösungs- und Aufstiegssehnsüchte stützen, die er zu mobilisieren verstand, wie auf Erfolge bei der Sicherung von Arbeit und Brot sowie der Wiedergewinnung von «nationaler Größe», die von seiner Propaganda ins Gigantische gesteigert wurden. Dass die Kehrseite dieser «Erfolge» in der permanenten Drohung mit Gewalt und Verfolgung sowie in der Vorbereitung eines Eroberungskrieges bestand, wollten nur wenige Zeitgenossen sehen.

Faszination und Gewalt waren die tragenden Säulen von Hitlers Macht. Seine Diktatur war wie kaum eine andere im 20. Jahrhundert Ausdruck einer personalisierten Herrschaft.[1] Das suggerierten nicht nur die Bilder von Ordnung und Charisma, mit denen die Geschlossenheit des Regimes und die Identität von «Führer» und «Volk» behauptet wurden. Das entsprach, freilich in charakteristischer Abweichung, auch den politischen Strukturen des nationalsozialistischen

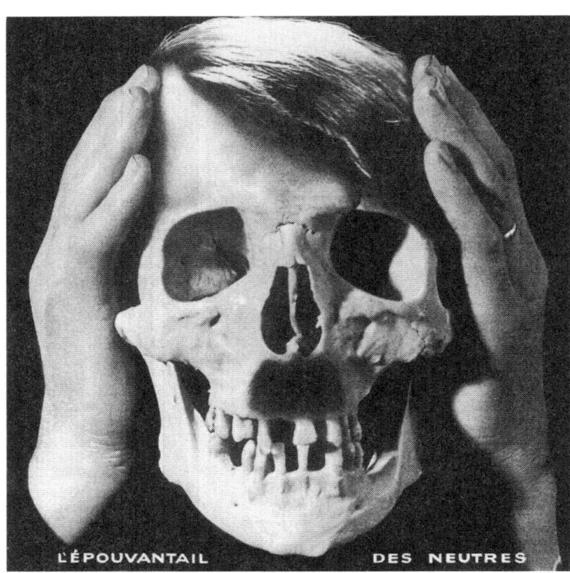

Abb. 1 Dass der Nationalsozialismus Krieg und Zerstörung bedeuten würde, hatten nicht wenige kritische Zeitgenossen befürchtet, ohne eine Vorstellung von dem zu haben, was sie wirklich erwarten sollte. Erwin Blumenfeld hatte das schon 1933 in einer Collage eines Hitler-Porträts angedeutet; Marinus Kjeldgaard hat dieses Bild aufgegriffen und 1939/40, als die Vorahnung Wirklichkeit geworden war, in einer Fotomontage daraus einen Totenkopf mit Hitler-Tolle gemacht.

Regimes, das ohne die Person Hitlers nicht denkbar und das zugleich Voraussetzung für eine beispiellose Entfaltung von Macht und Zerstörung war. Person und Herrschaft waren eng miteinander verschränkt: Ohne die persönliche Macht Hitlers hätte das Regime völlig anders ausgesehen, ohne seine Ämter und ohne Politik wäre Hitler umgekehrt nicht vorstellbar, auch wenn seine Lebensgeschichte darin nicht aufgeht. Doch blieb diese «private» Seite durch suggestive Bilder und Selbstinszenierungen weitgehend verborgen bzw. stilisiert. Das bedeutet jedoch nicht, dass er eine «Unperson»[2] war, dessen persönliche Eigenschaften und Verhaltensformen völlig in seiner Politik aufgingen oder erst durch die Politik ausgeformt wurden. Auch eine politische Biographie Hitlers muss den persönlichen Elementen und Prägungen nachgehen, die sein politisches Handeln mit bestimmten.[3]

Wie kaum ein anderer hat Adolf Hitler die Politik des 20. Jahrhunderts geprägt und zugleich die dunklen Seiten der Moderne, ihre Mobilisierungs- und Zerstörungskräfte demonstriert. Die Konse-

Abb. 2 Spätestens im Superwahljahr 1932 wurde, wie mit diesem Wahlplakat, Adolf Hitler von der Propaganda zur «Hoffnung von Millionen» stilisiert, und der Führermythos wurde zu einem Massenphänomen. Der «Führer» versprach nationale Erneuerung und soziale Rettung.

quenz, mit der er zu dieser Machtentfaltung und zu dieser Explosion der Gewalt fähig war, überrascht immer wieder, wenn man bedenkt, dass zunächst nichts auf seine politische Karriere als umjubelter «Führer» der Nation und verbrecherischer Kriegsherr hingedeutet hat. Im Gegenteil, Adolf Hitler hat die ersten dreißig Jahre seines Lebens als Namenloser am Rande der Gesellschaft gelebt und ganz im Gegensatz zu seinen eigenen, autobiographischen Selbstverklärungen kaum ernsthafte Anstrengungen zu einer beruflichen Ausbildung und bürgerlichen Bildung unternommen. Er führte ein «zielloses Leben».[4] Auch gibt es für die ersten drei Jahrzehnte seines Lebens keine schlüssigen Hinweise auf ein politisches Engagement oder auf politische

Vorstellungen, die ihn geleitet hätten. Mehr noch: Selten ist jemand, ohne eine wirkliche politische «Lehrzeit» durchlaufen zu haben, in so kurzer Zeit zum Partei- und Massenführer aufgestiegen; selten hat jemand so unvorbereitet das Amt des Reichskanzlers erobern und dieses in kürzester Zeit zu einer außerordentlichen persönlichen Machtfülle ausbauen können. Erst wird er, so hat Sebastian Haffner schon vor mehr als vierzig Jahren konstatiert, von der Geschichte gemacht, dann macht er Geschichte.[5]

Niemand wird heute diese außergewöhnliche Karriere allein mit Hitlers persönlichen «Qualitäten» erklären oder ihn gar zum politischen Genie erheben, wie das nicht wenige Zeitgenossen getan haben. Umso plausibler könnte es dann erscheinen, Hitlers Weg in die Politik und vor allem zur Macht allein mit den gesellschaftlichen Bedingungen oder den gesellschaftlichen Erwartungen zu erklären, die sein Handeln bestimmt und seine Karriere gefördert haben.[6] Dass sein Weg in die Politik nicht ohne willige Helfer und nicht ohne die revolutionäre Nachkriegskrise zu erklären ist, bleibt unbestritten. Doch was für seine politischen Anfänge und seinen Aufstieg zur Münchner Lokalgröße gilt, muss nicht für alle weiteren Etappen und Entscheidungen zutreffen. Denn Bierhallenagitatoren und faschistische Parteiführer, die auf vielfache Unterstützung zurückgreifen konnten, gab es in den unruhigen 1920er Jahren viele, aber kaum einer hat in kurzer Zeit, taktisch überaus flexibel und auf Eigenständigkeit bedacht, sich eine solche Machtfülle verschaffen und seine Macht schließlich in einem solchen Ausmaß zu Eroberung und Vernichtung missbrauchen können. Hitler war mehr als nur ein Rollenspieler oder die bloße Projektionsfläche von politischen und gesellschaftlichen Erwartungen oder Zuschreibungen. Er hat diese vielmehr für sich eingesetzt bzw. immer wieder verstärkt. Es ist hingegen die Kombination von persönlichen Eigenschaften und Fähigkeiten des Politikers Adolf Hitler mit den politischen und mentalen Bedingungen und Erwartungen einer Gesellschaft, die in einer komplexen Wechselwirkung Hitlers Aufstieg zur diktatorischen Macht ermöglicht hat. Es war eine Welt, die durch Krieg und revolutionäre Nachkriegswirren aus den Fugen geraten war, die schließlich den Boden dafür bereitet hat, dass ein einziger Mann, der im Zentrum eines extrem personalistischen Herrschaftssystems und einer Zustimmungsdiktatur stand, einen Zivilisationsbruch von so ungeheurem Ausmaß herbeiführen konnte. Hitler war ein Kind der Krise, und er hat eine der größten Katastrophen des 20. Jahrhunderts herbeigeführt.

Es sind immer wieder dieselben Fragen, die schon mehrere Nachkriegsgenerationen beschäftigt haben:[7] Wie waren Hitlers Herrschaft und seine Vernichtungspolitik in einer hochzivilisierten Gesellschaft möglich? Wie war Hitler überhaupt möglich? Wie konnte es geschehen, dass ein sozialer und politischer Niemand, der dreißig Jahre ein Leben am Rande der Gesellschaft verbracht hat und ohne Schul- und Berufsabschluss geblieben war, so schnell zu diktatorischer Macht aufstieg, ohne zuvor eine klassische politische Karriere vom Schriftführer zum Führer einer Partei durchlaufen zu haben? Wie konnte er in kürzester Zeit eine Massenbewegung mobilisieren und zu unumschränkter Macht gelangen, was ihn in die Lage versetzte, politische Entscheidungen von welthistorischer Tragweite zu treffen, dramatische Entwicklungen einzuleiten und Massenverbrechen von bis dahin nie gekanntem Ausmaß zu begehen? Auch wenn über Hitler wie über kaum einen anderen Politiker des 20. Jahrhunderts unendlich viel geforscht und geschrieben wurde, gilt knapp ein Dreivierteljahrhundert nach dem Tod des Diktators: Mit Hitler sind wir noch lange nicht fertig.

Seit den 1930er Jahren haben Zeitgenossen und Nachgeborene immer wieder versucht, das «Rätsel Hitler» zu lösen. Bis heute gibt es über achtzig wissenschaftliche Biographien zu Hitler, die die Rätselhaftigkeit seiner Erscheinung und seiner Politik zu ergründen und zu erklären suchen. Als nach dem Zusammenbruch des Deutschen Reiches 1945 und seit den Nürnberger Prozessen immer mehr historische Dokumente zugänglich wurden, konnten diese Erklärungen auf eine solidere Quellengrundlage gestellt werden. Doch je deutlicher dabei die Ungeheuerlichkeit der nationalsozialistischen Verbrechen ins Licht gerückt wurde, desto größer wurden die Schwierigkeiten, mit den traditionellen Instrumentarien der Geschichtswissenschaft die Person und die Politik Hitlers zu begreifen. Anfangs konnte man sich das Phänomen Hitler nur als Folge einer «Revolution des Nihilis-

Abb. 3 Auch der Film hat schon sehr früh die Auseinandersetzung mit Adolf Hitler gesucht – zunächst allerdings nur im Ausland. Charlie Chaplins Film «Der große Diktator» von 1940 war einer der ersten und bis heute wirkungsmächtigsten filmischen Versuche, die Welt virtuell von Hitler zu befreien.

mus», als Ausdruck eines «rohen» Machtwillens erklären, der Hitler angetrieben habe. Einen «prinzipienlosen Opportunisten» nannte ihn darum der britische Historiker Alan Bullock in seiner 1952 erschienenen Hitler-Biographie.[8] Das war für lange Zeit eine gültige These, die auch von der unbequemen Tatsache ablenken konnte, dass hinter Hitlers Wahn doch mehr stand als der pure Wille eines Einzelnen zur Macht. Siebzehn Jahre später konnte der Stuttgarter Historiker Eberhard Jäckel nachweisen, dass Hitler eine in sich geschlossene Weltanschauung besaß, die in der Ideengeschichte des 19. Jahrhunderts wurzelte und auch sein politisches Handeln leitete.[9] Zu deren Kernelementen gehörten ein auf Vernichtung zielender Rassenantisemitismus und die Eroberung von Lebensraum. Diese Erkenntnis hat bis heute Gültigkeit behalten. Doch war damit nicht die Frage nach der Genese dieser Weltanschauung und deren Leitfunktion für Hitlers Politik beantwortet. Welche Eindrücke und Erfahrungen bringen einen Versager in offenbar kurzer Zeit zur Ausbildung einer eigenen Doktrin, deren scheinbare Konsistenz schon Zeitgenossen zum Staunen brachte? War Hitlers weltanschaulicher Dogmatismus, an dem er bei aller Fähigkeit zum taktischen Kalkül immer festhielt, schließlich die Leitlinie seines radikalen Handelns? Konnte man das alles schon in seiner Kampf- und Bekenntnisschrift «Mein Kampf» von 1925/26 nachlesen und möglicherweise darin Hitlers «Masterplan» entdecken? War er darum tatsächlich der allein entscheidende Machthaber,[10] als den ihn die NS-Propaganda unaufhörlich darstellte? Oder waren die ungehemmte Machteroberung und Expansion des NS-Regimes, einschließlich der nationalsozialistischen Vernichtungspolitik, Ergebnis einer systemspezifischen, sich gegenseitig hochschaukelnden Radikalisierung?[11] Die blieb politisch zwar immer auf Hitler bezogen, wurde aber nicht von ihm selbst, sondern, so die Gegenthese, von seinen um des «Führers» Gunst buhlenden «Unterführern» vorangetrieben und mündete zusammen mit der Auflösung geordneter Entscheidungsstrukturen in einen zerstörerischen «Amoklauf»,[12] der nicht mehr zu stoppen war. Oder war Hitlers Wille zur Macht und zur Zerstörung am Ende Ausfluss einer individuellen psychischen Disposition, die unter bestimmten politischen und gesellschaftlichen Bedingungen zur Entfaltung kam und seine kriminellen Energien freisetzte? Nicht nur die Versuche einer solchen psychoanalytischen Erklärung von Hitlers Politik konnten wirklich überzeugen. Auch die Konzentration auf ein einziges Erklärungsmodell, auf die «Monokratie» Hitlers[13] oder auf die «Polykratie» rivalisierender NS-Ämter und Machtgruppen,[14] konnte das Rätsel Hitler nicht entschlüsseln.

Seit Joachim Fests Hitler-Biographie von 1973, die auch ein vorsichtig urteilendes Psychogramm des Diktators enthält, hat die Forschung einen vielversprechenderen Weg beschritten. Hitlers Politik und sein Weg zur Macht waren nur aus dem Zusammenwirken von allgemeinen politisch-gesellschaftlichen Bedingungen und der individuellen Biographie des Diktators zu erklären. Während Fest von einer «schwer entschlüsselbaren» Korrespondenz Hitlers mit seiner Zeit und umgekehrt der Zeit mit diesem Mann ausging und durch den Einschub strukturgeschichtlicher «Zwischenbetrachtungen» in die biographische Erzählung des Lebenswegs und des politischen Handelns des Diktators Individuelles und Überindividuelles miteinander zu verbinden versuchte,[15] hat fünfundzwanzig Jahre später der britische Historiker Ian Kershaw in seiner richtungweisenden Hitler-Biographie die gesellschaftlichen Bedingungen und Kräfte in den Blick genommen, die Hitler möglich machten. Ihn hat vor allem Hitlers Macht interessiert und weniger seine Persönlichkeit. Er zeigt, wie Hitlers Aufstieg von der deutschen Gesellschaft ermöglicht wurde und wie auf dem Höhepunkt seiner Macht Hitler die deutsche Gesellschaft beherrschte. Auch wenn Kershaw mit großer Kennerschaft eine Hitler-Biographie in «gesellschaftsgeschichtlicher Absicht» geschrieben hat, hat er die politische Rolle Hitlers und seine ideologische Fixierung bei der Beschreibung seines politischen Handelns keineswegs vernachlässigt und auf diese Weise die Interaktion von Hitlers Intentionen und seinen politischen und gesellschaftlichen Handlungsmöglichkeiten hervorgehoben, die erst zusammen die Politik des NS-Regimes erklären könnten.[16]

Seither ist die Detailforschung jedoch weitergegangen. Fünfzehn Jahre nach dem Erscheinen von Kershaws großer Biographie gibt es eine Reihe von Studien, in denen die Persönlichkeit Hitlers, wichtige Etappen seiner Biographie und seine Strategie der politischen Selbstinszenierung näher in den Blick genommen werden; das hat dazu geführt, dass Hitler wieder verstärkt als eigenständig und zielorientiert Handelnder wahrgenommen wird, dass sein individueller Politikstil sowie seine politischen Strategien und Entscheidungen wieder stärker als ausschlaggebende Faktoren betrachtet werden: Nicht länger bestimmt, überspitzt formuliert, die Charakterisierung als «schwacher Diktator», sondern der Eindruck eines «starken», handlungsbestimmenden Diktators das Bild von der politischen Rolle Hitlers im NS-Regime. Zudem haben die politischen Biographien der Männer aus Hitlers politischem Umfeld, die mittlerweile erschienen sind,[17] auch Hitlers Herrschaft in verändertem Licht erscheinen lassen. Kaum ein anderer Agitator und Gewaltmensch aus der nationalsozialistischen Führungsriege hätte diese einzigartige Machtposition erobern und dieses ungeheuerliche Zerstörungspotential entfalten können. Weder der Blick allein auf die gesellschaftlichen und politischen Bedingungen und auf die inneren Machtverhältnisse bzw. Mechanismen des NS-Regimes noch die ausschließliche Fixierung auf die Lebensgeschichte Adolf Hitlers und auf seine persönlichen politischen Eigenschaften und Fähigkeiten wird darum die Frage beantworten können, wieso ausgerechnet ein politisch unbeschriebenes Blatt wie Adolf Hitler eine solche persönliche Machtfülle erobern und eine ungeheure Zerstörung ins Werk setzen konnte. Erst das Zusammenwirken von krisenhaften äußeren Umständen und singulären politischen Fähigkeiten bzw. persönlichem Handeln können die Macht des Adolf Hitler erklären. Es gilt, die historischen Kräfte und Bedingungen zu beschreiben, die Hitler bewegten und förderten, umgekehrt aber auch die Entscheidungen und Bewegungen zu erfassen, die er hervorgebracht und verursacht hat.[18] Sein Leben muss also in die politische Kultur der 1920er und 1930er Jahre wie in die Geschichte des Nationalsozialismus eingebettet werden, ohne dass er nur als Produkt der Krisenzeit erscheint. Umgekehrt muss das Bild von der souveränen Alleinherrschaft Hitlers, das die Propaganda unaufhörlich entfaltet hat, zurechtgerückt, muss seine tatsächliche Rolle in den politischen Entscheidungsprozessen des Regimes aus seinen sich selbst verherrlichenden Darstellungen und Stilisierungen herausgefiltert und in den sich verändernden Handlungsrahmen beschrieben werden. Denn seit seinem Aufstieg zum Parteiführer mit diktatorischen Vollmachten in den frühen 1920er Jahren bis zu seinem Ende im Bunker im April 1945 waren sein politischer Weg und seine Macht von Inszenierungen verklärt und umgeben. Sie wurden untrennbarer Bestandteil seiner Macht.[19]

Der Zusammenhang von Inszenierung und Macht ist darum eine der Leitfragen dieser kurz gefassten Biographie, die die Erträge und zahlreichen Anregungen der neueren Forschung zusammentragen will. Seit dem Beginn seiner politischen Karriere, so die These des Autors, hat Hitler sich vor allem als Politiker inszeniert, der aus bescheidenen Anfängen kam und seinen Weg konsequent gegangen ist, bis er zum ersehnten «Führer» und Retter der Nation wurde. Mit seiner Regierungsübernahme hat er ein Herrschaftssystem etabliert, das sich als ordnungsstiftende Macht inszenierte und hinter der Fassade einer konsensstiftenden Führerherrschaft eine totalitäre Verfolgungs- und Ausgrenzungspolitik propagierte. Der Künstler-Politiker Adolf Hitler war sich wie kaum ein anderer Politiker der ersten Hälfte des 20. Jahrhunderts der Notwendigkeit bewusst, politische Macht sichtbar zu machen und zu inszenieren. Zu dieser politischen Strategie gehörte auch die Fähigkeit, sich als entschlossenen und allein entscheidenden Staatsmann zu präsentieren, wo er tatsächlich in einer komplexen Gemengelage konkurrierender Macht- und Teilhabeansprüche seiner Unterführer und Bündnispartner eine Politik des Abwartens und Ausgleichens sowie des Gegeneinander-Ausspielens praktizierte. Die Frage nach den vielfältigen Formen politischer Entscheidungsbildung in der nationalsozialistischen Diktatur ist darum die andere Leitfrage dieser Darstellung. Sie soll die Verflechtung von politischem Dogmatismus und einer mitunter skrupellosen taktischen Flexibilität zeigen und damit den Politikstil Hitlers beschreiben.

Das alles in einer *kurz gefassten* Biographie darzustellen, ist ein Vorhaben, das den Verfasser angesichts der Herausforderung immer wieder zweifeln ließ. Dass er dabei nicht in Verzweiflung geriet, verdankt er dem Gespräch und der Unterstützung von Freunden und Kollegen, vor allem aber der Geduld und der inspirierenden Zusammenarbeit mit Stefan von der Lahr, meinem Lektor im Verlag C.H.Beck. Hilfreich war auch meine Erfahrung als Kurator der Ausstellung «Hitler und die Deutschen» im Deutschen Historischen Museum in Berlin. Denn der Umgang mit visuellen Objekten und ihre Präsentation in einem Ausstellungsnarrativ erfordern eine Straffung der Erzählung, wo die schriftliche Darstellung weiter ausholen und auch manches stärker differenzieren kann. Wichtiger noch waren das über viele Jahre währende Gespräch mit meiner Frau und ihre kritischen Einwände. Ihr und unseren Kindern ist dieses Buch darum gewidmet.

2. EIN NAMENLOSER

1889–1919

Jeder Hitlerjunge sollte die wichtigsten Daten und Stationen des Lebensweges von Adolf Hitler kennen. Die sollte man in der Bekenntnis- und Programmschrift «Mein Kampf» nachlesen;[1] und nur dort, denn 1938 – beim deutschen Einmarsch in Österreich – hatte er dafür gesorgt, dass möglichst alle Spuren seiner Linzer und Wiener Vergangenheit gelöscht wurden. Zeugnisse aus dieser Zeit ließ er beschlagnahmen, Veröffentlichungen über seine Jugend und seine Familie waren verboten; seine Zeichnungen, die er zum Broterwerb verfertigt und vertrieben hatte, wurden, soweit das möglich war, aufgespürt und verschlossen. Hitler erfand in «Mein Kampf» seine Biographie neu und achtete darauf, dass sie für seine Anhänger festgeschrieben blieb. Es war eine fiktive Geschichte im Stile eines bürgerlichen Entwicklungsromans vom Aufstieg aus einfachen und materiell unsicheren Verhältnissen zur Bewährung im Krieg und bis zur Eroberung der politischen Macht.[2] Die Aufstiegs- und Heldengeschichte des «einfachen Gefreiten» und Parteiführers der NSDAP, wie sie in «Mein Kampf» festgeschrieben bleiben sollte, wurde weitergeführt von millionenfachen Erfolgsgeschichten des charismatischen «Führers der Nation». Davon erzählten, von Hitler selbst und von den anderen Regisseuren der Macht in seiner Entourage sorgfältig inszeniert und kontrolliert, Wochenschaubilder und Propagandafilme, Bildbände des Hoffotografen Heinrich Hoffmann,[3] vor allem aber die zahllosen Führerbesuche des «Volkskanzlers» und seine Parteitagsauftritte: Immer ging es dabei um dieselben Themen und Selbstdarstellungen.

Fortschreibungen oder Präzisierungen seiner Thesen und Welterklärungen, wie er sie im Bekenntnisteil von «Mein Kampf» geschrieben hatte, sollten allerdings in der NSDAP nach Erscheinen der Schrift nicht weiter diskutiert werden, weil er dadurch seine

Machtgrundlage gefährdet sah. Es sollte bei der immer wiederkehrenden Erzählung der Parteigeschichte und den eingängigen Propagandaparolen bleiben: Immer ging es um die Sicherung von Arbeit und Brot, um die Wiederherstellung deutscher Größe, um die Identität von «Führer» und «Volksgemeinschaft». Nur der wachsende «Führer-Mythos»[4] erweiterte das öffentliche Bild und steigerte es ins Übermenschliche und Geniehafte. Erst nach der Wende des Krieges begann der Mythos vom «Führer» Adolf Hitler zu bröckeln, trat die Gewalt hinter der Maske des nationalen Retters ungeschminkt hervor.

Jugendjahre und Künstlerträume

Was wir über Hitlers Kindheit und Jugendjahre tatsächlich wissen, ist recht wenig.[5] Auch bekannte der Diktator später, dass ihn seine Familiengeschichte wenig interessiere. Die Spuren seiner Familie verlieren sich im Waldviertel, einer bäuerlich geprägten Region im Norden Niederösterreichs. Hier wurde Hitlers Vater Alois Schicklgruber 1837 als unehelicher Sohn der Maria Anna Schicklgruber geboren. Ob Alois der Sohn des Müllergesellen Johann Georg Hiedler war, den Anna Schicklgruber 1842 schließlich heiratete, oder ob Alois aus einer Liaison Anna Schicklgrubers mit dem jüngeren Bruder, dem Bauern Johann Nepomuk Hiedler, hervorging, der Alois nach dem frühen Tod der Anna Schicklgruber aufzog, ist und bleibt unklar. Auf jeden Fall ließ Johann Nepomuk Hiedler 1876 Alois Schicklgruber, der es mittlerweile schon zum «Zollamtsoffizial» gebracht hatte, zum Sohn seines neunzehn Jahre zuvor verstorbenen Bruders Johann Georg Hiedler erklären. Im Protokoll des Notars, der den erstaunlichen Vorgang notifizierte, tauchte als Familienname von Alois nun allerdings nicht «Hiedler», sondern «Hitler» auf. Möglicherweise nahm man es damals mit der Schreibweise von Namen nicht so genau, und damit bleibt die Identität von Adolf Hitlers Großvater väterlicherseits unklar. Auf jeden Fall blieb den Deutschen dadurch der Gruß «Heil Schicklgruber» erspart, auch wenn die politischen Gegner Adolf Hitlers, als sein politischer Aufstieg Anfang der 1930er Jahre viele irritierte, genüsslich auf die ungeklärte Ahnentafel des «Führers» verwiesen und auch den unbegründeten Verdacht ausstreuten, Hitler habe möglicherweise auch jüdische Vorfahren.

Adolf Hitler, am 20. April 1889 als viertes Kind von Alois Hitler und seiner Frau Klara in Braunau an der deutsch-österreichischen Grenze geboren, wuchs in zwar materiell gesicherten, aber doch einigermaßen unübersichtlichen Familienverhältnissen auf.[6] Nicht nur dass die Vaterschaftsfrage von Alois Hitler ungeklärt war, war doch zudem Johann Nepomuk Hiedler auch der Großvater von Adolfs Mutter Klara Pölzl. Diese seine eigene Nichte, die zwanzig Jahre jünger war als er selbst, hatte Alois Hitler in mittlerweile dritter Ehe geheiratet. Wegen des zu nahen Verwandtschaftsverhältnisses der beiden Eheleute musste Alois beim Bischöflichen Ordinariat in Linz um Dispens ersuchen, der aber schließlich – Klara war bereits schwanger – gewährt wurde.

Alois Hitler hatte mit neunzehn Jahren seine Schuhmacherlehre aufgegeben und war danach in den Finanzdienst gewechselt. In diesem Metier war er durchaus erfolgreich und stieg 1892 zum Zollamtsoberoffizial auf, ein Dienstrang, der normalerweise nur Abiturienten vorbehalten war. Nach einer Erbschaft zog die Familie von Braunau nach Passau und von dort nach Linz, wohin Alois 1894 versetzt worden war. 1895 ging er in den Ruhestand, und trotz seiner beachtlichen Beamtenkarriere zog es ihn wieder zurück in die einstige ländliche Umgebung. Er erwarb in Hafeld bei Lambach einen Hof und versuchte sich mit mäßigem Erfolg als Landwirt und Bienenzüchter. So verkaufte er bereits 1897 den Hof wieder und zog in ein kleineres Haus mit großem Garten in Leonding bei Linz. Dort verbrachte er fortan seine Zeit vor allem im Wirtshaus oder mit seiner Bienenzucht.

In dem Haushalt von Alois und Klara in Leonding lebten neben Edmund und Paula, den Geschwistern von Adolf, auch die Stiefgeschwister aus der zweiten Ehe des Vaters, Alois junior und Angela, ferner Klaras unverheiratete Schwester Johanna, von Hitler als «Hanni Tante» bezeichnet. Die drei älteren Geschwister von Adolf waren schon vor seiner Geburt gestorben. Sein jüngerer Bruder Edmund starb im Jahr 1900 an Masern.

Vater Alois war als jähzornig bekannt und schlug zu Hause seine

Söhne, wahrscheinlich auch seine junge Frau. Sohn Alois junior floh mit vierzehn Jahren vor dem gewalttätigen Vater. Adolf Hitler war zu diesem Zeitpunkt elf Jahre alt und vermutlich zu jung, um dem Beispiel seines Bruders zu folgen. Nach dem Tod seines Bruders Edmund war er der einzige männliche Nachkomme im Leondinger Haushalt und alleiniges Opfer der väterlichen Autoritätsausbrüche, der den Widerstand des störrischen, früh pubertierenden Sohnes durch regelmäßige Prügel brechen wollte. Die Schwestern wurden nicht geschlagen. Adolf Hitler hat später mehrfach erwähnt, dass er seinen Vater gefürchtet hat – sollte er ihn auch gehasst haben, so wäre das nach Lage der Dinge nicht überraschend. Umso enger aber war sein Verhältnis zur Mutter, die ihn gegen die väterliche Gewalt in Schutz zu nehmen versuchte. Nach dem Tod ihres Ehemanns verzärtelte sie ihren letzten verbliebenen Sohn, der ihr später in einer nationalsozialistischen Ausstellung über die «deutsche Frau» einen Ehrenplatz zuwies. Auch hing ihr Foto in der Reichskanzlei immer im Schlafzimmer der Dienstwohnung. Offenbar hat Adolf Hitler jedoch mehr Charaktereigenschaften seines tyrannischen Vaters übernommen als von seiner fürsorglichen und liebevollen Mutter. Ob sich freilich aus diesen Kindheitserlebnissen die spätere mörderische Politik Adolf Hitlers ableiten lässt, wie das die Psychohistorie propagiert hat,[7] ist fraglich bzw. unerweislich. Gab es doch viele Familien aus den unteren Mittelschichten, deren Lebensverhältnisse von einem tyrannischen Vater und einer liebevollen, um Ausgleich bemühten Mutter bestimmt waren, ohne dass daraus stets ein menschenverachtender, mörderischer Sohn erwachsen wäre. Immerhin scheint es, als seien die überbordende mütterliche Zuwendung und Nachsicht der Neigung des jungen Hitler förderlich gewesen, sich selbst zu überschätzen und unnötigen Anstrengungen aus dem Wege zu gehen.

Was wir über Adolf Hitlers Kindheitserfahrungen sicher wissen, ist sein Versagen in der Schule.[8] 1895 wurde er in der einklassigen Dorfschule von Fischlham eingeschult und hatte in den ersten Schuljahren trotz der mehrfachen Umzüge der Familie offensichtlich keine Schwierigkeiten, die dort an ihn gestellten Anforderungen zu erfüllen und gute Noten nach Hause zu bringen. In Lambach, wo die Familie zwischenzeitlich eine Wohnung gemietet hatte, besuchte der Achtjährige vorübergehend die Volksschule und für kurze Zeit auch die Sängerknabenschule der Benediktinerabtei. Nachdem die Familie 1898 wieder umgezogen war, ging er in die Volksschule von Leonding. Das Lernen machte ihm weiterhin keine Schwierigkeiten und bot ihm reichlich Zeit zu dem, was Zehnjährige gern tun: Man trieb Kriegs- und Indianerspiele und las gebannt die Bücher von Karl May. Ein Foto aus dieser Zeit zeigt den Schüler Adolf Hitler, wie er mit verschränkten Armen in der Mitte der oberen Reihe steht und in einer Pose der Überlegenheit stolz in die Kamera blickt. Rückblickend hat er sich in «Mein Kampf» als «kleinen Rädelsführer» sehen wollen.

Im September 1900 wechselte er in eine Realschule in Linz. Für den Elfjährigen bedeutete der neuerliche Ortswechsel einen weiten Schulweg zu Fuß: eine Stunde hin und eine Stunde zurück vom Unterrichtsort. Vor allem aber war er in der neuen Klasse inmitten der Linzer Bürgersöhne nicht mehr der Wortführer und hatte Schwierigkeiten, sich in die Disziplin der Schulgemeinschaft einzufügen. Der Übergang zur Realschule in Linz stellt in Verbindung mit den zunehmenden Konflikten mit dem herrischen Vater sicher einen entscheidenden Einschnitt im Leben und in der charakterlichen Entwicklung Adolf Hitlers dar. Nicht nur seine schulischen Leistungen blieben mehr und mehr hinter den Erwartungen zurück. Die Zeiten einer leidlich unbelasteten Kindheit waren vorbei. Aus dem zufriedenen und spielfreudigen Volksschüler wurde ein fauler, störrischer und renitenter Jugendlicher.

Am 3. Januar 1903 starb Alois Hitler bei einem seiner morgendlichen Wirthausbesuche. Im Nachruf der «Linzer Tagespost» vom 8. Januar 1903 war von seinem «schroffen Charakter» und seiner «rauhen Hülle» die Rede.[9] Der plötzliche Tod des Vaters hat Adolf Hitler kaum mit Trauer erfüllt. War er nun auch endlich von den väterlichen Ermahnungen und Gewaltmaßnahmen befreit, so ließen seine schulischen Leistungen dennoch weiter nach. Bereits nach dem ersten Schuljahr der Realschule 1900/01 musste er mit einem «Ungenügend» in Mathematik und Naturgeschichte die Klasse noch einmal wiederholen, und auch in den folgenden Jahren schaffte er jeweils nur ganz knapp die Versetzung. Am Ende des Schuljahrs 1903/04 wurde er nach einer Nachprüfung nur mit der Auflage versetzt, dass

Abb. 4 «Der kleine Rädelsführer». Klassenfoto aus Leonding 1899 mit Adolf Hitler in der oberen Reihe. Stolz und überlegen blickt er in die Kamera.

er die Schule wechselte. Seine Linzer Lehrer beurteilten den «hageren, blassen Jungen» zwar als «entschieden begabt», aber als faul. Sein ehemaliger Klassenlehrer Dr. Eduard Huemer erinnerte sich 1924 an ihn als «widerborstig, eigenmächtig, rechthaberisch und jähzornig», auf Ermahnungen habe er oft «mit schlecht verhülltem Widerwillen reagiert».[10] Die meisten Schulfächer interessierten ihn offensichtlich wenig, seinen Lehrern begegnete er mit Ablehnung, später sprach er von seiner Schule und seinen Lehrern mit Verachtung und Hass. Nur den Geschichtsunterricht bei Dr. Pötsch nahm er davon aus und erwähnte ihn lobend. Er habe ihn und seine Mitschüler durch spannendes Erzählen und durch «Heldengeschichten» aus der deutschen Vergangenheit zu begeistern verstanden.

Das reichte jedoch nicht, um ihn zu einem ordentlichen Abschluss zu motivieren, und so nahte bald das vorzeitige Ende der Schullaufbahn. Klara Hitler schickte ihren Sohn nach dem unrühmlichen Abgang in Linz in die Realschule in Steyr, achtzig Kilometer von seinem Heimatort entfernt. Aber auch dort besserten sich die schulischen

Leistungen kaum. Im ersten Halbjahreszeugnis von 1904/05 erzielte er nur in Leibesübungen und Zeichnen gute Noten, ansonsten lag der Notendurchschnitt bei «genügend» – übrigens auch in Geographie und Geschichte, die er später als seine besten Fächer darstellte. Sein Fleiß wurde als «ungleichmäßig» bewertet. Obwohl im zweiten Halbjahr eine leichte Verbesserung eingetreten war, musste er im September 1905 wieder eine Nachprüfung ablegen, die ihm immerhin die Berechtigung einbrachte, weiter eine höhere Realschule oder eine technische Schule zu besuchen. Doch dazu hatte er mittlerweile keine Lust mehr. Zu dem Desinteresse am Unterricht befiel ihn in Steyr offenbar heftiges Heimweh. Einer seiner dortigen Lehrer erinnerte sich an sein «scheues, gedrücktes Benehmen», das der damals sechzehnjährige Adolf an den Tag legte, und führte das auf den «ersten Aufenthalt in der Fremde» zurück.[11] Im Herbst 1905 nahm die Mutter ihn, nachdem er eine Erkrankung vorgetäuscht hatte, auf sein wiederholtes Drängen endgültig von der Schule. Er war froh, im Alter von sechzehn Jahren die Schule hinter sich lassen zu können.

Klare Pläne für eine berufliche Zukunft besaß er nicht; die einstigen hartnäckig geäußerten Wünsche des Vaters, eine Beamtenlaufbahn anzustreben, hatte er stets abgelehnt, und dass er nur so schlechte schulische Leistungen erbracht hatte, sollte er später mit dem Dauerkonflikt mit dem Vater erklären. Mehr noch, die Misserfolge in der Schule erscheinen im ersten, autobiographischen Kapitel von «Mein Kampf» als bewusste Reaktion auf die Versuche des übermächtigen Vaters, seinen Sohn Adolf nach seinem eigenen Bild zu formen. Die Weigerung, Beamter zu werden, erklärt Hitler mit dem Bedürfnis, «Herr der eigenen Zeit» bleiben, und seinem Wunsch, Kunstmaler werden zu wollen.[12] Der Widerstand gegen die väterliche Autorität wird damit zur Bedingung für die eigene Persönlichkeitsentwicklung – ein Motiv, das ganz und gar aus bürgerlichen Entwicklungs- und Bildungsromanen vertraut ist. Nach diesen literarischen Vorbildern gestaltete auch Hitler seine eigene Biographie, die mit der Realität seines Lebenslaufs allerdings kaum übereinstimmte.

Fehlschläge

Das gilt noch mehr für das zweite Kapitel seiner autobiographischen Erinnerungen in seiner Rechtfertigungsschrift «Mein Kampf», das er mit «Wiener Lehr- und Leidensjahre» überschrieben hat: Nach seiner Rückkehr in den Kreis der Familie lebte der Schulabbrecher das Leben eines Faulenzers, der von der Mutter umsorgt wurde. Im Juni 1905 hatte die Mutter, nachdem sie das Haus der Familie in Leonding verkauft hatte, eine annehmliche Wohnung in der Humboldtstraße in Linz bezogen. Dort wohnten Mutter Klara, Tante Johanna, die kleine Schwester Paula und Sohn Adolf. Die Stiefschwester Angela war inzwischen verheiratet und hatte den Haushalt verlassen. Der verhätschelte und umsorgte Sohn besaß dort ein eigenes Zimmer, und die Mutter kaufte ihm sogar einen Flügel. Von Oktober 1906 bis zum Januar 1907 nahm er für vier Monate Klavierunterricht, bis ihn auch das nicht mehr interessierte. Meistens verbrachte er seine Zeit mit Zeichnen, Malen oder Lesen. Abends ging der schmächtige und blass wirkende Hitler, wie sein Jugendfreund August Kubizek später berichtete,[13] in die Oper oder ins Konzert. Er kleidete sich gern wie ein junger Herr aus gutem Hause. Er trug zum Opernbesuch einen dunklen Mantel mit Hut, dazu einen Stock mit Elfenbeinknauf. Meist träumte er von einer großen Zukunft als Künstler. Er blieb bis tief in die Nacht auf und schlief bis in den späten Vormittag. An diesen Gewohnheiten, an seiner Abneigung gegenüber geregelter Arbeit wie an seinen Tagträumen und grandiosen Phantasien, sollte er, sofern es die Umstände erlaubten, bis zu seinem Lebensende festhalten. Die beiden Jahre in Linz nannte er wiederholt «die glücklichsten Tage, die mir nahezu als ein schöner Traum erschienen».[14]

Es kann darum auch nicht verwundern, dass wir über Hitlers tatsächliche Lebensführung in den beiden Jahren zwischen dem Verlassen der Schule im Herbst 1905 und dem Umzug nach Wien im Sommer 1907 in «Mein Kampf» nichts erfahren. Sie waren eben Jahre eines «schönen Traumes», einer Scheinwelt, in der sich der charakterlich labile junge Hitler eingerichtet hatte. Über das sorglose Leben, das er in diesen Jahren in Linz führte, berichtet August Kubizek, sein einziger Freund in dieser Zeit, später in seinen Memoiren. Auch wenn

Kubizek offensichtlich einiges erfunden hat und das ursprüngliche Manuskript, das er während des Zweiten Weltkrieges im Auftrag der Parteikanzlei der NSDAP verfasst hatte, in den frühen 1950er Jahren erheblich umgeschrieben hatte, berichtet er einigermaßen glaubwürdig von der ungleichen Freundschaft, die sie miteinander verband: so beispielsweise von der Exzentrik und von den häufigen, starken Gefühlsausbrüchen Hitlers, die er als Beweis seiner Genialität deutete; vor allem erzählt er von den gemeinsamen Interessen an Musik und Theater, von den langen Spaziergängen, bei denen Hitler sich eine grandiose, aber unbestimmte Zukunft ausmalte, sowie von den Erregungszuständen, in die sein Freund sich besonders nach Opernaufführungen hineinsteigern konnte. Kubizek war ein geduldiger Zuhörer und gab seinem Freund immer recht, wenn dieser ihm seine Lesefrüchte mitteilte und kritisch-erregt lange Vorträge über Opernaufführungen oder über die öffentlichen Bauten in Linz hielt, die man abreißen und sehr viel prächtiger wiedererrichten müsse. Eine neue große Donaubrücke müsse man bauen und eine neue Musikhalle. Unermüdlich fertigte er dafür Skizzen und Pläne an, ohne sich die Frage zu stellen, ob sich auch nur irgendetwas davon je würde verwirklichen lassen. Wichtiger war es, Freund Kubizek von der scheinbaren Ernsthaftigkeit dieser Projekte zu überzeugen und in den «Gesprächen» über Musik und Oper immer den Ton anzugeben, obwohl Kubizek musikalischer war und auch mehr von Musik verstand. Dennoch war Kubizek voller Bewunderung für das, was der Freund ihm vortrug und wie er dies vortrug. Hitler hingegen konnte sich als Überlegener fühlen und hatte jemanden gefunden, der ihm zuhörte und nicht widersprach. «Er musste eben sprechen», erinnerte sich Kubizek.[15] Der Hang zum Monologisieren, mit dem Hitler später seine Gesprächspartner überfuhr, war offenbar bereits in jungen Jahren angelegt.

Hitlers ganze Leidenschaft galt den Musikdramen Richard Wagners. Ihn verehrte er als großen Komponisten und als künstlerisches Genie – als Schöpfer von Welterklärungen und Erlösungsversprechen. Was ihn schon früh an Wagner begeisterte, war die quasireligiöse Botschaft seines Musikwerkes, war der Anspruch von Kunst, die Welt zu verändern und eine neue Gemeinschaft zu stiften.[16]

Hitler las alles, was er über das Leben und Schaffen Wagners in die Hände bekam. Besonders für Wagners Oper «Lohengrin» konnte er sich begeistern. Wenn Kubizek später in seinen Memoiren den «Zustand völliger Entrückung» beschreibt, in den sein Freund nach einer Aufführung der Oper «Rienzi» geraten sei, so mag in dieser sogenannten Rienzi-Episode auch ein Bedürfnis nach Selbstüberhöhung mitschwingen. Offenbar hatte die Geschichte des mittelalterlichen Volkstribuns Cola di Rienzi den jungen Hitler so sehr hingerissen, dass er dem Freund, nachdem sie schweigend nebeneinander hergegangen waren, schließlich offenbarte, dass auch er eine besondere Mission in sich verspüre. Bei einem Besuch der Festspiele in Bayreuth Anfang August 1939 erinnerte Kubizek den mittlerweile mächtigen Jugendfreund an diese nächtliche Stunde, der daraufhin, zu Winifred Wagner gewandt, mit dem ihm eigenen Drang zur nachträglichen Projektion und Selbstinszenierung bemerkt haben soll: «Damals begann es.»[17]

Zu der Scheinwelt, die der Sechzehnjährige für sich aufbaute, gehörte auch die stille Verehrung für ein Mädchen namens Stefanie aus gutbürgerlichem Linzer Hause, das Hitler jedoch nur aus der Ferne anhimmelte und nie ansprach. Sie blieb für ihn ein Idealbild, und er rechtfertigte seine schüchterne Zurückhaltung damit, dass er seine Angebetete lieber nicht näher kennenlernen möchte, um dieses sein Idealbild vom Weiblichen nicht zu zerstören. Nur Kubizek wusste offenbar davon und war stolz darauf, in dieses Geheimnis eingeweiht zu sein. Er wusste auch, wen Hitler meinte, wenn er auf seinen wenigen Postkarten, die er aus Wien an ihn schrieb, mit dem Tarnnamen «Benkiser» meinte, den (die) er gern wiedersehen wollte. Stefanie, die sich 1908 mit einem Offizier verlobte, erhielt, wie sie sich später erinnerte, von ihm im September 1907 einen Brief ohne Unterschrift, mit dem er seinen Besuch der Kunstakademie in Wien ankündigte. Danach werde er wiederkommen und sie heiraten.[18]

Anfang Mai 1906 war Hitler zum ersten Mal für zwei Wochen nach Wien gereist. Die Mutter hatte ihm den Aufenthalt ermöglicht, um die Gemäldegalerien und die architektonischen Sehenswürdigkeiten der Stadt zu besuchen. Damit wollte er sich, wie er seinen Reisewunsch begründete, auf den Künstlerberuf vorbereiten. Tatsächlich dürfte er einigermaßen ziellos durch die große Stadt gelaufen sein, die ihn faszinierte und zugleich irritierte. Er bewunderte das Stadttheater und die Hofoper, wo er Aufführungen des «Tristan» und des «Fliegenden Holländers» besuchte. Immerhin beflügelten die Eindrücke, die Wien bei ihm hinterließen, seinen Entschluss, Künstler zu werden.

Zunächst aber musste er sich der Pflege seiner schwerkranken Mutter widmen. Ihr Hausarzt Dr. Bloch hatte bei ihr im Januar 1907 Brustkrebs diagnostiziert und zu einer sofortigen Operation geraten. Über dreißig Jahre später berichtete Bloch, mittlerweile im amerikanischen Exil, von der großen Erschütterung, die der Sohn bei der Nachricht von der Erkrankung gezeigt habe, und von der liebevollen Pflege, die er der Mutter zuteilwerden ließ, als sie im Februar 1907 das Krankenhaus verlassen konnte.

Im September 1907, als sich der Gesundheitszustand der Mutter stabilisiert zu haben schien, wollte Adolf Hitler seinen Traum verwirklichen und brach endgültig nach Wien auf. Die Mutter ließ ihn ziehen. Sie hoffte, dass die Ausbildung in Wien die ziellose Bummelei ihres Sohnes beenden könnte. Die «Hanni Tante» steckte ihrem Neffen ein beträchtliches Geldgeschenk zu, das für die Lebenshaltungskosten eines Jahres reichte. In Wien wollte er sich um die Aufnahme an der Kunstakademie bewerben. In seinem Gepäck hatte er einige Zeichnungen, die man bei dem Bewerbungsverfahren der Akademie vorlegen musste. Offenbar rechnete Hitler fest mit seiner Annahme und mietete sich für zehn Kronen monatlich, was sehr günstig war, ein kleines Zimmer bei einer tschechischen Vermieterin, der unverheirateten Kleidermacherin Maria Zakreys in der Stumpergasse 31 im Stadtbezirk Mariahilf. Immerhin konnte Hitler die erste Hürde im Aufnahmeverfahren nehmen, und er wurde zum Probezeichnen unter Aufsicht zugelassen. Die zweiteilige, mehrstündige Prüfung fand am 2. Oktober 1907 statt. Von den ursprünglich 113 Bewerbern bestanden nur 28; Hitler wurde mit dem Urteil «Probez.(eichnung) ungenügend, wenig Köpfe» abgelehnt.[19] Die Ablehnung traf ihn, wie er später glaubwürdig eingestand, «wie ein jäher Schlag aus heiterem Himmel».[20] Seiner Mutter und seinem Freund Kubizek verschwieg er, dass er durchgefallen war. Immerhin wagte er sich zum Rektor der

Akademie, um nach einer Erklärung für sein Scheitern zu fragen. Er sei ungeeignet für die Malerschule, erfuhr er, aber er besitze offensichtlich ein Talent für die Architektur. Nach tagelangem Grübeln kam er zu dem Schluss, dass das Urteil des Rektors zutreffend sei und «dass ich einst Baumeister werden würde». Doch zu einem Architekturstudium war der Nachweis des Abiturs erforderlich, das er sich mit seinem Schulabbruch verbaut hatte. Auch tat er in der Folgezeit nichts, um dieses Hindernis etwa dadurch zu beheben, dass er das Abitur nachgeholt hätte. Die Ablehnung hatte ihn offenbar zu tief in seinem Selbstbewusstsein erschüttert.

Inzwischen hatte sich der Gesundheitszustand der Mutter wieder verschlechtert. Hitler kehrte erneut nach Linz zurück, um sich um die Kranke, die den Sohn zu Hause haben wollte, zu kümmern. Der Hausarzt Dr. Bloch eröffnete der Familie am 22. Oktober 1907, dass der Zustand der Mutter hoffnungslos sei. August Kubizek erinnerte sich an die «liebevoll einfühlende Zärtlichkeit», mit der Adolf Hitler daraufhin die Mutter umsorgt habe. Auch Dr. Bloch bezeugte später die «unermüdliche» Sorge Adolf Hitlers um seine sterbende Mutter. Der Hausarzt besuchte die Todkranke seit Anfang November täglich und behandelte sie mit einer damals üblichen, aber sehr schmerzhaften Behandlungsmethode, bei der jodoformhaltige Tücher auf die offene Wunde gelegt wurden. Während die Mutter die Schmerzen klaglos ertrug, schienen sie den Sohn geradezu zu «foltern». Dennoch zeigte er sich dem jüdischen Arzt sehr dankbar, dass dieser die Schmerzen der Mutter mit Morphium zu lindern versuchte. Am 21. Dezember 1907 starb die 47-jährige Klara Hitler. Dr. Bloch, der den Totenschein ausstellte, traf den Sohn neben der toten Mutter: «Adolf saß neben seiner Mutter, sein Gesicht zeigte die Müdigkeit einer schlaflosen Nacht. Um den letzten Eindruck festzuhalten, hatte er sie am Totenbett gezeichnet.»[21] Nach der Beisetzung der Mutter auf dem Friedhof von Leonding kam die Familie noch einmal zu Dr. Bloch: «Ich habe in meiner beinahe 40jährigen Tätigkeit nie einen jungen Menschen so schmerzgebrochen und leiderfüllt gesehen, wie es der junge Adolf Hitler war, als er … kam, um mit tränenerstickter Stimme für meine ärztlichen Bemühungen Dank zu sagen.»[22]

Mit dem Tod der Mutter hatte Hitler die einzige Person verloren, für die er tiefe Zuneigung empfand. Ohne Zweifel hat der Verlust ihn, wie er später in «Mein Kampf» beteuerte, «entsetzlich»[23] getroffen. Gegen die Annahme freilich, dass der Judenhass Hitlers seine Wurzeln in dem Erlebnis der qualvollen Behandlung der Mutter durch einen jüdischen Arzt habe, sprechen die Dankbarkeit, die Hitler gegenüber Dr. Bloch äußerte, und der persönliche Schutz, den er dem früheren Hausarzt nach dem «Anschluss» 1938 gewährte. Ende 1940 konnte das Ehepaar Bloch über Portugal in die Vereinigten Staaten emigrieren.

Wenn Hitler im Weiteren erzählt, er habe sich sofort nach dem Tod der Mutter nach Wien begeben, um nun Architekt zu werden, dann ist das wieder eine der Legenden, mit denen er versuchte, seine unstete Lebensführung zu einem entschlossenen Lehr- und Bildungsweg umzudichten. Tatsächlich dauerte es Monate, bis er sich dazu aufraffte, endgültig nach Wien zu gehen. Dieses Mal hatte er den Aufbruch gut vorbereitet und vor allem zusammen mit seiner Schwester Paula bei der Linzer Finanzlandesdirektion eine Waisenrente beantragt. Beide zusammen erhielten sie monatlich 50 Kronen. Das väterliche Erbe von 652 Kronen war vorerst auf einem Sperrkonto bis zum 24. Lebensjahr festgelegt, über das mütterliche Erbe von rund 2000 Kronen konnten die Geschwister sofort verfügen. Adolf Hitler war also keineswegs so mittellos, wie er später behauptet hat. Er war zwar nicht vermögend, aber mit dem ererbten Geld konnte er für einige Zeit gut leben, ohne arbeiten zu müssen.

In Wien fand er, wie schon zuvor im Oktober 1907, eine Bleibe bei der Kleidermacherin Maria Zakreys in der Stumpergasse. Beim Abschied aus Linz hatte er seinen Freund Kubizek gedrängt, doch bald nachzukommen. Kurz darauf traf Kubizek tatsächlich in Wien ein und begann dort ein Musikstudium. Er zog zusammen mit Hitler in der Stumpergasse in das größere Zimmer bei Maria Zakreys ein und teilte sich mit ihm die Miete.

Zusammen besuchten sie die Oper, wann immer Richard Wagner auf dem Programm stand. Sie erlebten dort auf dem Stehparterre nach Kubizeks Erinnerung den «Lohengrin» wie die «Meistersinger» «gewiss zehnmal», «Tristan und Isolde» nach Hitlers eigener Aussage «dreißig bis vierzig Mal». Dass Hitler die billigeren Stehplätze mied, hatte nach Kubizeks Erinnerung damit zu tun, dass auf dem Stehparterre keine Frauen zugelassen waren, von denen der frauenfeindliche Hitler sich nur gestört fühlte.

Bald sollten sich die Freunde in dem engen Zimmer auf die Nerven gehen. Kubizek übte häufig auf dem Flügel, den er in das gemeinsame Zimmer gezwängt hatte. Im Unterschied zu seinem Zimmergenossen, der ihm nur lange Vorträge über Musik, Architektur und Kunst hielt, hatte er die Aufnahmeprüfung auf Anhieb bestanden. Hitler musste mit ansehen, wie der Freund jeden Morgen zum Konservatorium ging und dort recht erfolgreich studierte. Er hingegen schlief meistens lange und hielt sich in seinem Zimmer auf. Dort las oder zeichnete er, oft bis tief in die Nacht hinein, vor allem Bühnenentwürfe für Wagner-Opern. «Bücher, immer wieder Bücher! Ich kann mir Adolf gar nicht ohne Bücher vorstellen», erinnerte sich sein Freund später.[24] Als ihn Kubizek eines Tages fragte, ob ihm denn sein Malereistudium so viel freie Zeit lasse, geriet der sonst eher verschlossene Neunzehnjährige außer sich und schrie: «Abgelehnt haben sie mich, hinausgeworfen, ausgeschlossen bin ich.» Die Schuld sah er natürlich bei den anderen. «Diese Akademie!», schrie er. «Lauter alte verkrampfte, verzopfte Staatsdiener, verständnislose Bürokraten, stupide Beamtenkreaturen! Die ganze Akademie gehört in die Luft gesprengt!»[25]

Das war nicht das einzige Mal, dass Hitler selbst bei Kleinigkeiten in Wut geriet. Sein Selbstvertrauen war durch eine neuerliche Ablehnung bei der Aufnahmeprüfung offenbar schwer angeschlagen. Immer wieder verfiel er, so erinnerte sich Kubizek, in heftige Anklagen und Hasstiraden gegen alle, die ihn verfolgten und nicht verstünden. Ganz besonders die Professoren und die Akademie, die in der Wahrnehmung Hitlers für echtes Künstlertum kein Verständnis zeigten: Im September 1908 war er ein zweites Mal zur Aufnahmeprüfung angetreten, diesmal aber gar nicht erst auch nur zur «Probe» zugelassen worden. Waren seine Träume und Phantasien auch im Kontakt mit der Realität gescheitert, so tat er dennoch nichts, um nach diesen Fehlschlägen etwa durch Fleiß und Übung noch zum ersehnten Ziel zu gelangen. Noch vor dem zweiten Bewerbungsversuch hatte er ein Angebot des von ihm bewunderten Bühnenbildners Professor Alfred

Roller zu einer Unterredung und vielleicht zu einer Ausbildung als Bühnenbildner nicht wahrgenommen. Er hatte diese Chance durch ein Empfehlungsschreiben einer hilfreichen Linzer Nachbarin erhalten, doch der schüchterne Jüngling aus der Provinz traute sich nicht, den verehrten Meister aufzusuchen, und zerriss den Brief. Versuche, doch noch das Abitur nachzuholen, um an einer Technischen Hochschule Architektur studieren zu können, unternahm er ebenfalls nicht mehr. So blieb er in Wien, suchte und fand auch keine Arbeit, sondern ließ sich treiben und zog im November 1908 bei Frau Zakreys aus, und zwar ohne Kubizek auch nur zu benachrichtigen oder eine neue Anschrift anzugeben.

Für mehrere Monate des Jahres 1909 gibt es keine Quellen, die genauere Auskunft über Hitlers weiteren Weg geben könnten. Seine Behauptung, er habe in Wien hart auf dem Bau gearbeitet, stellt eine seiner späteren Erfindungen dar. Es gibt freilich neuerdings einige Hinweise, dass er sich 1910 zwischendurch und nur für kurze Zeit als Dekorationsmaler bzw. als Zeichner in einem Architekturbüro verdingt hatte – freilich ohne Aussicht auf eine längerfristige Beschäftigung, sei es, weil er sich schwer unterordnen konnte, sei es, weil seine weitere Bewerbung abgelehnt wurde.[26] Da er im Jahre 1909 meistens weder Geld noch Arbeit hatte, aß er offenbar in Armenküchen, die von wohlhabenden Bürgern finanziert wurden. Er übernachtete meist in Massenunterkünften oder auf einer Parkbank. Seine finanzielle Situation hatte sich von Woche zu Woche verschlechtert, seitdem die mütterliche Erbschaft aufgezehrt war und die Waisenrente allein seinen Lebensunterhalt kaum sichern konnte. Nun war er ganz unten angekommen, im Heer der Armen und Obdachlosen. Wenn es kalt war, wärmte er sich in stickigen und überfüllten Wärmestuben, die angesichts der dramatischen Wohnungsnot, die in Wien herrschte, teilweise auch über Nacht offen waren. Ein Meldezettel vom August 1909 bezeugt, dass er eine billige Unterkunft in der Sechshauser Straße 58 ergattern konnte, bis er im September schon wieder ausziehen musste, da er seine Miete nicht zahlen konnte. Auf der Meldekarte firmierte er inzwischen nicht mehr als «Künstler» oder «Student», sondern als «Schriftsteller». Als er im Spätherbst 1909 schließlich im Meidlinger Obdachlosenasyl Unterschlupf fand, lernte er seinen Pritschennachbarn Reinhold Hanisch kennen, einen vorbestraften Stadtstreicher. Dieser beschrieb ihn als einen «mageren jungen Menschen mit ganz wundgelaufenen Füssen».[27] Sein blaugemusterter Anzug habe durch den Regen und die Desinfizierung allmählich eine lila Farbe angenommen. Er habe nichts besessen als das, was er auf dem Leib trug. Damals dürfte Hitler tatsächlich jene Zeit bitterster Entbehrungen durchgemacht haben, die er später mit seiner ganzen Zeit in Wien verband. «Durch Monate habe ich kein warmes Essen gehabt. Ich habe von Milch und trockenem Brot gelebt.»[28] Hitler und sein neuer Freund Hanisch versuchten, sich zunächst etwas Geld durch anstrengende Gelegenheitsarbeiten zu verdienen, bis Hanisch auf eine bessere Idee kam. Hitlers Behauptung, die Kunstakademie besucht zu haben, brachte ihn auf den Gedanken, dessen offenkundiges künstlerisches Talent für eine Form von Arbeitsteilung zu nutzen. Hitler solle Ansichtskarten malen, die er dann in Gaststätten verkaufen würde. Den Erlös würde man sich teilen. Das Geld für Pinsel und Farben besorgte sich Hitler von seiner Tante Johanna. Nachdem sich das Geschäft gut entwickelt hatte, konnten die beiden das Meidlinger Obdachlosenasyl verlassen und im Männerheim Meldemannstraße 27 in Wien-Brigittenau unterkommen, eine für damalige Verhältnisse modernere und mit bescheidenem Komfort versehene Einrichtung. Dort gab es keine Massenschlafsäle mehr, sondern einzelne Schlafecken mit Bett, Tisch und Schrank, außerdem Gemeinschaftsräume mit Lesesaal und einer Bibliothek, in der auch aktuelle Zeitungen auslagen. Hitler blieb für drei Jahre in der Meldemannstraße. Tagsüber saß er meist in einem kleinen Schreibzimmer, wo er zeichnete und malte, Zeitungen las oder erregte politische Diskussionen führte. In dem Schreibzimmer beanspruchte er einen festen Platz und geriet in Rage, wenn jemand ihm diesen streitig machen wollte. Den benötigte er vor allem, um bekannte Wiener Stadtansichten in Form von Aquarellen und Postkarten zu kopieren, die Hanisch dann verkaufte. Abends zog er sich früh in seine Schlafkoje zurück, wo er viele Stunden las. Er galt als «Sonderling», der nicht rauchte und trank und der sich an den «Männergeschichten», die seine Mitbewohner austauschten, nicht beteiligte, vor allem wenn es um Frauen ging. Auch nahm er nicht an den gemeinsamen Besuchen des Praters oder anderer Vergnügungsstätten teil. Dank der bescheidenen Einnahmen konnte er jetzt wieder seine Kleidung in Ordnung halten. Nach einiger Zeit kam es zum Streit mit Hanisch, dem Hitler vorwarf, ihn um den Erlös zweier Bilder betrogen zu haben. Hanisch wurde von einem Mitbewohner angezeigt und zu einer Arreststrafe verurteilt. Hitler verkaufte seine Bilder nun selbst, und nicht wenige seiner Geschäftspartner waren jüdische Bilderhändler. Vor allem besuchte er häufiger den Glasermeister Samuel Morgenstern, der zusammen mit seiner Frau ein schönes Geschäft nahe der Ordination von Sigmund Freud betrieb. Die hilfsbereiten Morgensterns kauften Hitler so viele Bilder ab, dass sie noch bis 1938 darauf sitzengeblieben waren, als die Gestapo daranging, Kunstwerke des «Führers» zu beschlagnahmen. Auch im Männerheim hatte Hitler jüdische Freunde, die sich für ihn, wenn es nottat, einsetzten. Wenn Hitler später behauptete, sein Judenhass sei aus der Begegnung mit osteuropäischen Juden in Wien entstanden, so war das ganz offensichtlich ebenfalls eine Erfindung, die er aus seiner Lektüre rassistischer Schriften in die eigene Vita zurückspiegelte.

Die Jahre der Armut und Entbehrung in Wien hätten, so ließ Hitler zehn Jahre später, nachdem er die Stadt verlassen hatte, seine Anhänger und Leser wissen, seinen Charakter und die Grundlagen seiner Weltanschauung geformt. «In dieser Zeit bildeten sich in mir ein Weltbild und eine Weltanschauung, die zum granitenen Fundament meines derzeitigen Handelns wurde.»[29] Über zwei Kapitel beschreibt er in grellen Farben sein Leben am sozialen Abgrund und seine einigermaßen ziellose Lektüre, die – von ihm als Selbststudium stilisiert – ihm zu seinem politischen Verständnis verholfen hätten. «Wien aber war und blieb für mich die schwerste, wenn auch gründlichste Schule meines Lebens», schrieb er in «Mein Kampf». Dort seien ihm die Augen für die größten Gefahren geöffnet worden, die er zuvor «kaum dem Namen nach kannte (...): Marxismus und Judentum». Außerdem hätte er dort aus der unmittelbaren Anschauung ein tieferes Verständnis für die soziale Frage und für den Widersinn des Parlamentarismus entwickelt. Als er dies 1924 schrieb, wollte er ganz offensichtlich die Diskrepanz zwischen der Anonymität seiner Jugendjahre und seinem Anspruch auf politische Führung übertünchen, indem er die Jahre in Wien als Lehrjahre eines politischen Genies darstellte, das allen Widrigkeiten zum Trotz seine Persönlichkeit und Weltanschauung geformt habe. Doch nicht nur die Schilderung seiner materiellen Lage und sozialen Erfahrungen hat sich als Legende und Versuch einer nachträglichen Rationalisierung der Wiener Erfahrungen herausgestellt. Vor allem sein politischer Formierungsprozess in Wien war keineswegs so ausgeprägt und fundiert, wie Hitler später immer wieder behauptete. Wir begegnen vielmehr einer «zielgerichteten Konstruktion»,[30] die seinen Führungsanspruch in der völkischen Bewegung begründen und seinem Werdegang die Konsequenz von Lehrjahren unterstellen sollte, wo der unbefangene Betrachter tatsächlich nur zielloses Vagabundieren einer Künstlerexistenz ohne feste politische Vorstellungen beobachten kann. Für die Behauptung seines ersten Biographen Konrad Heiden, Hitler sei, als er Wien 1913 schließlich verlassen habe, fertig gewesen,[31] lassen sich keine Belege finden. Allenfalls sein ursprünglicher und von ihm immer wieder erwähnter Wunsch, «Baumeister» zu werden, hat in Wien zu einer intensiven Beschäftigung und einer Art Selbststudium von Architektur und Kunst geführt, die sich auf die Wiener Ringstraße und ihre Theaterarchitektur konzentrierten.

Dass jedoch sein manischer Judenhass, an dem er bis zu seinen letzten Tagen im Berliner Bunker festgehalten hat, in Wien begründet und geformt wurde, dafür lassen sich keine Belege finden. Seit seiner Begegnung mit dem jüdischen Hausarzt Dr. Bloch hatte er immer wieder – im Männerheim und unter den Kunden seiner Bildchen – mit Juden zu tun, zu denen er ein freundschaftliches und auf keinen Fall ein misstrauisch-ablehnendes Verhältnis hatte. Es gibt keine dezidiert antisemitischen Äußerungen aus dieser Zeit, allenfalls antisemitische Vorurteile oder Redeweisen, wie man sie damals allerdings nicht nur in Wien, sondern überall auf der Straße hören konnte. Gelegentlich habe er festgestellt, dass Juden einen «anderen Geruch» hätten oder dass sie in vielen Nationen Fremde wären, weil sie zu einer «anderen Rasse» gehörten. Tatsächlich verband er in seinen Äußerungen einfach alles, was er als Übel wahrnahm und was ihn abstieß, mit dem Judentum: die liberale Presse, das mondäne und moderne kulturelle Leben und die Sozialdemokratie. Umgekehrt lobte er die Juden als «erste zivilisierte Nation», pries die Fürsorge jüdischer Einrichtungen, deren Wohltätigkeit er selbst erfahren hatte; auch verteidigte er die kulturellen Leistungen jüdischer Komponisten und Dichter.[32]

Was Hitler in seinen Wiener Jahren gelesen hat, lässt sich nicht genau rekonstruieren. Auch hat er nicht systematisch gelesen, sondern nur selektiv. Später ließ er sich über die «Kunst des richtigen Lesens»[33] aus und über die Fähigkeit, im Buch das Wertvolle vom Wertlosen zu unterscheiden bzw. auszuwählen. Er las Bücher nicht vollständig, sondern suchte und fand das heraus, was ihm passte. Da Hitler über ein erstaunliches Gedächtnis verfügte, konnte er immer wieder mit seinen Lesefrüchten imponieren und den Eindruck gründlicher Lektüre erwecken. Seine ganze Leidenschaft aber galt der Architektur, der Musik und der Oper. Wenn er sich mit Kunst und Architektur beschäftigte oder von seinem Traum, Architekt zu sein, sprach, «war Hitler bei sich».[34] Seine Kenntnisse dieser Kunstformen entstanden aus der unmittelbaren Anschauung und aus seiner Lektüre. Zu der einseitigen Wahrnehmung und Rezeption gehörte es, dass er für alle modernen Kunstformen, die zu seiner Zeit in Wien einen ersten Höhepunkt erlebten, keinen Zugang fand. Er hatte weder etwas für den Jugendstil übrig noch für die Wiener Sezession und die moderne funktionale Architektur. Moderne, abstrakte Malerei, die um die Jahrhundertwende ihren Ausgang nahm, verachtete er zeit seines Lebens. Später verband er diese Abneigung mit antisemitischen Vorurteilen und Ideologemen. Er bevorzugte deutsche Komponisten, allen voran Richard Wagner, und hatte für italienische Musik nichts übrig. Er war ganz am Althergebrachten orientiert.

Auch seine Berührung mit antisemitischen Schriften war eher zufällig, und er nahm auf, was in Wien an Klischees und Hasstiraden verbreitet wurde. In der Nähe seiner Unterkunft in der Felberstraße, wo er seit November 1908 zur Untermiete wohnte, hingen in Schaukästen Parteiblätter der Alldeutschen und Schönerianer aus, die für den Anschluss der deutschen Teile Österreichs an das Deutsche Reich agitierten. Hitler hat sie gelesen und wohl auch das rassistische Periodikum «Ostara», das in einem Kiosk zusammen mit Tabak und anderen Zeitungen angeboten wurde. In diesen Heftchen mit homoerotischem Aufmacher verbreitete der ehemalige Zisterziensermönch Jörg Lanz-Liebenfels, der eigentlich ganz schlicht Adolf Lanz hieß, seine kruden Rassentheorien. Er sprach von der Wahrung der «rassischen Reinheit», vom «Rassenkampf» zwischen einer heroischen, «blonden» Rasse und einer Rasse räuberischer, dunkler «Tier- und Affenmenschen» sowie von der Wiederherstellung der Herrschaft der «blonden Rasse» durch die «Auslöschung» niederer Rassen.[35] Was Hitler davon geglaubt und übernommen hat, wissen wir nicht. Was er später in «Mein Kampf» im Kapitel «Volk und Rasse» schrieb, wich stark von den Thesen der «Ostara»-Hefte ab.[36] Sicherlich hat das aufgeheizte politische Klima, das zu dieser Zeit in Wien herrschte und das auch Hitler nicht unberührt gelassen hat, ihn für Verschwörungstheorien und scheinbar einfache Welterklärungen empfänglich gemacht, vor allem wenn man von Abstiegsängsten und -erfahrungen heimgesucht war wie der gescheiterte Kleinbürgersohn Adolf Hitler.

Nach seinem Misserfolg bei der Akademie begann er sich, nach dem Bericht von Kubizek, auch für Politik zu interessieren. Mehrfach besuchte er das Parlament, den «Reichsrat»; vielleicht auch weil er in den Monaten der Obdachlosigkeit den Tipp erhalten hatte, dass man tagsüber kostenlos als Zuschauer auf der geheizten Galerie einen Platz finden könne. Dort erlebte der junge Hitler chaotische Sitzungen. Keine der dreißig Parteien und Gruppen im Wiener Parlament brachte eine regierungsfähige Mehrheit zustande, und man musste ständig neue Koalitionen suchen. Dementsprechend häufig wechselten die Regierungen. Die Liste der Parteien spiegelte die ethnische Vielfalt des Vielvölkerstaates und die Fraktionierung der politischen Lager. Jede Nationalität war gleich mehrfach mit unterschiedlichen Parteigruppierungen und weltanschaulichen Lagern vertreten. Die parlamentarische Geschäftsordnung verschärfte das Durcheinander. Im Unterschied zu Ungarn gab es im Wiener Parlament keine einheitliche Staatssprache, jeder Abgeordnete sprach in seiner Muttersprache. Zehn Sprachen waren zugelassen. Der Parlamentspräsident sprach Deutsch, und die Stenographen schrieben ihre Protokolle nur in Deutsch. Wer zusätzlich Sand ins parlamentarische Getriebe streuen wollte, sprach darum in seiner Muttersprache, und das unter Umständen ausgiebig und stundenlang. Kein Wunder, dass der junge Hitler für Parlamentarismus und Demokratie nur Spott und Verachtung aufbrachte und sie als ungeeignete Staatsform verstand. Darum sah er später in diesem Parlament ein Abbild des «Völkerbabylons» und «Rassenkonglomerats». «Je mehr das Sprachentohuwabohu auch das Parlament zerfraß und zersetzte, musste die Stunde des Zerfalls dieses babylonischen Reiches näher rücken und damit aber auch die Stunde der Freiheit meines deutschösterreichischen Volkes.»[37] Seine Eindrücke auf der Galerie des Parlaments schienen das nur zu bestätigen, was er schon seit seiner Zeit in Linz an alldeutschen Parolen mitbekommen hatte. War Hitler als Anhänger des Alldeutschen Georg von Schönerer nach Wien gekommen, so fand er dort nur Belege für die radikalnationalistischen alldeutschen Parolen von der kulturellen Überlegenheit alles Deutschen. Den Zusammenschluss von Deutsch-Österreich mit dem Deutschen Reich forderte die Schönerer-Bewegung und als Voraussetzung dafür die Auflösung des Habsburgerreiches. Das waren Parolen, die sich in der Vorstellungswelt des jungen Hitler festsetzten und später auch in der Rhetorik der NSDAP wiederkehrten. Nicht weniger Bewunderung empfand Hitler für die andere charismatische Figur der Massenmobilisierung im unruhigen Wien, für den Führer der Christlich-Sozialen Partei, Dr. Karl Lueger, Wiener Bürgermeister und Volkstribun, der nach Hitlers späterem Urteil sich mehr in die Psyche des kleinen Mannes versetzen konnte als Schönerer. In seiner antisemitischen Zeitung, dem «Deutschen Volksblatt», die Hitler gelesen hat, wurden die Juden ständig als die Verursacher von Verfall und Korruption sowie als Volksverderber beschrieben, die in zahllose Sexskandale und in Prostitution verwickelt seien. Vor allem schürte das «Deutsche Volksblatt» die Angst vor den völkerverderbenden und zersetzenden russischen Juden, die in Österreich-Ungarn einzuwandern drohten und denen man darum mit Abwehrmaßnahmen begegnen müsse. Im März 1910 starb der Bürgermeister. Hitler stand in der Menschenmenge an der Ringstraße, als der «König von Wien» beigesetzt wurde. Von ihm, dem Führer einer Massenpartei der politischen Rechten, hatte Hitler erfahren, dass man sehr wohl soziale Wohltaten mit antisemitischer Propaganda verbinden kann.[38]

Angst erregten im jungen Hitler auch die Bilder von sozialdemokratischen Massenbewegungen und Teuerungsprotesten in Wien. «Den ungeheuren menschlichen Drachenwurm»[39] der Demonstranten, die durch Wien marschierten, fürchtete er. Nicht die sozialdemokratische Programmatik, die er aus der sozialdemokratischen «Arbeiterzeitung» und aus antimarxistischen Artikeln der nationalistisch-bürgerlichen Presse herausgelesen hatte, war der Auslöser seiner Besorgnis und tiefsitzenden Abneigung gegen die Sozialdemokratie, sondern der ästhetische Eindruck der dunklen, bedrohlich wirkenden Masse, die ihm Angst machte, ihn aber zugleich auch irgendwie faszinierte.

Am 25. Mai 1913 reiste Hitler in Begleitung des arbeitslosen, vier Jahre jüngeren Verkäufers Rudolf Häusler, den er im Männerheim in der Meldemannstraße kennengelernt hatte, nach München ab. Kurz zuvor, bald nach seinem 24. Geburtstag, war ihm am 16. Mai das väterliche Erbe ausgezahlt worden. Hitler konnte sich dank der Erbschaft von insgesamt 819 Kronen neu einkleiden und besaß sogar einen kleinen Koffer. In seinem mentalen Gepäck brachte er aus Wien eine Menge an Enttäuschungen und Vorurteilen mit, in denen er später einen «Grundstock persönlicher Anschauungen» meinte erblicken zu können.[40] Wenn er in «Mein Kampf» damit seine «Stellung zum Judentum, zur Sozialdemokratie, besser zum gesamten Marxismus, zur sozialen Frage usw.» meinte, dann hatten sich diese allerdings weder bis 1913 noch nach seiner Umsiedlung nach München weiter zu dem verfestigt, was er seine «Weltanschauung» nannte. Es waren vielmehr vage Einstellungen und Wahrnehmungen, die man eher als vorpolitisch und unausgereift beschreiben könnte und die sich erst durch die Erfahrungen von Krieg und Revolution verdichten sollten. Wichtiger waren in den Jahren in Wien und auch im Vorkriegs-München künstlerische Erlebnisse und vor allem die Erfahrung des leidenschaftlichen Theaterbesuchers und Theaterzeichners, dass sich mit räumlicher und bildlicher Gestaltung eine sinnliche Überwältigung erzielen lassen konnte, die später erfolgreich auch auf das Politische übertragen wurde.[41] Seine ästhetischen und vorpolitischen Erlebnisse waren allerdings mit Charakterzügen verbunden, die sich in den fünf Wiener Jahren verfestigten und ausprägten: mit seiner Neigung zur Tagträumerei und zum Sich-treiben-Lassen, seiner Hingabe an Phantasie- und Theaterwelten und seiner manischen Fixierung vor allem auf alles Schöne und Geniale, mit seiner Intoleranz und seinem Starrsinn, seinen unvermittelten Zornesausbrüchen, seinem Hass auf alles Fremde und seiner Neigung zu Verschwörungsvorstellungen. Das waren Eigenschaften, die auch später das Verhalten des Parteiführers und Diktators bestimmen sollten.

Hitlers Entscheidung, nach München zu gehen, hatte nicht zuletzt künstlerische Gründe.[42] Er hatte schon früher davon gesprochen, in die Kunststadt München auswandern zu wollen.[43] Allein als Flucht vor dem Militärdienst lässt sich die Entscheidung zum Ortswechsel jedenfalls nicht interpretieren. Denn stellungsflüchtig war er eigentlich schon länger; seit dem Herbst 1909 war sein Jahrgang 1889 in Zeitungen wie auf Plakaten aufgerufen worden, sich in das Register für die Hauptstellung zum Frühjahr 1910 eintragen zu lassen.[44] Ob er sich im Februar 1910 wirklich nachgemeldet hatte und nur nicht vorgeladen wurde, wie er im Januar 1914 in einem unterwürfigen Brief an den Magistrat der Stadt Linz behauptete,[45] lässt sich nicht überprüfen. Von sich aus hat er sich jedenfalls nicht gemeldet, sondern schmiedete stattdessen Pläne, nach Oberbayern umzusiedeln. Allerdings musste er dafür erst auf die Auszahlung der Erbschaft warten.

In München mietete er sich zusammen mit Rudolf Häusler ein kleines Zimmer beim Schneider Joseph Popp in der Schleißheimer Straße 34, 3. Stock. Im Meldebogen gab er als Beruf «Kunstmaler» an. Die Erfüllung dieses Traumberufs entsprach auch den Erwartungen, die er mit dem Wechsel in die Kunstmetropole München verband.

In München agierte er weiter so wie bisher. Er lebte in den Tag hinein, las bis tief in die Nacht, so dass Häusler nach einiger Zeit entnervt in ein Nachbarzimmer zog. Nach wie vor machte er keine Anstalten, einer geregelten Arbeit nachzugehen oder sich ernsthaft als «Architekturzeichner» ausbilden zu lassen. Für die ersten Jahre in München gedachte er, sein Leben als Autodidakt fortzusetzen; später wollte er, so stellte er das rückblickend dar,[46] als Zeichner in das Architektur- und Baubüro Heilmann & Littmann gehen. Solange er noch «lernen» wollte, besuchte er immer wieder die Alte Pinakothek mit ihren Sammlungen alter Meister sowie die Neue Pinakothek und die Schack-Galerie mit der Malerei des 19. Jahrhunderts. Vor allem begeisterte er sich für die Bilder von Böcklin, Feuerbach, Schwind und Grützner, die allgemein aus der Perspektive nationaler Errungenschaften und bedeutender Genies verehrt wurden. Für die Avantgarde, die sich in München wie in Wien zu dieser Zeit traf, hatte er nichts übrig. Wie in Wien malte er alle paar Tage ein Bild, meistens Aquarelle nach Postkarten und mit bekannten Münchner Gebäuden vom Hofbräuhaus bis zur Feldherrnhalle. Die verkaufte er dann in Bildergeschäften und Biergärten und verschaffte sich allmählich einen festen Kundenstamm. Zwischendurch fühlte er sich von den Schwabinger Cafés angezogen, wo sich Künstler und Weltverbesserer, Religionsstifter und Umstürzler trafen und wo Hitler mit seiner Neigung zur Tagträumerei nicht weiter auffiel. Dort fühlte er sich wohl und mischte sich in Diskussionen am Cafétisch ein – und damit hatte es sich auch schon mit seinem «politischen» Engagement.

Am 18. Januar 1914 wurde dieses idyllische Leben in der Schwabinger Boheme durch einen Beamten der Münchner Polizei unterbrochen, der ihm ein Schreiben des Linzer Magistrats mit der Aufforderung überbrachte, sich unverzüglich einer Musterung zu stellen. Tatsächlich wurde er einen Tag später dem österreichischen Generalkonsulat vorgeführt und im Falle der Nichtbefolgung mit einer Haftstrafe bedroht. Am 21. Januar verfasste der Stellungsflüchtige nicht ohne einen gewissen Erfolg ein langes und larmoyantes Rechtfertigungsschreiben und schob alle Schuld den schlampigen österreichischen Behörden in die Schuhe. So wurde er am 5. Februar 1914 in Salzburg nur nachgemustert und mit dem Ergebnis «Zum Waffen- und Hilfsdienst untauglich, zu schwach» ohne Geld- und Haftstrafe nach München entlassen.[47] Dort änderte sich nichts: Beziehungen zu politischen Gruppen, etwa zu Völkischen oder Alldeutschen, hatte er nicht, und auch ansonsten hatte er kaum Kontakte und bekam kaum Besuch. Aufforderungen zu einem gemeinsamen Essen oder Biertrinken lehnte er stets mit der Bemerkung ab, er müsse arbeiten.[48]

Von der «Großen Politik» bekam der Eremit kaum etwas mit, und so hat ihn auch der Ausbruch des Ersten Weltkriegs überrascht. Während sein Zimmernachbar Häusler sofort nach der Nachricht vom Kriegsausbruch nach Wien zurückfuhr und sich zum Militärdienst meldete, blieb Hitler in seiner Münchner Behausung. Er meldete sich beim bayerischen Heer als Freiwilliger.

Kriegserlebnis und Räteherrschaft

Der Krieg erlöste Hitler aus seiner Apathie und der selbstverschuldeten Ausweglosigkeit seiner Lebenssituation. Sieben Jahre nach seiner gescheiterten Bewerbung bei der Wiener Akademie hatte er erfolg- und ziellos vor sich hingelebt: ohne Ausbildung, ohne Aussichten auf eine berufliche Karriere, ohne einen Platz in der Gesellschaft – ein Absteiger, der anerkennen musste, dass der verhasste Vater es immerhin aus bescheidenen Anfängen zu etwas gebracht hatte. Allein darum stellte der Krieg eine wichtige Zäsur in seinem bisherigen Leben dar. Er war für ihn eine «Erlösung aus den ärgerlichen Empfindungen der Jugend», schrieb er 1924[49] und referierte damit, wenn auch subjektiv gefärbt, die einstigen Gefühle des Aufbruchs und eines Gemeinschaftserlebnisses, die viele Deutsche geteilt hatten, aber längst nicht alle. Vor allem in den Städten, im bürgerlichen Mittelstand und nicht zuletzt auch unter Studenten, Intellektuellen und Künstlern hatte sich mit der Kriegsbegeisterung die Hoffnung verbunden, endlich aus dem erstarrten, dekadenten Leben ausbrechen zu können oder, politisch gewendet, durch den Krieg – den man sich nur als kurzen Krieg und unter den technisch-militärischen Bedingungen des 19. Jahrhunderts vorstellen konnte und wollte – sich von den permanenten nationalen und internationalen Spannungslagen und Konflikten befreien zu können. Für andere war dieses «Augusterlebnis» eine rauschhafte, quasireligiöse Erfahrung neuer Einheit und einer wahren «Volksgemeinschaft». Die euphorische Stimmung des August 1914 reichte für einen Augenblick auch in die politischen Lager derjenigen hinein, die Krieg und Militärwesen skeptisch bis ablehnend gegenüberstanden. Für Adolf Hitler bedeutete es die Chance dazuzugehören, Kameradschaft und Disziplin zu erleben, ein geregeltes Leben führen zu können, in dem er sich nicht um Kost und Logis kümmern musste. Später bezeichnete er die «sechs Jahre beim Militär» als die «einzige Zeit», in der «ich keine Sorgen hatte».[50] Auch die politischen Konstellationen des Krieges waren so, dass sie mit seinen alldeutschen Vorstellungen übereinstimmten. Für das österreichisch-ungarische Vielvölkerreich wollte er nicht kämpfen, für ein Deutsches Reich umso mehr. Noch viel stärker als die Jahre in Wien

Abb. 5 Der Krieg als Erlösung. Bei einem Besuch im Atelier Heinrich Hoffmanns im Jahr 1930 will Hitler sich auf dem Foto einer jubelnden Menschenmenge auf dem Münchner Odeonsplatz am 2. August 1914 wiedererkannt haben. Begeistert schwenkt der Namenlose seinen Hut und meldet sich freiwillig zum Kriegsdienst, der sein Leben verändern sollte.

hat der Krieg Hitler geprägt und seine persönliche Entwicklung in eine Bahn gelenkt, die ihm seinen späteren Weg in die Politik wies. Eine bestimmte politisch-ideologische Positionsnahme oder politische Bewusstseinsbildung war damit freilich noch längst nicht verbunden.

So hatte sich auch Adolf Hitler von der euphorischen Stimmung mitreißen lassen. Am 2. August 1914 fand auf dem Odeonsplatz in München eine der vielen patriotischen Demonstrationen statt. Die Menge sang, wie vielerorts, «Deutschland über alles» und die «Wacht am Rhein». Ein Foto, das Hitlers späterer Leibfotograf Heinrich Hoffmann an diesem Tag von der Feldherrnhalle aus aufgenommen hatte, zeigt eine dichtgedrängte, teilweise begeisterte Menge, auch wenn nicht erkennbar ist, wie weit sich diese Versammlung auf dem Platz wirklich erstreckt hat. Später meinte Hitler sich auf diesem Foto erkennen zu können.[51] Die NS-Propaganda nutzte diese Entdeckung als frühes Dokument für Hitlers nationalistische Gesinnung. Auch wenn bis heute Zweifel an der Authentizität dieses Bildes bestehen, es wurde durch Hoffmanns geschickte Vertriebsstrategie bald zum wirksamen Bildzeugnis bei der Begründung des Führermythos.

Hitler meldete sich freiwillig zum Kriegsdienst im bayerischen Heer.[52] In der Hektik der Augusttage übersahen die Münchner Militärdienststellen offenbar, dass er Österreicher war und eigentlich gar nicht in einer deutschen Armee hätte dienen dürfen. Hitlers Eintritt in das bayerische Heer ging, wie Nachforschungen der bayerischen Behörden schon 1924 ergaben, auf einen Irrtum zurück. Beim 1. Bayerischen Infanterieregiment wurde er erst einmal weggeschickt, weil man keine unmittelbare Verwendung für ihn hatte. Erst am 16. August erhielt er die Aufforderung, sich beim Rekrutendepot VI in München zu melden, um dem 2. Ersatzbataillon des 2. Infanterieregiments zugewiesen zu werden, das nach seinem Kommandeur auch «Regiment List» genannt wurde. Nach einer kurzen Ausbildungszeit und einer Übung im Lager Lechfeld bei Augsburg wurde Hitlers Regiment am 21. Oktober auf die Schlachtfelder in Flandern geschickt, wo der Krieg inzwischen in den Schützengräben festgefahren war. Anfang September hatten französische und britische Truppen den deutschen Vormarsch zum Stillstand gebracht. Der ursprüngliche Plan, die französischen Streitkräfte in einer groß angelegten Zangenbewegung zu umfassen und zu schlagen, war gescheitert und damit eigentlich auch die gesamte deutsche Kriegsplanung. Beide Seiten bauten daraufhin Schützengräben und Unterstände. Von der Nordsee durch Belgien und Frankreich zogen sich seit November 1914 die Stellungen, die immer weiter ausgebaut wurden, und so blieben sie bis Kriegsende fast unverändert – trotz heftiger, verlustreicher Großangriffe, die von beiden Seiten vorgetragen wurden und doch höchstens einmal kurzzeitige Geländegewinne brachten. So hatte der Krieg eine Wendung genommen, die kaum einer hatte vorhersagen können. Im Westen kam es nicht wie 1870 zu offenen Feldschlachten mit vergleichsweise geringen Opferzahlen; vielmehr führte der auf Abnutzung und Zermürbung des Gegners angelegte Stellungskrieg, der die Mechanisierung der Kampfhandlungen immer weiter vorantrieb, zu einem Massensterben an der Front und verlangte zudem von der Heimatfront ungeheure materielle Opfer und Anstrengungen.

Sechs Tage nach der Ankunft in Lille erlebte Hitlers Bataillon bei Ypern seine Feuertaufe. Nach den blutigen Kämpfen, die er erlebt hatte, drängte es ihn – wenn auch erst drei Monate später –, Münchner Bekannten, seinen einzigen Korrespondenzpartnern, davon sehr eindringlich und anschaulich zu erzählen. Kontakte zu seiner Familie hatte er kaum noch, dafür hatte das Regiment die Rolle einer Ersatzfamilie eingenommen. In seinen Feldpostbriefen an seinen Vermieter Joseph Popp und an den Gerichtsassessor Ernst Hepp, der ihm ein Bild abgekauft und ihn zum Essen eingeladen hatte, berichtete Hitler, dass sein Regiment nach viertägigem Kampf von 3600 auf 611 Mann geschrumpft sei.[53] Hitler war unverletzt davongekommen und wurde zum Gefreiten befördert. Diesen Rang sollte er bis zum Ende des Krieges bekleiden. Nach dem zweiten Kampfeinsatz erhielt er am 2. Dezember das Eiserne Kreuz II. Klasse, was ihn mit Stolz erfüllte. Obwohl er verschiedentlich zum Unteroffizier vorgeschlagen wurde, lehnte er das ab – möglicherweise weil er bei der Befehlsstelle des Regiments eine Aufgabe erhalten hatte, die ihm einen weniger gefährlichen Einsatz hinter der unmittelbaren Kampflinie ermöglichte.

Als Meldegänger musste er mit sieben weiteren Kameraden Nachrichten und Befehle des Stabes zur Front bringen. Doch auch Meldegänger lebten gefährlich, wie Hitler Mitte November erleben musste, als drei seiner Kameraden durch Granatenbeschuss ums Leben kamen. Ein Drückeberger oder Feigling war er ganz sicher nicht. Seit Ende November lag auch der Regimentsstab in dem stark zerstörten Städtchen Messines unter ständigem schwerem Artilleriefeuer. In seinen Feldpostbriefen nach München beklagte Hitler, dass ihn der «ewige Kampf ganz stumpf mache» und an den Nerven zehre.[54]

Hitler war bei seinen Vorgesetzten angesehen und fiel unter seinen Kameraden, zu denen er ein gutes Verhältnis hatte, dadurch auf, dass er gehorsam, pflichteifrig und bescheiden war. Obwohl er ein Eigenbrötler war und seine Kameraden ihn, weil er in den Feuerpausen sehr oft zeichnete oder las, spöttisch den «Kunstmaler» nannten, kamen sie mit ihm gut zurecht. Die meisten seiner engen Kameraden

Abb. 6 Der Gefreite Adolf Hitler in einem Unterstand für die Regimentsordonnanzen im September 1916 in dem Frontabschnitt Riencourt–Villers, wie immer am Rand des Fotos.

traten später der NSDAP bei, nachdem er sie bei seinen ersten Propagandaveranstaltungen dazu eingeladen hatte. Seine Tapferkeit hatte er unter Beweis[55] gestellt, als er sich im November 1914 mutig einsetzte, um das Leben seines Regimentskommandeurs zu retten, der bei einem Granateneinschlag im Gefechtsstand schwer verletzt worden war. Seine Tat sprach sich im Regiment rasch herum und wurde auch in einer Denkschrift des Regimentsadjutanten hervorgehoben. Es ist bezeichnend für sein ästhetisches Wahrnehmungsbedürfnis, dass er bald danach in einem Aquarell den Ort skizzierte, wo sich der Vorfall ereignet hatte.

Hitler saß oft stundenlang in einer Ecke des Unterstandes und war, wie Unteroffizier Max Amann sich später erinnerte, «ein bißchen eigenartig». Auch Pakete aus der Heimat wollte er schon seit 1915 nicht mehr haben, da er, wie er Anna Popp mitteilte, vom Regiment gut versorgt werde. Auf Fotos, die sich erhalten haben, sieht man ihn meistens am Rande stehend oder sitzend, mit ausgemergeltem Gesicht, das durch einen Schnurrbart und einen starren, abweisenden Gesichtsausdruck gekennzeichnet ist. Er blieb ein Fremder in dieser Kriegskameraderie. Sein bester Freund war ein Hund namens Foxl, ein weißer Terrier, der ihm aus englischen Stellungen zugelaufen war und dem er Kunststücke beibrachte. Als seine Einheit gegen Ende des Krieges verlegt wurde, war er ganz verzweifelt, als Foxl verschwunden war. Ablenkungen anderer Natur – die Aufforderungen seiner Kameraden, mit ihnen ein Bordell zu besuchen – lehnte er brüsk ab. Wer bei Französinnen Liebe suche, der habe kein Ehrgefühl.

Vieles deutet darauf hin, dass sich Hitler im Regimentsstab kaum anders verhielt als im Männerheim. Er blieb auf Distanz gegenüber seiner Gruppe, ohne dass seine Außenseiterrolle dazu geführt hätte, dass er völlig ausgeschlossen gewesen wäre. Man respektierte ihn und sein Verhalten, nicht zuletzt weil er seine Kameraden nicht behelligte und sich in aufkommenden politischen Debatten eher zurückhielt. Ganz anders freilich verhielt er sich, wenn es um Kunst ging. Zu seiner Lektüre hinter der Front gehörte auch kunsthistorische Literatur. So hatte er in einer Frontbuchhandlung im November 1915 einen von Max Osborn verfassten Kunstführer von Berlin erstanden, den er auch mitnahm, als er nach einem Lazarettaufenthalt im Herbst 1916 in Beelitz Anfang Dezember zum ersten Mal Berlin besuchte – insbesondere die dortige Nationalgalerie. Das war zu der Zeit, als Berlin den härtesten Winter seit vielen Jahren, den «Steckrübenwinter», erlebte, in dem Zehntausende an den Folgen von Kälte und Unterernährung starben. Doch von diesem Leiden der Zivilbevölkerung ist in Hitlers Heldengeschichte keine Rede, sondern nur von der schlechten Stimmung der Bevölkerung. Was er als Defätismus darstellte, war tatsächlich die weitverbreitete Unzufriedenheit mit der katastrophalen Versorgungslage, die zu ersten Massenstreiks führte. Später sollte er auch seine regulären Fronturlaube nutzen, um im Oktober 1917 und noch einmal im September 1918 nach Berlin zu fahren – vor allem um die dortigen Museen «etwas besser zu studieren».[56] Auch hatte er bald Kontakt zu den Künstlern und Kunstfreunden in seinem Regiment gefunden, u. a. zu Albert Heilmann, einem Sohn der Baufirma Heilmann & Littmann, bei der er anlässlich seines Wechsels nach München unterzukommen gehofft hatte. Es ist darum wohl auch kein Zufall, dass Jakob Heilmann am 24. Februar 1920 bei dem ersten großen Auftritt der NSDAP, die damals noch DAP hieß und eine völkische Splitterpartei war, anwesend war.[57]

Hielt Hitler sich mit markigen politischen Aussagen im Kameradenkreis eher zurück, so waren allenfalls seine Äußerungen wohl so gehalten, wie sie unter Weltkriegssoldaten und im nationalistischen Milieu nicht ungewöhnlich waren. Erregen konnte er sich aber offenbar, wenn jemand Zweifel an einem deutschen Sieg äußerte. Eine Niederlage war für ihn schon deswegen ausgeschlossen, weil das große Sterben dann völlig umsonst gewesen wäre. Dass allerdings das Grauen des maschinellen Kriegs jede Kriegsromantik zerstört hatte, gestand er auch nach dem Krieg noch ein – und ebenso, dass er wiederholt Todesängste ausgestanden habe. Dann aber hätte sich das Pflichtgefühl gegen den «Selbsterhaltungstrieb» durchgesetzt.[58] Sehr viel dezidierter, wenn auch nicht über die Argumente der nationalistischen Rechten hinausgehend, äußerte er sich Anfang Februar 1915 in einem Brief – dem einzigen dieser Art – an den Gerichtsassessor Hepp. Er sprach darin über die Konsequenzen, die die Überlebenden aus dem Krieg ziehen müssten, damit die «Opfer und Leiden», die die «täglich Hunderttausende[n]» gebracht hätten, nicht umsonst wären. Das künftige Deutschland müsse von der «Fremdländerei» gereinigt werden, nach dem Sieg müsse auch «unser innerer Internationalismuß (!) zerbrochen» werden. Vor allem die nationale Homogenisierung des Deutschen Reiches erschien Hitler zu diesem Zeitpunkt als das wichtigste Kriegsziel, ohne dass hinter diesen alldeutschen Vorurteilen, die er schon in seinen Wiener Jahren mit aufgesogen hatte, eine weitergehende politische Konzeption gestanden hätte. Zu den inneren Feinden gehörte auch die Sozialdemokratie, die er des «Internationalismus» verdächtigte.[59] Wie eng diese Aussagen auf einen Punkt fixiert waren, wird nicht zuletzt darin deutlich, dass sie nicht mit antisemitischen Aussagen verbunden waren. Im Gegenteil, Hitler hat Juden kaum erwähnt und hatte zudem ein gutes Verhältnis zu jüdischen Soldaten. Auch im Regiment List war trotz einer zunehmenden politischen Radikalisierung der «Heimatfront» kein radikaler Antisemitismus[60] zu finden.

Seit dem 9. November 1914 war Hitler dem Regimentsstab als Meldegänger zugeteilt und bewegte sich in den Wochen danach zwischen den Standorten des Regiments in Messines und Comines, immer dem schlechten Wetter und dem schweren Artilleriefeuer der Franzosen und Engländer ausgesetzt. Das zermürbte offensichtlich auch den Gefreiten Hitler so sehr, dass er in den wenigen Briefen an seine Bekannten in München ausführlich davon berichtete.[61] Seit dem März 1915 war sein Regiment an Stellungskämpfen mit englischen Truppen bei dem Dorf Fromelles beteiligt: Phasen mit geringer Kampftätigkeit und solche mit schweren Gefechten lösten einander ab. Hitler traf wieder an der Front ein, als dort die härtesten Kämpfe vorüber waren. Im September 1916 wurde das Regiment abgelöst und im Oktober bei der Somme-Schlacht eingesetzt, die seit Anfang Juli tobte und insgesamt über eine Million Soldaten das Leben kostete. Am 5. Oktober wurde auch der Unterstand der Regimentsmelder von der gegnerischen Artillerie getroffen. Hitler wurde am Bein verletzt und damals, wie bereits erwähnt, ins Lazarett in das brandenburgische Beelitz verlegt. Acht Wochen später, Anfang Dezember, meldete er sich bei seinem Ersatztruppenteil in München. Er blieb bis ins Frühjahr 1917 und erlebte dort, so behauptete er jedenfalls später in «Mein Kampf», einen völligen Stimmungswandel: Missmut, Feigheit und Kriegsmüdigkeit herrschten nun vor, und selbst die Schreibstuben der Heimatarmee seien mit Juden besetzt gewesen. Auch die Kriegswirtschaft habe sich in jüdischen Händen befunden. Das waren Vorurteile, die mittlerweile überall die Runde machten und auch auf Münchner Straßen zu hören waren. Dass die Vorwürfe, die Juden seien «Drückeberger», nicht zutrafen, musste auch Hitler wissen, denn in seinem Regiment kämpften und starben zahlreiche Juden. Auch wenn Hitler ganz offensichtlich inzwischen stärker mit antisemitischen Parolen in Berührung gekommen war, lässt sich bei ihm allein aufgrund dieses «Geredes», das er Jahre später als eigene Erfahrung erwähnt, noch nicht auf einen wirklichen Einstellungswandel hin zu einem radikalen Antisemitismus schließen. Auch in den Memoiren von Kriegskameraden gibt es keinen Hinweis darauf, dass Hitler als lautstarker Antisemit aufgefallen wäre.

Es zog ihn zu seinem alten Regiment List zurück. Anfang März 1917 traf er an dessen neuem Standort bei Vimy ein, nachdem es ihm gelungen war, der Versetzung zu einem anderen Regiment zu entgehen. Im Sommer wurde die Einheit wieder in die Nähe von Ypern verlegt, wo sie schon drei Jahre zuvor im Einsatz gestanden hatte. Nun wurde die Truppe zur Abwehr der britischen Flandernoffensive eingesetzt. Auch diese Abwehrkämpfe forderten erhebliche Opfer, als das Regiment im Juli 1917 mehr als zwei Wochen unter feindlichem Dauerfeuer lag. Anfang August wurde es abgelöst und von der Frontlinie zur Auffrischung ins Elsass zurückgezogen. Nachdem ihm das Militärverdienstkreuz III. Klasse verliehen worden war, nahm Hitler Ende September den bereits erwähnten Heimaturlaub – den ersten regulären Urlaub vom Kriegsgeschehen, den er sich gönnte. Er verbrachte ihn jedoch nicht in München, sondern bei den Eltern eines Kameraden in Berlin – einer Stadt, die ihn nicht zuletzt wegen ihrer Museen begeisterte, wie aus Postkarten hervorgeht, die er von dort an Regimentskameraden schrieb. Nur auf diesen engsten Kreis seiner Frontgemeinschaft beschränkte sich damals seine Korrespondenz.

Mitte Oktober kehrte er zu seinem Regiment zurück, das mittlerweile in die Champagne verlegt worden war und die deutsche Frühjahrsoffensive unterstützen sollte. Das war die letzte Karte, die die deutsche Führung noch ausspielen konnte, und tatsächlich erzielte man zunächst beträchtliche Geländegewinne, die freilich auch nur bis dorthin reichten, wo der deutsche Vormarsch im September 1914 stecken geblieben war. Anfang Juni 1918 kam die deutsche Offensive, die abermals zahllose Opfer gefordert hatte, endgültig zum Stillstand. Anfang August erhielt Hitler aus der Hand des Regimentskommandeurs das Eiserne Kreuz I. Klasse. Diese Auszeichnung, die Mannschaftsdienstgrade nur in besonderen Fällen erhielten, wurde damit begründet, dass Hitler trotz heftigstem Beschuss eine wichtige Meldung zur Frontlinie gebracht habe. Wer Hitler dafür vorgeschlagen hatte, kann nicht genau geklärt werden. Es waren offenbar besondere Umstände, die dazu führten, dass er zusammen mit sieben anderen Regimentskameraden vorgeschlagen wurde. Der ehemalige Regimentsadjutant, der jüdische Leutnant Hugo Gutmann, wie lange angenommen wurde, kann es nicht gewesen sein.

Im August 1918 setzte die gegnerische Offensive wieder ein. Die Übermacht der britischen Panzer und der frischen amerikanischen

Truppen war so groß, dass die deutschen Verbände bis Ende September weit zurückweichen und sich schließlich geschlagen geben mussten. Hitlers Regiment war im September 1918 abermals bei Cambrai und dann südlich des schwer umkämpften Ypern im Einsatz. Ende September von seinem Urlaub zurückgekehrt, wurde er am 13. Oktober mit einigen Kameraden bei Comines durch einen englischen Senfgasangriff verletzt, erlitt starke Augenreizungen und zeitweilige Sehstörungen. Ob die vorübergehende «Erblindung», an die er sich erinnerte, psychosomatisch bedingt oder Folge des Gasangriffs war, lässt sich nicht endgültig klären. Hitler wurde zunächst in einem Feldlazarett notversorgt und am 21. Oktober in ein Lazarett in Pasewalk bei Stettin verlegt. Dort erlebte er Revolution und Kriegsende. Die Nachricht von der Niederlage hat ihn, wie viele andere auch, schwer getroffen. In «Mein Kampf» stilisierte er fünf Jahre später die Novembererfahrungen von 1918, Niederlage und Revolution, zu einem Bekehrungserlebnis. In den Tagen und Nächten, die auf die Nachrichten von der sozialistischen Revolution folgten, habe er noch einmal «den ganzen Schmerz der Augen» erlitten, bis der «Haß gegen die Urheber dieser Tat» in ihm erwachsen sei und ihn dann bewogen habe, Politiker zu werden.

Was Hitler von den politischen Zuspitzungen und Konflikten des Jahres 1918 tatsächlich wahrgenommen und wie er diese beurteilt hat, lässt sich nicht mit Sicherheit sagen. Auf seinem Weg zurück vom Lazarett in Pasewalk nach München erlebte er am 20. November eine Demonstration vor dem Berliner Schloss, die ihn durch ihr «äußerlich gewaltiges Ansehen» irritierte, aber auch faszinierte.[62] Auf den Streik der Rüstungs- und Munitionsarbeiter im Januar 1918, die die populäre Forderung nach einem Frieden ohne Annexionen durchsetzen wollten, reagierte er voller Wut und mit der Forderung, die sozialdemokratische Führung, die er für die Streiks und für die Forderungen nach Frieden und Allgemeinem Wahlrecht verantwortlich machte, aufzuhängen. Tatsächlich wurde der «Munitionsstreik» unter den Soldaten intensiv diskutiert, auch weil er in den Feldzeitungen nicht verschwiegen, sondern ausführlich thematisiert wurde. Er wurde dort als eine «verlorene Schlacht für Deutschland» dargestellt, und nicht viel anders las sich das später in «Mein Kampf».[63]

Von den dramatischen politischen Ereignissen des Oktober und November hatte oder wollte Hitler nach seiner Verwundung nichts mitbekommen: nichts von der plötzlichen Forderung der Obersten Heeresleitung vom 29. September an die Reichsregierung, sich angesichts der drohenden militärischen Niederlage unverzüglich um einen Waffenstillstand auf der Grundlage der «Vierzehn Punkte» des amerikanischen Präsidenten Wilson zu bemühen; nichts von dem Kalkül, das hinter dieser Kehrtwende von Hindenburg und Ludendorff stand – nämlich die politische Wut und Erregung der völlig unvorbereiteten Deutschen auf die parlamentarische Demokratie zu lenken, deren Durchsetzung sich seit dem Oktober abzeichnete und mit dem 9. November 1918 Wirklichkeit wurde; nichts von der Regierungsbildung der bürgerlichen Parteien gemeinsam mit der Mehrheitssozialdemokratie als Voraussetzung für einen schnellen Friedensschluss. Hitler erfuhr von der militärischen Niederlage und der Abdankung des Kaisers erst am 10. November von einem Pfarrer im Lazarett. Damals brach für ihn eine Welt zusammen, denn die Armee war für ihn seine einzige wirkliche Heimat; den Krieg hatte er als seine Aufgabe betrachtet. Er war nicht der Einzige, für den mit dem November 1918 alles aufgelöst schien, was ihm Orientierung gegeben hatte. Wenn er Jahre später in «Mein Kampf» seine nationalen Empfindungen voller Pathos wiedergab, so traf er damit ganz sicherlich sowohl die Stimmungslage der nationalen Rechten des Jahres 1918 als auch des Jahres 1924/25. Sein Gesundheitszustand habe sich im Lazarett, so schrieb er, etwas gebessert, bis er von der «größten Schandtat des Jahrhunderts» erfahren habe: «Während es mir um die Augen wieder schwarz ward, tastete und taumelte ich zum Schlafsaal zurück, warf mich auf mein Lager und grub den brennenden Kopf in Decke und Kissen. Seit dem Tage, da ich am Grabe der Mutter gestanden, hatte ich nicht mehr geweint. Nun aber konnte ich nicht mehr anders. Nun sah ich erst, wie sehr alles persönliche Leid versinkt gegenüber dem Unglück des Vaterlandes. Es war alles umsonst gewesen.»[64]

In Wahrheit hatte es weder einen Verrat noch einen «Dolchstoß in den Rücken» der Armeen gegeben. Die Unruhen in den Herbstmonaten waren Folge des militärischen Scheiterns und einer wahrheitswidrigen Propaganda der Obersten Heeresleitung. Allzu lange hatte man sich siegessicher gegeben und die dramatisch verschlechterte Situation an der Front verschwiegen. Die Soldaten waren erschöpft und hatten schwere Verluste in ihren Reihen hinzunehmen. Zudem waren zwischen März und Juli 1918 mehr als eine Million deutscher Soldaten im Zuge einer Grippeepidemie erkrankt, mehr als 700 000 Soldaten waren verwundet. Die Zahl der Desertionen stieg gewaltig. Die Erfahrungen der Frontsoldaten und der Zivilisten daheim klafften immer stärker auseinander und trennten Verfechter eines Annexionsfrieden von Pazifisten, trennten Soldaten, die noch von der Schützengrabengemeinschaft träumten, von jenen, die das erlebte Grauen und das Leid im Krieg zu erbitterten Kriegsgegnern und Revolutionären gemacht hatte. Mit der Zuschreibung einer angeblichen «Volksgemeinschaft» wurden die Kameradschaft im Krieg und die gemeinsamen Generationserfahrungen der Kriegsgenerationen erst Jahre später retrospektiv überwölbt, als Trauer und Leid in der Literatur und auf den Kriegerdenkmälern allmählich von einer Heldengeschichte überlagert wurden und als viele in den 1920er Jahren trotz oder gerade wegen der deutschen Niederlage und der schweren Verluste dem Krieg nachträglich einen Sinn zu geben versuchten.

Zu ihnen gehörte auch Adolf Hitler, was sein angebliches Erweckungserlebnis im November 1918 im Lazarett von Pasewalk und sein angeblich spontaner Entschluss, Politiker zu werden, zeigt.[65] Die Wirklichkeit sah freilich ganz anders aus: Hitlers Weg in die Politik verlief nicht zielgerichtet. Die Politik kam eher auf ihn zu. Er war nach seiner Entlassung aus dem Lazarett für Monate unschlüssig, wie er seine Zukunft gestalten sollte, und verhielt sich ausgesprochen widersprüchlich. Wenn er tatsächlich Politiker hätte werden wollen, dann hätte ihm die aufgeregte politische Landschaft, vor allem im von Räterepublik und Gegenrevolution zerrissenen München, reichlich Gelegenheit dazu geboten. Es wäre naheliegend gewesen, sich irgendeinem Freikorps oder konterrevolutionären politischen Kampfverband anzuschließen, die Anfang 1919 entstanden. Stattdessen zog es ihn erst einmal, allein schon um den Demobilisierungsbestimmungen Folge zu leisten, nach München und wieder in die Nähe seiner Kriegskameraden. Der Krieg hatte sicherlich auch Hitler geformt, aber nicht in dem Sinne, dass er mit einem weltanschaulich gefestigten politischen Weltbild und einem Willen zur Politik dem Erlebten entronnen wäre. Tatsächlich unternahm er alles, um möglichst lange trotz der sich abzeichnenden Entmilitarisierungsbestimmungen den grauen Rock zu tragen.

Am 19. November 1918 wurde Hitler aus dem Reservelazarett Pasewalk in eine Welt entlassen, die seit seiner Verwundung eine ganz andere geworden war. Sein Weg nach München führte ihn über Berlin, wo mittlerweile die Revolution ausgebrochen war und der Sozialdemokrat Scheidemann die Gründung einer deutschen Republik proklamiert hatte, während Karl Liebknecht zwei Stunden später eine Sozialistische Republik ausgerufen hatte. Am 21. November traf Hitler in München ein, wo der linke Sozialdemokrat Kurt Eisner bereits am 7. November im Namen der Münchner Arbeiter- und Soldatenräte den Freistaat Bayern ausgerufen und eine Regierung aus gemäßigten und linken Sozialdemokraten gebildet hatte. Im Januar 1919 sollten demokratische Landtagswahlen in Bayern stattfinden. Eisner wurde zur Zielscheibe wütender, nicht zuletzt antisemitischer Angriffe der radikalnationalistischen Rechten, die ihn mit allen Mitteln, auch mit gewaltsamen, loswerden wollte. Eine Schlüsselrolle spielte dabei die antisemitische Thule-Gesellschaft, die das Hakenkreuz als Erkennungszeichen trug. An dem Umsturzversuch, der verraten wurde, nahmen auch Männer teil, die später zu Hitlers Entourage gehören sollten: Hans Frank, Rudolf Heß und Alfred Rosenberg.

Hitler war und blieb erst einmal bei der Truppe.[65] Seine weitere Zukunft sollte von den politischen Bedingungen in seinem Umfeld abhängen. Anfang Dezember 1918 wurde er zusammen mit 140 weiteren Wachsoldaten in das Kriegsgefangenenlager Traunstein kommandiert.

Die Behauptung Hitlers, er habe München verlassen, weil dort im Unterschied zu Traunstein ein «Soldatenrat» sein Regiment bestimmt habe, ist nicht plausibel; er wollte damit nur den Eindruck erwecken, er habe mit den Soldatenräten, die er angeblich so verabscheute, und auch mit den Ereignissen im Vorfeld der Etablierung der Räterepublik nichts zu tun gehabt. Tatsächlich kehrte er mit seinen Kameraden schon früher als angegeben, nämlich Ende Januar, wieder zurück

Abb. 7 Unter Soldaten. Hitler (mit x gekennzeichnet) im Kriegsgefangenenlager Traunstein, Januar 1919

nach München, wo er der 2. Demobilisierungskompanie zugeordnet wurde. Seit Mitte Februar leistete er für seine Kompanie Wachdienst am Hauptbahnhof. Noch im Februar wurde er auch zum «Vertrauensmann» seines Truppenteils gewählt, gehörte also zu den Arbeiter- und Soldatenräten unter Eisner. Ebendas wollte er später verschweigen. Denn in diesen Tagen spitzte sich die politische Lage in München noch einmal zu und führte zu einer folgenreichen Radikalisierung. Am 21. Februar befand sich Kurt Eisner auf dem Weg zum Landtag, als er von dem 22-jährigen Leutnant und eingeschriebenen Jurastudenten Anton Graf Arco auf Valley ermordet wurde. Eisner hatte als Reaktion auf die verheerende Wahlniederlage seiner Partei, der USPD, bei den Landtagswahlen die Demission seines Kabinetts bekanntgeben wollen. Bei dem Attentäter fand sich ein Zettel, auf dem das Tatmotiv des Rechtsradikalen zu lesen war: «Eisner ist Bolschewist, er ist Jude, er ist kein Deutscher, er fühlt nicht deutsch, untergräbt jedes vaterländisches Denken u(nd) Fühlen, ist ein Landesverräter.»[66] Spätestens seit der Räterepublik verschmolz im Denken der völkischen Rechten der Bolschewismus-Vorwurf mit einem radikalen Antisemitismus. Auch an dem Trauerzug für den damals ermordeten Ministerpräsidenten Kurt Eisner nahm Hitler am 26. Februar befehlsgemäß teil. Ein Foto zeigt ihn am Rand einer Gruppe russischer Kriegsgefangener, die auch im Trauerzug mitmarschierten.

Die Abstimmung über das Amt des Ministerpräsidenten hatte der Sozialdemokrat Johannes Hoffmann im neu gewählten Landtag gewonnen. Dessen Ziel, eine parlamentarische Demokratie in Bayern einzuführen, wurde von den Kommunisten und der USPD mit neuerlichen Revolutionsdrohungen beantwortet. Das Attentat auf Eisner lieferte der radikalen Linken den Vorwand, die Macht zu okkupieren und am 6. April eine Räterepublik zu proklamieren. Die Regierung Hoffmann flüchtete daraufhin nach Bamberg, wo sie den Widerstand gegen die Münchner Räteregierung organisierte. Auf die neuerliche Radikalisierung der Rätepolitik durch die KPD reagierte die Reichsregierung in Berlin auf Initiative des sozialdemokratischen Reichswehrministers Gustav Noske am 16. April mit dem Beschluss, der Regierung Hoffmann militärischen Beistand zu gewähren und Reichswehrtruppen und Freikorps unter Führung des preußischen Generalleutnants Ernst von Oven in München einmarschieren zu lassen. Zu den Interventionstruppen gehörte auch das Freikorps von Franz Ritter von Epp und seines «Stabschefs» Hauptmann Ernst Röhm. Ferner die Marinebrigade von Kapitän Hermann Ehrhardt, die ein Jahr später, im März 1920, am konterrevolutionären Kapp-Putsch beteiligt war. Die Truppen hatten den Auftrag, dort «geordnete Zustände» zu schaffen. Tatsächlich brachten die zahlenmäßig weit überlegenen Regierungstruppen schon vor der Stadt Angehörige der Roten Armee und Sanitäter um, was die kommunistischen Truppen am 30. April mit dem Mord an zehn zuvor festgenommenen Geiseln, darunter Mitglieder der Thule-Bewegung, beantworteten. Ende April war der Belagerungsring um München geschlossen, alle Vermittlungsversuche scheiterten an der Kompromisslosigkeit und der Bürgerkriegsmentalität beider Seiten. Am 1. Mai rückten die Regierungstruppen ein. Die Mehrheit der Münchner Bevölkerung begrüßte den von Gewalttaten begleiteten Einmarsch als Akt der Befreiung. Für das bürgerliche München wurde das Morden der «Roten» zum Inbegriff kommunistischer «Schreckensherrschaft», für die Freikorps und ihre Sympathisanten zur Rechtfertigung des Weißen Terrors, der nach dem 3. Mai einsetzte. Insgesamt richteten Reichswehrtruppen mehr als dreihundert Menschen hin; die Opfer der Freikorps, die ebenso unter den «Roten» wüteten, lassen sich nicht beziffern. Insgesamt kamen mehr als sechshundert Menschen ums Leben, darunter viele unbeteiligte Einwohner.

Die Führer beider Räterepubliken wurden verfolgt, misshandelt und ermordet. Eine besonders folgenreiche Erbschaft der Rätezeit war der Antisemitismus. Die Räteregierung, der auch jüdische Intellektuelle und Publizisten angehörten, wurde als «Judenherrschaft» angeprangert und immer wieder als Beweis für den engen Zusammenhang von Bolschewismus und Judentum angeführt. Gewalt und Gegengewalt beherrschten für einige Wochen die Stadt und hinterließen nicht nur in ihrer politischen Kultur tiefe Spuren. Die revolutionäre zukunftsfrohe Erwartung, mit der die eben gegründete Kommunistische Internationale in Moskau auf München blickte und von dort einen neuen Schub für die «Weltrevolution» erhoffte, musste in der bürgerlichen Welt Angst verbreiten, deren Angehörige Deutschland dem Bolschewismus ein Stück näher rücken sahen. Hellsichtige Beobachter ahnten, dass die Schüsse in München einen neuen Abschnitt in der Geschichte der deutschen Revolution einleiten würden. Die Angehörigen der radikalen nationalistisch-völkischen Rechten nutzten die vermeintliche Revolutionsdrohung, um – bestärkt von dem Auftrag «Ordnung zu stiften» – sich zur «Ordnungszelle» zu erklären. München wurde fortan zum Anziehungspunkt für radikale Rechte.

«Wo war Hitler an diesem Tag? In welchem Winkel Münchens versteckte sich der Soldat, der in unseren Reihen hätte kämpfen müssen?» Die Frage, die sein späterer innerparteilicher Gegner, Otto Straßer, nach seinem Bruch mit Hitler stellte,[67] traf eine Schwachstelle in Hitlers Biographie. Hitler hat sich über sein Verhalten während der Wochen der Räterepublik ausgeschwiegen bzw. irreführende Behauptungen und regelrechte Fälschungen verbreitet, die geeignet schienen, die Irrungen und Wirrungen seiner Vita einigermaßen zu camouflieren. Die dramatische und für viele traumatische Zeit zwischen Novemberrevolution und Niederschlagung der Räteherrschaft, die er aus nächster Nähe erlebte, handelt er in «Mein Kampf» wortkarg auf gerade mal einer Seite ab – eine Sparsamkeit, die immer schon kritische Fragen aufgeworfen hat. War Hitler ein Sympathisant der Revolution, ein Anhänger der Mehrheitssozialdemokratie? Die bereits erwähnte Tatsache, dass er am 3. April zum Vertrauensmann seines Demobilmachungsbataillons gewählt wurde, ist undenkbar, wenn er offen als Gegner der Räterevolution aufgetreten wäre. Das war das erste Mal, dass Hitler eine Führungsposition bekleidete. Doch dieser erste kleine Sprung in die Politik war eben nicht die Folge eines politischen Erweckungserlebnisses, sondern wiederum nur den Umständen und unübersehbar seinem Nutzdenken geschuldet. Als Vertrauensmann konnte er sich eine Position sichern, die ihn vor einer drohenden Entlassung bewahrte. Das war ihm wichtiger als ein politisches Bekenntnis, das mit einer solchen Wahl verbunden war. Über die politische Haltung der Münchner Regimenter im Februar 1919 gibt es keine gesicherten Aussagen – noch weniger über Hitlers politische Einstellung. Der Vertrauensmann Hitler gab jenen, die ihn wählten, offenbar keinen Anlass zu der Vermutung, dass er politisch nach rechts tendierte. Seine Unterstützung der Mehrheitssozialdemokraten blieb vermutlich nur äußerlich; sie war von dem Versuch bestimmt, sich möglichst lange der Demobilisierung zu entziehen, und entsprang opportunistischen Motiven, wie sie Hitler auch bei anderen Gelegenheiten zeigte. Nach dem 13. April kam ein radikaleres Räteregime unter Führung der Kommunisten an die Macht. Diese zweite Räteregierung war sich allerdings unsicher, ob sie noch auf die Unterstützung der Soldaten zählen konnte. Bei einer neuerlichen Wahl unter den in München stationierten Einheiten, die von den Soldatenräten am 15. April angeordnet wurde, erzielte Hitler die zweithöchste Stimmenzahl und war damit als Vertreter seiner Kompanie in den Soldatenrat seines Bataillons gewählt. Von wem und aus welchen Motiven gerade er gewählt wurde, lässt sich allerdings kaum ermitteln. Vermutlich hat er in dieser Zeit auch eine rote Armbinde getragen, die alle Soldaten in München seit Mitte April tragen mussten.[68] Auch als sich die Lage gegen Ende April mit dem Vorrücken der Regierungstruppen immer weiter zuspitzte, verhielt Hitler sich abwartend. Er schloss sich weder einem Freikorps an noch den neu gebildeten Einheiten der Roten Armee. In den Einheiten gab es keine einheitliche politische Meinung, und so blieb auch Hitler unentschlossen und abwartend. Kühle Berechnung und Opportunismus gediehen bei ihm gleich neben äußerst vagen politischen Haltungen.[69] Er habe sich, so berichtet er selbst kurz in «Mein Kampf», das «Missfallen des Zentralrates» zugezogen und sollte «am 27. April frühmorgens verhaftet» werden. Doch sei es ihm gelungen, sich gegen die «drei Burschen», die ihn arretieren sollten, mit vorgehaltenem Karabiner erfolgreich zur Wehr zu setzen.[70] Vieles spricht jedoch dafür, dass diese Geschichte von seiner drohenden Verhaftung frei erfunden ist. Damit wollte er offenbar den Anschein erwecken, dass er nicht untätig in der Kaserne saß, während in München bürgerkriegsähnliche Zustände herrschten. Doch hätte er, so rechtfertigt er sich, als «Namenloser» während der Räterepublik – die er später eine «vorübergehende Judenherrschaft» nannte – kaum die notwendigen Voraussetzungen zu einem «zweckmäßigen Handeln» mitgebracht.

Als mit dem Vorrücken der «Weißen Truppen» unter Führung

Epps das Ende der Räteherrschaft nahte und die Stadt für einige Tage von blutigen Straßenkämpfen und Akten des politischen Terrors heimgesucht wurde, kam Hitler nur zögerlich aus der Deckung. Auf seinen Freund Ernst Schmidt vom ehemaligen Regiment List machte er einen «erschöpften und angeschlagenen» Eindruck.[71] Seine Zukunft war weiterhin völlig offen. Wenige Tage nachdem die «Roten» besiegt waren, am 9. Mai, richtete die Reichswehr im Mai 1919 sogenannte Untersuchungskommissionen ein, die nach kommunistischen Soldaten fahnden und umfassende Säuberungen durchführen sollten. Die Listen «unzuverlässiger Elemente» umfasste schließlich mehr als 12 000 Namen. Noch im Mai 1919 wurden die beiden Demobilmachungsbataillone, zu denen auch Hitlers Einheit gehört hatte, aufgelöst und die Soldaten entlassen. Hitler meldete sich am 9. Mai mit zwei weiteren Kameraden bei der Untersuchungs- und Entlassungskompanie des 2. Infanterieregiments und wurde für diesen Dienst als Informant am 19. Mai einer «Kommandierten Kompanie» zugeordnet. Damit war er wieder einer Entlassung zuvorgekommen. Außerdem konnte er als Informant der neuen Machthaber unangenehmen Fragen nach seinem Dienst in der Rätezeit besser aus dem Weg gehen. Ob er zu diesem Zeitpunkt schon als verdeckter «Konterrevolutionär» bekannt war oder nicht, seine Aufgabe war es nun, ehemalige Kameraden anzuschwärzen, auch wenn das diese den Kopf hätte kosten können. Dass er selbst als Vertrauensmann der Soldatenräte die Räteregierung unterstützt hatte, verschwieg er. Nun war er ganz offen im Agitationsfeld der Konterrevolution tätig. Damit stand ihm der Weg in die rechtsextreme politische Szene Münchens offen. Mit seinem Dienst für die neu entstehenden Armeekommandos und damit für eine nachrevolutionäre Truppe kam er in Kontakt mit der Arbeit von Aufklärungs- und Propagandakompanien, deren Aufgabe in der «Säuberung» und Bespitzelung, in formaler Hinsicht in der «Entpolitisierung» der künftigen Reichswehr bestand. Tatsächlich sollten diese Aktivitäten der Reichswehrführung zur Abkoppelung der Reichswehr vom demokratischen Verfassungsstaat führen. In diesem Milieu der Soldaten, Spitzel und Agitatoren vollzog sich Hitlers eigentliche Politisierung. Wenn er selbst bereits seine Arbeit in der Untersuchungskommission «als mehr oder weniger rein politische aktive Tätigkeit»[72] bezeichnete, so verbarg er damit die opportunistischen Motive, die ihn veranlassten, sich freiwillig zum Dienst in der Untersuchungskommission zu melden. Die Teilnahme an einem Propagandakurs im Sommer 1919 markiert auf jeden Fall seinen Weg in die Politik – auch wenn dessen Besuch immer noch vorrangig von Hitlers Nutzdenken bestimmt war. Damals setzte Hitlers Politisierung ein, und zwar in einem Umfeld, das antibolschewistisch und mehrheitlich republikfeindlich eingestellt war und in diesem Sinne von allem Anfang an seine politische Radikalisierung richtungweisend beeinflusste.

Das Gruppenkommando 4 der Bayerischen Reichswehr bot im Sommer 1919, getrennt für Offiziere und Mannschaftsgrade, solche «Aufklärungskurse» an. Das Reichswehrgruppenkommando 4, das damals de facto der eigentliche Machthaber im nachrevolutionären München war, hatte am 20. Mai die «Überwachung der Bevölkerung» angeordnet und diese Aufgabe der Nachrichtenabteilung unter Führung von Hauptmann Karl Mayr übertragen. Der kleine, äußerst umtriebige Offizier wurde dadurch zu einem entscheidenden «Geburtshelfer der politischen Karriere Hitlers».[73] Der Hauptmann suchte nach zuverlässigen Vertrauensmännern und warb dabei auch Hitler an, auf den er vermutlich durch dessen Tätigkeit für die Untersuchungskommission aufmerksam geworden war. Als er ihn das erste Mal traf, so soll sich Mayr später im Exil erinnert haben, «glich er einem müden, streunenden Hund, der nach einem Herren suchte und bereit war, jedem Herren zu dienen. [...] In dieser Zeit war Hitler bereit, sich mit jedem einzulassen.»[74] Auch wenn der Quellenwert dieser Charakterisierung, die in der Forschung lange Hauptmann Mayr zugeschrieben wurde, neuerdings als unsicher gilt, so dürfte sie doch Hitlers damalige Haltung wirklichskeitsnäher beschreiben als die Selbstdarstellungen Hitlers,[75] der seinen Weg in die Politik als relativ geradlinig und konsequent darzustellen versucht hat.

Die Vertrauensmänner, bestehend aus ausgewählten Offizieren und Mannschaften, sollten zunächst selbst eine gründliche politische und propagandistische Schulung erhalten, bevor man sie in der Truppe und auch unter Zivilisten als antibolschewistische Propagandisten und «Bildungsoffiziere» einsetzte. Der Kurs richtete sich an «durchaus zuverlässige, gesinnungsreine Leute». Als Voraussetzung galten ein «reiferes Alter, scharfer natürlicher Verstand, Zuverlässigkeit».[76] Anfang Juli wurde Hitler vom 2. Infanterieregiment als einziger Teilnehmer für den dritten (und nicht etwa bereits für den ersten abgehaltenen) Aufklärungskurs bestimmt; am 8. Juli wurde sein Name in eine Teilnehmerliste eingetragen. Vermutlich auf Vorschlag seines Regimentskommandeurs Otto Staubwasser wurde Hitler dann tatsächlich zu diesem dritten Propagandalehrgang geschickt, der zwischen dem 10. und 19. Juli in den Räumen der Museumsgesellschaft im Palais Porcia abgehalten wurde. Das war eine noble Adresse, und anspruchsvoll war auch die Liste der Referenten, die Hauptmann Mayr dank seiner Schulbekanntschaft mit dem nationalkonservativen Historiker Karl Alexander von Müller und dessen Netzwerken hatte gewinnen können. Bekannte Professoren und andere Vortragende behandelten Themen aus Geschichte, Wirtschaft und Politik. Einige von ihnen hinterließen einen bleibenden Eindruck auf den künftigen Propagandisten Hitler – unter ihnen Karl von Bothmer, der über das «Erfurter Programm der SPD» referierte; Michael Horlacher, Vorsitzender eines landwirtschaftlichen Verbandes, sprach über die Bedeutung der bayerischen Landwirtschaft und beklagte die wirtschaftliche Unterdrückung Deutschlands; der Ökonom Walter L. Hausmann vermittelte einen Grundkurs in volkswirtschaftlicher und politischer Bildung; der Ingenieur Gottfried Feder, ein Schwager Müllers, sprach über die Zinsknechtschaft und der Münchner Universitätsprofessor Karl Alexander von Müller über deutsche und internationale Geschichte.[77] Die Referenten vermittelten zwar kein in sich geschlossenes Programm, waren sich aber insbesondere in der scharfen Ablehnung des Bolschewismus und in einigen weiteren Grundfragen einig, die Bothmer als Programm der Vorträge formuliert hatte. Im Rahmen dieser Schulung sollte über die Verteilung begrenzter Ressourcen an Nahrungsmitteln und Rohstoffen, über die zerstörerische Rolle des internationalen Kapitalismus und der Hochfinanz sowie über die soziale Ungleichheit als deren Folge gesprochen werden.[78] Außerdem verteilte Mayr an die Kursteilnehmer eine Reihe von Publikationen, wie die Schrift des katholisch-konservativen Publizisten Fritz Gerlich über «Kommunismus in der Praxis», der besonders gelobt wurde, auch wenn er keine antisemitischen Thesen vertrat. Darüber hinaus empfahl Mayr die Lektüre der konservativen «Süddeutschen Monatshefte» und aus aktuellem Anlass ein aus mehrheitssozialdemokratischer Feder stammendes Heft mit dem Titel «Soll das der Friede sein», das eine scharfe Kritik der gerade bekannt gewordenen Friedensbedingungen des Versailler Vertrags enthielt.

Für Hitler bedeutete die Teilnahme an dem Kurs 3 b, dass er weiterhin beim Militär unterkommen konnte und dass er – was noch wichtiger war – zum ersten Mal eine «formale politische Bildung»[79] erhielt. Zwar unterschieden sich die Referenten und Kursteilnehmer durchaus in mancherlei politischen Positionen, so dass man nicht folgern sollte, dass Hitler einfach alle Thesen übernommen und sich davon hat unmittelbar beeinflussen lassen, doch hat der Kurs insgesamt auf Hitler einen tiefen Eindruck gemacht und seine Politisierung wesentlich vorangetrieben. Vor allem aber entdeckten Hitler selbst und seine Umgebung seine Begabung, Reden zu halten – die Grundlage seiner künftigen Karriere. Die Erinnerungen Karl Alexander von Müllers sind das früheste Zeugnis von Hitlers diesbezüglichem Talent. «Nach dem Schluß meines Vortrags und der folgenden lebhaften Erörterung stieß ich in dem sich leerenden Saal auf eine kleine Gruppe, die mich aufhielt», erinnerte sich Müller. «Sie schien festgebannt um einen Mann in ihrer Mitte, der mit einer seltsam gutturalen Stimme unaufhaltsam und mit wachsender Leidenschaft auf sie einsprach. [...] Ich hatte das sonderbare Gefühl, als ob ihre Erregung sein Werk wäre und zugleich ihm selbst die Stimme gäbe. Ich sah ein bleiches, mageres Gesicht mit einer unsoldatisch hereinhängenden Haarsträhne, mit kurzgeschnittenem Schnurrbart und unauffällig großen, hellblauen, fanatisch kalt aufglänzenden Augen.»[80] Müller berichtet weiter, dass er auch den Organisator Hauptmann Mayr auf Hitlers Talent hingewiesen habe: «Weißt du, daß du einen rednerischen Naturtenor unter deinen Ausbildern hast? Da scheint es weiterzureden, wenn er einmal in Schuß kommt.» Mayr habe daraufhin Hitler aufgefordert vorzutreten, und Müller berichtet weiter: «Der Gerufene kam gehorsam, mit linkischen Bewegungen, wie mir schien in einer Art trotzigen Verlegenheit aufs Podium. Das Gespräch blieb unergiebig.»[81]

Dennoch hatte Hitler bei Mayr einen positiven Eindruck hinterlassen und wurde darum kurz darauf zu einem größeren «Aufklärungskommando» ins Lager Lechfeld abgeordnet, das am 19. August zusammengestellt wurde. Dass Hitler alle Bildungsnachweise fehlten, die für eine solche Aufgabe eigentlich erforderlich waren, störte Mayr nicht. Denn in solch einer aufgewühlten Situation zählten vor allem Volksnähe und «authentischer Bildungseifer».[82] Lechfeld war inzwischen Aufnahmelager für heimkehrende deutsche Kriegsgefangene, die dort politisch unter die Lupe genommen und vor allem von möglichen bolschewistischen Überzeugungen abgebracht werden sollten. Hitler und seine übrigen 24 Kollegen sollten dort vom 20. bis zum 25. August in einem «praktischen Redner- und Agitationskurs» unter Beweis stellen, wie gut sie ihre Aufgabe als Propagandisten meistern könnten. Dazu wurde ihnen politisches Schulungsmaterial zur Verfügung gestellt, das der «Heimatdienst Bayern für Ordnung, Recht und Aufbau» zu aktuellen Themen und mit Blick auf die Hörer entsprechend aufbereitet hatte: Es ging um Bolschewismus und Revolution, um Weltkrieg und Kriegsniederlage. Antisemitische Inhalte waren in den Heften unübersehbar.[83] Hitler eignete sich damals in kurzer Zeit die ideologischen Grundlagen an, die ihm bei seinen Vorträgen und späteren Agitationsreden die erforderliche weltanschauliche und politische Orientierung boten. Er hielt mindestens drei Vorträge und bewies, dass er auch in der Lage war, seine propagandistische Botschaft themenbezogen wirksam zu vermitteln. Auch wenn die Berichte, die von Teilnehmern des Kurses verfasst wurden, möglicherweise zielgerichtet als Rechtfertigung des ganzen Kurssystems verfasst wurden und nicht unbedingt repräsentativ für den gesamten Teilnehmerkreis sind,[84] so bestätigen die meisten Rückmeldungen doch, dass es Hitler offenbar gelang, sein Publikum zu beeindrucken. Der genaue Wortlaut seiner Ausführungen ist zwar nicht überliefert, doch fand sein Vortrag zu den Friedensbedingungen, den er durch «Ergänzungen» weiterführte, besonderes Interesse. Die lebhafte Diskussion, die sich daran anschloss, zeigt, wie sehr das Thema des Versailler Friedensvertrags, den die deutsche Regierung am 28. Juni 1919 unterzeichnet hatte, in diesem Sommer die deutsche Öffentlichkeit umtrieb und wie genau Hitler offenbar mit seinen

Darlegungen den Nerv seiner Zuhörer traf. «Besonders Herr Hitler», schrieb einer von ihnen, «ist, ich darf wohl sagen, ein geborener Volksredner, der durch seinen Fanatismus und sein populäres Auftreten in einer Versammlung die Zuhörer unbedingt zur Aufmerksamkeit und zum Mitdenken zwingt.»[85] Klagen gab es allerdings über die «aufreizende Sprache gegen die jüdische Bevölkerung». Besonders Hitlers unverblümte Auslassungen, mit der er die «Judenfrage» in seinem Vortrag über den Kapitalismus behandelte, erregten Anstoß.[86] Es war dies das erste Mal, dass sich Hitler nachweislich (und nicht etwa schon zu einem früheren Zeitpunkt) öffentlich als antisemitischer Agitator zeigte, auch wenn eine genauere Charakterisierung seiner damaligen ideologischen Position noch nicht möglich ist. Immerhin hatte er begriffen, was man mittlerweile politisch sagen konnte und auch welche Wirkung man damit erzielte. Und er hatte die antisemitische Stimmung, die sich neben oder zusammen mit der großen Erregung über die Versailler Friedensbedingungen zunehmend im Land verbreitete, rasch aufgegriffen.

Am 7. Mai hatten die alliierten Siegermächte in ultimativer Form die Friedensbedingungen öffentlich gemacht und damit alle Illusionen über ein möglicherweise noch glimpfliches Kriegsende zerstört. Vor allem die Weltkriegssoldaten aus allen politischen Lagern reagierten darauf mit großer Empörung. Sie fühlten sich um ihren Kriegseinsatz betrogen und stellten radikaler denn je die Frage nach dem Sinn ihrer Leiden und Opfer. Das galt, wie bereits dargelegt, auch für Hitler, dem die Zeit im Feld und in der Armee geradezu einen Lebenssinn gegeben hatte, der mit der Niederlage und nochmals in gesteigerter Form mit den Bestimmungen des Versailler Vertrags verloren zu gehen drohte. Es ist naheliegend, dass seine eigene Politisierung durch die Friedensbedingungen und ihre zugespitzte Wahrnehmung bzw. propagandistische Verschärfung, die sie in der deutschen Öffentlichkeit erfahren haben, einen entscheidenden Impuls erfahren und ihm im Weiteren für seine politische Agitation eine Orientierung gegeben hat. So waren es nicht nur die Münchner Räterepublik und ihre Nachgeschichte, sondern auch das «Versailler Diktat», auf das er in seinen Reden von Anfang an und immer wieder zurückgriff. Wenn er darüber sprach und seine eigene tief empfundene Empörung formulierte, konnte er sich stets einer großen politischen Resonanz sicher sein. Das verlieh allen seinen politischen Inszenierungen immer den wirkmächtigen Eindruck persönlicher Authentizität und Glaubhaftigkeit. [87]

Das Konzept der Aufklärungskommandos wurde nicht weiter betrieben, da die politische Absicht des Unternehmens offenbar zu einfach zu durchschauen war. Für einige Teilnehmer des Kurses in Lechfeld bedeutete das auch das Ende ihrer militärischen Laufbahn. Für Hitler hingegen war es ein großer Erfolg und der erste Schritt zu seiner politischen Karriere. Zwar fanden seine Auftritte in Lechfeld keine Fortsetzung, aber er hatte dabei Kontakte herstellen können, die in den folgenden Wochen für ihn sehr hilfreich waren. Vor allem Hauptmann Mayr war von ihm eingenommen und machte ihn zu einem seiner engsten Mitarbeiter. Hitler selbst war von seinem Erfolg überrascht und motiviert zugleich. Die Leidenschaftlichkeit seiner Rede war schon früher, im Männerheim und anderswo, aufgefallen; nun aber fand sie öffentliche Anerkennung, was ihm Selbstvertrauen gab. Das lässt sich noch in seiner Autobiographie erkennen, in der er seinen plötzlichen Erfolg und seine «unverhoffte biografische Wendung»[88] unumwunden beschrieb: «Ich begann mit aller Lust und Liebe. Bot sich mir doch jetzt mit einem Male die Gelegenheit, vor einer größeren Zuhörerschaft zu sprechen; und was ich früher immer, ohne es zu wissen, aus dem reinen Gefühl heraus einfach angenommen hatte, traf nun ein: ich konnte ‹reden›.»[89]

Mayr hat ihn daraufhin im Sommer 1919 auch noch bei anderen Versammlungen in der Reichswehr eingesetzt, doch fanden seine «Vorträge gegen den Bolschewismus», wie Max Amann – im Krieg Vizefeldwebel in Hitlers Regiment – nach dem Ende des NS-Regimes in einer Vernehmung aussagte, bei den Soldaten und insbesondere bei Offizieren wenig Interesse.[90] Wenn Hitler trotz dieser Misserfolge seinen tastenden Weg in die Politik fortsetzte, dann sicherlich deswegen, weil er weiterhin an der Reichswehr als Haltepunkt seines Lebens und als Versorgungseinrichtung festhielt, darüber hinaus aber auch von Mayr mit neuen Aufgaben betraut wurde. Von besonderer Bedeutung aber war für ihn zudem, dass er seit seiner Berührung mit der Deutschen Arbeiterpartei – einer völkischen Splitterpartei, die in einem Münchner Hinterzimmer tagte – eine neue Heimat für sich entdeckt hatte.

Der Auftrag von Mayr bedeutete für Hitler ein weiteres Stück Selbstfindung. Im Rahmen dieser Tätigkeit konnte er auch seine schriftstellerischen Fähigkeiten einsetzen, so wenigstens stellte er es später dar. Hauptmann Mayr hatte ihm am 10. September eine Anfrage eines früheren Kursteilnehmers, Alfred Gemlich aus Ulm, zur Beantwortung vorgelegt. Er sollte zwei Seiten über die Frage verfassen, ob die Juden «eine nationale Gefahr» darstellten und wie sich die «Regierungssozialdemokratie» gegenüber dieser Gefahr verhalte. Hitler benötigte nicht zwei, sondern sechs Tage für seine Antwort und legte allen Eifer in diese Arbeit, die «darauf ausgerichtet war, das gestellte Thema nicht zu verfehlen und dabei möglichst viel angelegtes Wissen zur Geltung zu bringen».[91] Mit guten Gründen gilt der Gemlich-Brief «als Schlüsseldokument für Hitlers politische Entwicklung und Ideologiebildung».[92] Es war seine erste schriftliche antisemitische Äußerung, und er beschränkte sich in seinen Ausführungen nicht wie bisher darauf, seine bloße Antipathie gegen Juden zu formulieren. Er argumentierte gegen einen solchen «Gefühlsantisemitismus» und forderte einen «Antisemitismus der Vernunft», der zur «planmäßigen Bekämpfung und Beseitigung der Vorrechte der Juden» führen müsse. Die Juden stellten eine fremde Rasse dar, und darum müsse «unverrückbar die Entfernung der Juden überhaupt» das «letzte Ziel» sein.[93] Denn die Juden stellten die «Rassentuberkulose der Völker» dar. Das war im Umfeld der antisemitischen Agitation der Nachkriegszeit eine denkbar radikale Lösung, mit der Hitler andere Positionen unter den sich wie ein Flächenbrand verbreitenden antisemitischen Strömungen in einer Art Überbietungskampagne übertreffen wollte. Im Lichte der späteren nationalsozialistischen Judenverfolgung und Vernichtung der europäischen Juden liest sich das sogar wie ein vorweggenommenes Programm, an dem Hitler bis zum Ende «unverrückbar» festgehalten hat. Doch kann nicht übersehen werden, dass der Verfasser in seinem ersten Versuch emsig alle antisemitischen Stereotype aufgegriffen und bis hin zu Vorstellungen eines rassenbiologistischen Antisemitismus zugespitzt hatte. Diese hatte er sich inzwischen angeeignet und bewegte sich damit in einer Welt der Vorurteile, die nicht nur in Reichswehrkreisen die Runde machten. Auch Hauptmann Mayr lobte in einem Anschreiben die «sehr klaren Ausführungen» seines Mitarbeiters und nannte die Juden ebenfalls «schädliche Krankheitserreger», die «ausgestoßen» oder «eingekapselt» werden müssten. Hitler hatte offenbar mit seiner Antwort genau das getroffen, was von ihm erwartet worden war, und eine Rolle als antisemitischer Ideologe angenommen, die ihm Aufmerksamkeit auf der politischen Bühne würde verschaffen können.

Hatte ihm auf diese Weise sein militärischer Dienst in der Nachkriegszeit einen ersten Weg in die Politik gewiesen, so trat die Funktion der Armee als einer Heimat und eines politischen Betätigungsfelds mehr und mehr in den Hintergrund, während die Zugehörigkeit zur Deutschen Arbeiterpartei an Bedeutung für ihn gewann. Beide Elemente verhalfen ihm zu entscheidenden Erfahrungen, die in ihrer Gesamtheit im Sommer 1919 für ihn zum politischen Erweckungserlebnis wurden. Seine Politisierung und sein politisches Engagement nahmen in dem Maße zu, in dem er zur beherrschenden Figur in der Deutschen Arbeiter Partei (DAP) und bald auch insgesamt im Lager der völkisch-nationalistischen Rechten wurde.

Der Weg in die Politik

Am 12. September 1919 nahm Hitler zusammen mit drei weiteren Propagandakameraden der Reichswehr im Auftrag von Mayr an einer Versammlung der völkisch-rechtsextremen Deutschen Arbeiterpartei teil. Mayr wollte die unscheinbare Partei durch die Einladung von Sympathisanten unterstützen. Man traf sich in Münchner Gastwirtschaften. An jenem Datum waren 41 Personen im «Leiberzimmer» des Sterneckerbräus zugegen – darunter sieben Soldaten aus Hitlers Bekanntenkreis, ferner eine Reihe von Arbeitern und Angehörigen bürgerlicher Mittelschichten.[94] Gegründet hatten die Partei – die keineswegs als trauriges Hinterzimmergewächs ein Schattendasein führte, sondern schon bald Kontakte zur gesamten völkischen Bewegung in München und zum Militär hatte – im Januar 1919 der Sportjournalist Karl Harrer und Anton Drexler, ein Schlosser in einem Reparaturwerk der Bayerischen Eisenbahn. Beide waren Mitglieder der Thule-Gesellschaft, einem Ableger des radikal-nationalistischen Alldeutschen Verbandes. An diesem Abend sprach Gottfried Feder, den Hitler schon bei dem Propagandalehrgang im Palais Porcia erlebt hatte und den er bewunderte. Nach Hitlers Darstellung wurde die Veranstaltung erst lebhaft und erregt, als er sich in der Diskussion zu Wort meldete, um auf die separatistische Einlassung eines anwesenden «Professors», der Feder angegriffen hatte, zu antworten. Tatsächlich fand Hitlers rhetorischer Zusammenstoß mit dem Gymnasialprofessor, einem Berufsstand, dem Hitlers ganze Verachtung galt, erst einen Monat später statt und hatte keinen Einfluss auf seinen Beitritt zur DAP. Angeblich redete er den Professor in Grund und Boden. Die nachträgliche Erfindung einer solchen theatralischen Szene sollte vermutlich davon ablenken, dass der Gefreite Hitler im dienstlichen Auftrag bei der DAP erschienen war. Auch machte sich eine solche Inszenierung als Gründungsmythos für Hitlers Parteieintritt besonders wirkungsvoll. Der Parteivorsitzende Drexler war beeindruckt und lud Hitler ein, Mitglied der DAP zu werden. Einen Mann mit einer «solchen Gosch'n» konnte sein kleiner Haufen gut gebrauchen. In der zweiten Septemberhälfte folgte Hitler dieser Aufforderung und wurde Nr. 555 in der Mitgliederliste der DAP (und nicht Nr. 7, wie er werbewirksam immer behaupten sollte). Dass Hauptmann Mayr Hitler zur DAP geschickt hatte, war gut überlegt. Die DAP hatte im rechtsextremen Milieu Münchens schon verschiedentlich Unterstützung erfahren, um sie zu einer festen Größe zu machen und um vor allem auch Anhänger aus der Arbeiterschaft zu gewinnen. Mit einer völkisch-rechtsextremen Arbeiterpartei, so hofften nationalistische Zirkel, von denen es in München viele gab, könne es gelingen, der sozialistischen Arbeiterbewegung die Stirn zu bieten. Mit dem begabten Agitator bot sich die Chance, einen Frontsoldaten vorzuweisen, der glaubhaft ein positives Kriegserlebnis repräsentieren konnte und sich zudem als Propagandaredner und radikaler Antisemit schon bewährt hatte. Für Hitler war der Eintritt in die DAP, den er auf Befehl vollzog, die Chance, als künftiger Werbeobmann sich rasch in den Vordergrund zu spielen. Wie eng die Verflechtung von Reichswehr und rechtsradikalem Milieu war, zeigt die Tatsache, dass Hitler auch nach seinem Beitritt zur DAP in der Reichswehr blieb, von ihr nach wie vor seinen Sold erhielt und von Mayr zusätzlich für seine Propagandareden in der DAP bezahlt wurde. Erst Ende März 1920 wurde Hitler aus der Armee entlassen, was er bis dato geschickt vermieden hatte. Mittlerweile war die DAP dank des unermüdlichen Propaganda-Einsatzes von Hitler eine ortsbekannte politische Größe und hieß bereits NSDAP, so wie sich das ihr Werbeobmann vorgestellt hatte.

3. DER AGITATOR

1920–1923

Das neue Mitglied der DAP fand in der kleinen Partei eine Bühne, auf der er seine Rolle als Agitator weiterspielen konnte. Bereits Mitte Oktober 1919 hielt er seine erste Rede für die DAP im Hofbräukeller, und sie war ein voller Erfolg. Wie sehr sein Selbstbewusstsein gestärkt wurde, wird allein schon daran erkennbar, dass er fünf Jahre später in «Mein Kampf» dieselbe Formulierung wiederholte, mit der er schon im Lager Lechfeld die Entdeckung seiner Rednergabe beschrieben hatte: «Ich konnte reden.» Er nahm die Einladung Drexlers an, in den «Arbeitsausschuss» der DAP einzutreten. Danach hielt er regelmäßig Reden für die DAP und übertraf mit seinem ständig wachsenden Zuspruch durch das Publikum alle anderen Parteivertreter auf diesem Feld. So gestaltete sich sein Einstieg in die Politik überaus erfolgreich – und das nur wenige Wochen später, nachdem seine Politisierung einen entscheidenden Schub erfahren hatte. Hauptmann Mayr konnte sicher sein, dass der Gefreite Hitler sein bester Propagandamann war. Hatte er das bereits mit seiner Antwort auf den Brief an Gemlich bewiesen, so stellte er es jetzt fast wöchentlich mit seinen Auftritten in den Braukellern der Stadt unter Beweis.

Der Weg in die Partei

Der lautstarke, aber noch auf einen begrenzten Zuhörerkreis angewiesene Agitator hatte eine Ahnung davon, dass politische Wirkungsmacht, wenn sie über die Reichswehrkreise und einige völkische Sektierer hinausreichen sollte, auch von einer effizienten Organisation und öffentlichkeitswirksamen Inszenierung abhängig war. Karl Harrer, «Reichsvorsitzender» der DAP, beobachtete mit Misstrauen den aggressiven Politikstil, den Hitler verkörperte. Er verstand die DAP bloß als einen völkischen konspirativen Zirkel und suchte allenfalls die Kooperation mit anderen völkischen Gruppen. Als Hitler zusammen mit Drexler eine neue Geschäftsordnung durchsetzte, führte dies schließlich Anfang Januar 1920 zum Rücktritt Harrers.

Drexler und Hitler planten nun eine Großveranstaltung, auf der ein Parteiprogramm vorgestellt werden sollte. Die 25 Punkte, die schließlich am 24. Februar im Festsaal des Hofbräuhauses von Drexler und Hitler verkündet wurden, enthielten nichts, was man nicht auch schon bei anderen völkischen und rechtsextremen Parteien hatte hören können – darunter auch einige sozialistisch klingende Vorstellungen, die zu der aufgewühlten Atmosphäre der Nachkriegszeit passten. Die Forderungen nach einem «Großdeutschland» und nach der Aufhebung des Versailler Vertrages sowie nach Rückgabe der Kolonien standen an erster Stelle; den vierten Punkt des Programms aber bestimmten antisemitische Forderungen: Juden könnten keine deutschen Volksgenossen sein und sollten unter ein Fremdengesetz gestellt werden. Jede Einwanderung sollte unterbunden werden. Wieweit diese Positionen Hitlers eigenen Antisemitismus spiegelten, ist unklar im Hinblick auf seine noch unfertigen ideologischen Vorstellungen. Was die weiteren Programmpunkte betraf, so wurde darin der Einfluss von Gottfried Feder erkennbar, der die «Brechung der Zinsknechtschaft», die «restlose Einziehung aller Kriegsgewinne» und die Verstaatlichung der Großunternehmen forderte, während er zugleich den Arbeitern Gewinnbeteiligung und Ausbau der Altersversorgung versprach. Der Mittelstand sollte mit dem Versprechen einer Kommunalisierung der großen Warenhäuser, die Bauern mit der Aussicht auf eine Bodenreform angelockt werden. Was in diesem Gemisch einander widersprechender Vorstellungen nicht fehlen durfte, war die Forderung nach Beseitigung der Weimarer Demokratie und der Schaffung einer autoritären «Volksgemeinschaft», in der es keinen Platz für Juden geben dürfe. Hitlers eigener Einfluss auf die Formulierung des Programms war erkennbar gering; federführend waren Drexler, Feder und Eckart. Hitlers Beitrag zu der Programmveranstaltung am 24. Februar, die später von der Parteilegende verklärt wurde, tatsächlich aber in München zunächst noch geringe Aufmerksamkeit gefunden hatte, bestand vielmehr in seinem visuell-propagandistischen Werbeprogramm: Zum ersten Mal hatte die DAP, die sich danach «Nationalsozialistische Deutsche Arbeiterpartei» (NSDAP) nannte, mit roten Werbeplakaten geworben, um mit der Wahl der Farbe Rot Aufmerksamkeit zu erzielen und die sozialistischen Gegner zu provozieren. Außerdem hatte Hitler eine Parteifahne entworfen – die Hakenkreuzfahne, die auf rotem Grund einen weißen Kreis zeigte, in dessen Mittelpunkt sich ein leicht nach rechts gedrehtes Hakenkreuz befand. Dieser Entwurf verband auf inhaltlich geschickte und optisch wirksame Weise Elemente aus Tradition und Revolution miteinander. Erinnerte doch Schwarz-Weiß-Rot an die alten Reichsfarben. Der dominierende rote Grund nahm zudem Anleihe bei der sozialistischen Arbeiterbewegung, und das Hakenkreuz, das Hitler in Wien kennengelernt hatte, stammte aus dem völkischen, antisemitischen Symbolhaushalt und wurde in München bisher von der Thule-Gesellschaft verwendet. Hitler verstand es als Symbol für den Kampf und den Sieg des «arischen Menschen». Die Kombination von Rot und Weiß sollte schließlich den sozialen Gedanken mit dem nationalistischen Muster verbinden.

Doch nicht allein die ohnehin geringe Attraktivität des Parteiprogramms und auch nicht die Werbewirksamkeit seines charismatischen Auftritts, an dessen Vervollkommnung er noch arbeitete, erklären den wachsenden Zuspruch und politischen Erfolg Hitlers und der NSDAP. Die Zeitumstände waren günstig, und Hitler verstand es besser als seine Konkurrenten im völkisch-nationalistischen Milieu, diese Umstände zu nutzen. Im Januar 1920 war der Versailler Vertrag mit seinen Entwaffnungs- und Demobilisierungsbestimmungen endgültig in Kraft getreten und hatte zur Entlassung von zahlreichen Soldaten, darunter auch Hitler, geführt. Außerdem waren die Freikorps in ihrem Fortbestand bedroht. Für die rechtsradikalen Verbände bedeutete das einen großen Personalzuwachs und eine Verstärkung ihres militanten Charakters. Das bot rechtsradikalen Gruppen – bestehend aus Freikorps-Verbänden, ostelbischen Großlandwirten und Anhängern der ehemaligen Deutschen Vaterlandspartei, unter Beteiligung einiger Reichswehreinheiten – einen Anlass, am 13. März unter Führung von Wolfgang Kapp einen Staatsstreich anzuzetteln, um die nach ihrer Meinung allzu erfüllungsbereite Reichsregierung zu stürzen. Die Bayerische Reichswehr stand mit den Putschisten in enger Verbindung. Hauptmann Mayr schickte Hitler und seinen Förderer Dietrich Eckart mit dem Flugzeug nach Berlin, um Verbindungen mit Kapp und seinen Leuten aufzunehmen. Das Flugzeug hatte ein Geldgeber Eckarts angemietet, doch die Flugreise – es war Hitlers erste – endete in einem Debakel. Die Maschine musste vor Berlin notlanden, und der Putsch war, als die beiden Emissäre aus München am 16. März in Berlin eintrafen, bereits am Widerstand von Gewerkschaften und an der mangelnden Unterstützung von Teilen der Bürokratie gescheitert. Hitler und Eckart mussten unverrichteter Dinge nach München zurückkehren. Auch die Marinebrigade Ehrhardt rettete sich nach Bayern, das nun zur «Ordnungszelle» gegen das «rote» Berlin ausgebaut werden sollte. Weitere Pläne für einen Staatsstreich mit dem bloßen Ziel, die kaiserlichen Herrschaftsverhältnisse wiederherzustellen, das hatten die rechtsradikalen Republikfeinde aus ihrem Scheitern gelernt, wurden in der Folge aufgegeben. Gegen den Widerstand der geschlossenen Arbeiterbewegung hätte man keine Chancen gehabt. Aussichtsreicher erschien es, Arbeiter und Angestellte mit nationalistischen Parolen und egalitären Verheißungen einer «Volksgemeinschaft» aus diesem Block herauszubrechen. Darin lag eine Chance für die zunächst noch miteinander rivalisierenden Parteien und Verbände, die sich volkstümlich gaben. Auch hatte sich inzwischen auf Reichsebene das politische Klima verändert, und die Weimarer Koalition, bestehend aus SPD, Zentrum und DDP, hatte bei den Wahlen im Juni 1920 die Mehrheit verloren (und sollte sie in dieser Konstellation auch nie wieder erreichen). Auch in Bayern kam es bereits im März 1920 auf Druck der Bayerischen Reichswehr zu einem Sturz der sozialdemokratischen Regierung Hoffmann und zu einem folgenreichen politischen Rechtsruck unter der Regierung des Gustav Ritter von Kahr. So war eine politische Großwetterlage entstanden, in der die NSDAP gut gedeihen konnte.

Hitler war mit seiner endgültigen Entlassung aus dem Militär am 31. März 1920 über Nacht Berufspolitiker geworden und musste für sich selbst sorgen. Außerdem hatte er seinen Förderer Mayr verloren, der nach seiner eigenmächtigen Entsendung Hitlers und Eckarts nach Berlin die Unterstützung der militärischen Führung unter General von Möhl verloren hatte. Immerhin konnte Mayr noch mit Befriedigung feststellen, dass Hitler als Volksredner mittlerweile eine «bewegende Kraft» geworden war.[1] In seinem ersten Lehrjahr unter der schützenden Hand von Mayr hatte der anfangs politisch völlig unerfahrene Außenseiter Adolf Hitler wichtige Lektionen gelernt, die auch sein späteres politisches Verhalten bestimmten. Dazu gehörten Techniken der Agitation und Propaganda und die Aneignung eines Freund-Feind-Denkens, ferner die Fähigkeit, sich durch Rhetorik und opportunistisches Aneignen zu profilieren bzw. gegen Rivalen durchzusetzen.[2]

Der «Trommler» und seine frühe Gefolgschaft

Seit der ersten großen öffentlichen Kundgebung am 24. Februar im Hofbräuhaus häuften sich die Veranstaltungen der NSDAP, und Hitler trat fast nur noch in großen Bierlokalen auf, später auch im Freien. Manchmal hielt er mehrere Reden an einem Abend. Am 13. Dezember, als die NSDAP zehn Massenveranstaltungen an einem Abend in München organisierte, sprach er nacheinander auf allen Kundgebungen. Er wurde bereits 1920 zu einem Zuhörermagneten, der regelmäßig zwischen 800 und 2000 Menschen anzog, später sogar um die 3000 – und wenn er im Circus Krone sprach, dem größten Versammlungsraum in München, kamen auch an die 6000 Besucher.

So verging kaum eine Woche, in der Hitler nicht irgendwo in der Stadt als Hauptredner oder als Diskussionsredner präsent war. Damit übertraf die NSDAP ihre Konkurrenten bei weitem. Hitler sprach oft zwei Stunden lang; mit endlosen Reden hatte er schon seinen Freund Kubizek traktiert. Er stützte sich dabei seit 1921 auf einige Notizen und strukturierte Stichworte; nur anfangs hatte er völlig frei gesprochen. Dass seine Reden immer länger dauerten, hatte einen praktischen Grund: Er konnte längere Diskussionen und unangenehme Auseinandersetzungen nach seinem sorgsam inszenierten Auftritt vermeiden, denn dann näherte man sich der polizeilichen Sperrstunde. Sehr bald hatte er seine Redetechnik verfeinert und folgte einer dramatischen Regie. Er begann ruhig und zurückhaltend, als wollte er die Stimmung seines Publikums erspüren und es dann aufheizen. Dann steigerte er sich allmählich, mitunter bis zur Raserei, was das Publikum mitriss (und auch für steigende Mitgliederzahlen sorgte). Hitler wirkte authentischer als andere Redner, wenn er sich als Frontsoldat, blass und ausgehungert, auf der Rednertribüne mit Leidenschaft und der Fähigkeit zum Hass als jemand präsentierte, der sich mit dem Versailler Vertrag von den Siegermächten betrogen fühlte. Meist endete er, völlig erschöpft, in einer Art Selbsterregung. Max Amann, sein ehemaliger Vizefeldwebel, erkannte ihn kaum wieder: «Der Mann schrie, er führte sich auf, ich habe so etwas noch nie gesehen! Aber alle sagten: ‹Der Mann meint es ehrlich›.»[3]

Oft wählte Hitler das Stilmittel der bitteren Ironie, wenn er die deutschen Regierungen und Parteien als Stümper und unfähig bezichtigte, Deutschland aus dieser Erniedrigung zu führen, und von ihnen forderte, den inneren Feind zu bekämpfen. Der Feind war zu dieser Zeit der jüdische Finanzkapitalismus, noch nicht aber der Bolschewismus. Mit dem Inhalt seiner Reden passte sich Hitler stets den Erwartungen und dem Geschmack seines Publikums an; er sprach vor kleinbürgerlichen, antisemitischen Zuhörern anders als vor einem bäuerlichen oder bürgerlichen Publikum. Was allen Reden gemeinsam war, war der Kontrast, den er zwischen einer herrlichen Zeit Deutschlands vor 1914 und einer in den schwärzesten Farben gemalten Gegenwart konstruierte. Überall gab es grelle Zeichen des Verfalls und der Zersetzung, nur die vermeintlichen Verursacher konnten je nach Publikum wechseln. Auch die Nuancierungen seines Antisemitismus, der sich nun wie ein roter Faden durch die meisten Reden zog, konnten variieren; eine einheitliche Position zu diesem Thema ergab sich daraus nie. Allerdings war er inzwischen im Innersten davon überzeugt, dass es sich bei der «Judenfrage» um eine Frage des «Seins oder Nichtseins eines Volkes» handele.[4]

Hitlers Reden glichen Theaterauftritten, sie waren «performative Ereignisse».[5] Seine Stimme und sein Körper stimmten überein, wenn er sich zu leidenschaftlichem Schreien steigerte, wenn seine Gestik und Mimik sich dem Einsatz seiner Stimme anpassten, wenn er seine Sätze immer eindringlicher dem Publikum entgegenhämmerte. Wie er etwas sagte, gab dem, was er sagte, erst seine eigentümliche Wirkung. Seine großen Auftritte und die politischen Inhalte seiner Reden gehörten zusammen und ergänzten und verstärkten sich. Die Macht seiner Rede basierte auf der Verbindung von Aufführung und Botschaft und begründete sein Charisma; sie beglaubigte das Außergewöhnliche und die Überwältigungskraft, die er zu verkörpern schien und die man in ihm erblickte. Die Glaubwürdigkeit, die er demonstrierte, war jeweils an der Publikumserwartung justiert und wurde überzeugend vorgespielt. So schuf er vor dem Auditorium eine Kulissenwelt der Lüge und Täuschung. Für den Agitator Hitler zählte nur der Effekt. Selbst als einen Friedenspolitiker konnte er sich überzeugend inszenieren und Lösungen für die Übel der Gegenwart anbieten, die nur unbestimmte Verheißungen waren, aber geeignet schienen, Erwartungen auf eine bessere Zukunft zu wecken.

Auch wenn der Theatermensch Hitler mit seinem Gespür für den großen (Opern-)Auftritt bald erkannte, welche politische Macht ihm die Inszenierung seiner Rede verlieh, so blieben die ersten Jahre des Bierhallen-Agitators gleichwohl noch politische Lehrjahre. Er musste am Inhalt seiner politischen Botschaft arbeiten und merkte, dass dies nicht ohne Förderer möglich war. Sie sollten ihm den Weg nicht nur in die Schwabinger Cafés weisen, wo sich die intellektuelle Boheme traf, sondern auch Zugang zu den großbürgerlichen Salons verschaffen, wo er Unterstützer finden und gesellschaftlichen Schliff erhalten konnte. Solange der Schützling von Hauptmann Mayr noch Soldat und Agitator war, blieb der Hauptmann sein Mentor und verstand ihn als sein Werkzeug. Mit seiner Entlassung aus der Armee am 31. März 1920 entzog sich Hitler dem Einfluss von Mayr und fand in dem Journalisten, Dichter und Bohemien Dietrich Eckart seinen wichtigsten Ideengeber und politischen Förderer. Hitler verehrte den 21 Jahre älteren Eckart, der im eleganten Nymphenburg wohnte, als väterlichen Freund, als Künstler und Anreger. Eckart bewunderte in Hitler den Redner, dem er Großes zutraute und den er in die Münchner Künstlerszene einführte, in die Hitler allein auf sich gestellt nie gekommen wäre. Dietrich Eckart verkörperte eine Bildungswelt, der Hitler nicht mehr mit Misstrauen, sondern mit Bewunderung und Nachahmungseifer begegnete. Der knorrige Dichter, den man gerne mit einem Walross verglich, half Hitler beim Verfassen seiner ersten Zeitungsartikel und beeinflusste ihn bei der Formulierung seiner antisemitischen Positionen. Allerdings trennte sich sein Zögling mit seiner zunehmenden Radikalisierung von Eckarts eher kulturell motivierter Judenfeindschaft. Hitlers Rassenantisemitismus, vor allem in seiner eliminatorischen Zuspitzung, teilte jener nicht und brachte dies auch in einem Pamphlet «Der Bolschewismus von Moses bis Lenin. Zwiegespräche zwischen Adolf Hitler und mir» versteckt zum Ausdruck.[6] Darin versuchte er seinem fiktiven Gesprächspartner Hitler einen christlich geprägten Antisemitismus, der Eckarts ideologischer Vorstellung von der kulturzerstörenden Kraft der Juden näherkam, unterzuschieben, während Hitler inzwischen tatsächlich zu einem rassenbiologistischen Antisemitismus gefunden hatte.

Auch wenn sich die Freundschaft 1923 allmählich abkühlte, blieben Eckarts Netzwerke für den Aufsteiger Hitler von großer Bedeutung. Er leistete finanzielle Hilfe beim Erwerb des «Völkischen Beobachters» und wurde dessen erster Chefredakteur. Umgekehrt dankte Hitler ihm diese vielfachen Hilfestellungen, indem er ihm den zweiten Band von «Mein Kampf» widmete. Durch die Vermittlung von Dietrich Eckart kam Hitler auch in Kontakt mit Alfred Rosenberg; der Baltendeutsche aus Reval hatte die Anfänge der Russischen Revolution noch in Moskau miterlebt, bevor er im November 1918 nach München kam. Er sah in der bolschewistischen Revolution vor allem das Werk von Juden und machte den Begriff des «jüdischen Bolschewismus» in rechtsextremen Kreisen populär. Er war es, der Hitlers Bild vom revolutionären Russland prägte und ihn dazu brachte, seit 1920 immer häufiger in seinen Reden das Schreckbild des «jüdischen Bolschewismus» zu beschwören.

Dietrich Eckart war es schließlich gelungen, Hitler in den Münchner großbürgerlichen Salons bekannt zu machen. Dass Elsa Bruckmann, Ehefrau des Verlegers Hugo Bruckmann, dem Agitator zuerst im Februar 1921 bei einer seiner Massenkundgebungen im Circus Krone begegnet war, ist bezeichnend für die Attraktivität von Hitlers sorgsam inszeniertem Auftritt, mit dem er – wie mit einem «Weckruf»[7] – auch ein Publikum erreichte, das in den Bräukellern, in denen

Schweiß- und Bierdunst waberten, nicht anzutreffen war. Wenn der Volksredner seinen Gönnerinnen, die für ihn Gefühle mütterlicher Fürsorge hegten, dann im Salon begegnete, waren es noch immer das Magische und die Leidenschaftlichkeit seiner Stimme, die alles andere Nachteilige einschließlich seines linkischen Auftretens vergessen ließen. Elsa Bruckmann sah in dem Agitator weniger den Politiker als den Künstler und das Künstlerische seiner Erscheinung. Hitlers Habitus wirkte natürlich, und Natürlichkeit faszinierte die gebildeten Kreise. Sie sahen in ihm ein Genie und bewunderten in ihm eine antibürgerliche Erscheinung. Hitler umgekehrt sah in der guten Münchner Gesellschaft die Chance, Anerkennung und Förderung, nicht zuletzt auch finanzielle Unterstützung zu finden. War er in der Öffentlichkeit der Bierhallen und in den Zirkuszelten der Demagoge und herrische Kampfbundführer im Trenchcoat mit Gamaschen, mit Revolver und Hundepeitsche, so gab er sich in den Salons eher schüchtern und bescheiden. Er saß, so berichten Augenzeugen, nachdem er sein Pistolenhalfter an der Garderobe abgelegt hatte, meist schüchtern und zurückhaltend auf seinem Sessel und stopfte Kuchen in sich hinein, um dann plötzlich in längere Monologe zu verfallen. Aber auch die charmante Plauderei beherrschte er bald und auch das ernsthafte Gespräch in Kunstdingen. Elsa Bruckmann und ihre Rivalin, Helene Bechstein, Ehefrau des Klavierfabrikanten Bechstein, wetteiferten darum, Hitler gute Manieren beizubringen und ihn salongemäß mit Frack und Lackschuhen auszustatten. Während seiner Landsberger Haft 1924 sollte Elsa Bruckmann den inhaftierten Helden zweimal besuchen und vor allem danach zur Finanzierung von «Mein Kampf» beitragen. Nach seiner Entlassung aus der kurzen Haft waren die Salons der Bruckmanns und Bechsteins Orte, wo sich Hitler trotz seines öffentlichen Redeverbots produzieren und das Terrain für seinen politischen Neustart vorbereiten konnte.

Seit 1920 war Hitler das Zugpferd seiner Partei, und Politik bedeutete für ihn seither Beruf und Lebensinhalt, auch Ersatz für fehlende Freundschaften und Familienbindung. Sein rastloser Einsatz für die Partei führte ihn bald über die engeren Grenzen Münchens hinaus. Zusammen mit Hermann Esser, der auf Vermittlung von Hauptmann

Mayr zur NSDAP gestoßen war und als der zweitbeste Redner der Partei galt, teilte er sich die Auftrittsorte regional auf. Ihre Missionsreisen zu den Versammlungen in der bayerischen Provinz hatten das Ziel, Anhänger zu gewinnen und NSDAP-Ortsgruppen zu gründen. Die erste entstand in Rosenheim. Wahlkampfauftritte führten ihn bereits 1920 nach Stuttgart zu einer Versammlung des völkischen «Schutz- und Trutzbundes» und im Herbst 1920 auch nach Österreich, wo sich sein Auftritt allerdings nicht in nennenswerten Stimmengewinnen der österreichischen Nationalsozialisten niederschlug. In Österreich begegnete er zum ersten Mal dem Führer der österreichischen Nationalsozialisten, Walter Riehl, dem eigentlich das «Erstgeburtsrecht» in Sachen Nationalsozialismus zugekommen wäre, hatte er doch schon vor 1914 eine völkisch-nationalsozialistische Bewegung in Österreich begründet und diese 1919 dann als Deutsch-Nationalsozialistische Arbeiterpartei weitergeführt. Als Hitler mit seiner NSDAP schließlich die alleinige Führung der nationalsozialistischen Bewegung beanspruchte, geriet Riehl ins Abseits und bezeichnete sich später nur noch als «Johannes der Täufer», der für den «Messias» Hitler den Weg bereitet habe.

Die Beziehungen zu anderen politischen und ideologischen Verwandten aus der völkischen Szene sollten bald zum Konflikt innerhalb der NSDAP führen. Auch wenn Hitler sich 1920 nur als «Trommler» bezeichnete, als Vorläufer einer kommenden Führergestalt, war er doch bald von sich so überzeugt, dass er immer entschiedener auf eine Führungsrolle drängte und vor allem in jedem politischen Konkurrenten eine Bedrohung seiner eigenen Stellung sah. Das war nicht nur Ausdruck seines herrischen, egomanen Charakters, wie ihn auch schon August Kubizek in ihrer gemeinsamen Wiener Zeit kennenlernen musste. Es war auch Ergebnis seines Aufstiegs vom Außenseiter zum gefeierten Lokalmatador, der mit seiner Fähigkeit, kollektive Rauschgefühle zu steuern, sich schließlich als Genie fühlte und von den Anhängern und Sympathisanten bald bewundernd «König von München» genannt wurde. Die Bemühungen des Parteiausschusses um eine engere Zusammenarbeit mit der Deutschsozialistischen Partei und vor allem der Deutschen Werkgemeinschaft von Otto Dickel, der sich ebenfalls als Redner und völkischer Publizist einen Namen gemacht hatte, liefen Hitlers Vorstellungen von politischer Agitation und Taktik zuwider. Als während seiner Abwesenheit Drexler und andere Mitglieder des Parteiausschusses im Sommer 1921 mit Dickel über eine engere Kooperation und auch über die Überarbeitung des Parteiprogrammes mit dem Ziel verhandelten, eine bündische Organisation gleichgesinnter Gruppen herzustellen, reagierte Hitler, von Eckart alarmiert, mit seinem Parteiaustritt. Mittlerweile war jedoch seine Position in der Partei schon stark genug, um mit diesem Akt die ihm unliebsame Marschrichtung zu verhindern und sein Konzept durchzusetzen. Mit einem untrüglichen Instinkt für populäre Zeitströmungen bestand er darauf, die rivalisierenden völkischen Gruppen der Wucht der eigenen Agitation unterzuordnen. Nicht eine endlose Programmdiskussion in völkischen Zirkeln oder mühsame politische Kompromisse, sondern die rastlose propagandistische Mobilisierung der Massen zum revolutionären Aufbruch gegen das liberale, bürgerliche System galten ihm als das oberste politische Ziel. Nachdem er drei Tage lang auf sich hatte warten lassen, konnte er, wieder unter Vermittlung Eckarts, seine Forderung nach einer Neuorganisation der Partei durchsetzen. Er nannte ultimativ sechs Bedingungen für seinen Wiedereintritt. Er verlangte den Abbruch der Fusionsgespräche und beharrte auf dem Absolutheitsanspruch der NSDAP. Die Münchner NSDAP, d. h. seine Clique und ihr Programm, sollten die Vorrangstellung über alle anderen Parteigruppierungen besitzen. Außerdem sollte innerhalb von acht Tagen eine außerordentliche Parteiversammlung mit einer festen Tagesordnung einberufen werden, um den damaligen Ausschuss zum Verzicht auf alle Ämter zu zwingen und um seine eigene Nominierung zum Ersten Vorsitzenden mit «diktatorischen Vollmachten» zu beschließen. Auch wenn diese Forderungen nur auf die aktuelle Situation bezogen waren, legten sie den Grundstein für die künftige Parteiorganisation. Am 29. Juli 1921 wurde Hitler dann mit nur einer Gegenstimme zum Diktator der NSDAP gewählt. Drexler wurde mit dem Ehrenvorsitz abgefunden, und in die neuen Unterausschüsse zogen Hitlers Männer ein. Seinen ehemaligen Feldwebel Max Amann holte Hitler als Geschäftsführer in die Parteiverwaltung. Der hatte keine eigenen politischen Absichten und kümmerte sich nur um die Organisation der Partei; nebenbei baute er sich ein eigenes Presseimperium auf. Gleichzeitig forcierte Hitler die Gründung einer Parteiarmee, die, zunächst scheinbar ganz harmlos als Turn- und Sportabteilung organisiert, immer mehr zum militanten Ausdruck des Parteiaktivismus und zum Sammelbecken der heimatlos gewordenen Soldaten und Freikorps-Männer wurde.

Vor allem sollte die «Sturmabteilung» (SA) zum Machtinstrument des «Führers» werden und mit ihren militärisch-hierarchischen Leitungsformen auf die gesamte Parteiorganisation ausstrahlen. Mit dem Ausbau der SA erhielt die Partei endgültig ihr unverwechselbares Gesicht. Neben der politischen Organisation sollte die SA nach dem Willen Hitlers als «Sturmbock» der Bewegung und als Bürgerkriegsarmee zugleich agieren, da «Terror nur durch Terror zu brechen» sei.[8] Die SA sollte, bevor sie später in dieser Rolle von der SS verdrängt wurde, nach innen zum Träger des Führergedankens werden. Die emotionale Verwurzelung der Mehrheit der SA-Männer in militärischen Hierarchien erleichterte die Übernahme des Führergedankens, der seinerseits zur Stabilisierung der innerparteilichen Machtverhältnisse dienen sollte. Die «Treue zum Führer» wurde immer wieder als eine der hervorstechenden Eigenschaften des SA-Mannes beschworen und durch einen ausgeprägten Führerkult gepflegt.

Als weiteren Punkt hatte Hitler in die neue Satzung zur Sicherung seines Führungsanspruchs eingefügt, dass das Parteiprogramm vom 24. Februar 1920 für «unabänderlich», seine Verwirklichung zum «Ziel der Bewegung» erklärt wurde. Damit sollte zunächst einer Wiederholung der Vorgänge bei den Fusionsverhandlungen mit Dickel und jedem weiteren Versuch, durch eine Grundsatzdiskussion die Stellung des Parteiführers zu untergraben, ein Riegel vorgeschoben werden. Hitler verstand es, die Führungskrise der Partei zur Geburtsstunde einer Führerpartei zu machen. Zum ersten Mal hatte Hitler in der Parteikrise des Sommers 1921 sein politisches Talent bewiesen, in einer politischen Krisen- und Konfliktsituation zunächst nur sehr allgemeine Ziele zu formulieren, um dann abzuwarten, bis sich eine Gelegenheit bot, um mit einer ultimativen und äußerst risikoreichen Taktik des «Alles oder nichts» diese Vorstellungen auf Dauer durchzusetzen. Dahinter steckte keine langfristige Planung, vielmehr entsprang sein Vorgehen einer spontanen Reaktion. So zeigte Hitler damals in seinem Handeln erstmals die Fähigkeit zum instinktiven Ausnutzen einer sich zuspitzenden Situation.

Ein «deutscher Mussolini»?

Organisation und Propaganda der Partei folgten seit dem Führungswechsel mehr und mehr dem Führergedanken. Es ist kein Zufall, dass nach der innerparteilichen Machtübernahme auch der Führermythos Hitlers entstand. Von «unserem Führer» sprach der «Völkische Beobachter» seit dem Herbst 1921, ohne dass sich dieser Sprachgebrauch damit sofort etabliert hätte. Die Bezeichnung «Vorsitzender» verschwand nur schrittweise. Bald mischte sich in den Führergedanken, dessen Durchsetzung von Dietrich Eckart in der neuen Parteizeitung systematisch vorbereitet wurde, eine Hitler-Schwärmerei. Immer waren es Männer aus der Clique um Hitler, die sich zu Propagandisten ihres «Führers» machten und die an jene vielschichtige Führersehnsucht anzuknüpfen suchten, die im Deutschland der zwanziger Jahre umging. Dass ausgerechnet der aus dem Nichts in kürzester Zeit aufgestiegene Agitator die diffusen Erwartungen eines Führers und deutschen Messias auf sich ziehen konnte, hatte verschiedene Gründe. Der Versuch der NSDAP-Führungsclique, ihren Vorsitzenden zu dieser Heilsfigur zu machen, der eine Mission als nationaler Retter erfüllen könnte, wäre erfolglos geblieben, wenn Hitler nicht über persönliche Eigenschaften verfügt hätte, die es ihm ermöglichten, glaubhaft in diese Rolle zu schlüpfen. Dazu gehörten vor allem das Charisma seiner Rede mitsamt ihren theatralischen Effekten; die Glaubhaftigkeit, mit der er seine Botschaft von nationaler Misere und nationaler Größe, von nationaler Einheit und völkischer Geschlossenheit, von Heroismus und Erlösung immer wieder vortrug. Dafür hatte er bald sein Publikum und seine Anhängerschaft gefunden, die dieselben Ängste und Erwartungen teilten, wie er sie vermittelte. Zu dieser charismatischen Eigenwirkung gehört ebenso die charismatische Gefolgschaft – ein Kreis von Jüngern und Propagandisten, die er mit Hilfe von Förderern und Gönnern, aber auch durch die eigene Agitationskraft um sich scharte. Erst diese Wechselbeziehung von «Eigen-Charisma» und «Fremd-Charisma»[9] erklärt das vieldiskutierte Phänomen von Hitlers Charisma, erklärt den Weg vom «Trommler» zum «Führer» und schließlich die Massenwirksamkeit des Hitler-Mythos. Ob Hitler sich selbst in dieser Zeit diese Eigenschaften zubilligte, muss offenbleiben. Immerhin war er geschickt und anpassungsfähig genug, auf entsprechende Fragen, vor allem wenn sie von prominenten Gesprächspartnern stammten, scheinbar ganz bescheiden zu antworten. Auf eine Frage, die ihm Arthur Moeller van den Bruck, der Autor des einflussreichen Buches über «Das Dritte Reich», im Juni 1922 stellte, bezeichnete er sich nur als «Trommler und Sammler».[10] Im vornehmen Nationalen Klub in Berlin hatte er sich zur selben Zeit ebenfalls bloß als «Trommler der Nationalen Freiheitsbewegung» dargestellt.[11] Dafür feierte einer seiner ersten und fanatischsten Jünger, Rudolf Heß, in einem an der Münchner Universität preisgekrönten Essay vom Herbst 1922 Hitler, ohne ihn mit Namen zu nennen, mit quasireligiösen Formulierungen als den «Mann», der mit der «Kraft seiner Rede, wie Mussolini, die Arbeiter zum rücksichtslosen Nationalismus (führt), die international-soziale marxistische Weltanschauung (zertrümmert)». Viele Menschen erwarteten seine rettende Tat. «Das Volk lechzt nach einem wirklichen Führer, frei von allem Parteigefeilsche, nach einem Führer mit innerer Wahrhaftigkeit … Noch wissen wir nicht, wann er rettend eingreift, der ‹Mann›. Aber daß er kommt, fühlen Millionen.»[12]

Doch zunächst blieb Hitler nur innerhalb seiner eigenen Partei «der Führer» und war noch weit davon entfernt, sich als der Führer einer nationalen Erlösungsbewegung auszugeben, geschweige denn als deutscher Messias erwartet zu werden. Ein wichtiger Impuls dafür ging von der Nachricht über Mussolinis «Marsch auf Rom» aus. Diese erregte auch jenseits der Alpen Aufmerksamkeit, bei der NSDAP allzumal. Denn mit den Nachrichten von einer nationalen Entwicklungsdiktatur in Italien und einem «Duce», der angeblich Kraft und Willen miteinander vereine, wuchsen auch in Deutschland schlagartig das Interesse und die Hoffnungen auf einen solchen Retter. Erst recht elektrisierten diese Nachrichten die radikal-nationalistische Szene.

Schon zuvor hatte der «Völkische Beobachter», seitdem er NSDAP-Parteizeitung war, voller Bewunderung von der nationalen Widerstandsbewegung und Selbstbehauptung des Kemal Atatürk berichtet. Die Weigerung der Türkei, die harten Friedensbedingungen des Vertrags von Sèvres anzuerkennen, wurde zum Vorbild für eine entschlossene Nationalbewegung und für die Bildung eines autoritären politischen Systems, das auch für eine deutsche nationale Erneuerung Anregungen bieten könne.[13] Eine noch größere Nähe freilich bestand zu Mussolinis faschistischer Partei und seiner erfolgreichen Machtübernahme, die im Zuge des «Marsches auf Rom» im Oktober 1922 erfolgte. Er diente als Vorbild und Ermutigung. «Mussolini habe gezeigt», erklärte Hitler kurze Zeit später, «was eine Minderheit zu leisten vermag, wenn ihr der heilige nationale Wille innewohne. Auch bei uns werde und müsse die Stunde kommen, wenn wir nicht zugrunde gehen wollen.»[14] Gut zwanzig Jahre später, in seinen Monologen im Führerhauptquartier, bekannte Hitler: «Der Marsch auf Rom 1922 war einer der Wendepunkte der Geschichte. Die Tatsache allein, daß man das machen kann, hat uns einen Auftrieb gegeben.»[15] Es waren sowohl die Ideologie als auch die politische Praxis, die für die frühe NSDAP Vorbildcharakter hatten und Hitler offenbar davon überzeugten, dass Geschichte machbar sei. Der Gedanke des «Weltanschauungskampfes» auf der einen und die Anwendung von politischer Gewalt auf der anderen Seite begeisterten die Nationalsozialisten und ihren «Führer». Nun wollte auch er der «deutsche Mussolini» werden, und seine Anhänger bestärkten ihn darin. Seit Mussolinis «Marsch auf Rom» wurde Hitler von seinen Anhängern zum charismatischen «Führer» stilisiert.

Was Hitler von Mussolini lernen konnte, war die Verwendung einer Doppelstrategie von Kompromissfähigkeit und Gewalt, die Verwirrung stiftete und jederzeit Rückzugsmöglichkeiten aus dem gewagten Spiel der Machtübernahme aus einer Minderheitenposition ermöglichte. Der «Marsch auf Rom» war in erster Linie ein Stück psychologischer Kriegsführung, ein Coup sowohl zur weiteren Verunsicherung des politischen Gegners, der sich in einer tiefen Legitimationskrise befand, als auch zur Befriedigung der eigenen militanten Gruppen, die mit ihren Gewaltkampagnen weite Teile des italienischen Nordens im Griff hatten, aber noch nicht die politische Macht besaßen. In der Ambivalenz von Legalität und Gewalt lag der Schlüssel zum Erfolg, und Mussolini spielte dieses Doppelspiel geschickt und propagandistisch wirksam. Europa erlebte einen neuen Typus der revolutionären Machteroberung mit dem Ziel einer nationalen Ordnungsdiktatur und mit der Unterstützung durch konservative Eliten.[16]

Die NSDAP um die Münchner Führungsclique hat diese Doppelstrategie anfangs missverstanden und mehr auf Gewalt als auf Kalkül gesetzt. Das sollte sich nach dem gescheiterten Putsch vom 9. November 1923 ändern, als Hitler auch auf eine Legalitätstaktik setzte, ohne die Gewaltbereitschaft seiner Massenbewegung wirklich einzuschränken. Beide radikalnationalistischen Führer- und Kampfbewegungen, der italienische Faschismus und der deutsche Nationalsozialismus, hatten in ihrer Ideologie wie in ihrer politischen Praxis und ihrer Strategie der Machtübernahme, zeitlich versetzt und ungeachtet einzelner nationalbedingter Abweichungen, sehr viele Gemeinsamkeiten, die es berechtigt erscheinen lassen, von einem gemeinsamen Strukturtypus «Faschismus» zu sprechen. Sie trugen eine ähnliche Parteiuniform, besaßen neben der politischen Parteiorganisation eine militante Parteiarmee, verherrlichten Krieg und Gewalt und träumten von faschistischen Imperien. Sie predigten Hass gegen Demokratie und ethnische Minderheiten. Ihre Entscheidungsstrukturen wurden von einem Führer bestimmt, der sich als nationaler Retter inszenierte. Trotz dieser Ähnlichkeiten, die in der Entstehungs- und Bewegungsphase größer waren als in der Regimephase, hatten beide Bewegungen und ihre Führungen zunächst wenig Kenntnis voneinander, was den engen nationalistischen Horizont dieser rechtsradikalen Bewegungen zeigt.

Mussolinis Machtübernahme, zunächst noch als Chef einer Koalitionsregierung und getragen von einer gewaltbereiten Massenbewegung, wirkte schon im Oktober 1922 elektrisierend auf die Nationalsozialisten. Eine erste Probe ihrer Demonstrations- und Gewaltstrategie hatten sie wenige Tage vor dem «Marsch auf Rom» am 14./15. Oktober 1922 mit ihrem Aufmarsch zum «Deutschen Tag» in Coburg geliefert. Nicht mit einem «kleinen Kreis von Begleitern», wie angekündigt, sondern mit einem Sonderzug von achthundert SA-Männern, den Hitler gemietet hatte, waren sie in die nordbayerische Provinz gefahren, um bei der Heerschau der völkischen Bewegung mit ihrer militanten Entschlossenheit ihren Machtanspruch gegen die politische Linke und innerhalb des «nationalen Lagers» zu demonstrieren. Die Ausschreitungen der SA in den Straßen Coburgs erinnerten an die Gewaltakte der faschistischen Squadren, die in Italien seit 1920 ganze Provinzen mit einer Art Doppelherrschaft im Griff hatten. Ähnlich wie in Italien fand der Straßenterror der SA, der von der örtlichen Polizei noch tatkräftig unterstützt wurde, mehr Zustimmung als Ablehnung. Die Polizei in Coburg verhaftete keinen der nationalsozialistischen Schläger. Anfang November 1921 war es in München schon bei einer Kundgebung Hitlers im Hofbräuhaus gegen die Linke zu einer wilden Schlägerei zwischen SA und Anhängern sozialistischer Gruppen gekommen. Hitler sprach, ganz den entschlossenen Helden gebend, scheinbar ungerührt weiter, während die SA den Gegner aus dem Saal prügelte. Später verherrlichte Hitler in «Mein Kampf» die Vorgänge als «Schlacht im Hofbräuhaus» und als eigentliche Geburtsstunde der SA.

Für Hitler stand fest, dass die SA sich als revolutionäre Kampfbewegung der Partei und ihrem «Führer» unterzuordnen hatte. Doch Herkunft und politische Querverbindungen brachten nicht wenige SA-Führer immer wieder dazu, sich die SA als autonomes politisches Freikorps zu wünschen. Gefördert und geradezu unvermeidlich wurde dieser Zwiespalt durch die Notwendigkeit, wie andere vaterländische Verbände auch die Unterstützung der Reichswehr zu gewinnen oder sich zu erhalten. Die Nähe zur Reichswehr brachte den Vorteil der Waffen- und Ausbildungshilfe, aber den Nachteil, dass die SA, mehr als Hitler lieb war, mit anderen völkischen Wehrverbänden zusammenarbeitete und überhaupt ihre eigenen Wege abseits der Partei ging. Das Gewicht der Militärs war gewachsen, als neben Hauptmann Ernst Röhm, den Hitler schon 1919 durch Hauptmann Mayr kennengelernt und der sich bald auch der DAP angeschlossen hatte, im Herbst 1922 Hermann Göring, ein Fliegerheld des Ersten Weltkriegs, zur NSDAP stieß. War Röhm als «Waffenmeister» der völkischen Bewegung nicht nur für die NSDAP/SA, sondern auch für andere Wehrverbände unentbehrlich, so brachte Göring exzellente Verbindungen zu Offiziers- und Adelskreisen mit und sorgte für die gesellschaftliche Reputation, die Hitler noch nicht hatte, die ihm aber sehr nützlich sein konnte. Im Dezember 1922 (andere Quellen sprechen vom Frühjahr 1923) ernannte Hitler Göring zum Chef der SA.

Hitler brauchte die SA als Bürgerkriegstruppe und mit ihr die übrigen Wehrverbände, denn diese stellten ein politisches und vor allem ein militärisch beachtliches Potential dar. Auch bewegte sich seine Propaganda bis 1923 vorwiegend in dem Milieu, das durch die Reichswehr und Wehrverbände vorgegeben war. Darum schob Hitler die Entscheidung über die Funktion der SA, wie so viele Entscheidungen, lange vor sich her und versuchte, durch eine Strategie der Zellteilung sich ihm ergebene Stoßtrupps zu schaffen.

Zunächst bildete er im Mai 1923 eine Gruppe von Leibwächtern, die sich «Stoßtrupp Hitler» nannte und sich durch eine besondere Nähe zum «Führer», aber auch durch ihre Symbolik und Einsatzbereitschaft auszeichneten. Sie trugen schwarze Mützen mit Totenkopfabzeichen. Zunächst waren es nicht mehr als zwanzig junge Männer, im November 1923 zählte der Verband schon einhundert Mitglieder. Seine Anführer, der Schauspieler Julius Schreck, und sein Stellvertreter, der Uhrmacher Emil Maurice, sollten zusammen mit dem Apothekenhelfer Julius Schaub später als Fahrer, Leibwächter und Adjutanten zu Hitlers engster Entourage gehören. Sie waren Bodyguards und Tatgemeinschaft zugleich und wirkten tatkräftig an der Verbreitung des Führermythos mit. Aus dem «Stoßtrupp» bildete sich in einem weiteren Schritt die «Schutzstaffel» (SS), deren Chef im Jahr 1929 Heinrich Himmler wurde; ihn hatte Ernst Röhm für die Hitler-Partei gewonnen, bis er von ihm schließlich verdrängt und 1934 in einer innerparteilichen Säuberungsaktion selbst Opfer der von ihm propagierten Gewalt wurde.

Der Putschist

Die Krisen des Jahres 1923, die die Weimarer Republik fast zerbrechen ließen – Ruhrbesetzung und Umsturzversuche, Wirtschafts-

Abb. 8 Ähnlich wie die Squadren im italienischen Faschismus waren auch die nationalsozialistischen Sturmabteilungen (SA) zunächst ein Sammelbecken ehemaliger Frontsoldaten, aber nach dem Willen Hitlers bald auch Symbol für die nationalsozialistische Entschlossenheit und Militanz. Der «Stoßtrupp Hitler» wurde zusätzlich zum unmittelbaren Instrument von Hitlers Führermacht und sollte ihm loyal ergeben sein.

krise und Hyperinflation, dazu die Regierungskrisen in Reich und Ländern –, bildeten die Voraussetzungen dafür, dass Hitler und seiner Partei in Bayern der Durchbruch in die große Politik und der Aufschwung zur Massenbewegung gelangen. Im November 1923, auf dem Höhe- und Wendepunkt dieses Sturmjahres der deutschen Politik, hatte sich die Mitgliederzahl in kurzer Zeit verzehnfacht und war auf über 55 000 angestiegen. Ihre Mitglieder gewann die NSDAP vorwiegend aus mittelständischen Schichten, die von Orientierungs- und Statusverlusten bedroht waren und die sich von der radikalen Agitation der Hitler-Bewegung gegen «Versailles», die «jüdisch-kapitalistischen Schieber» und den Weimarer Staat gerade im Augenblick der heftigsten Inflation angezogen fühlten. Aber auch Angehörige anderer Schichten wurden durch die Radikalität der nationalsozialistischen Propaganda und deren Erlösungsrhetorik angesprochen. So waren etwa 33 Prozent der frühen Mitglieder Arbeiter. Wichtiger für den Aktivismus der Partei war der Zustrom aus den aufgelösten militärischen Verbänden und Freikorps vor allem in Bayern. Das rasche Anwachsen der SA verstärkte allerdings das Eigengewicht der militärischen Führung dieses Verbands und erhöhte den Druck auf die Parteiführung, endlich gegen «die Juden» und «gegen Berlin» loszuschlagen. Bereits seit Herbst 1922 liefen Gerüchte über einen bevorstehenden Putsch der Nationalsozialisten um.

Doch Hitlers Griff nach der Macht war nur unter einer doppelten Voraussetzung möglich: der Krise der liberal-demokratischen Ordnung und der Unterstützung durch konservative, republikfeindliche Kräfte. Die politischen und wirtschaftlichen Verhältnisse des Jahres 1923 hätten zwar für die Radikalen von links wie von rechts nicht günstiger sein können, aber die Haltung der etablierten konservativnationalen Kräfte, vor allem der Reichswehr, gegenüber Staatsstreichplänen von rechts war lange unentschieden und widersprüchlich. Sein gestiegenes Selbstbewusstsein und sein Ziel, die Eigenständigkeit der NSDAP inmitten der völkisch-nationalistischen Konkurrenz der zahlreichen Wehrverbände und rechtsextremen Gruppen zu behaupten, führten dazu, dass Hitler zur Verwunderung auch eigener Anhänger aus der nationalen Einheitsfront ausscherte, die sich nach der militärischen Besetzung des Ruhrgebiets am 11. Januar und der Proklamation des passiven Widerstandes durch die Reichsregierung bildete. Er forderte stattdessen: «Nicht nieder mit Frankreich, sondern nieder mit den Vaterlandsverrätern, nieder mit den Novemberverbrechern muß es heißen.»[17] Mit bemerkenswerter Unbeirrbarkeit hielt er an diesem Kurs und der dahinterstehenden Vorstellung vom Primat der Innenpolitik fest. Erst müsse die Nation im Inneren geschlossen und von allen Feinden «gereinigt» sein, um sich dann erfolgreich gegen den äußeren Feind wenden zu können. Tatsächlich brachte ihm dieser eigenständige und unbeirrbare Kurs keinen großen Popularitätsverlust. Er fand neue Verbündete unter den Wehrverbänden und konnte auf dem «Reichsparteitag» der NSDAP am 27. und 28. Februar 1923 in München als «Führer der deutschen Freiheitsbewegung» seinen Machtanspruch ungestört demonstrieren und mit einer Serie von Massenveranstaltungen in zwölf Lokalen gleichzeitig München vorübergehend dominieren.

Er hatte sich mit der Hilfestellung durch Kahr und der bayerischen Reichswehrführung gegen die Auflagen der Behörden hinweggesetzt und schließlich auch noch entgegen seiner Zusage in einer großen öffentlichen Zeremonie vor 5000 SA-Männern auf dem Marsfeld (und nicht im geschlossenen Saalbau des Circus Krone) eine Standartenweihe inszeniert. Warum sollte er durch diesen Prestigegewinn nicht auf den Gedanken verfallen, durch Erschleichungen und mit Drohungen gegenüber der Staatsmacht weiterhin alles erreichen zu können, wenn nur die nötigen Förderer und Bündnispartner zur Stelle waren? Dass dies nicht immer gelingen musste, erfuhr er Wochen später, als er sich mit Hilfe seines Waffenmeisters Ernst Röhm illegal Waffen besorgte und in martialischem Auftritt mit Stahlhelm und Eisernem Kreuz an der Spitze seiner SA-Männer eine Mai-Kundgebung der Arbeiterbewegung gewaltsam sprengen wollte, sich aber einem Entwaffnungsbefehl von Reichswehr und Polizei beugen musste. Nach diesem Rückschlag zog er sich erst einmal frustriert zu Dietrich Eckart nach Berchtesgaden zurück und musste im September beim «Deutschen Tag» in Nürnberg mit ansehen, wie nun Ludendorff im Mittelpunkt der Ovationen stand.

Es ist nicht ausgeschlossen, dass diese Erfahrung ihn dazu getrieben hat, alles auf eine Karte zu setzen. In der gewitterschwülen und undurchsichtigen Situation, die nach dem Abbruch des passiven Widerstands durch die Regierung Stresemann und nach ersten Anzeichen einer deutschen «Erfüllungspolitik» gegenüber Frankreich in Bayern entstanden war, hatte die bayerische Regierung eigenmächtig den Ausnahmezustand erklärt und Ritter von Kahr erneut zum Generalstaatskommissar ernannt. Kahr verfolgte im Verein mit General von Lossow, dem Kommandeur der Reichswehr in Bayern, und mit dem Leiter der bayerischen Landespolizei, Oberst von Seißer, eine gefährliche Doppelstrategie. Das Triumvirat der alten Mächte versuchte einerseits, die Wehrverbände einschließlich des von Hitler geführten «Deutschen Kampfbundes» in ihr Konzept einer autoritären Ordnungszelle einzubinden und auch sie für einen «Marsch nach Berlin» zu gewinnen. Dabei hätte Hitler allenfalls die Fußtruppen zusammentrommeln dürfen. Andererseits wollten die Herren über den Ausnahmezustand die Führer der Kampfbünde, vor allem Hitler

Abb. 9 Ansprache Hitlers an die SA und die Verbände des «Kampfbundes» im Oktober 1923 auf der Fröttmaninger Heide bei München. Hitler versucht, seine Unabhängigkeit gegenüber den nationalen Verbänden zu behaupten.

und Ludendorff, unter ihre Kontrolle bringen und entmachten. Als die Reichsregierung auf diese bayerische Unbotmäßigkeit nicht anders reagieren konnte, als ihrerseits den Ausnahmezustand zu erklären und die vollziehende Gewalt in die Hände des demokratisch legitimierten Reichswehrministers Geßler zu legen, eskalierte die Situation. Die Reichswehr wollte sich nicht zum militärischen Instrument der ungeliebten Republik machen lassen, sondern sich als «Staat im Staat» aus der Sache heraushalten. Die «vaterländischen Verbände» gossen immer mehr Öl ins Feuer und forderten immer lauter einen «Marsch auf Berlin», und der «Völkische Beobachter» publizierte Hetzartikel gegen Stresemann und gegen General von Seeckt. Daraufhin drohte Kahr damit, dass Reichswehr und Polizei gegen einen eigenmächtig beschlossenen Putsch der Kampfverbände vorgehen würden. Als Hitler schließlich zu einer Besprechung bei Kahr nicht eingeladen wurde, entschloss er sich, die Flucht nach vorn anzutreten, um die Initiative zurückzugewinnen.

Die Gelegenheit zum großen Coup bot eine Kundgebung, zu der Kahr für den Abend des 8. November alles eingeladen hatte, was im nationalistisch-bürgerlichen Lager Rang und Namen hatte, Hitler aber nicht.[18] Als Kahr im überfüllten Bürgerbräukeller etwa zwanzig Minuten lang gegen den «Marxismus» geredet hatte, stürmten Hitler und seine Begleitung, sein ehemaliger Feldwebel Max Amann und der Fleischer Graf auf der einen Seite, Rudolf Heß und der Harvard-Absolvent Putzi Hanfstaengl auf der anderen Seite, mit gezogenen Pistolen zum Podium, während Görings SA-Leute ein Maschinengewehr in Stellung brachten. Nachdem er sich mit einem Schuss in die Decke Gehör verschafft hatte, verkündete Hitler mit erregter Stimme: «Die nationale Revolution ist ausgebrochen. Die bayerische Regierung ist abgesetzt. Eine provisorische Reichsregierung wird gebildet.»[19] Dann drohte er damit, auf die Menschen schießen zu lassen, die Widerstand leisteten. Göring hingegen beruhigte anschließend den Saal, sie sollten ihr Bier weitertrinken. Hitler befahl nun dem Triumvirat im barschen Ton, sich mit ihm in ein Nebenzimmer zu begeben, um die Herren davon zu überzeugen, die ihnen von ihm übertragenen Ämter als Landesverweser in Bayern bzw. als Ministerpräsident zu übernehmen. Dann drohte der selbsternannte Diktator, der an die Spitze der Reichsregierung treten wollte, mit seiner theatralischen Alles-oder-nichts-Strategie: «Sie müssen mit mir kämpfen, mit mir siegen oder mit mir sterben. Wenn die Sache schief geht, vier Kugeln habe ich in der Pistole, drei für meine Mitarbeiter, wenn sie mich verlassen, die letzte Kugel für mich.»[20] Das war der Teil des Putsches, der für Hitlers Strategie besonders wichtig war, doch er endete im Misserfolg. Ludendorff war zwar noch in kaiserlicher Uniform zur Unterstützung der Aktion im Bürgerbräukeller eingetroffen und hatte das Triumvirat offensichtlich zum Mitmachen veranlassen können, nachdem Hitler das zuvor, obwohl er mit der Pistole herumfuchtelte, nicht hatte erreichen können. Zurück im Saal, bekräftigten Kahr, Lossow und Seißer mit Handschlag und unter dem Beifall des Publikums ihre Bereitschaft, sich zu beteiligen, und damit hatte die Theatervorstellung auch schon ihren Höhepunkt überschritten. Die Putschisten konnten immerhin noch in der Nacht das bayerische Kriegsministerium und das Polizeipräsidium besetzen, und während Hitler den Saal verließ, um zu seinen Männern zu eilen, entließ Ludendorff, der im Saal zurückgeblieben war, die drei Herren mit der Zusage, nichts gegen den Staatsstreich zu unternehmen. Doch diese hielten ihre Zusagen nicht ein und alarmierten die Landespolizei. Lossow organisierte den Gegenschlag und ließ noch in der Nacht einige Mitverschwörer verhaften. Das Triumvirat widerrief öffentlich alle Zusagen, die man Hitler gemacht hatte. Der Putsch war damit eigentlich zusammengebrochen, der Missionar hatte sich als schlechter Putschist erwiesen. Um das Blatt vielleicht doch noch zu wenden und den im Kriegsministerium sich verschanzenden Röhm zu entsetzen, entschieden sich Hitler und Ludendorff am folgenden Morgen zu einem trotzigen, dramatisch-heroischen Akt. Mit zweitausend teilweise bewaffneten Männern machten sie sich in Zwölferreihen vom Bürgerbräukeller auf den Weg zum Regierungsviertel. Es war mehr eine verzweifelte Demonstration der schwindenden Macht als eine militärische Angriffsformation. Hinter den Fahnenträgern, ganz vorne in der ersten Reihe, marschierten Ludendorff und Hitler. Der Plan, die Massen im Sturm mitzureißen, war bereits gescheitert, als die Putschisten vor der Feldherrnhalle auf die Sperrkette einer Polizeieinheit stießen. Es kam zum Schusswechsel. Als Erster sank Max Erwin von Scheubner-Richter, unmittelbar neben Hitler marschierend, getroffen zu Boden. Vierzehn Putschisten und vier Polizisten lagen schließlich tot oder sterbend auf der Straße vor der Feldherrnhalle. Der Zug löste sich in Panik auf, nur Ludendorff war ungerührt weitermarschiert. Hitler hatte sich beim Sturz die Schulter verletzt; er flüchtete. Im Auto eines SA-Sanitätsarztes setzte er sich, völlig demoralisiert, aus der Stadt ab. Er war «weder an der Regierung noch tot», wie er pathetisch verkündet hatte, sondern fand Zuflucht im Landhaus seines Gönners Putzi Hanfstaengl am Staffelsee. Dort wurde er am 11. November verhaftet. Als er abgeführt wurde, vergaß er nicht, auch in der Niederlage um einen wirkungsvollen Auftritt besorgt, sich sein EK I anstecken zu lassen. Er wurde für die Untersuchungshaft in die Festung Landsberg am Lech gebracht und war für Tage so am Boden, dass er von Selbstmord redete. Einigen anderen Putschisten, darunter Hermann Göring, Hermann Esser und Rudolf Heß, gelang die Flucht nach Österreich. Die NSDAP und der «Völkische

Beobachter» wurden nach dem dilettantischen Staatsstreichversuch zwar verboten, doch die politische Erregung in München fand damit noch kein Ende. An der Münchner Universität kam es zu stürmischen Demonstrationen für die Putschisten, und die extreme Rechte versuchte mit der Erfindung der Legende vom «Verrat am 9. November», das unheroische Ende des Staatsstreichs zu verdrängen.

Auch die bayerische Regierung hatte ein Interesse daran, ihre geheime Unterstützung des Kampfbundes zu verbergen. Sie setzte alles daran, dass der Prozess nicht vor dem Reichsgericht in Leipzig, sondern in München stattfand. Am 26. Februar 1924 wurde das Verfahren gegen Hitler, Ludendorff und acht Mitangeklagte vor dem Volksgericht I in der ehemaligen Kriegsschule in der Blutenburg eröffnet.[21] Der Sitzungssaal war voll besetzt, die deutsche und internationale Presse in großer Zahl vertreten. Hitler übernahm die volle Verantwortung für den Putsch, sprach sich aber von jeder Schuld frei. Er nutzte die Chance, die das Wohlwollen des Richters ihm bot, um das Verfahren umzudrehen und die abtrünnigen Bündnispartner Kahr, Lossow und Seißer wie ein Ankläger regelrecht zu vernehmen. Sie hätten den Putsch mit ihm geplant und ihn im entscheidenden Moment im Stich gelassen. Damit hätten sie nicht nur ihn, sondern das deutsche Volk verraten. Mit seinem Schlusswort steigerte er, vor keiner Anmaßung zurückschreckend, seine Selbstinszenierung. Nicht die Richter, sondern die Geschichte allein werde das letzte Urteil über seine Tat verkünden «und ihn frei sprechen».[22] Das Gericht sprach Ludendorff frei. Hitler, Ernst Pöhner und zwei Kampfbundführer wurden wegen Hochverrats zur Mindeststrafe von fünf Jahren Festungshaft verurteilt. Die Richter billigten den Angeklagten einen «reinen vaterländischen Geist und edelsten Willen» zu. Darum kündigte man auch gleich die Möglichkeit an, die Strafe nach sechs Monaten zur Bewährung auszusetzen. Um die willkürliche Missachtung des Rechts, die sich im Gerichtssaal abspielte, noch weiter zu steigern, entschied das Gericht zusätzlich, Hitler nicht nach Österreich auszuweisen, obwohl das 1922 verkündete Republikschutzgesetz dies eigentlich nahegelegt hätte. «Wer so deutsch denkt und fühlt», so das Gericht, auf den finde das Gesetz keine Anwendung. Als das Urteil am 1. April verkündet wurde, brachen im Saal «Heil»-Rufe aus.

Abb. 10 Selbstbewusst präsentiert sich Hitler am 1.4.1924 nach seinem Erfolg vor dem Volksgericht in einem Gruppenfoto der Angeklagten. Trotz seiner Verurteilung zu einer äußerst milden Strafe wurde er, unter Missachtung des Republikschutzgesetzes, nicht nach Österreich ausgewiesen. Vielleicht wäre sonst die Geschichte anders verlaufen …

Der Putsch und der Prozess hatten Hitler über Bayern hinaus zu einer bekannten und die öffentliche Meinung polarisierenden Figur gemacht. Dass er das Debakel des gescheiterten Novemberputsches im Laufe des Prozesses unter tatkräftiger Mithilfe des Gerichts in einen propagandistischen Erfolg hatte verwandeln können, steigerte sein Ansehen in der Partei und darüber hinaus im völkischen Umfeld gewaltig. Er hatte sich politisch fest etabliert und mit seinen Erfahrungen bzw. seiner bekennerhaften Tat seine politischen Lehrjahre erfolgreich abgeschlossen. Auch nach seiner Haftzeit, von deren frühzeitiger Aufhebung man überzeugt war, würde er nach verbreiteter Meinung im völkischen Lager weiterhin ein populärer Agitator und Parteiführer bleiben, dem auch mögliche Nachfolgekämpfe innerhalb der NSDAP kaum etwas anhaben könnten. Selbst seine überstürzte Flucht vom Schauplatz des Geschehens und seine anschließenden Depressionen konnten seinem Nimbus als entschlossener Patriot und völkischer Tatmensch keinen Abbruch tun. Zur dauerhaften Stabilisierung dieses Mythos sollten die seit 1933 jährlich stattfindenden Gedenkfeiern in München beitragen, bei denen durch die Inszenierung eines nationalen Märtyrer- und Auferstehungskultes ein politisches Fiasko nachträglich in einen Sieg verwandelt werden sollte. Der Verstetigung dieses im Saal des Strafprozesses geborenen Mythos sollte bereits vorher die Kampf- und Bekenntnisschrift dienen, die er in der Festungshaft in Landsberg begonnen hatte.

4. DIE ERFINDUNG DES «FÜHRERS»

1924–1929

Die Erfindung einer Biographie Landsberger Haft und «Mein Kampf»

In einem zweiten Putschprozess wurden Rudolf Heß und 21 weitere Mitglieder des Stoßtrupps zu Festungshaft verurteilt und nach Landsberg gebracht. Hitlers engste Gefolgschaft war damit wieder beisammen und fungierte in der Haft als illegale Parteiführung.

Die Haft glich einem Hotelaufenthalt oder einem politischen Salon. Der Gefängnisdirektor war ein Sympathisant des nationalsozialistischen «Führers» und bemühte sich darum, seinem prominenten Häftling und seiner Gefolgschaft den Aufenthalt in der Haft so angenehm wie möglich zu machen. Hitler war im ersten Stock, dem «Feldherrenflügel», zusammen mit seinem «Hofpersonal» Hermann Kriebel, Friedrich Weber und Emil Maurice untergebracht, im Parterre die Gefolgschaft aus dem Stoßtrupp. Die Gefangenen konnten sich in ihren geräumigen Zellen besuchen und stundenlang im Anstaltsgarten spazieren gehen. Dort war auch Hitler gelegentlich anzutreffen, in Lederhose mit Trachtenjacke und Hut. Selbst die nächtliche Stromsperre im Gefängnis wurde aufgehoben, damit der prominente Häftling nicht auf seine gewohnte nächtliche Lektüre verzichten musste. Im Aufenthaltsraum, den eine Hakenkreuzfahne schmückte, wurde das Mittagessen serviert, Hitler führte den Vorsitz; wenn er den «Speisesaal» betrat, standen alle Mithäftlinge auf und warteten, bis er sich gesetzt hatte. Vorher, um zehn Uhr, war «Vortrag beim Chef». Nach einem eingespielten Ritual verliefen die samstäglichen «Kameradschaftsabende», bei denen Hitler gelegentlich Ansprachen hielt, denen auch das Gefängnispersonal lauschte. Mit dem Jurastudenten Hermann Fobke und Emil Maurice hatte Hitler zwei Mithäftlinge als «Sekretäre» zur Verfügung, die ihn bei der Erledigung seiner Kor-

Abb. 11 Von Hitlers Fotografen Heinrich Hoffmann wirkungsvoll in Szene gesetzt: die Festungshaft des verurteilten «Führers» hinter Gittern und Festungsmauern. Tatsächlich glich die kurze Haftzeit Hitlers in Landsberg eher einem Hotelaufenthalt; der Ort wurde zum Anziehungspunkt für nationalsozialistische Anhänger und Sympathisanten. Der Besucherstrom wurde schließlich eingeschränkt, weil Hitler seine Rechtfertigungsschrift verfassen wollte.

respondenz unterstützten. Denn Hitler erhielt körbeweise Post, darunter auch ein hymnisches Schreiben eines unlängst promovierten Germanisten namens Joseph Goebbels, der seine jugendliche Sozialisation im katholischen Milieu nun auf den Führerkult übertrug, den er zeit seines Lebens pflegen und propagieren sollte. Er verstand Hitlers Prozess-Schlusswort als den «Katechismus eines neuen politischen Glaubens in der Verzweiflung einer zusammenbrechenden entgötterten Welt … Ihnen gab ein Gott, zu sagen, was wir leiden. Sie faßten unsere Qual in erlösende Worte.»[1] Andere Briefinhalte waren sehr viel prosaischer, aber auch sie bezeugten auf ihre Art, welche Erlösungshoffnungen man inzwischen auf einen Führer, den man nun in Hitler meinte erkennen zu können, projizierte. Besonders zu seinem 35. Geburtstag am 20. April, kurz nach dem Prozess, stapelten sich in der Haftanstalt Pakete mit Liebesgaben und Blumengrüße. Draußen in München veranstalteten Anhänger der mittlerweile verbotenen NSDAP eine «Ehrenkundgebung» für den «Freiheitskämpfer» in der Landsberger Zelle. Mehr als fünfhundert Besucher, oft fünf und mehr pro Tag, wollten ihre besondere Verehrung (und Neugierde) für den nationalen Messias demonstrieren und pilgerten nach Landsberg. Neben politischen Anhängern kamen Bittsteller, Offiziere, Künstler, Geschäftsleute und Verleger, die Hitler als Fürsprecher oder Autor gewinnen wollten; auch viele Frauen und seine mütterlichen Freundinnen Helene Bechstein, Hermine Hoffmann und ebenso Else Bruckmann, die Hitler mit allerlei Gastgeschenken von Torten und Süßigkeiten bis hin zu einem Grammophon, einer Schreibmaschine und größeren Mengen Schreibpapier verwöhnten.

Im Rückblick hat Hitler mit großer Selbstüberschätzung und leichter Ironie seine neunmonatige Haftzeit auch als «meine Hochschule auf Staatskosten» bezeichnet.[2] Freilich waren seine Studien alles andere als ein systematisches Lernen, sondern vielmehr das Zusammensuchen von Versatzstücken, die zur Bestätigung seiner ideologischen Vorurteile dienen konnten. Allerdings hat er den erzwungenen Rückzug aus dem öffentlichen Politikbetrieb tatsächlich zum ausgiebigen Lesen und auch zum Nachdenken über Politik genutzt. Seine Lektüre war nicht nur von vorneherein zweckgerichtet, sondern verstärkte seine Machtansprüche. Sie trug im Ergebnis zu einer weiteren Radikalisierung seiner politischen Ideologie bei.

Die geernteten Lesefrüchte sollten der Vorbereitung seines Buchvorhabens dienen und zusammen mit dem früher Angelesenen zu einem weltanschaulichen Gedankengebäude zusammengebacken werden. Alles, was er bisher gelesen oder gedacht hatte, wollte er zu einer ideologischen Synthese zusammenfügen. Das sollte dem Autodidakten mehr Selbstbewusstsein vermitteln und auch der politischen Rechtfertigung gegenüber seinen Anhängern dienen. Er sah sich hinfort nicht nur als Politiker und Organisator, sondern auch als Programmatiker. Und diese glückliche Verbindung, so fügte er selbstherrlich hinzu, komme in der Geschichte sehr selten vor.

Was er im Einzelnen gelesen hat, ist nicht sicher zu rekonstruieren, denn Hitler hat die Spuren seiner Lektüre sorgfältig verwischt, und auch die Bestände der Gefängnisbibliothek in Landsberg geben nur wenig Aufschluss.[3] Mit Sicherheit waren es einige antisemitische und rassenbiologische Schriften, darunter Henry Fords «Der internationale Jude. Ein Weltproblem» sowie Hans F. K. Günthers «Rassenkunde des deutschen Volkes», die er wiederholt zitierte und bereits Ende 1921 in eine Leseliste für Nationalsozialisten aufgenommen wissen wollte. Zwar hatte Putzi Hanfstaengl ihm für die Atempause in Landsberg einige Leseempfehlungen gegeben, die nach einem anspruchsvollen intellektuellen Parforceritt durch die Bücher von bedeutenden Philosophen und Historikern aussahen, doch finden sich kaum Belege dafür, dass er sie wirklich gelesen hat. Nur Zitate oder Erwähnungen, die in «Mein Kampf» eingestreut sind und die später im Krieg flüchtiger Gegenstand seiner Monologe im Führerhauptquartier waren, deuten auf seine Lektüre und vor allem auf sein gutes Gedächtnis hin.

Das Papier, das ihm Elsa Bruckmann mitbrachte, benötigte Hitler vor allem für seine Aufzeichnungen und Konzepte, die er für die Vorbereitung seines Buches anfertigte; aber auch für Architekturskizzen und Visionen, die er scheinbar ungerührt von der ungewissen Lebensperspektive und der politischen Entwicklung «draußen» entwarf. Eine Idee und erste Fingerübungen zu einem Buch dürfte es schon 1922 oder 1923 gegeben haben. Die Entwürfe dazu gingen in das spätere Kapitel «Volk und Rasse» ein. Nach dem gescheiterten Putsch trieb ihn dann das Verlangen nach Rechtfertigung und Abrechnung mit seinen Gegnern. Diesem Ziel diente zunächst eine etwa 70-seitige Denkschrift, die er zu Beginn des Prozesses dem Gericht übergab. Sie ist nicht erhalten geblieben, darf aber als Kern einer späteren Buchpublikation betrachtet werden. Seit Juni 1924 widmete er sich dem Buch, das er Anfang des Monats in Max Amanns Eher-Verlag schon unter dem Titel «4 ½ Jahre Kampf gegen Lüge, Dummheit und Feigheit» für den Juli ankündigte. Das Buch mit dem griffigeren Titel «Mein Kampf», das mit einiger Verspätung erschien, gibt Spuren der politisch-persönlichen Entwicklung zu erkennen, die in der Haft erfolgten, sowie von Anpassungen an ein verändertes politisches Umfeld. Hitler konnte den Abgabetermin auch deshalb nicht einhalten, weil er mit seinen vielen Besuchern und seinen politischen Aktivitäten zur Lenkung der verbotenen NSDAP vollauf beschäftigt war. Als die NS-Bewegung dennoch in rivalisierende Splittergruppen zerfiel und damit indirekt demonstrierte, dass eine Führerpartei ohne Führer nicht funktionieren kann, ließ er seit Juli 1924 die Besucherströme in Landsberg einschränken, denn nun wollte er seine Rechtfertigungs- und Programmschrift endlich verfassen. Dabei veränderte sich jedoch der Charakter des Buches, das schließlich zu einer Autobiographie mit ideologiepolitischem Anspruch geriet. Dazu rückte er sich nun selbst immer mehr in den Mittelpunkt des Bandes und nutzte die Lücke, die er in der bisherigen Ausarbeitung seiner Kindheit und der Darstellung seines Aufstiegs zum Parteiführer ab 1920 noch gelassen hatte, nun verstärkt zu politischen und ideologischen Passagen, die seine vom Scheitern und Absturz geprägte Zeit in Wien zu «politischen Lehrjahren» stilisieren und damit die peinliche Tatsache verdecken sollte, dass der Politiker und selbsternannte Theoretiker der völkischen Bewegung in dieser Zeit mit Politik und politischen Programmen oder Vorbildern eigentlich nichts im Sinn gehabt und sich vielmehr von solchen Überlegungen gänzlich unangekränkelt seinen Architekturträumereien hingegeben hatte.[4] Wenn er nun das Gegenteil verkündete und wenig glaubhaft angebliche Vorbilder nannte, die ihn geformt hätten, dann entsprang das dem Versuch, ein politisches Leben zu konstruieren, das es so nicht gab.

Nach dem gescheiterten Putsch und in der Festungshaft sah er für ein politisches Comeback nur den Weg eines Neuanfangs durch eine Neuerfindung. Dazu gehörte auch die Ausweitung seiner Propaganda, in der fortan die Erfindung des «Führers» aus seiner stilisierten Biographie und aus seiner Rolle als Theoretiker einen wichtigen Platz einnehmen sollte. Diesem Ziel folgend, wurden jene Eigenschaften, die den Hitler der 1920er Jahre auszeichneten, bereits auf seine Kindheit und Jugend zurückgespiegelt, wo – so die unwahre Botschaft – schon alles begonnen hatte. Vor allem seine herausragende Eigenschaft – nämlich die des Redners, der Säle füllen und Massen begeistern kann – wurde durch die Selbsterfahrung des «Ich kann reden» in die Jugendzeit vorverlegt.

Um den Anspruch an sich selbst, nun auch ein Theoretiker zu sein, glaubhaft zu belegen, wurde aus seinem unfertigen Kapitel «Volk und Rasse» nun das Grundsatzkapitel über den Rassismus, mit dem eine frühere Ausarbeitung über den Antisemitismus eine ideologische Begründung erfuhr und von ihm als Gegenmodell zum marxistischen Geschichtsdenken und dessen Klassentheorie aufgewertet werden sollte.[5] Auch seine Ausführungen über den Lebensraum sind jüngeren Datums und stellen Versuche dar, seinen (außen-)politischen Vorstellungen eine welthistorische Begründung zu geben. Ebenso dienten die autobiographischen Kapitel seiner Bekenntnisschrift dem einen Ziel, sein Leben mit dem nationalsozialistischen Programm vollständig gleichzusetzen, das durch sein Leben, so wie er es stilisierte, sich erst zu der nationalsozialistischen Ideologie entfaltet hatte. Das sollte ihn zur gelebten ideologischen Instanz für die richtige nationalsozialistische Politik machen und helfen, seinen Machtanspruch in der Partei, auch gegenüber allen Abweichungen, zu behaupten. Die Brüder Straßer und andere innerparteiliche Dissidenten sollten das bald zu spüren bekommen.

Die alles andere als geradlinige Entstehung von «Mein Kampf» spiegelt mithin eine wichtige Etappe in der Ideologiebildung und in dem veränderten politischen Machtkalkül Hitlers, die während und kurz nach der Haft stattfand. Hitler verstand sich nun als «Führer» und wollte dies mit seinem Buch untermauern. Die Entstehungsgeschichte von «Mein Kampf» zeigt mithin eine Neuorientierung als

Konsequenz aus dem gescheiterten Putsch und dem dennoch weiter gewachsenen Selbstbewusstsein des Autodidakten. Er entfaltete, wenn auch nicht konsistent, sein verändertes Politikverständnis und seine Strategie, die mit der Haftzeit eine weitere «Reife»-Stufe erreicht hatte. Was «Mein Kampf» aber nicht wirklich zu bieten hat, ist etwa ein Masterplan für Hitlers spätere Eroberungs- und Vernichtungspolitik. Die hatte er im kleinen Kreis zu erkennen gegeben und damit Perspektiven angedeutet, die schriftlich darzulegen unmittelbar nach seiner Haft, wo die NSDAP immer noch verboten war oder danach unter Beobachtung stand, nicht opportun gewesen wäre. Und auf Opportunität verstand sich Hitler schon immer.

Bereits der Aufbau von «Mein Kampf» zeigt, dass der große Anspruch der gelebten Ideologie und durchdachten Synthese in der Dramaturgie des Buches keine Entsprechung findet und eher den Eindruck eines zusammengestückelten und schlecht komponierten Werkes hinterlässt, das ausgesprochen unübersichtlich und mit seiner Mischung aus Pathos und einem überladenen Kanzleistil zudem noch schwer lesbar war und ist. Ein politisches Programm wird erst nach mühsamer Textexegese erkennbar. Hatte sich der erste Band noch auf die Erfindung einer Autobiographie eines Niemands konzentriert, der unter schwierigsten Umständen aufbricht, um sich für das Vaterland zu opfern, und dessen Weg in die Politik ein Stück personifizierter Ideologie repräsentiert, so setzt der zweite Band unter dem Titel «Die nationalsozialistische Bewegung» die Autobiographie über das Jahr 1920 hinaus nur halbherzig und unvollständig fort. Daneben fanden im zweiten Band einige Kapitel zu Hitlers politischer Programmatik Platz, die er aus politischer Vorsicht im ersten Band nicht hatte veröffentlichen wollen. Das vorerst zentrale Ereignis seiner politischen Karriere, den Putsch im November 1923, hat er ausgespart. Das ist merkwürdig für eine Bekenntnisschrift, als die «Mein Kampf» angekündigt war. Sicherlich lagen dieser Selbstbeschränkung wiederum taktische Motive zugrunde, denn Hitler wollte sich mit Blick auf die Auflagen, die er nach seiner Entlassung erhielt, nicht gefährden. Aber auch persönliche Hemmungen spielten eine Rolle, denn einen politischen Fehler und eine Niederlage einzugestehen fielen ihm schon immer schwer. Umso verlockender war es für den

Hitler des Jahres 1926, der sich eher im politischen Wartestand befand, sich in politischen Visionen und programmatischen Entwürfen von weltgeschichtlicher Dimension zu ergehen oder sich in der Auseinandersetzung mit den verschiedensten Themen und aktuellen Ereignissen zu verlieren. Aber eine wirkliche gedankliche Kohärenz war auch nicht das Ziel, sondern allein die Existenz dieser erfundenen Autobiographie und gelebten Ideologie machte den Wert und die Wirkung des Buches aus.

Dass «Mein Kampf» seit dem Erscheinen des ersten Bandes im Juli 1925 bzw. mit dem zweiten Band im Dezember 1926 von zahlreichen Legenden und Fehleinschätzungen begleitet war und sich das auch in seiner Nachgeschichte nach 1945 in abgewandelter Form fortsetzte, ist mittlerweile durch zahlreiche Forschungsarbeiten, zuletzt durch die kritische Edition des Instituts für Zeitgeschichte aus dem Jahr 2016, belegt worden.[6] Zu den Unterschätzungen, die Hitlers Aufstieg begleitet und teilweise auch ermöglicht haben, gehört auch die vielzitierte Annahme, der selbsternannte Diktator sei nicht fähig gewesen, sein Buch selbst zu schreiben, und hätte Rudolf Heß diktieren müssen. Zwar lassen die wenigen, erst vor kurzem gefundenen Manuskriptblätter erkennen, dass Hitler in der Tat mit der Rechtschreibung auf Kriegsfuß stand und fleißige Helfer den Text gründlich durchgearbeitet und verbessert haben. Allerdings zeigen allein schon die Briefe, die Rudolf Heß aus der Haft an seine Verlobte geschrieben hat, dass Hitler den Text selbst mit zwei Fingern in die Schreibmaschine gehämmert hat und das Buch durchaus seine selbständig geleistete Arbeit darstellt, mitsamt der auf ihn zurückgehenden aufschlussreichen Umorientierungen während der Niederschrift. Das beweisen die Konzeptblätter, auf denen er zuvor seine Gedanken in Stichwörtern niedergeschrieben hatte, bevor er sie in die Maschine tippte und dann mit Heß gemeinsam durchkorrigierte. Besonders den zweiten Band unterzog Heß, den Hitler inzwischen zu seinem Privatsekretär gemacht hatte, einer Endredaktion.[7]

Für das Interesse und den Verkauf der beiden Bände, die 1930 zu einer «Volksausgabe» zusammengeführt wurden, waren jedoch die politische Entwicklung und öffentliche Wahrnehmung ausschlaggebend.[8] Die erste Auflage des ersten Bandes konnte noch im Jahre 1925 abgesetzt werden, was sicherlich der neu entfachten Aufmerksamkeit geschuldet war, die Hitlers politisches Comeback ausgelöst hatte. Bereits der Verkauf der zweiten Auflage verlief schleppend, und für den zweiten Band fanden sich noch weniger Käufer. 1927/28, als die NSDAP sich auf dem Niveau einer Splitterpartei bewegte, war auch der Absatz entsprechend gering. Erst mit dem Aufstieg der Hitler-Partei stiegen seit 1930 auch wieder die Verkaufszahlen, und mit der 1930 erschienenen einbändigen «Volksausgabe» beschleunigte sich der Verkaufserfolg 1932 auf eine Jahresverkaufszahl von 90 000 Exemplaren, bis er am Jahresende 1933 die Millionengrenze überschritt (und auch fremdsprachige Übersetzungen erlebte). Als seit der Mitte der 1930er Jahre die Zahl der verkauften Exemplare deutlich rückläufig war, kam der Eher-Verlag, der sich inzwischen fast eine Monopolstellung auf dem Zeitungsmarkt erobert hatte, auf den gewinnbringenden Gedanken, durch einen Erlass des Reichsinnenministeriums die Standesämter dazu zu zwingen, allen Neuvermählten auf Kosten der Kommunen ein Exemplar von «Mein Kampf» zu überreichen. Die Grenzen der Diktatur sollten allerdings auch auf dem Buchmarkt spürbar werden, denn 1938 setzten nur die Hälfte der Städte und Gemeinden den Erlass mit Hinweis auf ihre Finanzlage um. Erst im Krieg sollte sich das ändern, und der Verbreitungsgrad des verordneten Hochzeitsgeschenks erreichte – vor allem dank maßgeblicher Förderung durch die Wehrmacht – seinen Höchststand und fand so seinen Platz in vielen Bücherschränken. Ob das allerdings auch bedeutete, dass Hitlers «Geschenk» wirklich gelesen wurde, bleibt unklar. Auch wenn man sich in der Nachkriegszeit gerne versicherte, Hitlers «Maxime» seien «unbeachtet» geblieben, und dabei auf den Zwangscharakter der Hochzeitsgabe verweist, so gibt es auch genügend Belege, die für eine intensive Lektüre von Hitlers Kampfschrift sprechen. Die erfolgte zwar oft in kritischer Absicht, wie etwa das Leseexemplar von Gerhart Hauptmann beweist, aber auch mit zunehmender Bewunderung, wie die Kommentare von Heinrich Himmlers Vater, einem bayerischen Gymnasialprofessor und einstigen Prinzenerzieher, zeigen.[9]

Sein «Programm», das sich aus der Analyse vor allem des zweiten Bandes erschließt, stellte eine «Fortschreibung und Erweiterung der

Ideen»[10] dar, die Hitler seit seinem Eintritt in die Politik 1919/20 in einzelnen unkoordinierten Schritten, meistens aus Propagandakampagnen und Machtkämpfen heraus, vorgetragen hatte. Sie fanden ihren Ausdruck anfangs in den 25 Punkten des Parteiprogramms, die er bezeichnenderweise immer «Thesen» nannte, aber auch in seinen Kundgebungen und Reden, bis er nach dem kläglich gescheiterten Putsch vom November 1923 in seiner Glaubens- und Kampfschrift neben seiner stilisierten Autobiographie seine Strategie und seine Weltanschauung als Ausdruck seines ungebrochenen Führungswillens darlegte. Dass die Weltanschauungssätze der NSDAP nie konkretisiert und aus taktischen Motiven offengehalten wurden, war der Resonanz der Partei nicht abträglich, sondern stärkte Hitlers Deutungsmacht. Hitlers Ideologiebildung vollzog sich also in Etappen, die er als Rahmung und Rechtfertigung eines politisch-propagandistischen Entwicklungs- und Radikalisierungsprozesses beschrieb, bis er während der Haftzeit für sich auch den Rang des Programmatikers postulierte und damit seinen politischen Führungsanspruch bekräftigte. Diese Form von Ideologiebildung erfolgte trotz der relativ kurzen Zeit, in der sie sich vollzog, also keineswegs «aus einem Guss» und auch nicht in Form eines «Urknalls», sondern in einem gedrängten Entwicklungsprozess, der sehr stark von äußeren politischen Umständen und einer großen Aufnahme- und Aneignungsfähigkeit Hitlers bestimmt war. Doch auch nach 1925/26 war Hitlers «Programm» nicht abgeschlossen, sondern entwickelte und radikalisierte sich in demselben Modus weiter.[11] Ganz sicherlich bildeten die Erfahrungen des gescheiterten Putsches und der Haftzeit dabei ein entscheidendes Beschleunigungsmoment. In diesen Erfahrungsraum fügen sich – eher rhetorisch verkleistert als theoretisch-systematisch zusammengeführt – Gedankengebilde, deren Originalität zwar gering, deren inhaltlicher Zusammenhang aber ungewöhnlich und deren heilsgeschichtlicher Verkündigungswert auffällig war.

Die Wirkungen von Hitlers Weltanschauung, die trotz seines absoluten Führungsanspruchs nicht völlig identisch mit der nationalsozialistischen Weltanschauung war, in der es durchaus Varianten gab, waren ganz wesentlich davon abhängig, dass viele ideologische Formeln vertraut klangen, zugleich griffig und populistisch formuliert waren und scheinbar einfache Antworten auf eine komplexe und bedrohliche Wirklichkeit boten. Sie mussten dem allgemeinen Bedürfnis nach scheinbar klaren Richtungsangaben für die Kanalisierung politischer Frustrationen und Hassgefühle einen Rahmen geben. Doch nur weil ein Teil der Hitler'schen Weltanschauungs- und Propagandaangebote bereits Verbreitung gefunden hatte und somit der Boden für seine Lösungsangebote bereitet war, fanden sie Akzeptanz und wirkten in dem gewünschten Sinne politisierend. Die Umsetzung dieses Gemischs aus Weltanschauung und Propaganda setzte aber immer noch die schrittweise Eroberung und Monopolisierung der Macht in Partei und Staat voraus. Um anschlussfähig zu sein, war allerdings durchaus keine denkfrische Originalität erforderlich – und die fand sich in Hitlers Weltanschauung auch ganz gewiss nicht. Sie war eben keine originär-individuelle Erfindung des Autors, sondern stammte aus dem «Ideenschutt des 19. Jahrhunderts» (J. Fest) und war Produkt vielfältiger ideologischer und mentaler Einflüsse.

Bis zur Mitte der 1920er Jahre hatte Hitler aus verschiedenen Versatzstücken völkisch-antisemitischer, rassenbiologistischer und sozialdarwinistischer, nationalistischer und imperialistischer, antidemokratischer und antimarxistischer Vorstellungen sein persönliches Weltbild zusammengezimmert. Es wurde von zwei Ideensträngen zusammengehalten: von einem radikalen, universellen Antisemitismus und von der Lebensraumdoktrin. Verbunden war dieses ideologische Grundgerüst mit dem Glauben, die Geschichte sei von einem permanenten «Kampf der Völker um Lebensraum» bestimmt, der nur dann siegreich geführt werden könne, wenn die «Rassereinheit» gewahrt bliebe bzw. wiederhergestellt würde.[12]

Die Rassenfrage war für ihn der Schlüssel zur Weltgeschichte. Völker und Rassen galten ihm als in sich abgeschlossene Arten. Jede Vermischung war ihm ein Verstoß gegen die Natur und ein Grund für den Verfall. Zwischen den Rassen und Völkern herrschte das Gesetz des ewigen Kampfes. Der Lebenskampf als Gesetz der Geschichte galt vor allem der Selbsterhaltung der Völker. Die Funktion solcher rassentheoretischen und sozialdarwinistischen Ideologeme lag auf der Hand: Sie dienten der Rechtfertigung innerer Inklusion bzw. Exklusion und der außenpolitischen Expansion. Bei ihrem Kampf um

Selbsterhaltung stießen die Völker an die Grenzen des Raumes. Der Widerspruch zwischen der Begrenztheit des Lebensraumes und dem unbedingten Erhaltungswillen der Völker war für Hitler Ursache des «ewigen Kampfes um Raum». Hitler meinte das Grundgesetz der Geschichte erkannt zu haben: Geschichte war für ihn ganz in der sozialdarwinistischen Tradition «Lebenskampf der Völker» um «Lebensraum». Damit glaubte er sein Rassen- und Raumeroberungsprogramm begründen zu können. In dieser zutiefst inhumanen, naturalistisch-biologistischen Weltsicht war auch der Gedanke der «Rassenzüchtung» angelegt. Die Natur wünsche den «Sieg des Stärkeren» und die «Vernichtung des Schwachen». Diese Züchtungs- und Reinigungsaufgabe komme allein dem «Arier» zu, der ganz in der Tradition der Rassenlehre als die «geniale» und «schöpferische» Rasse dargestellt wird, die allein zur Kultur fähig sei.

Nicht nur die «Rassenfrage» hatte Hitler in seiner Haftzeit, wie er behauptete, konsequent mit der Raumfrage verbunden, sondern daraus zugleich ein außenpolitisches Programm entwickelt, das einzig darauf ausgerichtet war, mit Rückendeckung durch England einen neuen «Germanenzug» Richtung Russland vorzubereiten und zu eröffnen. Auch in diesem Punkt verbanden sich rassistische Obsessionen mit imperialistischen Vorstellungen, die vor und während des Ersten Weltkrieges Konjunktur hatten. Und sie ließen sich scheinbar mühelos mit antibolschewistischen Ideologemen verbinden, die in Reaktion auf die Russische Revolution entstanden waren und die Hitler unter dem Einfluss Rosenbergs in seine Vorstellungswelt aufnahm und integrierte.

Überall vermutete Hitler jüdische Zersetzungsarbeit. Alle Vorgänge in der modernen Welt, die ihn beunruhigten, wurden auf «den Juden» zurückgeführt. «Nichts ist mehr verankert, nichts mehr wurzelt in unserem Innern. Alles ist äußerlich, flieht an uns vorbei. Unruhig und hastig wird das Denken unseres Volkes. Das ganze Leben wird vollständig zerrissen.»[13] Das waren zutiefst kulturpessimistische Ängste vor der Moderne, die auf einen «Erreger» zurückgeführt wurden. Es war eine ideologische Kampfansage an den gesamten emanzipatorischen Prozess der Neuzeit.

Der «Jude» wurde für den historischen Wandel verantwortlich gemacht, und ebenso universal verstand Hitler seine historische Mission. «Die Entfernung des Juden», das bedeutete für Hitler die Wiedereinsetzung der Gesetze von Natur und Geschichte. Mit dem deutschen und dem jüdischen Volk standen sich im Urteil der Rassenideologen zwei Grundprinzipien gegenüber: Natur und Widernatur. Das deutsche Volk galt als das typische «Raumvolk», das jüdische Volk immer als das «raumlose» Volk. Es sei unfähig zur festen Staatsbildung, ein Gegenprinzip zum souveränen Staat. Als Verkörperung der Widernatur war «der Jude» für Hitler auch Urheber und Träger aller politischen Prinzipien der Gegenwart, die er genauso bekämpfte wie die Rassenideologen vor ihm. Sein Hass, in dem er sich von niemandem überbieten lassen wollte, galt darum vor allem dem Internationalismus, dem Pazifismus und der Demokratie. Alle drei Feindbilder mündeten in die Kampfansage an Marxismus und Bolschewismus, die seit der Russischen Revolution nicht nur für Hitler einen festen Bestandteil des eigenen ideologischen Bedrohungs- und Abwehrszenarios bildeten. Im Bolschewismus sah Hitler die radikalste und letzte Angriffswaffe des Judentums, die das Werk von Pazifismus und Demokratie im neuen Gewande fortsetzte.

Wenn das Ziel des Judentums in der Ausbreitung seiner Herrschaft über die ganze Welt liege und der Bolschewismus nach Meinung Hitlers nichts anderes war als der erneute Versuch des Judentums, «seine alten Träume der Weltherrschaft zu verwirklichen», dann leitete sich aus der Abwehr dieser Bedrohung nicht nur das Hauptziel nationalsozialistischer Außenpolitik ab, sondern auch die Verpflichtung der Nation zum «Selbsterhaltungskampf». Die «Lösung der Judenfrage» war darum Voraussetzung für Deutschlands Wiederaufstieg. Es charakterisiert den Ideologen – und ein solcher war Hitler in radikaler Ausprägung –, dass er seine eigenen verborgenen Ziele dem Gegner unterstellt und seine Eroberungspläne darum als Verteidigungsmaßnahme zu rechtfertigen versucht.

Die Rassenideologie war schließlich auch die Letztbegründung seines außenpolitischen Programms. In Hitlers rassenbiologistischem und sozialdarwinistischem Weltbild bündelten sich die unterschiedlichen außenpolitischen Feindbilder und Zielvorstellungen. Was im ersten Band von «Mein Kampf» noch unverbunden nebeneinanderstand, gewann im zweiten Teil einen vom Standpunkt des Rassenideologen in sich schlüssigen Zusammenhang. Mit dem Recht auf Selbsterhaltung, das über das Recht auf Selbstbestimmung und die Forderung nach Revision des Versailler Vertrags weit hinausging, wurde der Wille zum Krieg begründet. Dass die nationalsozialistische Politik in den Krieg führen würde, hatte Hitler deutlich ausgesprochen; ob diese Ankündigungen und Drohungen von der politischen Öffentlichkeit ernst genommen würden, hing auch davon ab, welchen Stellenwert man ihnen zubilligte. Waren sie nur lautstarke Rhetorik und Propaganda oder nicht vielmehr doch politische Orientierungslinien eines Machtpolitikers, der sie zur politischen Selbstbestätigung für sich und für seine Führungsclique benötigte und neben allen Zeichen taktischer Flexibilität immer mehr zum Dogmatiker werden sollte? Die nationalsozialistische Weltanschauung mit ihrem Anspruch auf Totalität muss bei der Erklärung von Hitlers Machtpolitik zweifellos ernst genommen werden, auch wenn sie kein Regierungsprogramm und keinen Masterplan für künftige Herrschafts- und Eroberungspolitik darstellte. Dazu waren die Vorstellungen auch viel zu unpräzise und ließen zudem jederzeit taktische Anpassungsmanöver zu. Doch sie blieben Hitlers weltanschauliche Kernvorstellungen, an denen er bis zu seinem Ende im Führerbunker der Reichskanzlei unverrückbar festhielt. Sie blieben überdies bei aller taktischen Flexibilität und Fähigkeit zur Improvisation am Ende die treibende Kraft seiner Politik.

Die Formierung der Führerbewegung

Nach seiner vorzeitigen Entlassung aus der Festungshaft kurz vor Weihnachten 1924 sah sich Hitler mit der Notwendigkeit eines politischen Neuanfangs konfrontiert. Die nationalsozialistische Bewegung hatte sich in den zurückliegenden Monaten völlig zerstritten und gespalten; sie schien für immer erledigt. Auch drohte Hitler die Ausweisung in sein Heimatland Österreich, denn eine politische Straftat, wie er sie begangen hatte, hätte zu einer solchen Abschiebung führen müssen. Doch der österreichische Bundeskanzler wollte ihn nicht haben, da von ihm die Gefahr politischer Unruhestiftung auszugehen drohte. Sein Argument, Hitler sei durch seinen Kriegsdienst eigentlich Deutscher geworden, war formal zwar falsch, war aber genau so vom Münchner Volksgericht im April 1924 zur Entlastung Hitlers eingesetzt worden. Um der Gefahr der Ausweisung endgültig zu entgehen, bat er einige Monate später um Entlassung aus der österreichischen Staatsbürgerschaft, was ihm sofort gewährt wurde und ihn bis 1932 staatenlos machte. Die Politik blieb sein einziger Lebensinhalt, nur musste er seine politische Strategie ändern, auch um nicht gegen seine Bewährungsauflagen zu verstoßen. Er setzte nun, nicht zuletzt vor dem Hintergrund der Erfahrung des gescheiterten Putsches, auf eine Legalitätstaktik und wandte sich von weiteren Staatsstreichplänen ab. Die NSDAP sollte vielmehr durch die Teilnahme an Wahlen an die Macht gelangen. Dafür standen 1924/25 die Chancen allerdings denkbar schlecht.

Der Zustand der nationalsozialistisch-völkischen Bewegung war desolat.[14] Die NSDAP war verboten, die Nachfolgeorganisation der Großdeutschen Volksgemeinschaft (GVG), die Alfred Rosenberg gegründet hatte, war nicht in der Lage, das politische Vakuum zu füllen, das entstanden war, und auch nicht, die Bewegung zusammenzuhalten. Die Unterführer verstrickten sich in heftige Diadochenkämpfe. Hermann Esser und Julius Streicher gelang es in kurzer Zeit, den in Parteikreisen wenig geachteten Rosenberg zu entmachten und sich in Süddeutschland festzusetzen. In Norddeutschland schlossen sich versprengte Nationalsozialisten und ehemalige Deutsch-Völkische unter Führung von Erich Ludendorff, Gregor Straßer und Albrecht von Graefe zur Nationalsozialistischen Freiheitsbewegung (NSFB) zusammen. In Süddeutschland formierte sich die Deutschvölkische Freiheitspartei (DVFP), die gegen den Widerstand Rosenbergs eine engere Zusammenarbeit mit der GVG suchte. Ludendorff sah eine Chance, sich als zentrale Führungsfigur in der völkischen Szene durchzusetzen, und besuchte Hitler zweimal in Landsberg, um dessen Zustimmung für seine Fusionspläne zu erhalten. Gegen diesen Kurs bildete sich in Norddeutschland eine Opposition heraus, die eine Wiedergründung einer eigenständigen nationalsozialistischen Partei betrieb und sich für diese Pläne ebenfalls die Zustimmung Hitlers bei einem Besuch in Landsberg zu holen versuchte. Der erklärte sich gegen eine Beteiligung der neuen Gruppierung an Wahlen und äußerte auch seine Bedenken gegen die Fusionspläne von Ludendorff, denen er nur unter der Bedingung zugestimmt habe, dass sie auf eine Laufzeit von sechs Monaten beschränkt blieben. Für Hitler, der sich nach außen neutral verhielt, sich tatsächlich aber in die Diadochenkämpfe durch gelegentliche Positionsnahmen einmischte, war kein ernsthafter Rivale zu entdecken und auch keine geschlossene Front des Widerstandes. Die ohnmächtigen Fraktionen fragten sich vielmehr, was der «Führer» nach seiner Rückkehr tun werde. Am 7. Juli gab Hitler schließlich in einer Presseerklärung seinen Rückzug aus der Politik bekannt und löste mit dieser neuerlichen Volte wieder hektische Betriebsamkeit und neue, kurzatmige Gruppenbildungen im völkischen Lager aus.

Auch der Wiederaufbau der SA verlief aus Hitlers Sicht nicht unproblematisch. Im April 1924 hatte er zwar Ernst Röhm mit der militärischen Führung der SA betraut, doch nutzte dieser Hitlers Plazet für eine Neuorganisation, die gar nicht in Hitlers politische Vorstellung passte. Er gründete parallel zur SA eine eigenständige militärische nationalsozialistische Wehrbewegung, den «Frontbann». Dessen Aktivitäten, die wieder die Gefahr eines Putsches hätten heraufbeschwören können, beunruhigten die bayerische Regierung und führten nach Meinung von Hitler-Anhängern dazu, dass die für Oktober 1924 vorgesehene vorzeitige Haftentlassung Hitlers verschoben wurde. Das Bild der inneren Zerrissenheit und der kleinlichen Fraktionskämpfe, die andauerten, war neben der einsetzenden wirtschaftlichen und politischen Erholung der Weimarer Republik vermutlich einer der Gründe dafür, dass die NSFB bei den Reichstagswahlen vom Dezember 1924 nur drei Prozent der Stimmen erhielt. Was auf den ersten Blick politisch desaströs aussah, bot für Hitler durchaus eine Chance des Neuanfangs. Er hatte die Erfahrung gemacht, dass man die politische Zerstrittenheit im eigenen Lager zu einer Politik des Divide et Impera, des Gegeneinander-Ausspielens, nutzen konnte, um die eigene Machtposition zu festigen. Auch hatte er sich durch die nur kurze Haftzeit politisch noch im Gespräch halten können, während für den Fall, dass er die volle Haftzeit in Landsberg hätte absitzen müssen, seine politische Karriere vermutlich in der Bedeutungslosigkeit geendet hätte. Der Putsch und der anschließende Prozess hatten ihm zu reichsweiter Bekanntheit verholfen, die er knapp ein Jahr danach für sein Comeback hoffte nutzen zu können. Die bayerische Regierung war Ende 1924 allerdings davon überzeugt, dass die Gefahr, die von der NSDAP ausging, sich verflüchtigt habe. Die NSDAP und der «Völkische Beobachter» wurden in Bayern wieder zugelassen.

Hitler hatte seine Rückkehr in die politische Öffentlichkeit gut vorbereitet. Schon einen Tag nach seiner Entlassung erhielt er durch Vermittlung des ehemaligen Münchner Polizeipräsidenten Pöhner einen Gesprächstermin beim bayerischen Ministerpräsidenten Held von der katholischen Bayerischen Volkspartei (BVP), dem er versicherte, auf weitere Putschversuche zu verzichten und sich auch von Ludendorff politisch fernzuhalten. Dann erschien er wieder in den Münchner Salons und nutzte die Einladungen dort zu endlosen Monologen. Am 27. Februar 1925 trat er zum ersten Mal nach dem Putsch wieder öffentlich auf – im Bürgerbräukeller, dem Ort seiner rhetorischen Triumphe und seines politischen Scheiterns. Über fünftausend Besucher drängten sich im Saal und draußen, um den Auftritt des Volkstribunen zu erleben. Hitler redete zwei Stunden lang über «Deutschlands Zukunft und unsere Bewegung» und beanspruchte unüberhörbar die alleinige Führung in der nationalsozialistischen Bewegung. Er wolle sich von niemandem Bedingungen vorschreiben lassen. Nur den Feldherrn Ludendorff wolle er – vorerst – neben sich akzeptieren und, wie er einige Tage später versicherte, bei der Reichspräsidentenwahl gegen seinen Kriegskameraden Paul von Hindenburg, den Kandidaten der bürgerlich-nationalen Rechten, unterstützen. Umso leichter fiel es Hitler dann, den ehemaligen Generalquartiermeister nach dessen krachender Wahlniederlage im Frühjahr 1925 endgültig ins politische Abseits zu drängen.

Gleichzeitig begann Hitler damit, seinen Führungsanspruch in der eigenen Partei organisatorisch abzusichern. Die Münchner Ortsgruppe mit ihrer Mitgliederversammlung, die der «Trommler» mit seinen Gefolgsleuten beherrschte, wurde nun auch formell für alle Fragen der Parteiorganisation und Mitgliederaufnahme zuständig.

Die gesamte NSDAP war damit organisationsrechtlich ein Ableger der Münchner Ortsgruppe, obwohl sich das Schwergewicht der Partei mittlerweile nach Nord- und Westdeutschland verschoben hatte. Vor allem wurde in der neuen Parteisatzung das Führerprinzip festgeschrieben. Eine innerparteiliche Kontrolle und Willensbildung sollte es nicht mehr geben.

Das Redeverbot, das für Hitler seit März 1925 in Bayern und dann in fast allen anderen Ländern galt, schränkte dessen politische Aktivitäten in seinem eigentlichen Politikfeld, der Rede, empfindlich ein und gab den Unterführern mit seiner Billigung die Möglichkeit, sich beim Neuaufbau der Partei hervorzutun. Das führte dazu, dass die mit etwa 27 000 aktiven Mitgliedern recht kleine Partei ein buntes Bild verschiedener politisch-ideologischer Grüppchen und nach wie vor bestehender Führungsrivalitäten bot. Eine beständige bürokratische Organisationsarbeit galt jedoch für den Zusammenhalt der Partei, sollte sie weiter wachsen, als unentbehrlich. Auch nach Hitlers Willen sollte sich die wiedergegründete NSDAP reichsweit ausdehnen und nicht mehr als die militante Aktionspartei aus der Zeit vor dem Novemberputsch auftreten. Aber bürokratische Organisationsarbeit war Hitlers Sache nicht. Er bevorzugte stattdessen eine personale Bindung der Unterführer, die sich im politischen Wettstreit untereinander behaupten müssten. Das sollte den Unterführern genügend Spielraum lassen und stärkte zugleich seine charismatische Rolle als Schiedsrichter über den Gauleitungen und Unterführern. Dieser Konkurrenzkampf ließ sich mit sozialdarwinistischen Argumenten, dass sich der Stärkere durchsetzen müsse, gut legitimieren. Auch behauptete Hitler seine Führungsrolle mit dem Anspruch, dass er allein die nationalsozialistische Idee verkörpere.

Durchkreuzt wurde dieses Prinzip der Unterwerfung unter den charismatischen Führerwillen durch das bürokratische Organisationskonzept, das vor allem Gregor Straßer vertrat. Er drohte zudem durch die abweichenden politisch-programmatischen Vorstellungen, die in seinem Kreis diskutiert wurden, ebenfalls Hitlers Führungsanspruch zu unterminieren. Hitler war auf seine Unterstützung außerhalb Bayerns angewiesen. Der Landshuter Apotheker Gregor Straßer aber war im Begriff, mit der «Arbeitsgemeinschaft der nord-

und westdeutschen Gaue der NSDAP» eine Organisationsform zu entwickeln, die sich deutlich von den Vorstellungen der Münchner Ortsgruppe unterschied. Sein Organisationsplan sah eine wirksamere Aufstellung der Partei vor. Sie sollte in Bezirke und Gaue gegliedert werden, denen jeweils Gauleiter vorstanden. So standen sich mit dem bürokratischen Politikkonzept Straßers und Hitlers charismatischer, auf seine politische Mission und sein Genie bezogenen Führeridee zwei konträre Herrschaftsmodelle gegenüber, die sich in der gesamten Parteigeschichte der NSDAP immer aneinander rieben, aber auch immer nebeneinander bestehen bleiben sollten. Hitler hatte die Gauleiter im Nordwesten zwar anerkannt, erwartete im Gegenzug aber, dass diese sich ihm unterstellten. Straßer hatte die unterschiedlichen Strömungen und politischen Aktivisten in einer bündisch-kollegialen Führungsstruktur auf regionaler Ebene locker zusammengefasst. Auf mehreren Parteireisen nach Nord- und Westdeutschland hatte Hitler im Laufe des Jahres 1925 dagegen immer den Führungsanspruch der «Münchner» hervorgehoben. Eine Entscheidung über den richtigen Weg hatte er offengelassen. Umgekehrt blieben die Macht- und Kommunikationsstrukturen in München von außen nur schwer zu durchschauen. Aber sie erfüllten auf jeden Fall einen Zweck: Sie sicherten Hitlers Machtanspruch, ohne dass er zunächst infrage gestellt wurde. Die NSDAP sollte seine Erfindung bleiben.

Der Konflikt spitzte sich zu, als die unterschiedlichen programmatischen Vorstellungen des Straßer-Flügels und Hitlers vor dem Hintergrund der sozialen Veränderungen in der Mitgliederstruktur nach Meinung der Nordwestdeutschen auf eine Entscheidung drängten. Mit der Ausbreitung der NSDAP auf die städtischen und industriell geprägten Regionen in Nord- und Westdeutschland stellte sich die Frage, wie das «Sozialistische» im Parteinamen zu verstehen und ob das Parteiprogramm von 1920, das darüber wenig Konkretes aussagte, an die neuen Herausforderungen anzupassen sei. Außerdem störten Gregor Straßer und seinen Bruder Otto der Führerkult, der sich um Hitler entfaltet hatte. Das war Thema in der «Arbeitsgemeinschaft Nordwest», die zur Intensivierung der Diskussion die Herausgabe eines vierzehntägig erscheinenden Informationsblatts, der «Nationalsozialistischen Briefe», beschlossen hatte. Die Schriftleitung übernahm Joseph Goebbels, der in Vertretung von Straßer auch Geschäftsführer der Arbeitsgemeinschaft war. Er wollte den sozialistischen Charakter der Partei stärken, aber nicht gegen den Willen der Münchner Parteileitung. Zwar schimpfte man in den nordwestdeutschen Parteikreisen über die «Sau- und Luderwirtschaft» in der Zentrale[15] und sah Hitler von den falschen Leuten umgeben, doch sich auflehnen gegen Hitler, das wollte man nicht. Es folgte eine Serie von Arbeitstreffen und von endlosen Debatten der nordwestdeutschen Gaue, auf denen man einen eigenen Programmentwurf erarbeiten wollte. Als dieser Entwurf und auch Pläne des Straßer-Flügels, sich in einer anstehenden Volksabstimmung gegen eine Entschädigung der deutschen Fürsten auszusprechen (was bisher nur die KPD und schließlich auch die SPD forderten), in die Hände Gottfried Feders fielen, der sich mittlerweile als Wirtschaftsideologe der Partei etabliert hatte, informierte dieser Hitler. Nun brach ein offener Richtungsstreit aus. Feder sah den Zusammenhalt der Partei gefährdet. Hitler teilte diese Meinung und drängte seinerseits auf eine rasche Entscheidung. Zur Klärung der Programmdiskussion wurde bereits für den 14. Februar 1926 eine «Führertagung» nach Bamberg einberufen. Hitler kam den Norddeutschen scheinbar entgegen, indem er das Treffen nach Nordbayern einberief. Einige Monate zuvor hatte er noch ein Treffen im Ruhrgebiet mit der wenig glaubwürdigen Begründung abgesagt, auf preußischem Boden drohe ihm das noch bis Ende September 1925 bestehende Redeverbot. So traf man sich immerhin noch auf bayerischem Boden. Ob dieser «Heimvorteil» für Hitler eine zusätzliche mentale Sicherheit bedeutete, ist schwer zu sagen. Auf jeden Fall setzte er auf dem Treffen, an dem etwa 60 Parteifunktionäre teilnahmen, seine Linie vollständig durch. Er hielt eine mehrstündige Rede und wies alle Programmvorstellungen des Straßer-Flügels brüsk zurück. Er sprach sich für eine Entschädigung der Fürsten aus, optierte für ein Bündnis mit Italien und für einen Verzicht auf Südtirol; vor allem aber lehnte er ein Bündnis mit Russland ab, um gar dessen Gegenteil, nämlich die «Ostkolonisation», zum politischen Ziel der Zukunft zu deklarieren. «Grauenvoll», kommentierte Joseph Goebbels diese Richtungsentscheidung in seinem Tagebuch; ebenso enttäuschend war für ihn, dass Hitler jede weitere Programmdiskussion ablehnte. «Programm genügt. Zufrieden damit. Feder nickt, Ley nickt. Streicher nickt. Esser nickt. Es tut mir in der Seele weh, wenn ich Dich in dieser Gesellschaft seh!!»[16] Nach kurzer Diskussion habe, so Goebbels entsetzt weiter, Straßer das Wort ergriffen: «Stockend, zitternd, ungeschickt.» Es blieb dem «kleinen Doktor», wie Goebbels später in Parteikreisen spöttisch genannt wurde, nur noch das Eingeständnis der Niederlage und der eigenen Schwäche: «... ach Gott, wie wenig sind wir diesen Schweinen da unten gewachsen!» Er selbst sollte sich freilich sehr bald, als Hitler das unterlegene Führungstrio aus dem Westen Anfang April nach München eingeladen und dort hofiert hatte, auf die Seite des politisch und rhetorisch Stärkeren schlagen, der ihn zuvor auch noch, taktisch sehr geschickt, als Hauptredner zu einer Veranstaltung im Münchner Bürgerbräukeller eingeladen hatte und bei der Gelegenheit auch noch in seinem Wagen hatte chauffieren lassen. Daraufhin blieb Goebbels nur noch die pathetische Unterwerfung: «Ich beuge mich dem Größeren, dem politischen Genie.»[17]

Ganz entgegen sonstiger Gepflogenheiten hatte sich Hitler gegenüber seinen Gegnern vor und nach deren Reise nach München konziliant und scheinbar entgegenkommend gezeigt. Nachdem Straßer im Anschluss an die Bamberger Tagung zugesagt hatte, alle Exemplare seines Programmentwurfes wieder einzusammeln, akzeptierte der «Führer», dass im neu gebildeten Großgau Ruhr weiterhin das Trio Goebbels, Pfeffer und Kaufmann die Führung in kollegialer Weise und nicht nach dem Münchner Führerprinzip versah, wofür man vorher noch nicht einmal die Parteileitung gefragt hatte. Nach dem Weimarer Parteitag hatte Hitler Goebbels in das von ihm angemietete Haus auf den Obersalzberg eingeladen und sich auffallend freundlich um seinen Gast gekümmert. Neben Ausflügen in die Umgebung, an denen auch Straßer, Rust und Heß teilnahmen, widmete sich Hitler dem einstigen Parteilinken in langen Gesprächen, der in besonderer Weise anerkennungs- und zuwendungsbedürftig war. Goebbels war davon offenbar so beeindruckt, dass er bald vollständig auf die Linie Hitlers einschwenkte, die er eben noch als «grauenvoll» beschrieben hatte. Fortan sah er in dem «Führer» das «Instrument eines göttlichen Schicksals».[18] Die Überredungskünste Hitlers zeigten Wirkung. Goebbels ging auf Distanz zu Straßer. Er bezog in der kontroversen Sozialismus-Frage plötzlich eine veränderte Einstellung und verteidigte dies mit dem Hinweis auf die geschichtliche Gestaltungskraft des «Führers», der er nun bedingungslos zu folgen bereit war. Aber auch Straßer ließ sich von Hitler einfangen und sich noch im September zum Chef der Propagandaleitung der NSDAP machen.

Mit dem Bamberger Treffen hatte Hitler seine Vorstellungen von einer «Führerpartei» endgültig realisiert und darüber hinaus auch seine persönliche Durchsetzungsfähigkeit mit den Mitteln der Rhetorik und des Divide et Impera unter Beweis gestellt. Das Treffen stellte einen Meilenstein in der Parteigeschichte und vor allem für die Durchsetzung von Hitlers Führungsmacht dar. Die politische Linie der Partei sollte künftig allein einer «Idee» und keinem präzisen, auf Parteitagen zu diskutierenden Programm folgen. Die «Idee» bestand aus einem Geflecht von Fernzielen und politischen Maximen, die Hitler zuletzt in seiner Programmschrift entwickelt hatte und deren zweiten Band er gerade fertigstellen wollte. Diese «Idee» wurde einzig und allein vom «Führer» der Glaubensgemeinschaft verbindlich ausgelegt und umgesetzt. «Führer» und «Idee» waren damit endgültig identisch.[19] Nach diesen Grundsätzen gestaltete Hitler in den kommenden Monaten auch die Parteiorganisation um.

Bezeichnend für den sich verfestigenden Führungsstil war auch der Verlauf der Generalmitgliederversammlung der Partei im Mai 1926.[20] In seinem Rechenschaftsbericht stellte Hitler fest, dass diese Veranstaltung vereinsrechtlich zwar vorgeschrieben sei, dass ihr aber keine besondere Bedeutung zukomme. Für einen Rechenschaftsbericht einigermaßen unüblich, begann Hitler mit der bald ritualisierten Erzählung seiner Version der Parteigeschichte, um sich dann durch Akklamation als Parteivorsitzender bestätigen zu lassen. Auf seine rhetorische Frage, ob es einen Gegenkandidaten gebe, antwortete die Versammlung mit einem vielsagenden Gelächter. In seiner Rede hatte er in eigener Machtvollkommenheit überdies Ämter an seine Gefolgsleute verteilt und bestätigt. Ähnlich verlief die Revision der Satzung, die nun auch formal Hitlers innerparteiliche Macht festschrieb. Eine Aussprache über die von Hitler in seiner mündlichen Einführung vorgetragenen Änderungen gab es nicht. Das entsprach auch dem Tenor der satzungsmäßigen Korrekturen. Vor allem wurde der Ausschuss in seiner bisherigen Form aufgelöst, der vorher immerhin noch die Möglichkeit besessen hatte, außerordentliche Mitgliederversammlungen einzuberufen und sich zum Forum einer möglichen innerparteilichen Opposition zu machen. Schließlich ließ sich Hitler, ohne weitere Diskussionen zuzulassen, auch das alleinige Recht zur Einsetzung von Gauleitern übertragen.

Das praktizierte er nach der Generalversammlung auch gegenüber dem eigenwilligen Gau Ruhr. Mitte Juni reiste er nach Westdeutschland, um dort die kollegiale Führungsstruktur aufzulösen und Kaufmann, den bisherigen Wortführer der bündisch-kollegial organisierten nordwestdeutschen Arbeitsgemeinschaft, zum alleinigen Gauleiter zu bestimmen. Für Goebbels hatte er ein anderes Angebot: Er solle als «Generalsekretär der Bewegung» nach München kommen. Das ließ er aber bald wieder fallen und betraute kurze Zeit später den neuen Führergläubigen mit der risikoreichen Leitung des Berliner Gaues.

Der inszenatorischen Festigung und Bestätigung dieser Entscheidungen diente der Parteitag der NSDAP, der für den Juli 1926 nach Weimar einberufen wurde. In Thüringen durfte Hitler öffentlich reden, und dort konnte er vergessen machen, dass am selben Ort zwei Jahre zuvor gegen seinen Willen eine Fusion der NSDAP mit der DVFP zur Nationalsozialistischen Freiheitsbewegung beschlossen worden war. Im Sommer 1926 bestimmte Hitler unbestritten über die Politik der NSDAP, und dazu gehörte auch, dass damals die Grundmuster für das Ritual der Parteitage einer Führerpartei entstanden, an denen man sich auch später orientierte. Was sich in «Mein Kampf» abgezeichnet hatte, wurde durch die Regie des Weimarer Parteitags politische Praxis, die Inszenierung einer politischen Religion. In einem Grundsatzartikel für den «Völkischen Beobachter» hatte Hitler vor dem Weimarer Parteitag entschieden, dass dies nicht der Ort für «persönliche Zwistigkeiten» und für die Diskussion «ungegorene(r) und unsichere(r) Ideen» sei.[21] Achttausend Mitglieder waren nach Weimar gekommen, die Hälfte davon SA-Männer. Sie durften einen Parteitag erleben, der den «Charakter einer großen

Kundgebung der jugendlichen Kraft unserer Bewegung» tragen sollte. Dazu gehörte es, dass Anträge zu Programmfragen oder politischen Grundsatzhaltungen nicht in großer Runde erörtert, sondern an Kommissionen überwiesen werden sollten, die diese Themen auf Sondertagungen zu behandeln hatten. Was aus solchen Beschlüssen künftig werden sollte, das wollte Hitler allein entscheiden. Wichtiger war die Akklamation, die der «Führer» als inszenierte Legitimation erfuhr. Ein Stück führerunmittelbarer Sondergewalt kündigte sich an, als Hitler aus der SA eine kleine Schar der «Besten» heraushob und diese SS zu seiner Truppe machte, indem er ihr die «Blutfahne» zur Aufbewahrung übergab. Das war die Hakenkreuzfahne, die beim Novemberputsch vor der Marschkolonne getragen worden und mit dem Blut der erschossenen Nationalsozialisten befleckt war. Hitler berührte vor der angetretenen Gefolgschaft in einer «Weihehandlung» die neuen Fahnen und Feldzeichen der SA mit der «Blutfahne». Er stiftete damit eine säkulare Berührungsreliquie, wodurch er religiöse Rituale imitierte und einen politischen Märtyrerkult mit sich als dem «Führer» und Hohepriester schuf. Damit war der Nukleus für spätere Parteitagsrituale geschaffen. Die Tatsache, dass die beiden folgenden Parteitage in Nürnberg in den Jahren 1927 und 1929 weniger gut besucht und teilweise von heftigen Gegendemonstrationen begleitet waren, zeigt allerdings, dass politische Inszenierungen dieser Art nicht immer erfolgreich sein mussten und dass ihre Wirkung auch von den politischen Umständen und dem sozialen Milieu abhängig war, in dem sie stattfanden.

Das gilt auch für den Führerkult, der sich seit 1922 schrittweise herausgebildet und der durch die Art und Weise, wie der Putsch vom November wahrgenommen bzw. von Hitler zu einer Märtyrergeschichte umgedeutet wurde, sogar noch verfestigt und verbreitert hatte. Die Vorgeschichte und der Verlauf des Bamberger Führertreffens hatten den Führungsstil Hitlers, wie er sich mittlerweile etabliert hatte und wie er auch seinem Lebensstil entsprach, sichtbar gemacht und bestätigt. Daran sollte er auch später festhalten. Er hatte die sich anbahnenden Konflikte im Nordwesten anfangs scheinbar wenig beachtet und nur gelegentlich interveniert, ohne eine Lösung herbeizuführen. Damit ging er erst einmal Konflikten aus dem Weg und hielt sich unterschiedliche Wege offen. Erst als Feder ihm den Eindruck vermittelte, dort drohe Gefahr für seine eigene Stellung, handelte er rasch, sowohl um durch plötzliche Entschlüsse unliebsamen Debatten aus dem Weg zu gehen als auch um die Gegenseite zu überrumpeln. Auch die Art und Weise, wie er den für persönliche Aufmerksamkeiten besonders empfänglichen Goebbels hofierte und im Einzelgespräch bearbeitete, gehört zu seinen Herrschaftstechniken, die er immer wieder einsetzte. Meistens überschüttete Hitler seinen «Gesprächspartner» mit endlosen Monologen und ließ das Gegenüber kaum zu Wort kommen. Nicht viel anders verliefen die zahllosen Caféhausgespräche mit seinen «Vertrauten» im Münchner Café Heck. Das hatte den Vorteil, dass ihm kaum jemand widersprechen und er sich als der Überlegene darstellen konnte. Widerspruch hätte er als Prestigeverlust und Beeinträchtigung seines Führernimbus verstanden.

Seine Gefolgschaft, die ihren Kern in München hatte, deutete diese Eigenheiten Hitlers als Ausdruck von Genialität und Geradlinigkeit. Seine Getreuen taten das Ihrige, um diesen Mythos durch Reden, Zeitungsartikel und schließlich auch durch Bilder zu verbreiten. Seit 1923 arbeitete der Fotograf Heinrich Hoffmann, der sich selbst als Künstler verstand und der seit 1921/22 zu Hitlers Entourage gehörte, an der Visualisierung des charismatischen «Führers» und Redners.[22] Mit seinem äußeren Erscheinungsbild nahm Hitler es sehr genau, denn er war peinlich darauf bedacht, sich nicht zu blamieren oder sich gar lächerlich zu machen. Seine Unsicherheit im Hinblick auf sein Erscheinungsbild hatte ihn bis dato davon abgehalten, sich fotografieren zu lassen. Erst Hoffmann hat ihm das nötige Vertrauen vermittelt, auch wenn die Unsicherheit im Umgang mit fotografischen Porträts noch lange zu beobachten war. Seit 1923 hatte Hoffmann in langen Porträtsitzungen mit Hitler ein ganzes Repertoire an Posen einstudiert, mit denen sich Hitler als Redner, als Parteiführer oder als Naturbursche präsentieren konnte. Viele Fotoserien, die sein «Hoffotograf» von ihm erstellte, lassen erkennen, dass die Fotografie für den um Selbststilisierung bemühten Redner ein willkommenes Mittel war, um den richtigen Ausdruck oder die perfekte Körperhaltung zu finden. Nichts blieb dem Zufall überlassen, weder die Kleidung Hitlers noch die Gestik seiner Reden, die er mit Hoffmann einstudierte. Auch die herrisch und starr wirkende Haltung oder der undurchdringliche Gesichtsausdruck, die er auf vielen Porträts zeigt, waren kalkuliert und entsprangen dem Bedürfnis, eine bestimmte Rolle zu spielen.

Hitler verstand sich nicht nur als Künstler, er gab sich auch gerne so. Schon in seiner Anfangszeit in München trug er die Montur eines Malers, einen langen Mantel und einen Schlapphut. Später meinte er sich von dem Typus des Honoratiorenpolitikers abgrenzen zu müssen und erschien darum im hellen Trenchcoat, mit Filzhut und einer Nilpferdpeitsche. Immer ging es um die Selbstdarstellung als charismatischer «Führer» einer radikalen politischen Bewegung. So erschien er auch in den Salons der Münchner Gesellschaft, wo er die Attraktion war. Er war der Star, nicht nur weil er ein mitreißender Redner, sondern auch ein Exzentriker war, der in den wirren Zeiten der 20er Jahre besonders auffiel. Ob das Absonderliche und auch das Linkische, das er bei solchen Auftritten an den Tag legte, Teil seiner Selbstinszenierung waren oder Ausdruck seiner Unsicherheit bzw. seines Mangels an Benehmen, lässt sich schwer beurteilen. Entscheidend war wohl der Effekt, und der sollte Aufmerksamkeit erheischen und das Geniale in ihm repräsentieren.

Hitlers Selbstverständnis als Genie geht vermutlich auf seine Opernbegeisterung zurück, die ihn seit seiner Jugendzeit umtrieb. Seine Begeisterung für Richard Wagner war der Leitfaden, der ihn zur Lektüre einschlägiger, auf den Geniekult fixierter Künstlerliteratur führte und seinen Traum von einer Künstlerexistenz bestärkte. Die Überzeugung, ein Genie zu sein, basierte auf dem festen Glauben an sich selbst und seine Berufung zum Künstler. Für Hitler zeichnete sich ein Genie allein durch sein künstlerisches, innovatives Potential aus; seine Genievorstellungen bezogen sich auf das Künstlertum und ästhetische Qualitäten. Auch nach dem Krieg hielt er an der Vorstellung fest, dass nur eine «Diktatur der Genies» Deutschland retten könne.[23] Er war nicht der Einzige, der in München und anderswo inmitten der Not und der Enttäuschungen der Nachkriegszeit solche Träume von einem genialen «Führer» hegte. Genievorstellungen und Führererwartung waren mittlerweile eine enge Verbindung eingegangen. Die Erwartung, dass nur ein Genie nach der deutschen Niederlage einen Weg aus dem Elend weisen könne, ging quer durch fast alle politischen Lager. Friedrich Nietzsche hatte schon lange vorher die «Explosivkraft» erkannt, die von dem Auftritt eines Genies in der Politik ausgehen könnte, wenn die Zeiten danach sind und einen großen Mann erwarten.[24] Das war das Feld, auf dem sich Hitler neben anderen Propheten und Rettern in den 1920er Jahren bewähren wollte. Der künftige Führer und Erlöser müsse Künstlereigenschaften besitzen, das hatte Joseph Goebbels in seinem autobiographischen Roman «Michael» bereits angekündigt:[25] «Der Staatsmann ist auch ein Künstler, für ihn ist das Volk nichts anderes, als was für den Künstler der Stein ist.» Dass Hitler die Fähigkeiten zu dieser politischen Mission und damit auch zu einer eigenmächtigen Gestaltung der Masse, von der Goebbels sprach, mitbrächte, davon war seine engere Gefolgschaft, die sich mit ihm in den Schwabinger Cafés und Restaurants traf, schon sehr früh überzeugt. Es ist wohl kein Zufall, dass darunter – ähnlich wie im frühen italienischen Faschismus – eine Reihe von verhinderten Künstlern und nicht bzw. noch nicht zum Zuge gekommenen Intellektuellen waren – Joachim Fest hat von einem «merkwürdige(n) Gemisch von Bohème-Welt und Condottiere-Stil» gesprochen.[26] Nach der «Machtergreifung» sollte der «Führer» vor allem vom nationalen Bürgertum auf Postkarten und wohlfeilen Kleinreliefs in eine viel größere Galerie der deutschen Genies von Luther über Bismarck bis – eben – Hitler eingereiht werden.[27] In dieser kulturellen Tradition der Genieerwartung erfüllte der «Künstler-Politiker» (J. Fest) vor allem die Hoffnung auf ein politisches Genie, das sich durch seine Tatkraft auszeichnete. Vorerst konzentrierte sich die Genieerwartung, die sich mit Hitler verband und die er selbst kultivierte, auf seine mit äußerster Anspannung und Erregung vorgetragenen Reden. Mit ihnen stellte er sich als der «tatkräftige Entscheider»[28] dar, der kompromisslos seinen Weg zur nationalen Rettung beschreitet. Im Lichte dieser propagandistischen Verheißung konnte auch der dilettantische Putsch vom 9. November, der eigentlich einen Tiefpunkt seiner politischen Karriere darstellte und seinem Versuch, sich zum Charismaträger zu stilisieren, Abbruch tat, zu einem Aufbruch einer erneuerungsfähigen politischen Glaubensgemeinschaft und Führerbewegung umgedeutet werden.

Entscheidend dafür war die Ausweitung der Propagandaaktivitäten um den Anspruch einer zukunftsweisenden theoretischen Deutungsmacht und um eine Ritualisierung der Gemeinschaftsidee, die von der politischen Glaubensgemeinschaft ausgehen bzw. diese antizipieren sollte. Die programmatische Dimension sollte mit der Publikation von «Mein Kampf» geöffnet werden, die andere, performative durch eine Erweiterung des Ritualangebots des Nationalsozialismus.

Die Verbindung des Geniegedankens des 19. Jahrhunderts mit der Rassenideologie, wie sie in «Mein Kampf» als Rechtfertigung des eigenen charismatischen Missionsanspruchs thematisiert wurde, entdeckte Hitler im Werk und später in der Begegnung mit Houston Stewart Chamberlain, dem Schwiegersohn Richard Wagners, den er im September 1923 in Bayreuth persönlich kennenlernte. Genie war für Chamberlain «potenzierte Persönlichkeit»,[29] die das Recht hat, sich in der Katastrophe gegen eine Welt von Gegnern durchzusetzen. Genialität war für den «geistigen Führer des Hauses Wahnfried» eine angeborene Kraft, die aber eines Anstoßes, eines «Hammerschlag[s] des Schicksals» bedürfe, um zum «Leuchten gebracht zu werden».[30] Hitler meinte solche Hammerschläge mit dem Ersten Weltkrieg erlebt zu haben, und rezipierte umso überzeugter die Vorstellung von der arischen Rasse als der genialen, schöpferischen Rasse. Diese schöpferische Kraft und Fähigkeit, die in einer einzelnen Persönlichkeit lägen, würden in der Gegenwart von Bolschewismus und Judentum untergraben.

Mit dem politischen Neubeginn betrieb Hitler in auffälliger Intensität auch die Ritualisierung seiner Auftritte als «Führer» der nationalsozialistischen politischen Gemeinschafts- und Kampfbewegung. Das sollte der Stärkung seiner Führerautorität dienen und von der «Alltäglichkeit seiner Person»[31] ablenken. Zu der Inszenierung seines Charismas gehörte der ritualisierte Auftritt bei dem Parteitag in Weimar, vor allem aber der Totenkult, mit dem auf Weisung Hitlers vom 4. November 1925 an in Zukunft in allen Gauen und Ortsgruppen der NSDAP der «gefallenen Kämpfer» der Bewegung gedacht und die Erinnerung an ihre Opfer mit der Erinnerung an die Toten des Ersten Weltkriegs verbunden werden sollte. Nach dem anfänglichen Einspruch der Polizei konnte im November 1927 das Gedenkritual am historischen Ort in München begangen und dann Jahr für Jahr wiederholt werden. Nicht nur, dass damit die toten Putschisten auf eine Stufe mit den Gefallenen des Krieges gerückt wurden, vor allem sollte das politische Scheitern Hitlers in einem Akt der Selbststilisierung zum wahren «Führer» und Retter des Volkes umgedeutet werden. Hitler stand immer wieder im Mittelpunkt des Rituals, oft in der Rolle des Hohepriesters eines Heldenkultes, oft als Bezugspunkt eines politischen Führerkultes. Ab 1926 grüßte man in der NSDAP offiziell mit «Heil» und mit erhobenem rechtem Arm.[32] Schon seit 1921 wurde Hitler da und dort durch Heben des rechten Armes gegrüßt. Ab 1928 wurde daraus «Heil Hitler», auch wenn auf der Ebene der Ortsgruppen und Gaue zu dieser Zeit oft noch der Name des lokalen SA-Führers eingefügt wurde. Dann hieß es in Süddeutschland «Heil Schneidhuber».[33] In Berlin machte Gauleiter Goebbels 1929 erstmals den «Hitler-Gruß» zur Pflicht. Das zeichnete nicht nur ihn als entschiedenen Gefolgsmann und Propagandisten seines «Führers» aus, sondern spiegelte die veränderten Sozial- und Kommunikationsbeziehungen zwischen «Führer» und Parteimitgliedern. Hitler wurde fortan in seiner Partei auch symbolisch jene charismatische Führerstellung zuerkannt, die er und seine engste Gefolgschaft seit 1925 erfunden und vermittelt hatten.

Hitler «privat»
Selbstinszenierung und Lebensgewohnheiten

Ende Mai 1923 erschien im «Simplicissimus» eine Karikatur, gezeichnet vom Mitherausgeber der satirischen Zeitschrift, Thomas Theodor Heine, mit der Frage: «Wie sieht Hitler aus?»[34]

Das war eine Frage, die seither viele Zeitgenossen beschäftigt hat und die ganz im Sinne eines damals vorherrschenden Trends hofften, aus der Physiognomie einer Person etwas über seinen Charakter aussagen zu können. Die bitterböse Zeichnung des «Simplicissimus» bot in einer Porträtgalerie zwölf Köpfe mit großen Unterschieden in Mimik, Körper- und Schädelbau, Nase und Mund. Dazu Heines provokante These: «Hitler ist überhaupt kein Individuum. Er ist ein

Mai

Von Helene Voigt-Diederichs

Zwischen frischgrünen Wällen stampft der Bauer dahin. Noch ist der Weg dunkel von Regen, hart schon wieder übertrocknet. Es ist Himmelfahrtstag: Kirchgänger, einmal ein Wagen mit einem Taufkind, grüßen vorbei. Er selber will ganz alltäglich hinaus zum Vieh, das brüllt und unklug spielt schon seit dem frühen Vormittag.

Ein Gewitter drückt in der Luft. Natürlich, bei der Schwüle sind die Bremsfliegen bös zu Gang. Verfluchte Biester. Mit eigenen Augen hat er gesehen, wie der Händler, schimpfend auf die Felle hier von der Küste her, eine Haut gegen das Licht gehalten hat – waren mehr Löcher als Leder drin ...

Jetzt hat der Bauer das Hecktor erreicht, blickt frei auf die Dauerweide hinaus. Das Vieh rauft über das grüne wellige Land, wachsam und fluchtbereit. Plötzlich fährt der unsichtbare Feind in die Herde – oh, sie kennt das Schwirren der eiertragenden Peinigerin vor jedem anderen heraus!

Die Tiere jagen voneinander, toll, mit dumpfem Blöken und quirlenden Schwänzen, scheuern an den Knicks entlang, kriechen unter die Büsche oder fliehen in den Moorsumpf, stehen schnaufend bis an den Bauch im Wasser.

Der Bauer zählt – dreizehn Stück. Er zählt einmal und noch einmal, mühsam mit den Augen das Gewoge ordnend. Vierzehn sollen es sein. Hat sich doch wohl keines festgerannt im muddigen Abzugsgraben – kommt alles vor, wenn die Bremsen in der Luft sind.

Der Bauer steigt über die Latten; Teer, von Hi feucht, klebt braun an seinen Händen. Und da schlürft er los, durch Klee und Gras und Blume stengel. Vor wenig Tagen war alles hier blühe gelb – heut stäuben dicht an dicht um seine Fü die lockeren weißen Samen. Geschieht alles Schl auf Schlag in diesem verrückten Frühling! N kalt und naß ... denkt der Bauer. Nein, das n in diesem Jahr nicht stimmen. Das Winterkorn von Anfang an heil durch die frühen Sonnenta will sagen durch die Nachtfröste gekommen, u in der Gerste kann sich heut zu Himmelfahrt sch der Hase verstecken.

Wohlgemut geht der Bauer, hakt so nebenbei n einer Distel mit der Klinge, die an seiner Har stockzwinge blinkt. Sein Sinn ist auf die vierzeh Kuh gerichtet. Jetzt ist er mitten auf der Kop

Wie sieht Hitler aus?

(Th. Th. Heine)

Adolf Hitler läßt sich nie abbilden. Bei meinem Aufenthalt in Berlin wurde ich mit Fragen über sein Aussehen bestürmt.

„Ist es wahr, daß er in der Öffentlichkeit nur mit einer schwarzen Gesichtsmaske erscheint?"

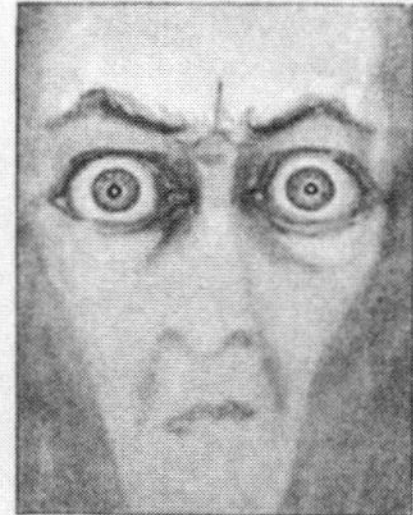

„Das Charakteristische seines Gesichts sind doch wohl die faszinierenden Augen?"

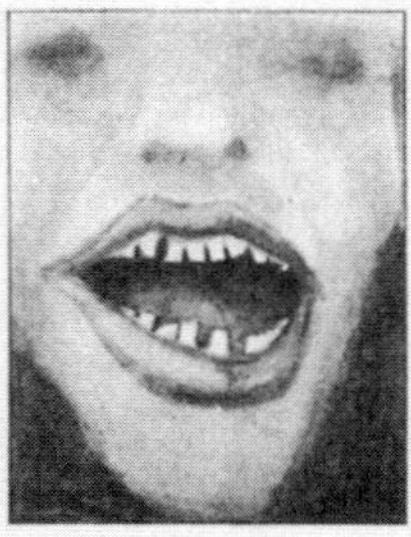

„Oder ist der Mund die Hauptsache?"

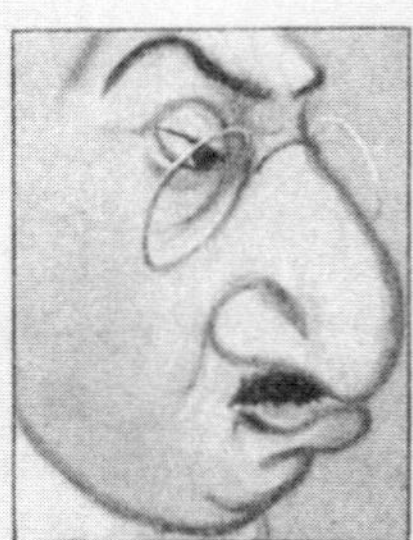

„Oder die Nase?"

„Trägt er vielleicht einen wallenden Bart wie Wotan oder wie Rabindranath Tagore?"

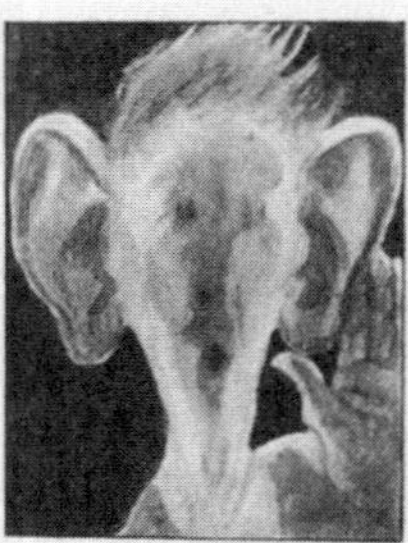

„Er hört die leisesten Äußerungen der Volksstimme; sind nicht seine Ohren besonders entwickelt?"

„Verrät etwa die untere Gesichtshälfte seine fabelhafte Energie?"

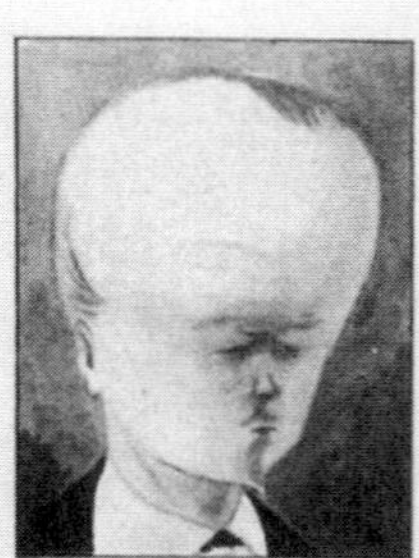

„Oder finden die ungeheuren geistigen Fähigkeiten ihren Ausdruck in fast hypertrophischen Schädelformen?"

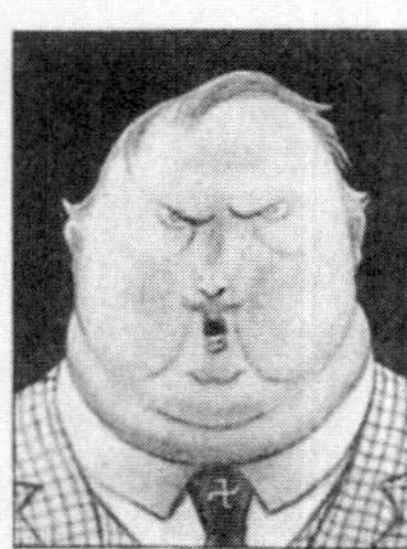

„Ist er fett?"

„Ist er mager?"

„Ist er schön?"

Die Fragen mußten unbeantwortet bleiben. Hitler ist überhaupt kein Individuum. Er ist ein Zustand. Nur der Futurist kann ihn bildlich darstellen.

Abb. 12 Spätestens mit dem Putsch vom November 1923 und dem anschließenden Prozess bekam Hitler eine reichsweite Bekanntheit. Doch wie sah der selbsternannte «Erlöser» eigentlich aus? Hitlers Scheu, sich fotografieren zu lassen, hatte den «Simplicissimus» zu einer Bildsatire veranlasst, die voller Spott und Verachtung den «Führer» zum Niemand machte, die aber auch die Unsicherheit und Fehleinschätzungen der Öffentlichkeit bei der Wahrnehmung bzw. Erklärung des Phänomens Hitler andeutete.

Abb. 13 Die Karikaturen des «Simplicissimus» hatten den Fotografen Heinrich Hoffmann dazu herausgefordert, als Hoffotograf Hitlers diesen hinfort fotografisch in ein günstiges Licht zu setzen und seine Ausstrahlung herauszuarbeiten, vielleicht sogar zu machen.

Zustand.» Das war gut beobachtet. Heine durchschaute das Rollenspiel Hitlers, der immer etwas darstellen wollte, aber sorgfältig verbarg, wer er war. Die Satire Heines machte durch die Beliebigkeit der Gesichter Hitler auch zu einem Nobody. Hitlers Fotograf, Heinrich Hoffmann, berichtete später, dass ihn diese Karikatur bewogen habe, Hitler seine Dienste als Fotograf anzubieten. Die Kunst, verschiedene Rollen zu spielen, hat Hitler durch Hoffmanns Porträtstudien nicht aufgeben müssen; er hat sie perfektioniert.

Seit der ersten Porträtsitzung im Herbst 1923, die er mit ihm durchführte, entstanden Tausende von Fotos, die Hitler als ernsten Politiker, als energischen Parteiführer oder als Kinder- und Naturfreund zeigten. Das waren Rollenbilder, die immer sorgfältig einstudiert waren und Bilder produzierten, wie der «Führer» sein sollte. Auch mit Bildbänden wie «Hitler privat» oder «Hitler wie ihn keiner kennt» behauptete der geschäftstüchtige Hoffmann, der damit Millionen verdient hat, der neugierigen Öffentlichkeit den wirklichen Hitler vorzustellen. Der private Hitler war jedoch darauf nicht zu sehen. Die Tatsache, dass es sich bei den vielen Fotoporträts aus dem Atelier Hoffmanns immer um Inszenierungen mit politischer Botschaft handelte, hat viele Historiker zu der These veranlasst, dass es den privaten Hitler gar nicht gegeben habe, sondern nur den Politiker Hitler oder nur den schönen Schein, hinter dem sich ein völlig uninteressantes und banales Privatleben, eine Leere verborgen habe – eine Null, die ohne Politik gar nicht existieren konnte.

Was an Hitlers Gesicht auffiel und bis heute als Markenzeichen gilt, waren der berühmte Oberlippenbart und die Locke seines gescheitelten Haares, die ihm ins Gesicht fiel. Zu diesem Bild gehörte auch, dass er diese Locke mit energischer Handbewegung zurückschob. Hitler hatte eine große Nase und war, wenn der Betrachter einen kritischen Blick auf ihn warf und nicht dem Hitler-Mythos verfiel, keine Schönheit. Für die Anhänger überwogen freilich die strahlend blauen Augen, mit denen er, ganz der routinierte Schauspieler, sein Gegenüber lange anblickte. Auch seine Hände wusste er wirkungsvoll einzusetzen: ein fester Händedruck, wenn der Eindruck von Entschlossenheit gefragt war, ein Handkuss, wenn er gegenüber einer Dame aus der vornehmen Gesellschaft seine Courtoisie beweisen und ihr gleichzeitig andeuten wollte, dass sie sich aus der Politik heraushalten solle. Den Philosophen Martin Heidegger sollen diese Hände später so begeistert haben, dass er auf die Frage, ob ein Mann wie Hitler Deutschland überhaupt regieren könne, geantwortet haben soll: «Sehen Sie nur die wunderbaren Hände an!»[35]

Als Sohn aus kleinbürgerlichem Hause, den angeblich nur die äußere Not an den Rand des sozialen Abgrunds getrieben habe, legte er großen Wert auf korrekte Kleidung und äußere Form. Er trug bei seinen Wahlkampfauftritten und seinen endlosen Reden meist einen dunklen Anzug mit Krawatte. Bei Parteiveranstaltungen schlüpfte er in seine Parteiuniform – in der Regel die braune Uniform der SA mit Schaftstiefeln und Reithose. Der Schulterriemen aus Leder vervollständigte das Bild des Parteisoldaten. Das passte in die politische Landschaft Deutschlands oder auch Italiens in der Zwischenkriegszeit, in der die Uniformierung Kennzeichen eines politischen Aktivismus und der Zugehörigkeit zu einer militanten antibürgerlichen Organisation war, die sich als schichtenübergreifende Gemeinschaft verstand.

Nur schwer vereinbar mit diesem Bild vom gut gekleideten Bürger oder vom entschlossenen Parteiführer, der nicht ohne Hundepeitsche und Pistole ausging, waren die Bilder, die Heinrich Hoffmann auf Hitlers Wunsch Mitte der 1920er Jahre von ihm anfertigte. Er zeigte sich in Lederhose mit Gamaschen und nackten Knien und fühlte sich offenbar ganz wohl darin, während seine Gefolgschaft etwas erschrocken auf diesen Anblick reagierte. Zu den Krachledernen passte seine Vorliebe für die bayerischen Alpen. Dorthin zog er sich seit 1925/26 sehr häufig zurück, vor allem seit er sich dort ein Ferienhaus am Obersalzberg gemietet hatte. Er verfügte hier über fünf Zimmer sowie einen Wohnraum mit großem Kachelofen. Als Mieterin hatte er seine Halbschwester Angela Raubal eingesetzt, die ihm nach dem Tod ihres Mannes den Haushalt im «Haus Wachenfeld» führte. Das half, Steuern zu sparen und lästige Fragen zu umgehen, was es mit dem Luxus einer Ferienwohnung in den Alpen auf sich habe. Dass er sich mit einem schwarzen Mercedes-Cabriolet mit Kompressormotor durch die Lande chauffieren ließ, konnte man dank der allgemein technikbegeisterten Zeit rechtfertigen. Selbst zu fahren galt allerdings als nicht standesgemäß und hätte nicht in das Bild eines bürgerlichen Lebensstils gepasst, um den es Hitler ging. Außerdem besaß er keinen Führerschein. Den teuren Mercedes hatte er sich schon kurz vor seiner Entlassung aus der Landsberger Haft bestellt, ohne dass die Finanzierung gesichert war. Die übernahmen dann die vermögenden Förderer aus dem Hause Bruckmann.

Zu den neuen Lebensgewohnheiten des «Volksführers» gehörte auch der Umzug aus der armseligen Münchner Wohnung in der Thierschstraße in eine Neunzimmerwohnung im zweiten Geschoss eines Hauses am vornehmen Münchner Prinzregentenplatz. Woher das Geld für den mittlerweile aufwendigen Lebensstil kam, interessierte auch schon die Zeitgenossen. Anfangs lebte er von Zuwendungen seiner vermögenden Gönner und Förderer, dann mehr und mehr von den Tantiemen seiner Artikel aus dem «Völkischen Beobachter» und durch den Verkauf von «Mein Kampf», dessen Auflage, wie bereits erwähnt, seit 1930 nach oben schnellte.

An seinen Lebensgewohnheiten hielt er auch dann noch fest, nachdem er zu großer Bekanntheit und zunehmendem Wohlstand gelangt war. Er schlief lange und las bis tief in die Nacht. Ein Stapel von Büchern gehörte auch schon in der Thierschstraße zu der Ausstattung seiner Wohnung. Abends besuchte er gerne Konzerte oder Kabarettveranstaltungen, in Berlin bevorzugte er das Kino. Er ließ sich immer von seinen Bodyguards begleiten, die ihre Pistolen und Peitschen nicht vergaßen.

Hitler schätzte es, von jungen Frauen umgeben zu sein. In seinen nächtlichen Monologen im Führerhauptquartier prahlte er mit seiner Vorliebe für jüngere Frauen, die sich noch biegen und formen ließen: «Es gibt doch nichts Schöneres, als sich ein junges Ding zu erziehen, ein Mädel mit 18, 20 Jahren ist biegsam wie Wachs. Einem Mann muß es möglich sein, jedem Mädchen seinen Stempel aufzudrücken. Die Frau will auch nichts anderes.»[36] Viele seiner Beziehungen zu Frauen blieben im Verborgenen. Nur seine Nichte Angela («Geli») Raubal nahm er zum NS-Parteitag 1927 mit nach Nürnberg, und im Münchner Café Heck brachte die hübsche und selbstbewusste jungen Frau die Männerrunde um Hitler in Verzückung. Sie regte wie kaum eine andere Frau in Hitlers Umgebung die Phantasie der Zeitgenossen und der Nachwelt an. Eva Brauns mehr oder weniger geheime Existenz wurde erst nach Kriegsende bekannt.[37] Doch so viel spekuliert und recherchiert wurde, die Frage, welche Beziehungen zum weiblichen Geschlecht er pflegte, ist letztlich kaum zu beantworten. Wenn er später, auf dem Höhepunkt seiner Macht, erklärte, er dürfe nicht heiraten, weil Deutschland seine Braut sei, dann waren das «großspurige Ablenkungen von seiner Bindungsangst»[38] und populistische Männerstereotypen. Tatsächlich verbarg er zu dieser Zeit seine Geliebte hinter den Kulissen des «Berghofes» oder als unauffälliges Mitglied seiner Entourage.

Im Sommer 1926 hatte er bei einem längeren Aufenthalt im Hotel «Deutsches Haus» in Berchtesgaden die sechzehnjährige Maria («Mizzi») Reiter kennengelernt, die sich gerne von dem mittlerweile siebenunddreißigjährigen bekannten Politiker hofieren ließ und auch mit ihm Briefe austauschte. Er bezeichnete sie meist herablassend als «Kind», so wie er immer wieder von oben herab auf junge Frauen blickte und sich in ihrer Gegenwart gerne selbstherrlich aufspielte. Das wollte ihm mit gleichaltrigen Frauen offenbar nicht gelingen, die selbstbewusst und erfahren genug waren, um seinen aufgesetzten Charme zu durchschauen. Nach einem Jahr beendete er den Flirt mit «Mizzi» und verliebte sich in Geli Raubal, die Tochter seiner Halbschwester. Sie war attraktiv, lebenslustig und durchaus eigenständig. Sie studierte in München erst Medizin und dann Musik und ließ sich von ihrem Onkel «Wolf» mit kleinen Geschenken, Theater- und Kinobesuchen sowie Ausflügen in die Umgebung Münchens oder auf den Obersalzberg verwöhnen. Sie war offenbar «Hitlers große Liebe».[39] Der reagierte äußerst gereizt und eifersüchtig, als Geli in München eine Beziehung zu Hitlers Fahrer Emil Maurice einging. Der wurde dafür im Dezember 1927 vom «Hofe» verbannt. Seit Oktober 1927 wohnte Geli Raubal als Untermieterin bei den bisherigen Vermietern Hitlers in der Thierschstraße. Ob es zwischen den beiden zu einer sexuellen Beziehung kam, ist ungeklärt. Geli konnte jedoch bald die Bevormundung durch Adolf Hitler nicht mehr ertragen und wollte nach Österreich zurückkehren, was Hitler ihr angeblich untersagte. Einige Tage später, am 19. September 1931, wurde sie tot in Hitlers Wohnung aufgefunden. Sie hatte sich mit der Pistole des Onkels erschossen. Hitler hat dieser Selbstmord tief getroffen, auch weil er sich zu einer Zeit äußerster politischer Anspannungen ereignete. Kurze Zeit danach lernte Hitler die ebenfalls mehr als zwanzig Jahre jüngere Eva Braun kennen, die einen auffällig ähnlichen Jungmädchentypus verkörperte wie Geli. Sie trat an deren Stelle, stammte aus einem vergleichbar konventionellen, kleinbürgerlichen Elternhaus, ließ sich von Hitlers Anziehungskraft auf die Massen und auch von seiner Weltanschauung einnehmen und erlebte dieselben Demütigungen und Enttäuschungen wie ihre Vorgängerin. Allerdings blieb diese Beziehung ein Geheimnis, von dem nur die ausgewählten Gäste des Berghofs wussten, denn sie passte nicht zu den Führerbildern, die Hitler von sich selbst entworfen und von seinen Getreuen hatte verbreiten lassen. Sie unterschied sich auch von dem Frauenbild, das die NS-Propaganda unaufhörlich verbreitete und das so gar nicht zu dem Lebensstil passte, den die meisten Ehefrauen hochrangiger NS-Politiker pflegten. Sie konnte ihr «privilegiertes Dasein mit Reisen, teuren Kleidern und gelegentlichen beruflichen Aktivitäten im Dienste»[40] der NS-Propaganda nur im Umfeld der Nazi-Schickeria, nicht aber in der Öffentlichkeit führen. Auch Eva Braun hatte – schon 1932 – einen Selbstmordversuch unternommen, sich dann aber mit ihrer verborgenen Rolle an seiner Seite arrangiert und diese auch gegen alle Anfeindungen behauptet. Ihre Beziehung zu Hitler dauerte im Unterschied zu allen anderen Beziehungen des bindungsscheuen Hitler vierzehn Jahre, und kurz vor dem Untergang des Diktators und seiner Herrschaft zog sie freiwillig zu ihm vom Berghof nach Berlin in den Bunker unter der Reichskanzlei, um sich in den letzten Stunden seines und ihres Lebens, als alle inszenierten Merkmale seiner außergewöhnlichen Existenz hinfällig geworden waren, in einem bürgerlichen Akt standesamtlich trauen zu lassen.

5. MACHTANSPRUCH UND MACHTKÄMPFE
1929–1933

Durchbruch zur Massenbewegung

Anfang August 1929 inszenierte die NSDAP ihren vierten Parteitag in Nürnberg. Zwar hatte sie ihre Gefolgschaft im Vergleich zum letzten Aufmarsch in Nürnberg 1927 fast verdoppelt, doch blieb sie noch immer eine kleine lautstarke Protestpartei am rechten Rand des Parteienspektrums. Hitler hatte sich zwar als unbestrittener Parteiführer durchgesetzt, und auch der organisatorische Ausbau der Partei mitsamt der Gründung zahlreicher nationalsozialistischer Sonder- und Nebenorganisationen zur Mobilisierung wichtiger gesellschaftlicher Gruppen auf dem Lande und in den städtischen Mittelschichten hatte einen vorübergehenden Abschluss erfahren. Aber Hitlers politische Neuorientierung in Form eines Bündnisses mit der traditionellen politischen Rechten hatte sich noch nicht durch einen Erfolg an den Wahlurnen oder gar den Zugang zur Macht bewähren können. Die Reichstagswahlen von 1928 hatten der NSDAP magere 2,6 Prozent der Stimmen eingebracht. Der Parteitag in Nürnberg sollte der letzte vor der Machtübernahme am 30. Januar 1933 werden, danach herrschte Dauerwahlkampf. Mit den ersten Erfolgen bei einigen Landtagswahlen im Jahre 1929 zeichneten sich erste Mobilisierungserfolge ab, und mit dem Ausbruch der Wirtschafts- und Gesellschaftskrise im Herbst 1929 kündigten sich völlig veränderte politische Verhältnisse an, die der kurzzeitigen Stabilisierung der Weimarer Republik in nicht weniger als einem Jahr ein Ende bereiten und den Nationalsozialismus zur Massenbewegung und zum Profiteur der Krise machen sollten.

Bis dahin war es Hitler gelungen, innerparteiliche Streitpunkte zu entschärfen, indem er die streitenden Personen gegeneinander ausspielte und seine eigene Führungsposition damit festigte. Mit der

Verschärfung der politischen Spannungen im Reich seit 1929 nahmen jedoch auch die innerparteilichen Auseinandersetzungen mit der NS-Linken zu. Hitler hatte die schwere Agrarkrise, die als «Krise vor der Krise» in den ländlichen Regionen vor allem Nord- und Ostdeutschlands eine breite agrarische Protestbewegung hatte entstehen lassen, auf mehreren Großkundgebungen in Schleswig-Holstein zu einem leidenschaftlichen Angriff gegen das «System» des Weimarer Parteienstaates genutzt und die Bauern in Scharen in die NSDAP geholt. Damit konnte er die alte Debatte, ob die Propaganda der NSDAP «sozialistisch» oder «national» ausgerichtet sein sollte, vorerst für sich entscheiden, bis der Konflikt im Juli 1929 durch den Entschluss Hitlers, sich der Agitation der vereinigten Rechten gegen den Young-Plan anzuschließen, erneut ausbrach.[1] Otto Straßer hatte sich mit seinen «14 Thesen der deutschen Revolution» unter Berufung auf das Parteiprogramm von 1920 gegen diesen Kurswechsel gewandt und Hitlers Bündnis mit der «Reaktion» angegriffen. Der verteidigte auf dem Parteitag seine Doppelstrategie einer Öffnung zu den Rechtskonservativen einerseits und einer strikten Abgrenzung gegenüber allen Versuchen der «Reaktion», ihn vereinnahmen zu wollen andererseits.

Zuvor hatte sich Hitler in einem weiteren Richtungsstreit, der freilich eher ein Nebenschauplatz war, durchsetzen können: Auf der dreitägigen Führertagung in München Ende August 1928 behauptete er sich gegen die Versuche des ehemaligen Gauleiters von Thüringen, des völkischen Ideologen Artur Dinter, der die Partei auf einen antikirchlichen Kurs und auf die Gründung einer deutsch-völkischen Religionsgemeinschaft festlegen wollte. Das aber hätte Hitlers Brückenschlag zu den traditionellen Rechtskonservativen empfindlich stören können. Darum wurden Dinters Thesen als parteischädigend abgelehnt und der völkische Außenseiter relativ problemlos aus der NSDAP gedrängt.

Im Konflikt mit der Parteilinken um die Brüder Straßer konnte Hitler vorerst nur durch Zugeständnisse und die Einrichtung neuer Ämter eine Beruhigung herbeiführen. Er ernannte Gregor Straßer, taktisch geschickt, Anfang 1928 zum Reichsorganisationsleiter. Dieser Posten war für Straßer eine große Chance und auch für die weitere organisatorische Entwicklung der NSDAP nicht unbedeutend. Straßer konnte seine Vorstellungen von einer Reform der Parteiorganisation vorantreiben. Die NSDAP war durch eine Anpassung der 22 Parteigaue an die Reichstagswahlkreise besser für die kommenden Wahlkämpfe gerüstet und konnte durch eine zentrale Reichsleitung ihre politischen Entscheidungswege effizienter gestalten. Damit ließ sich die erhoffte Ausdehnung zur Massenbewegung nicht nur propagandistisch, sondern auch organisatorisch besser bewältigen. Das brachte auch eine weitere, für eine Massenpartei unumgängliche Bürokratisierung, die umgekehrt den Machtanspruch des charismatischen «Führers» gefährden musste. Denn Hitler bevorzugte die persönliche, führerunmittelbare Beziehung zu seinen Unterführern in den Parteigauen und angeschlossenen Verbänden der NSDAP. Bezeichnenderweise hat Hitler nach dem Ausscheiden Gregor Straßers im Dezember 1932 alle Elemente, die auf eine eigene Machtkompetenz der zentralen Reichsleitung zielten, wieder rückgängig gemacht und auf sich allein zurückgebunden. Das bedeutet aber nicht, dass damit die Bürokratisierung der Partei, die Straßer angestoßen und die ihre Funktionsfähigkeit durch die Zunahme der Mitglieder bewiesen hatte, aufgehoben wurde. Die Führerpartei blieb immer auch eine bürokratische Massenpartei.

Der Kampf gegen den Young-Plan hatte der NSDAP zunächst wenig greifbare Erfolge gebracht, aber für Hitler zählte der taktische Gewinn des Volksbegehrens: Man war im rechtskonservativen Milieu hoffähig geworden und hatte potentielle Bündnispartner gewonnen. Erste Erfolge bei Landtags- und Kommunalwahlen im November 1929, bei denen die NSDAP überall über 5 Prozent der Stimmen gewonnen hatte, sprachen für Hitlers Taktik. Die unaufhörliche Propaganda der Hitler-Partei gegen das «System» hatte die öffentliche Meinung angeheizt und die NSDAP im deutschnationalen Lager in einem Moment anschlussfähig gemacht, da die traditionellen rechten Parteien es nicht vermochten, die veränderte Stimmungslage der Öffentlichkeit in einer konservativen Sammlungsbewegung aufzufangen. Das war die Chance der NSDAP, als die Weltwirtschaftskrise Deutschland mit voller Wucht traf und allein die NS-Partei dem verunsicherten Mittelstand scheinbar Orientierung und Zugehörigkeit bot. Der Erfolg bei den Landtagswahlen in Thüringen im Dezember 1929, bei denen die NSDAP 11,3 Prozent der Stimmen gegenüber 3,5 Prozent im Jahre 1927 erreichte, signalisierte einen ersten Durchbruch, den Hitler für die Festigung seiner Machtstellung nutzte. Er fuhr, ganz der omnipotente Parteiführer, nach Weimar und übernahm die Koalitionsverhandlungen mit den bürgerlich-nationalen Parteien DNVP und DVP. Er nutzte entschlossen und erpresserisch die politische Schlüsselrolle, die seiner Partei zugefallen war, bis die beiden bürgerlich-nationalen Parteien sogar den Nationalsozialisten Wilhelm Frick als künftigen Innenminister akzeptierten, obwohl man ihn vorher als ehemaligen Putschisten abgelehnt hatte. Frick machte die Politik in Thüringen zum Modell für eine aggressive nationalsozialistische Politik gegen Demokratie und gegen die Kultur der Moderne. Die Macht über beide Ministerien sollte nach dem Willen Hitlers «rücksichtslos und beharrlich» genutzt werden, um «Außerordentliches» zu bewirken.[2] Die angestrebte politische Säuberung in Thüringen rechtfertigte Hitler mit dem Kampf gegen die rote Revolution, doch bei diesem ersten Anschlag auf die Demokratie scheiterten die Nationalsozialisten an dem noch intakten parlamentarischen System: Ein Misstrauensantrag von SPD und KPD fand die Unterstützung einer der beiden bürgerlichen Regierungsparteien, der DVP. Doch sollte dieser parlamentarische Kontrollmechanismus bald unterminiert werden.

Zum Bruch mit dem Straßer-Flügel, zunächst mit Otto Straßer, kam es, als dieser in seiner eigenen Zeitung, dem «Nationale(n) Sozialisten», sich im April 1930 für die Unterstützung eines Streiks in der sächsischen Metallindustrie einsetzte, der von den sozialistischen Gewerkschaften ausgerufen worden war. Hitler hatte jedoch die Anordnung gegeben, diesen Streik nicht zu unterstützen. Auf einer Führertagung am 26./27. April in München kam es zum offenen Konflikt. Hitler bezeichnete die beiden Brüder und ihren Verlag als «Salonbolschewisten» und trieb gleichzeitig einen Keil zwischen die ehemaligen Bündnispartner vom linken Parteiflügel, Gregor und Otto Straßer auf der einen Seite, Joseph Goebbels auf der anderen. Hitler ernannte den ehrgeizigen Berliner Gauleiter zum Reichspropagandaleiter der NSDAP, der die Konkurrenz nicht hinnehmen wollte, die die Zeitung des Kampf-Verlages der Straßer-Brüder für seine Position in Berlin bedeutete. Schließlich endete der Konflikt nach verschiedenen Gesprächen Hitlers mit Otto Straßer im Juli 1930 mit einer halben Lösung. Gregor schlug sich auf die Seite Hitlers, distanzierte sich von seinem Bruder Otto und legte seinen Posten als Verlagsleiter des «Nationale(n) Sozialisten» nieder. Otto Straßer rief mit der Parole «Die Sozialisten verlassen die NSDAP»[3] seine Anhänger zum Parteiaustritt auf, ohne dass seine alternative, revolutionäre nationalsozialistische Gruppe Hitlers Aufstieg auch nur ansatzweise gefährden konnte. Hitler hatte sich in den Flügelkämpfen der Jahre 1929 und 1930 durchsetzen können, weil er der geschicktere Taktiker war, der seine Gegner durch eine Mischung aus Druck und Zugeständnissen spalten konnte. Die Machtkämpfe in der NSDAP sollten damit aber nur vorübergehend beendet sein und bald in Konflikten mit der unruhigen SA wieder aufbrechen. Im Vergleich zu anderen faschistischen Bewegungen in Europa, besonders in Italien, führten die parteiinternen Konflikte jedoch fast immer zu einer Stärkung der Machtposition Hitlers, während Mussolini sich allenfalls mit einer labilen Schaukel- und Ausgleichspolitik behaupten konnte, die sich nur durch die Inszenierung des Führermythos des «Duce» kaschieren ließ.

Die letzte parlamentarische Mehrheitsregierung der Weimarer Republik, die unter Führung des Sozialdemokraten Hermann Müller von SPD, DDP, Zentrum und DVP gebildet werden konnte, zerbrach im März 1930 an der Frage der künftigen Finanzierung der Arbeitslosenversicherung. Die Auseinandersetzung um Leistungskürzungen bzw. um eine Beitragserhöhung wurde zur Sollbruchstelle der Großen Koalition. Im Hintergrund der gesellschaftspolitischen Auseinandersetzungen stand der dramatische Anstieg der Arbeitslosenzahlen als Folge der Weltwirtschaftskrise, die über Deutschland hereingebrochen war. Doch war das Ende des parlamentarischen Systems, das sich mit dem Sturz Müllers und der Ernennung des Zentrumspolitikers Heinrich Brüning zum neuen Kanzler ankündigte, in nationalkonservativen Machtgruppen um den Reichswehrgeneral Kurt von Schleicher schon seit einiger Zeit vorbereitet worden. Reichspräsident Paul von Hindenburg, der von Schleicher in diese Pläne einer autoritären Umgestaltung der Verfassung eingeweiht war, instruierte Brüning, keine neue Koalition, vor allem nicht mit den Sozialdemokraten, anzustreben, sondern gestützt auf die außerordentlichen Befugnisse nach Artikel 48 der Weimarer Verfassung und gestützt auf das Vertrauen des Reichspräsidenten zu regieren. Allerdings musste der Reichstag entsprechend der Verfassung einer solchen Notverordnung im Nachhinein zustimmen, und daran sollte Brüning mit seiner Vorlage für ein neues Haushaltsgesetz, mit dem er die öffentlichen Ausgaben stark kürzen wollte, zunächst einmal scheitern. Weil der Reichstag die Notverordnung mit den Stimmen von SPD und NSDAP ablehnte, löste Hindenburg schließlich das Parlament auf. Das entsprach im Einzelnen zwar den Buchstaben der Verfassung, war aber eine problematische Verbiegung des Geistes der Verfassung. Denn Reichspräsident und Reichskanzler konnten auf diese Weise ein ihnen nicht genehmes Parlament ausschalten. Zwar hatten schon frühere Regierungen mit Notverordnungen regiert und Reichstage aufgelöst, um eine wirtschaftliche Notlage zu beheben oder die Verfassungsordnung zu stabilisieren, doch nun wurde diese Praxis dazu genutzt, das ungeliebte Parlament auszuschalten. Brüning wurde damit zum «ersten Kanzler der Auflösung der Weimarer Republik».[4] In der parlamentslosen Zeit konnte Brüning sein Sanierungsgesetz in verschärfter Form durchsetzen.

Für Hitler und die NSDAP war der Wahlgang, der für den 14. September 1930 angesetzt wurde, obwohl der Reichstag eigentlich noch bis 1932 ein Mandat hatte, ein Geschenk. Denn es war vorhersehbar, dass sich nach den Wahlerfolgen der extremen Parteien in den vorangegangenen Landtags- und Kommunalwahlen dieser Trend fortsetzen würde. Allenfalls die Dramatik des politischen Erdrutsches vom September 1930 war nicht vorhersehbar. Die NSDAP wurde mit 18,3 Prozent der Stimmen und 107 Sitzen zur zweitstärksten Partei und damit zu einer Größe in der deutschen Politik, mit der bei künftigen Regierungsbildungen zu rechnen war.

Zwar lehnte Reichskanzler Brüning es ab, Hitler ein Ministeramt anzubieten, aber der Handlungsspielraum von Regierung und Reichstag war deutlich geschrumpft, und das sollte sich weiter fortsetzen.

Abb. 14 Stolz und entschlossen präsentierte sich die NSDAP-Fraktion, deren Mitglieder am 14. September 1930 mit einem politischen Erdrutschsieg in jenen Reichstag gewählt wurden, dem sie eigentlich immer den Kampf angesagt hatten. Einzig Hitler erschien nicht in Parteiuniform.

Der abschüssige Weg zu einer schrittweisen Auflösung der demokratischen Verfassungsordnung war eingeschlagen, auch wenn dieser Weg nur in einzelnen Etappen beschritten wurde und der Niedergang anfangs durchaus noch zu stoppen gewesen wäre. Doch war er dadurch vorgezeichnet, dass die nationalkonservativen Führungsgruppen auf ein autoritäres, parlamentarisch nicht kontrolliertes, diktatorisches Verfassungssystem gesetzt hatten und dass ein immer größerer Teil der deutschen Gesellschaft, von der großen Krise der Wirtschaft in seinen sozialen und materiellen Erwartungen zutiefst enttäuscht und verunsichert, das Vertrauen in das politische System von Parlament und Parteien verloren hatte. Die Weimarer Parteien schienen immer weniger zu einem Krisenmanagement in der Lage. Allein die Bilder von den langen Schlangen vor den Arbeitsämtern führten dazu, dass auch diejenigen, die noch nicht von der Arbeitslosigkeit betroffen waren, nun bereit waren, auf radikalere Zukunftsverspre-

Abb. 15 Nach wie vor als eine antiparlamentarische Kampfbewegung präsentierte sich die SA 1932, während Hitler sie vor allem als Propagandatruppe und Wahlkampfmaschine verstand. Sie sollte mit ihrem Auftreten Unbedingtheit und Kampfbereitschaft signalisieren.

chen zu setzen, während die Parteien, die weiterhin auf dem Boden der Verfassung standen, ihre Überzeugungs- und Bindekraft immer mehr verloren. Die Auflösung begann damit, dass der Reichstag zu keiner Mehrheitsbildung mehr fähig war. Dadurch wurde die Regierung noch stärker von dem Willen des Reichspräsidenten abhängig, der eine autoritäre Verformung der politischen Ordnung unterstützte.

Die SPD tolerierte notgedrungen das Minderheitenkabinett von Brüning, um eine Regierung Hitler zu verhindern und um wenigstens ihre Bastion in Preußen noch zu retten. In seinem Gespräch mit dem NS-Parteiführer hatte Brüning nach dem Erdrutscherfolg der NSDAP einen Hitler erlebt, der nicht nur seine üblichen Monologe hielt, sondern sich in seiner Erregung zu der Aussage verstieg, seine inneren und äußeren Feinde, Kommunisten und Sozialdemokraten, Frankreich und Russland, vernichten zu wollen.

Die Führung der NSDAP hatte den Wahlkampf seit Ende Juli gründlich vorbereitet und Goebbels mit der zentralen Wahlkampfführung beauftragt. Die NSDAP hatte sich mittlerweile eine weitverzweigte Organisation zugelegt und ein Netzwerk von Medien und Kommunikationsformen entwickelt, das Städte und Dörfer mit NS-Propaganda überzog. Dazu gehörte der Einsatz von Bildern und Symbolen wie von moderner Technik: vom Film über den Lautsprecher bis schließlich in den Wahlkämpfen von 1932 auch zum Flugzeug. Die Rhetorik der Partei orientierte sich an der Forderung Hitlers, den Wahlkampf unter das Motto «Kampf gegen die Young-Parteien» zu stellen und damit eine radikale Attacke gegen das Weimarer System zu führen. Mit Propagandamärschen und Massenveranstaltungen wurden die Partei und die SA auf breiter Front mobilisiert und zu einer regelrechten Wahlkampfmaschine gemacht.

Die herausragende Rolle spielte Hitler mit über zwanzig großen Auftritten überall in Deutschland, wo er regelmäßig vor Tausenden, in Berlin und Breslau sogar vor zehntausend Zuhörern seine Polemik gegen die Weimarer Parteien entwickelte und deren Politik seine eigene Vision einer nationalen «Volksgemeinschaft» unter nationalsozialistischer Führung gegenüberstellte.

Die inszenierte Entschlossenheit und unbürgerliche Haltung, mit der Hitler und seine Partei im Wahlkampf auftraten, hatten ihnen ganz offensichtlich Wähler zugetrieben, die von der bisherigen Politik der Weimarer Parteien enttäuscht waren und die in der Ausweglosigkeit, die sie angesichts der Wirtschaftskrise und Arbeitslosigkeit verspürten, auf radikale Parolen und Heilsversprechungen setzten. Die Mehrheit der Wähler der NSDAP stammte aus Kreisen, deren Bindung an ein festes soziales Milieu sich schon lange aufgelöst hatte und die in den konservativen oder liberalen Parteien keine politische Heimat mehr fanden. Auch wenn die Wähler meistens aus dem Mittelstand stammten, erreichte die NSDAP auch andere Gesellschaftsschichten, die nach neuen Orientierungen suchten und die keineswegs nur rückwärtsgewandt vergangenen politischen und sozialen Verhältnissen nachtrauerten. Die NSDAP war eine frühe Volkspartei, die ihre Anhänger aus den unterschiedlichsten Schichten rekrutierte und mit ihrem organisatorischen Netzwerk von gesellschaftlichen Sonderorganisationen – vom Bund nationalsozialistischer Juristen über die NS-Frauenschaft bis zur NS-Betriebszellenorganisation und dem Nationalsozialistischen Deutschen Studentenbund – Zugehörigkeit und ein Betätigungsfeld für Aktivismus und soziales Engagement versprach. Sie ersetzten auf lokaler Ebene nicht selten das traditionelle Vereinswesen und propagierten zugleich dessen Überwindung durch eine schichtenübergreifende nationale «Volksgemeinschaft». Doch war die NSDAP auch eine radikale Protestpartei, die mit ihren Antipositionen vom Antisemitismus bis zum Antikommunismus und Antiparlamentarismus eine Fundamentalopposition gegen die Weimarer Demokratie betrieb und die mit ihren paramilitärischen Organisationen SA und SS ihre Entschiedenheit und Entschlossenheit zur Aktion demonstrierte. Neben der modernen Organisations- und Kommunikationsstruktur war auch die soziale Praxis der SA und SS für den Massenzustrom verantwortlich. Ihre Gewaltaktionen gegen die politische Linke brachten den Bürgerkrieg auf die Straße, ohne dass dadurch die Drohungen der NSDAP, als Ordnungsmacht den «Marxismus» zu bekämpfen, als Widerspruch empfunden wurden. Dass diese Paradoxien und programmatischen Widersprüche die Anhänger nicht verprellten, sondern sogar anzogen, hatte mit der sozialen Zerrissenheit der Gesellschaft zu tun, in der Gemeinschaftsparolen auf einen fruchtbaren Boden fielen, und mit der Integrationskraft des Hitler-Mythos, der die Widersprüche mit nationalen Parolen überdeckte und konkrete programmatische Aussagen zu vermeiden half.

Hitlers Strategien der Machteroberung

Der Aufstieg zur Massenbewegung und die Erfolge Hitlers an der Wahlurne machten ihn sehr bald zu einer gefragten politischen Figur in den Berliner Machtspielen, die mit der Abkehr von einer parlamentarisch geregelten Entscheidungsbildung noch unübersichtlicher geworden und noch stärker von persönlichen Beziehungen und Intrigen geprägt waren. Auch Hitler wusste nicht, wie er den Weg zur Macht fortsetzen konnte. Die Frage, ob man den Legalitätskurs einhalten oder unter Einsatz von Gewalt zur revolutionären Strategie greifen sollte, war längst nicht entschieden. Angesichts der Ausbrüche von politischer Gewalt stellte sie sich immer wieder. Parteiintern wurden Pläne für einen Bürgerkrieg diskutiert, während Hitler verschiedene Bündnisse mit der politischen Rechten erkundete, nachdem eine Regierungsbeteiligung vorerst nicht zustande gekommen war.

Reichskanzler Brüning hatte nach den Septemberwahlen Sondierungsgespräche mit Hitler aufgenommen, um dessen Vorstellungen über mögliche Koalitionen, allerdings nicht auf Reichs-, sondern nur auf Länderebene, zu eruieren. Hitlers Bedingung, dass die NSDAP drei wichtige Ministerien besetzen müsse, war allerdings für den Zentrumspolitiker (und auch für den Reichspräsidenten) inakzeptabel. Gleichzeitig nahmen Repräsentanten der Wirtschaft über Mittelsmänner Kontakt zu Hitler auf, um dessen wirtschaftspolitische Vorstellungen abzuklopfen und zu erkunden, wie dieser zu den antikapitalistischen Tönen stehe, die aus seiner Partei noch immer deutlich zu vernehmen waren. Wichtiger Türöffner für diese Sondierungen mit Vertretern der traditionellen gesellschaftlichen Eliten war Hermann Göring, der Hitler u. a. mit Frau von Dirksen bekannt machte, die in Berlin einen einflussreichen Salon unterhielt. Göring tat alles, um Bedenken der Unternehmer wegen eines «sozialistischen» Kurses der NSDAP zu zerstreuen. Auch ein Gespräch mit Emil von Kirdorf und anderen Ruhrindustriellen kam Ende November zustande. Das war für Hitler auf jeden Fall ein Triumph, denn es belegte, dass er nun endgültig gesellschaftsfähig geworden war. Abgesehen davon brachten diese Fühlungnahmen politisch zunächst noch wenig, da gleichzeitig in der NSDAP erneut Forderungen nach einem Überarbeiten der wirtschaftspolitischen Aussagen erhoben wurden, in denen von Bodenreform, Mindestlohn und einer Gewinnbeteiligung an Großbetrieben die Rede war. Das musste in der Wahrnehmung der Großwirtschaft den Eindruck erwecken, hier würden neue Folterinstrumente für sie geschmiedet. Hitler ließ das geschehen, ohne selbst wirklich Stellung zu nehmen. Er nutzte die Debatten vielmehr, um seine allgemeinen ideologischen Positionen zu einer nationalen «Volksgemeinschaft» und einem rassenbiologistischen Konzept der Volksgesundheit vorzutragen.

Seine Einlassungen zu wirtschafts- und sozialpolitischen Fragen waren primär von taktischen Gesichtspunkten geleitet. Er vermied es, auch wenn er vor einem Auditorium von prominenten Wirtschaftsführern sprach – wie etwa bei seinem Auftritt im Düsseldorfer Industrieclub am 26. Januar 1932 vor etwa siebenhundert Zuhörern, wieder in Begleitung von Hermann Göring –, konkrete Aussagen über wirtschaftspolitische Fragen zu machen; aber auch offene antisemitische Bekenntnisse legte er, ein Meister der Verstellung, bei solchen Veranstaltungen nicht ab. Diskussionen in großer Runde ging er grundsätzlich aus dem Weg, auch weil er sich nicht kompromittieren wollte. Wenn er auf entsprechende Fragen antworten musste, wich er gern aus. Auch verstand er es, die innerparteilichen Rivalitäten der Unterführer zu vertiefen und für sich zu nutzen. Je nach politischer Konstellation nahm er ausgewählte Parteigenossen zu Gesprächen mit Wirtschaftsvertretern oder anderen Repräsentanten der traditionellen Eliten mit, von denen er wusste, dass sie seine Position vertreten würden. Auf diese Weise versuchte er, sie in den innerparteilichen Machtspielen gegeneinander auszuspielen und sie weiterhin als loyale Gefolgsleute für sich zu gewinnen. Dass Goebbels etwa, der noch immer wirtschaftspolitische Vorstellungen pflegte, die an seine Herkunft vom linken Flügel der Partei erinnerten, an solchen Gesprächen (wie später auch an außenpolitischen Beratungen und Entscheidungen) nicht teilnehmen konnte, wurmte diesen immer wieder und stachelte seinen Ehrgeiz an.

Allerdings verfügte er bald aus privaten Gründen über eine Trumpfkarte in den Machtspielen, die Hitler, so jedenfalls wollte Goebbels sich erinnern, dazu brachte, ihm «Freund und Bruder» zu sein, und die ihm damit, wie er hoffte, eine besondere Nähe zu seinem «Chef» einbringen würde: Joseph Goebbels hatte im Sommer 1931 mit der selbstbewussten und kultivierten Magda Quandt eine Eroberung gemacht, die nach ihrer Scheidung von dem Großindustriellen Herbert Quandt Beziehungen zu Berliner NSDAP-Führungskreisen suchte und fand. Vor allem Adolf Hitler hatte es der 29-Jährigen angetan, was aber Joseph Goebbels anfangs nicht bekannt war. Der jedenfalls war für die attraktive junge Frau aus vermögendem Hause entflammt und musste feststellen, dass diese auch ein enges freundschaftliches Verhältnis zu Adolf Hitler unterhielt. «Quälende Eifersucht» trieb den Berliner Gauleiter um, bis er schließlich von Magda verlangte, sie müsse «Hitler sagen, wie es um uns beide steht». Das tat diese schließlich auch und beichtete Hitler, dass Goebbels sie heiraten wolle. Bei einem anschließenden, angeblich offenen Gespräch unter Männern habe Hitler, der von der Nachricht «wie erschlagen» war, schließlich der Verbindung seinen Segen gegeben. Goebbels schreckte noch in seiner Tagebuchnotiz nicht vor pathetischen Formulierungen zurück, um sich seiner doppelten Eroberung zu versichern: «Er drückt mir beide Hände und Tränen stehen ihm in den Augen […] Wir werden alle drei gut zueinander sein. Er will unser treuester Freund sein.»[5] Eine Dreiecksbeziehung zwischen Magda Quandt, Joseph Goebbels und Adolf Hitler entwickelte sich, die Vorteile für alle Beteiligten brachte. Goebbels musste zwar immer wieder seine quälende Eifersucht unterdrücken, aber er hatte mit dem Arrangement seinen Einfluss auf Hitler gesteigert. Hitler bewunderte weiterhin Magda Goebbels ob ihrer gesellschaftlichen Gewandtheit und ihres Geschmacks. Sie war für ihn so etwas wie eine First Lady der NSDAP und schien durch ihre Ehe mit Goebbels erotisch «neutralisiert».[6] Magda war durch ihre Ehe mit Goebbels weiterhin in der Nähe des von ihr verehrten «Führers» und war gern gesehene Gastgeberin.

Die Mobilisierungskampagnen der NSDAP und ihre Erfolge an den Wahlurnen führten dazu, dass auch die Mitgliederzahlen stiegen. Ende 1930 besaß die Partei doppelt so viele Mitglieder wie ein Jahr zuvor. Ende 1931 verdoppelte sich die Mitgliederzahl nochmals auf insgesamt 800 000. Nun gelang es der NSDAP, auch Honoratioren und lokale Eliten für sich zu gewinnen: den Bürgermeister und Vereinsvorsitzenden, ebenso den Arzt und Apotheker – allesamt lokale Meinungsträger. Damit verschoben sich auch die Gewichte an der gesellschaftlichen Basis der NSDAP und in ihrer sozialen Repräsentation, die immer bürgerlicher wurde.[7] Das musste den Taktiker Hitler, im Gegensatz etwa zu seinen SA-Mitgliedern, nicht weiter stören, sondern förderte seinen Drang nach gesellschaftlicher Anerkennung.

Das politische Gewicht der wachsenden Massenbewegung und die anhaltenden Erfolge bei verschiedenen Wahlgängen 1931 und vor allem im «Superwahljahr» 1932 stärkten weiterhin die Position der NSDAP bei politischen Annäherungen und Koalitionsversuchen und gaben Hitler verschiedene, durchaus einander widersprechende Möglichkeiten der Einflussnahme und Bündnispolitik. Das weckte maßlose Erwartungen, provozierte Machtträume in den Reihen der Partei und führte besonders in der SA zu Unruhe, Richtungsstreitigkeiten und Putschversuchen. Hitler stand mehrfach vor der Entscheidung zwischen einer Fortsetzung seiner Legalitätstaktik und einer Annäherung an die traditionelle deutschnationale Rechte oder eine Alles-oder-nichts-Politik, verbunden mit einer stärkeren Berücksichtigung der «sozialistischen» Forderungen seiner Partei. In den Führungsgruppen der NSDAP fanden sich für diese verschiedenen Strategien ganz unterschiedliche Befürworter und auch militante Verfechter. Eine Strategiedebatte über den richtigen Weg oder über mögliche, klar voneinander zu unterscheidende Optionen gab es jedoch nicht. Hitler hatte es stets vermieden, ein Führungsgremium zur Beratung einzurichten, und vermied auch jetzt, als die Entscheidungssituation sich zuspitzte, solche Debatten in größerer Runde. Stattdessen hielt er an seiner Praxis fest, mit Personen seines Vertrauens Einzelgespräche zu führen oder ihnen bestimmte Aufträge oder Anstöße zu geben. Das konnte dazu führen, dass sich widersprüchliche Optionen abzeichneten, die dann von Hitler auch scheinbar intensiver verfolgt bzw. befürwortet wurden. Das wiederum schaffte unter den Männern um Hitler neuerlich Konkurrenz und auch Misstrauen, die hinter vorgehaltener Hand recht deftig über ihre jeweiligen Konkurrenten urteilten, immer in der Hoffnung, damit das Ohr Hitlers zu finden. Der aber entschied oft nur zögerlich und ließ dies seine Unterführer nur scheibchenweise oder selektiv wissen. Das Ergebnis war das Gegenteil von dem, was man heutzutage unter einem rationalen Diskurs versteht, sondern verstärkte nur die Unruhe und ängstliche Informationssuche untereinander. Hitlers Position freilich wurde dadurch eher gestärkt als geschwächt, und er konnte sich von seiner Führungsclique als einsamen und unnahbaren Strategen von visionärer Kraft verklären lassen. Dadurch konnte er immer wieder seinen Anspruch eines charismatischen Führers behaupten, der allein und abgehoben von allen Richtungsstreitereien alle wichtigen Entscheidungen trifft. Das konnte er im Falle eines erfolgreichen Ausgangs solch eines Manövers rückblickend und mit Stolz als seinen richtigen Weg verbuchen oder von Goebbels entsprechend feiern lassen. Der Reichspropagandaleiter hatte freilich nicht selten feststellen müssen, dass er in die Entscheidungen nicht oder erst kurz davor eingeweiht worden war, die er nun öffentlich anpreisen sollte. Im Falle eines Misserfolges ließ sich das hinter der Fassade des Undurchsichtigen oder der anderen verbergen oder als Geste des Entgegenkommens darstellen, die aber nicht verstanden wurde. Wenn Hitler, wie ihm das in seiner Regierungszeit gelegentlich passierte, sich von einem ehrgeizigen Unterführer eine Verordnung zur Unterschrift hatte unterschieben lassen, die einem von ihm selbst unterzeichneten Gesetz widersprach, dann ließ man diese Initiative auf administrativem Weg versanden. Denn der «Führer» konnte sich nicht irren.

Das Wahljahr 1932

Gelegenheiten dazu boten sich bereits 1931 und erst recht im dramatischen Wahl- und Krisenjahr 1932. Hitlers Weg zur Macht war alles andere als geradlinig und unvermeidlich, sondern von Rückschlägen und Niederlagen begleitet, die auch zu ganz anderen Resultaten hätten führen können. Auch gab es Widerstände von Institutionen der demokratischen Republik, auch wenn diese sich längst in der Defensive befanden und am Ende vergeblich warnten oder nach Gegenstrategien suchten. Eine Denkschrift aus dem preußischen Innenministerium, in der schon 1930 vor dem staatsfeindlichen Charakter der NSDAP und der hochverräterischen politischen Praxis Adolf Hitlers eindringlich gewarnt wurde, blieb wirkungslos, weil die Regierung Brüning die Lage falsch einschätzte und die gut begründeten Vorwürfe der Denkschrift nicht wahrhaben wollte. Es kam folglich zu keiner Initiative gegen die NSDAP.[8]

Eine Möglichkeit, das verhasste System zu sprengen und an die Macht zu kommen, sah Hitler im Bündnis mit der radikal-nationalistischen Rechten. Diese Möglichkeit wurde im Oktober 1931 mit der «Harzburger Front», einer gemeinsamen Veranstaltung von Deutschnationalen, NSDAP und dem mächtigen nationalistisch-autoritären Frontsoldatenverband «Stahlhelm», für eine Weile durchgespielt, ohne dass daraus eine feste politische Absprache resultierte. Dazu waren das gegenseitige Misstrauen und die eigenen Profilierungs- und Machtansprüche, besonders bei Hitler, viel zu groß. Damit waren vorerst auch die Chancen gesunken, in einer Koalition mit der deutschnationalen und wirtschaftsfreundlichen DNVP an die Macht zu kommen. Auch ein Angebot von Kanzler Brüning, die NSDAP stärker ins politische Leben einzubinden und ihr den Weg ins Kanzleramt zu öffnen, lehnte Hitler ab. Brüning hatte vorgeschlagen, dem greisen Reichspräsidenten Hindenburg einen anstrengenden Wahlkampf zu ersparen, und für den Fall, dass Hitler dem zustimme, mit einer Absprache der Parteien die Amtszeit des Reichspräsidenten ohne Wahl zu verlängern. Auch diese Option missfiel Hitler, weil er auf eine Radikalisierung der politischen Krise setzte, von der er hoffte, dass sie ihm in relativ kurzer Zeit einen Alleingang zur Macht, ohne lästige Koalitionen, eröffnen könnte. Ganz offensichtlich hoffte Hitler an der Jahreswende 1931/32, dass ihm mehrere Wege zur Macht offenstünden.[9]

Führerkult und Massenmobilisierung

Die politisch-strategischen Gegensätze, die durch die Ende 1931 bekannt gewordenen Putschpläne innerhalb der SA noch verstärkt wurden, traten bei der Reichspräsidentenwahl von 1932 hervor, mit der das Wahljahr 1932 eröffnet wurde. Nachdem die bürgerliche, nationalistische Rechte mit dem stellvertretenden Stahlhelm-Vorsitzenden Theodor Duesterberg einen eigenen Kandidaten aufgestellt hatte, war zumindest erkennbar geworden, dass auch die Option einer «Harzburger Front» keine Aussichten haben würde. Hitler zögerte, gegen den «alten Herrn» und Weltkriegsheroen offen anzutreten. Erst als dieser die Unterstützung von SPD und Zentrum erhielt, nutzte Hitler dies als Argument für seine Kandidatur. Noch ein weiteres Hindernis stellte sich für ihn. Um zur Wahl antreten zu können, musste der staatenlose Adolf Hitler vorher die deutsche Staatsangehörigkeit erlangen. Hier zeigte sich, wie wichtig die Verfügung über Regierungsmacht in den Ländern war. Die braunschweigische Landesregierung, wo die NSDAP bereits an der Regierung beteiligt war, ernannte Hitler kurzerhand zum Regierungsrat an der braunschweigischen Gesandtschaft in Berlin. Damit wurde er automatisch deutscher Staatsbürger. Um Täuschungsmanöver nicht verlegen, leistete er dabei einen Beamteneid auf die Weimarer Verfassung, der er immer den erbitterten Kampf angesagt hatte.

So kam es am Ende zu einem Zweikampf zwischen Hitler und Hindenburg, der sich zur Wiederwahl gestellt hatte. Bereits dem ersten Wahlgang am 13. März war ein heftiger, mit größtem Einsatz von Hitler geführter Wahlkampf vorausgegangen. Umso größer war der Schock, als Hindenburg mit weit über 18 Millionen Stimmen (das waren 49,8 Prozent) einen deutlichen Sieg über Hitler errang, der auf 11 Millionen Stimmen (30,1 Prozent) kam. Hitler machte am Abend des Wahltages auf seine Umgebung einen maßlos enttäuschten und mutlosen Eindruck. Dann aber konnte Goebbels ihn aufmuntern und zu dem Entschluss provozieren, in der Stichwahl eine Kampagne zu führen, bei der man ganz neue Methoden der Propaganda einsetzen werde.[10] Eine Grammophonplatte, von Goebbels besprochen, wurde in großer Stückzahl vertrieben; ferner ein Tonfilm eingesetzt. Goebbels und Straßer kamen auf die Idee, für Hitlers Wahlkampf nach amerikanischem Vorbild ein Flugzeug einzusetzen, das ihm innerhalb eines Tages mehrere Auftritte an unterschiedlichen Orten erlaubte. Nach Ostern 1932 brach Hitler schließlich unter der doppeldeutigen Parole «Hitler über Deutschland» zu einer Wahlkampfreise auf, bei der er in weniger als einer Woche fast eine Million Zuhörer erreichte. Wie ein «Messias» aus den Wolken kam er zu den Massenveranstaltungen und umgab sich mit der Aura alter Erlösungsriten und moderner Zukunftsversprechen. Der Führerkult erreichte neue

Dimensionen. Die Zahl der Briefe, die Hitler erreichten, stieg deutlich an, und die Erwartungen auf Rettung und Erlösung, die darin mehrheitlich formuliert wurden, ließen erkennen, dass die NS-Propaganda für den charismatischen «Führer» bei der Bevölkerung angekommen war.[11]

Hitler konnte seinen Anteil auf knapp 37 Prozent der Stimmen steigern, aber dennoch wurde Hindenburg wiedergewählt. Noch verfügte dieser trotz seines hohen Alters über ein Charisma als Retter der Nation, an das Hitler nicht heranreichte. Die Stichwahl am 10. April endete mit einer absoluten Mehrheit von 53 Prozent für Hindenburg, der – paradox genug – von einer «schwarz-roten» Koalition unterstützt wurde. Dass sich die einstigen «Reichsfeinde» von der SPD in ihrem verzweifelten Bemühen, die Republik zu retten, für den Repräsentanten des alten Deutschland einsetzten, zeigt, wie sich die politischen Fronten angesichts der Bedrohung durch die nationalsozialistische Massenbewegung verändert hatten. Trotz des gewaltigen Mobilisierungserfolges wurde der Wahlausgang in der ungeduldigen Massenbewegung, besonders in der SA, jedoch als Niederlage empfunden, was erneut die Frage nach der richtigen politischen Strategie aufwarf.

Die internen Zweifel und Gegensätze wuchsen, als bei den neuerlichen Reichstagswahlen vom 31. Juli 1932 die NSDAP zwar noch einmal zulegen konnte (37,3 Prozent), aber ein Ende des Stimmenzuwachses absehbar war. «Zur absoluten Mehrheit kommen wir so nicht», notierte Goebbels in sein Tagebuch. «Also einen anderen Weg einschlagen.» Für den Propagandaleiter konnte das nur eine Abkehr vom Legalitätskurs oder vom Ziel der ungeteilten Macht, also für eine Koalition mit dem Zentrum, bedeuten. Für eine dezidierte Kursänderung trat auch der Reichsorganisationsleiter der Partei, Gregor Straßer, ein, der um die prekäre Finanzlage der Partei und um die Grenzen ihrer Mobilisierungskräfte wusste und der darum nach möglichen Koalitionen Ausschau hielt. Sein Wirtschaftsprogramm, das er am 10. Mai im Reichstag vorgestellt hatte, war Ausdruck einer solchen Alternative, vor allem zum Alles-oder-nichts-Kurs Hitlers. Der hatte nach dem Scheitern bei der Reichspräsidentenwahl vorübergehend einsehen müssen, dass seine bisherige Strategie, sich nämlich nur sehr vage über seine politischen Ziele zu äußern und stattdessen auf allgemeine Parolen zu setzen, trotz des Massenjubels, den er entfacht hatte, nicht weiterführte. Doch blieben seine Ankündigungen, nun sein Programm zu präzisieren, leeres Gerede, das über Allgemeinplätze und Polemik nicht hinauskam. Das hinderte mehr als ein Drittel der preußischen Wahlbevölkerung nicht daran, die NSDAP bei den Landtagswahlen am 24. April 1932 zur stärksten Kraft zu machen. Damit war zwar die letzte demokratische Bastion der Weimarer Koalition zerstört, aber eine Koalitionsbildung war mit Hitlers NSDAP nicht zu erreichen.

Dass Hitler mit seiner radikalen Verweigerungshaltung, die fast allen politisch-parlamentarischen Erfahrungen widersprach, am Ende sogar noch Erfolg haben sollte, lag nicht an seiner angeblichen Genialität, sondern an der Entfremdung zwischen Hindenburg und Brüning und der bornierten Unbedingtheit der autoritären Kräfte um den Reichswehrgeneral Schleicher, die gegen Brüning intrigierten und die mit der Auflösung der parlamentarischen Ordnung zunehmendes Gewicht im Spiel um die Macht erlangt hatten.

Blicken wir noch einmal zurück: Kurt von Schleicher wollte nach den Reichspräsidentenwahlen, die für ihn wie für Hindenburg zu einer falschen Frontstellung geführt hatten, unbedingt Brüning und Reichsinnenminister Groener aus ihren Ämtern vertreiben, um die NSDAP in einer neuen autoritären Präsidialregierung zu einem Tolerierungspartner zu machen; als Gegenleistung dafür sollten das SA-Verbot, das Groener erwirkt hatte, aufgehoben und Neuwahlen ausgeschrieben werden. Schleicher hielt das SA-Verbot für einen Fehler, weil er diese «wertvollen Kräfte eines jungen Deutschland» zum Aufbau einer künftigen Militärdiktatur nutzen wollte. Hindenburg entzog Brüning im Mai 1932 tatsächlich das Vertrauen, der damit über eine politische Konstellation gestolpert war, die er selbst mit eingerichtet hatte. Der Reichspräsident ernannte am 1. Juni 1932 den völlig unbedeutenden Franz von Papen zum Reichskanzler. Auch Schleicher hielt nicht viel von seinem Schützling, der zwar mit Frack und Zylinder über ein elegantes Auftreten, aber über wenig politische Intelligenz verfügte. Schleicher hatte auch Hitler vorher über seine Pläne informiert, der damit schon die Zeit vor den Wahlen vom

31. Juli zu einer Propagandaschlacht unter Einsatz der SA nutzen konnte. Straßenkämpfe waren nun an der Tagesordnung und wurden von Reichskanzler Papen dazu genutzt, um die preußische Regierung unter dem geschäftsführenden sozialdemokratischen Ministerpräsidenten Otto Braun abzusetzen. Die Folgen der politischen Intrige waren fatal: Die SA eröffnete einen Bürgerkrieg, den sie mit dem Kampf gegen den «Marxismus», d. h. gegen den kommunistischen Rotfrontkämpferbund, begründete. Mit der Regierung Papen, die im Reichstag noch nicht einmal über den Hauch einer Mehrheit verfügte, hatte der Zerfallsprozess der demokratisch-parlamentarischen Verfassungsordnung – ausgerechnet auf dem Höhepunkt der Wirtschafts- und Gesellschaftskrise – eine neue Stufe erreicht. Der Reichstagswahlkampf vom 31. Juli hatte die NSDAP mit 230 Abgeordneten zur stärksten Partei gemacht. Allerdings hatte die Hitler-Partei ihr eigentliches Ziel, die absolute Mehrheit zu erreichen, verfehlt – mithin war Hitlers Alleinherrschaft nicht an der Wahlurne durchzusetzen.

Alles oder nichts? – Machtspiele und Intrigen 1932/33

Das war der Ausgangspunkt für die neuerlichen politischen Machtspiele in den politischen Gruppierungen im Reich und innerhalb der NSDAP. Hitlers vorübergehende Bereitschaft, mit dem Zentrum über eine Regierungsbildung zu verhandeln, war aus seiner Sicht mittlerweile überflüssig geworden, auch weil er in den Gesprächen mit dem Zentrum ganz bewusst Forderungen gestellt hatte, die für diese Partei unerfüllbar waren. Nun konnte er wieder auf seine Alles-oder-nichts-Strategie setzen. Bei den Sondierungsgesprächen am 13. August mit Schleicher, in dem er zu Recht den starken Mann erkannte, mit dem man verhandeln müsse, versuchte er eine neue Strategie. Er forderte die Kanzlerschaft für sich und, wenn wir den Aufzeichnungen von Goebbels vertrauen können, für seine Vertrauten Straßer, Goebbels, Frick und Göring Ministerposten. Außerdem wollte Hitler preußischer Ministerpräsident werden. Schleicher wollte Hitler weit entgegenkommen, um sich für seine Diktaturpläne die Unterstützung durch den Massenanhang der NSDAP zu sichern, aber Hindenburg hatte schon zuvor starke Bedenken geäußert, die er in der anschließenden Besprechung mit Hitler und seiner Begleitung bekräftigte. Der Reichspräsident wollte keine Parteiherrschaft und auf keinen Fall den «böhmischen Gefreiten» als Kanzler. Das Angebot, Vizekanzler zu werden, lehnte Hitler ab. Auch hatten die neuerlichen Gewaltakte der SA in den Tagen unmittelbar vor diesen entscheidenden Verhandlungen Hindenburg in seiner Ablehnung bestärkt, vor allem nachdem die SA auch nicht vor politischem Mord zurückgeschreckt war. Mit SA-Manövern im Raum Berlin wollte sie die Regierung Papen, die mit einer Strafverschärfung und der Einrichtung von Sondergerichten auf den Terror reagiert hatte, noch zusätzlich unter Druck setzen. Für Hitler bedeutete der 13. August eine schwere politische Niederlage. Er hatte zu hoch gepokert. Hindenburg hatte ihn regelrecht vorgeführt und in einem anschließenden Kommuniqué davon gesprochen, Hitler habe die «gesamte Staatsgewalt in vollem Umfange» gefordert. Das aber habe er ablehnen müssen. Die Schuld für seine Fehleinschätzung und die Demütigung durch Hindenburg wollte Hitler nicht bei sich selber suchen, sondern bei Papen und bei den Kräften der Reaktion. Das führte ihn dazu, sich vorübergehend von seiner Legalitätstaktik abzuwenden und seine Solidarität mit den SA-Mördern von Potempa zu erklären. In dem schlesischen Dorf hatte eine Gruppe von Nationalsozialisten in der Nacht vom 9. auf den 10. August einen Kommunisten auf grausame Weise ermordet, was allgemein Abscheu erregt hatte. Wieder bestand die Möglichkeit, Hitlers Aufstieg zu stoppen, doch der Machtpoker ging weiter, und die rechtskonservativen Gegenspieler brachten die NSDAP neuerlich ins Spiel, nachdem sie hatten erkennen müssen, dass auch sie in der offenkundigen Pattsituation wenig politische Alternativen hatten. In der NS-Führung herrschte derweil eine gewisse Ratlosigkeit. Hitler hatte sich, wie so oft in solchen Situationen, auf den Obersalzberg zurückgezogen und nach Gesprächen mit Straßer, Goebbels und Frick noch einmal einen möglichen Aktionsplan festgelegt.[12] Man wollte entweder das Konzept einer «Präsidiallösung» weiterverfolgen, was auch den politisch sehr schwierigen Weg einschloss, einen Volksentscheid über die Absetzung von Hindenburg einzufädeln, oder als Alternative doch noch Koalitionsverhandlungen (mit dem Zentrum) aufnehmen. Als Drittes blieb der Weg in die Opposition, der allerdings angesichts der Ungeduld der Basis mit vielen Risiken behaftet war.

Die Krisenspirale drehte sich noch schneller, als der neue Reichstag bereits auf seiner ersten Sitzung am 12. September von einem Misstrauensantrag der KPD-Fraktion überrascht wurde. In der Abstimmung schlossen sich 512 Abgeordnete – einschließlich der NSDAP – dem Antrag an, nur 42 Abgeordnete von der DNVP und DVP verweigerten sich ihm. Das war eine schallende Ohrfeige für Papen, der sich als «Kanzler der nationalen Konzentration» profilieren wollte. Der eilends von Papen beschaffte Auflösungsantrag beendete das Drama und führte abermals zu Neuwahlen am 6. November. Goebbels beurteilte die Wahlaussichten seiner Partei «ziemlich pessimistisch» und sollte damit recht behalten.[13] Die krisengeschüttelte Wahlbevölkerung war müde, der Wahlkampf war teuer, und auch die Parteikassen der NSDAP waren leer. Zudem gingen die Mitgliederzahlen der NSDAP zurück. Hitler gab sich überraschend kampfbetont und optimistisch. Er brach wieder zu seinen «Deutschlandflügen» auf und verschärfte den Ton. Seine Reden waren voller antisemitischer Ausfälle, und seine Wahlparole richtete sich nun «gegen Papen und die Reaktion». Es war möglicherweise seine letzte Chance, doch noch eine absolute Mehrheit zu erreichen.

Wie Goebbels befürchtet hatte, verfehlte Hitler sein Wahlziel. Die NSDAP verlor zwei Millionen Stimmen und bekam nur noch 196 Abgeordnete. Die NSDAP hatte, so sahen es die meisten Beobachter, den Höhepunkt ihrer Wahlmobilisierung überschritten. Hitler hatte sich in eine Sackgasse manövriert. Die Anhänger waren enttäuscht und sahen einen der Gründe für die Niederlage – immerhin schon die dritte im Wahljahr 1932 – in der Weigerung Hitlers, sich an einer Koalitionsregierung zu beteiligen. Papen blieb vorerst Reichskanzler, aber er hatte nur 10 Prozent der Wählerstimmen auf seiner Seite. Als sich Hitler seinem neuerlichen Angebot einer Regierungsbeteiligung verweigerte und Schleicher Hindenburg mit einem militärischen Planspiel hatte demonstrieren lassen, wie zerrissen auch die Reichswehr war, von der sich die Präsidialregierung Papen immer eine sichere Unterstützung erwartet hatte, trat der Reichskanzler am 17. November zurück. Wie nun eine Regierung gebildet werden sollte, war völlig unklar. Auch Hitler blieb in Gesprächen mit Hindenburg bei seiner Linie, da er offenbar meinte, im Machtpoker die besseren Karten zu besitzen, obwohl er befürchten musste, dass dadurch auch seine Bewegung zerbrechen könnte. Doch im Augenblick sperrte sich Hindenburg nicht nur gegen seine Kanzlerschaft, sondern auch Papen schien am Ende. Noch einmal hatte sich Schleicher als Strippenzieher versucht. Er brachte Hindenburg dazu, Papen endgültig fallen zu lassen, und übernahm als letzte Alternative selbst das Amt des Kanzlers. Schleicher hoffte auf eine Tolerierung durch die NSDAP. Ob er tatsächlich auch den Plan verfolgte, angesichts der heftigen Konflikte in der NS-Führung Gregor Straßer für eine Vizekanzlerschaft zu gewinnen und damit die NSDAP zu spalten, ist unsicher. Goebbels warf ihm das nachträglich vor und stempelte Straßer, der den von Hitler verordneten Morden am 30. Juni 1934 zum Opfer fallen sollte, zum Verräter. Auf jeden Fall hatten die Auseinandersetzungen in der Parteiführung über den richtigen Kurs einen dramatischen Höhepunkt erreicht, und Straßer hatte mehrfach in heftigen Aussprachen mit Hitler gegen dessen radikalen Konfrontationskurs gehalten. Rückhaltlose Unterstützung hatte Hitler jeweils von Goebbels, Göring und auch von Frick erhalten. Hitler hatte auf Straßers Vorschlag eines Kurswechsels heftig reagiert, vermutete er darin doch wieder eine Auflehnung gegen seine Führungsautorität. Die Serie von parteiinternen Krisentreffen und Geheimbesprechungen erreichte am 8. Dezember ihren Kulminationspunkt, als Straßer in einem Brief an Hitler seinen Rücktritt von allen Parteiämtern ankündigte. Schleichers Plan scheiterte aber auch am Misstrauen der großen wirtschaftlichen Interessenorganisationen. Sowohl die Großagrarier als auch Teile der Industrie lehnten Schleichers Kurs als «sozialistisch» ab und intervenierten dementsprechend beim Reichspräsidenten. Wie gespalten in diesen Momenten auch wirtschaftliche Interessenverbände sein konnten, zeigt die Option der Industrieverbände. Die Mehrheit setzte sich nach wie vor für Papen ein, ein sehr viel kleinerer Teil für Schleichers Konzept einer Integration der Gewerkschaften in eine «Querfront», und ein dritter Flügel, zu dem bezeichnenderweise die klangvollen Namen der großen Industriegruppen wie Krupp, Vögler oder Kirdorf nicht gehörten, hatte sich bereits am 19. November zusammen mit einflussreichen Großagrariern für eine Regierungsübernahme durch Hitler ausgesprochen. Auch die Industriefront war, allen Legenden zum Trotz, tief gespalten.[14]

In dieser Situation der Auflösung politisch-institutioneller Entscheidungsstrukturen und tiefgreifender Interessendivergenzen, die eine Ausgleichspolitik unmöglich machten, bekamen Rachegefühle und Intrigen ebenso große politische Bedeutung wie persönliche Beziehungen. Es begannen der dramatische Schlussakt im Prozess des Untergangs der Weimarer Republik und der Übergang von einer autoritären Diktatur zu einer faschistisch-nationalsozialistischen Diktatur. Die entscheidende Rolle in dem politischen Intrigenspiel, das sich nach dem Scheitern von Schleichers Plänen nun vollends entfaltete, spielte Papen, der nach wie vor das Vertrauen Hindenburgs besaß. Er wollte seinen einstigen Förderer Schleicher zu Fall bringen. Papen meinte auch Hitler und die NSDAP in seinem Spiel um die Macht einsetzen zu können, die nach der Wahlniederlage und der Führungskrise um Gregor Straßer sowie durch erneute Konflikte mit rebellischen SA-Gruppierungen geschwächt war. Hitler setzte dagegen auf seine bewährte Mobilisierungsstrategie und versuchte, unterstützt von Goebbels, bei den Landtagswahlen im Kleinstaat Lippe am 15. Januar 1933 die Krise durch Aktion zu überwinden. Die Wahlen brachten zwar einen Achtungserfolg für die NSDAP, aber grundsätzlich ähnelte nach wie vor die machtpolitische Situation der Verfechter eines autoritären Staates um Papen wie der NSDAP der Lage zweier politisch Gescheiterter, die nach einer letzten Stütze suchen, um sich zu behaupten.

Zum Jahreswechsel, als die politischen Leitartikler schon das baldige Ende des Hitlerismus prophezeiten, hatte Papen hinter dem Rücken Schleichers seine Fühler ausgestreckt und im Hause des Kölner Bankiers Kurt von Schröder, eines der Unterzeichner der Industrielleneingabe zugunsten Hitlers, sich mit diesem und mit Hitler heimlich getroffen und schließlich Hitler eine Regierungsbeteiligung angeboten. Hitler gab sich nach seinen Fehlern vom August 1932 moderat. Papen gewann den Eindruck, dass Hitler nicht mehr auf der Kanzlerschaft bestehen würde, und gab das so an Hindenburg weiter. Außerdem hoffte er dank seiner guten Kontakte zu Reichswehr und Wirtschaft, Hitler einrahmen und zähmen zu können. Doch stand hinter dem Ränkespiel zunächst keine breite politische Front, und Papen musste darum alles daransetzen, die Zustimmung des zögerlichen oder ablehnenden Hindenburg zu gewinnen.[15] Am Ende waren es Gerüchte und drohende Skandale, die die Entscheidung für eine Lösung Hitler/Papen begünstigten.

Inzwischen hatte der Wahlerfolg in Lippe Hitler wieder Auftrieb gegeben, und er meldete bei einem neuerlichen Gespräch mit Papen am 18. Januar wieder seinen Anspruch auf den Kanzlerposten an. In einem Gespräch mit Oskar von Hindenburg, dem in der Verfassung «nicht vorgesehenen» und politisch naiven Sohn des Reichspräsidenten, der sich als Vermittler anbot, verlangte Hitler «nur» das Kanzleramt für sich und zwei weitere Ministerposten für seine Partei. Papen sollte Vizekanzler werden, und die übrigen Minister sollten aus dem deutschnationalen Lager und der Vorgängerregierung Papens stammen. Von ihnen erwartete man, dass sie den «Trommler» zähmen könnten. Schließlich stimmte auch Hindenburg zu, der angesichts der tiefen Spaltung der Gesellschaft auf eine Politik der nationalen Integration über den Parteien, wie beim Burgfrieden von 1914, hoffte. Das betrachtete er als seine Mission, und diese Rolle traute er nun auch Hitler zu. Hitlers Weg zur Macht war frei. Dieser Weg war von Anfang an von Fehleinschätzungen jener begleitet, die dem politischen Außenseiter und Demagogen Hitler nicht zutrauten, dass er das komplizierte Regierungsgeschäft in den Griff bekäme. Quer durch alle politischen Lager gab man sich sicher, dass eine Regierung Hitler darum sehr bald abgewirtschaftet haben würde.

Am 28. Januar 1933 trat Schleicher zurück. Hindenburg hatte ihm das bislang eingesetzte Machtinstrument, die Auflösung des Reichstages und die Bildung einer autoritären Regierung, verweigert. Papen wurde nun offiziell mit Sondierungen zu einer Regierungsbildung beauftragt und konnte zufrieden sein mit seiner Rache an seinem einstigen Förderer. Er hatte ein erstaunlich politisch-diplomatisches Geschick bewiesen und erklärte selbstbewusst besorgten Beobachtern, er werde die Nationalsozialisten schon in Schach halten und Hitler an die Wand quetschen, bis er quietsche. Papen schlug Alfred Hugenberg, den Vorsitzenden der deutschnationalen DNVP, als Reichswirtschafts- und Landwirtschaftsminister vor. Hitler stimmte dieser Personalie, die immerhin einen grimmigen Rivalen betraf, nur unter der Bedingung zu, dass Hugenberg seinerseits gleich nach der Regierungsübernahme der Abhaltung von Neuwahlen zustimme. An der Wahlurne wollte er, wie er unumwunden seine diktatorischen Ziele benannte, die absolute Mehrheit für NSDAP und DNVP erringen und anschließend ein Ermächtigungsgesetz durch den Reichstag bringen, mit dem das ungeliebte Parlament sich selbst ausschalten würde. Hugenberg war zunächst noch nicht bereit, Neuwahlen zuzustimmen, von denen Hitler sich ganz offensichtlich und nicht unbegründet einen entscheidenden Machtzuwachs erhoffte. Als aber Hindenburg am Vormittag des 30. Januar die neue Regierungsmannschaft aufforderte, nun endlich zum Vorstellungstermin zu kommen, knickte er ein und konzedierte Neuwahlen. Hitler, so meinte er, würde man ohnehin bald loswerden. Und so dachten viele. Hindenburg gab seine Abneigung gegen Hitler auf. Schließlich hatte man ihm versichert, dass nun eine Regierung mit klaren Mehrheiten gefunden und dass dadurch die Verantwortung für einen möglichen Verfassungsbruch und einen drohenden Bürgerkrieg von seinen Schultern genommen werde.

Die Koalitionsregierung Hitler/Papen erschien auf den ersten Blick als Neuauflage der «Harzburger Front», aber sie verfügte im Unterschied dazu als wichtiges Instrument der Machtdurchsetzung zusätzlich über die präsidiale Macht und deren Notverordnungskompetenz. Außerdem konnte Hitler jederzeit den Druck der eigenen, ungeduldigen Massenbewegung einsetzen und mit revolutionärer Gewalt von unten drohen. Das sollte sich als eine überaus durchsetzungsfähige Konstellation erweisen, die Hitlers Gewicht in der neuen Regierung erheblich steigern und die Zähmungshoffnungen der konservativen Bündnispartner sehr bald obsolet werden lassen sollte. Hitler verfügte auf seinem Weg zur Macht keineswegs und auch nicht von Anfang an über die politisch-taktischen Fähigkeiten und Instrumente, die er schließlich in der Agonie der Weimarer Republik einsetzen konnte. Anfangs war er ein Geschöpf der Reichswehr und Nutznießer der politischen und wirtschaftlichen Dauerkrisen der ungeliebten Weimarer Republik. Allerdings hat er in erstaunlich kurzer Zeit eine große Lernfähigkeit bewiesen sowohl auf dem Feld der politischen Praxis als auch der politischen Propaganda und Ideen – und bald auch auf gesellschaftlichem Parkett. Viele haben seine Fähigkeiten zur Anpassung an die Erfordernisse unterschätzt und ihm leichtfertig Wege geebnet und Türen geöffnet, die bis dato in der besseren Gesellschaft und der politischen Kultur für einen wie ihn an sich verschlossen waren. Aber es war eine Welt im Umbruch und in großer Verunsicherung, die auch Hitler verspürte. Er verstand es, nicht zuletzt dank seines ästhetischen Sensoriums, die Emotionen, Ängste und Hoffnungen, die dadurch ausgelöst wurden, auf einen einfachen Nenner zu bringen und politisch zu instrumentalisieren. In den entscheidenden Jahren des Kampfes um die Macht hat schließlich keiner der strategischen Ansätze oder politischen Kunstgriffe, die Hitler, wohlkalkuliert oder auch nur spontan aus dem Augenblick inspiriert und als spielerisch-taktische Variante, versuchte, für sich allein genommen ihn schließlich zur politischen Macht geführt. Weder die Koalition mit der traditionellen Rechten noch die präsidiale Lösung und auch nicht der Versuch einer Machteroberung im Alleingang mit einem Sieg an der Wahlurne oder mit einer revolutionären Gewaltandrohung[16] brachten den erhofften Erfolg. Ebenso wenig reichte allein die Machtübertragung durch die konservativen traditionellen Machteliten aus Militär, Großwirtschaft und Bürokratie aus, um ihn an die Spitze des Staates gelangen zu lassen. Es war vielmehr eine komplizierte und teilweise widersprüchliche Gemengelage, deren Instrumentalisierung für die Zwecke der eigenen Machteroberung Hitler ein großes taktisches Geschick und einen revolutionären Machtwillen abverlangten. Beides aber brachte er trotz der vielen Niederlagen und Demütigungen, ausgestattet mit einem starken Willen zur Macht und mit erstaunlicher Beharrungskraft, auf. Hitlers Macht gründete sich auf eine Verbindung von Tradition und Revolution, die allenfalls in der Machteroberung durch Mussolini ein Vorbild hatte.

6. DER «FÜHRER» DER NATION
1933–1939

Gleichschaltung und Alleinherrschaft

«Es ist so weit», notierte Joseph Goebbels am 31. Januar 1933 in seinem Tagebuch. «Wir sitzen in der Wilhelmstraße. Hitler ist Reichskanzler. Wie im Märchen.»[1] Die erste Sitzung des neuen Kabinetts fand bereits am Nachmittag des 30. Januar statt. Der neue Reichskanzler Adolf Hitler tat nach der spektakulären Machtübertragung alles, um den Eindruck eines ernsthaften Staatsmannes zu erwecken und dem misstrauischen Reichspräsidenten zu gefallen. Die Macht im Berliner Regierungsviertel gehörte den Nationalsozialisten noch längst nicht alleine. Das Bild von der «Nationalen Revolution», das von der NS-Propaganda sofort in die Welt gesetzt wurde und am Abend des 30. Januar mit einem Fackelzug durch das Brandenburger Tor und die Wilhelmstraße wirkungsvoll inszeniert wurde, sollte davon ablenken, dass Hitler an der Spitze einer Koalitionsregierung stand und die NSDAP im Kabinett Hitler nur eine Minderheit bildete. Mit der Formel von der «Machtergreifung» behaupteten die Nationalsozialisten dagegen, dass allein die Dynamik ihrer Massenbewegung und der politische Wille ihres «Führers» den Weg zur Macht bereitet hätten. Tatsächlich war die Ernennung Adolf Hitlers zum Reichskanzler am Mittag des 30. Januar zunächst eine Machtübertragung von oben, mit der die deutschnationalen Politiker und Machtgruppen um Franz von Papen und Alfred Hugenberg in einer fatalen Fehleinschätzung meinten, sich mit der NS-Massenbewegung eine politische Basis für die eigenen Machtansprüche gesichert zu haben und diese durch eine Einhegungspolitik «zähmen» zu können. Das kam auch in der Regierungsbildung zum Ausdruck, bei der die deutschnationalen Minister das Bild dominierten. Die Nationalsozialisten stellten nur Hitler als Reichskanzler, Wilhelm Frick als Innenminister und Hermann Göring als Minister ohne Geschäftsbereich und (was für die Machteroberung viel wichtiger war) als kommissarischen preußischen Innenminister. Eine besondere Rolle als Garantiemacht der neuen «Regierung der nationalen Konzentration» bildete die Reichswehr. Das zeigte sich bereits darin, dass Reichspräsident von Hindenburg, der sich mit der Bildung der nationalen Regierung am Ziel seiner politischen Wunschvorstellungen einer starken nationalen Regierung über den Parteien und unabhängig vom Reichstag wähnte, den neuen Reichswehrminister von Blomberg schon vor der offiziellen Vereidigung der Regierung Hitler in sein Amt eingeführt hatte.

Doch nicht das Foto von der offiziellen Amtseinführung der Regierung Hitler durch den Reichspräsidenten prägte sich in das historische Gedächtnis ein, sondern die Bilder von dem abendlichen Fackelzug der 60 000 bis 80 000 SA- und Stahlhelm-Männer durch das Brandenburger Tor. Die Inszenierung der Massenzustimmung, eine von der Reichspropagandaleitung der NSDAP kurzfristig vorbereitete Siegesfeier, verdrängte in der öffentlichen Wahrnehmung sehr bald den staatsrechtlich relevanten Einsetzungsakt vom Mittag. Der nicht enden wollende Fackelzug symbolisierte das politische Potential der Massenbewegung und die Dynamik, die von der NSDAP ausging und die für die rasche Verwandlung der autoritären Herrschaft in eine totalitäre Diktatur mitverantwortlich war. Es war dieser plebiszitäre und tendenziell revolutionäre Aspekt, der den 30. Januar in der nationalsozialistischen Liturgie zum Gründungsakt der nationalsozialistischen Herrschaft machte und immer wieder mit Fackelzügen wie mit einer jährlichen Sitzung des gleichgeschalteten Einparteien-Reichstages begangen wurde. Bei einer dieser rituellen Erinnerungsveranstaltungen, am 30. Januar 1939, sollte Hitler dann auch seine folgenschwere Drohung aussprechen, dass im Falle eines künftigen Kriegs dieser auch zur Vernichtung des Judentums führen würde. Damit behauptete er jedoch im Rückblick eine Kontinuität und Konsequenz der politisch-ideologischen Planung, die so nicht existierte. Denn am 30. Januar hatten weder die konservativen Bündnispartner noch die Nationalsozialisten klare Vorstellungen über die künftige Regierungsarbeit, und auch Hitler hatte keinen Masterplan, mit dem er seine ideologischen Fernziele umsetzen wollte. Es war keineswegs ausgemacht, dass aus der Übernahme der Kanzlerschaft wie von selbst die Errichtung einer Diktatur und eine Gleichschaltung des gesamten Staatsapparates sowie weiter Teile der Gesellschaft folgen würden. Vielmehr gingen viele Beobachter davon aus, dass abermals nur eine der kurzlebigen Regierungen etabliert worden wäre wie schon in den Jahren zuvor.

Auch wenn die Ernennung Hitlers formal legal aussah, verstieß sie massiv gegen den Geist der Verfassung. Aber daran hatte man sich seit der Etablierung der Präsidialregierungen fast schon gewöhnt. Nicht nur die politische Programmatik und Praxis der NSDAP waren gegen die Verfassungsordnung der Weimarer Republik gerichtet; auch waren sich die neuen Koalitionspartner einig, dass die kommenden Reichstagswahlen die letzten sein sollten. Man hatte die Wahlen auf Druck Hitlers sofort ausgeschrieben, ohne dass das im November 1932 gewählte Parlament bisher überhaupt zusammengetreten wäre. Außerdem sollte unabhängig von der Verfassung weiterhin autoritär auf der Grundlage der Notverordnungsgewalt des Reichspräsidenten nach Art. 48 der Verfassung, wie schon seit 1932, regiert werden, möglichst gar mit Hilfe eines noch durchzusetzenden Ermächtigungsgesetzes. Die verbreitete These von der «legalen Revolution» versuchte die Erwartungen vor allem des bürgerlichen Publikums und der traditionellen Machtgruppen zu befriedigen und die sofort im Februar einsetzenden Terror- und Repressionsmaßnahmen zu camouflieren. Der politischen Machtübernahme wurde damit eine Legalität unterstellt, die nur aus einem «schönen Schein» bestand, hinter der sich die Diktatur verbarg.

Dass aus der Machtübertragung im Laufe der folgenden Wochen und Monate doch eine «Machtergreifung» wurde, lag an der Dynamik bzw. den Gewaltaktionen der zwar sehr heterogenen, aber letztlich doch führerorientierten nationalsozialistischen Massenbewegung. Der Machtwille der NSDAP-Führer und die Gewaltakte von Partei und SA, die von der Regierung gedeckt oder toleriert wurden, verschoben in dem Herrschaftsbündnis, das die NSDAP mit deutschnationalen Kräften in Politik, Bürokratie und Militär an die Macht gebracht hatte, in kürzester Zeit die politischen Gewichte in einem Prozess, der von wachsender Zustimmung und offener Gewalt geprägt war. Bis zum Frühsommer 1933 waren Parlament, Parteien und Verbände gleichgeschaltet.[2]

Eigentlich war dem Zähmungskonzept schon am Tage der Regierungsübernahme der Boden dadurch entzogen, dass Hitler sich mit der Forderung nach Neuwahlen durchgesetzt hatte. Denn damit konnte er im Machtkampf mit den deutschnationalen Bündnispartnern, die keine Massenbasis besaßen und die Wahlen eigentlich für überflüssig hielten, die nationalsozialistischen Stärken ausspielen, nämlich die Fähigkeit zur Massenmobilisierung und -emotionalisierung. Dass sich die NS-Bewegung dabei nicht nur auf die Inszenierung einer gewaltigen Propagandakampagne beschränken, sondern es auch zu einem Ausbruch politischer Gewalt kommen würde, war angesichts der bisherigen Bürgerkriegspraktiken vor allem der SA zu erwarten. Überdies konnte Hitler damit von den parteiinternen Konflikten ablenken, die im Januar 1933 noch bestanden, und den Aktivisten in Partei und SA damit eine politische Betätigung bieten. Die SA mit ihren fast 500 000 Mitgliedern drängte auf Rache an ihren politischen Gegnern, während die Parteifunktionäre und -mitglieder an die Futterkrippen des Staatsapparates drängten – oder sie wollten ihre unterschiedlichen gesellschaftspolitischen Ziele erfüllt sehen; in jedem Falle hofften sie, endlich das tun oder erreichen zu können, was sie schon immer wollten.

Die paradoxe Mischung von scheinbarer Legalität und gleichzeitigem Terror, von einer ungezügelten Massenmobilisierung und der Kontinuität autoritärer Staatlichkeit, von Rhetorik und Gewalt, die sich wohltönender «Volksgemeinschafts»-Parolen bediente und gleichzeitig die politischen Gegner unbarmherzig und mit einiger Zustimmung aus dem bürgerlich-nationalen Lager verfolgte, gehörte zu den wesentlichen Bestandteilen der Machteroberung einer modernen Diktatur. Auch wenn die Technik und die Abfolge der «Machtergreifung» im Rückblick von einer erstaunlichen Konsequenz und Logik bestimmt gewesen zu sein scheint, folgte sie keinem festgelegten Fahrplan, sondern war Produkt politischer Improvisation und eines tief sitzenden Machteroberungs- und Behauptungswillens.

Die Machteroberung verlief stufenförmig, aber ungebremst. Die erste Stufe vom Februar bis Sommer 1933 galt der Verfolgung der politischen Gegner und der vollständigen Eroberung bzw. Gleichschaltung der politisch-institutionellen Macht. Die zweite Stufe, die ihren Abschluss im Sommer 1934 fand, galt der Verdrängung und Ausschaltung der konservativen Machtbastionen in Militär, Bürokratie und Verbänden sowie der Liquidierung der innerparteilichen Opposition. Damit war der Ausbau der absoluten Führermacht abgeschlossen. In dem Staat Adolf Hitlers gab es danach keine weitere Möglichkeit einer institutionell gesicherten Opposition und auch keiner politischen Bewegung oder Karriere ohne Zustimmung und Kontrolle der NSDAP. In allen Phasen der Gleichschaltung und Machteroberung lief nichts ohne Hitler: Er hatte die Kontrolle über wichtige Entscheidungen oder die Interventionsmöglichkeit in diesem Prozess, der in der Regel einer Doppelstrategie folgte. Diese bestand aus Parteiaktionen von unten und einem Anstoß bzw. einer Legalisierung von oben. Die Tatsache, dass viele Aktionen der Verfolgung und Gleichschaltung sich gegen Ziele richteten, die schon immer im Fokus nationalsozialistischer und bürgerlich-konservativer Feindbilder und Forderungen standen, verschaffte den Aktionen eine relativ große Zustimmung, oder sie stießen wenigstens auf eine Bereitschaft, das Geschehen hinzunehmen, fanden aber nur wenig Opposition und Widerspruch, die ohnehin schrittweise ausgeschaltet wurden. Dadurch war es den Nationalsozialisten möglich, sich bei der Verfolgung ihrer Gegner immer auf ein einzelnes oder auf ganz wenige Ziele zu konzentrieren. Martin Niemöller, evangelischer Pfarrer in Berlin-Dahlem und Wortführer der kirchlichen Opposition gegen Hitler, hat es später so formuliert: «Als die Nazis die Kommunisten holten, habe ich geschwiegen; ich war ja kein Kommunist. Als sie die Sozialdemokraten einsperrten, habe ich geschwiegen; ich war ja kein Sozialdemokrat. Als sie die Katholiken holten, habe ich nicht protestiert. Als sie mich holten, gab es keinen mehr, der protestieren konnte.»[3]

Die Ernennung Hitlers zum Reichskanzler am 30. Januar 1933 bedeutete das definitive Ende der Weimarer Republik, auch wenn das vielen Zeitgenossen zunächst nicht bewusst war. Für die Anhänger der nationalen Rechten war es ein Tag nationaler Erfüllung und Hoffnung; für die deutlich geschwächten Anhänger des demokratischen

Milieus ein Schock, verbunden mit der Hoffnung, dass der «Trommler» bald abgewirtschaftet haben würde. Für die Nationalsozialisten war sie die Erlösung von inneren Zweifeln und internen politischen Machtkämpfen; für die Aktivisten der SA, die unmittelbar vor dem 30. Januar in interne Machtkämpfe und Revolten verstrickt waren, war der triumphale Fackelzug das Signal für eigene Aktivitäten und Gewaltaktionen gegen die politischen Gegner. Der beginnende Wahlkampf lieferte den Freibrief dafür, zumal die Nationalsozialisten nun über alle staatlichen Mittel für ihre Propaganda und politische Mobilisierung verfügten. Entscheidendes Machtinstrument waren jedoch zunächst die Notverordnungen des Reichspräsidenten: erst in Form von kurzfristigen Verboten von kommunistischen Demonstrationen und sozialdemokratischen Zeitungen oder zur Einschränkung der Versammlungs- und Pressefreiheit, in der Folgezeit dann mit der Reichstagsbrandverordnung in umfassender und scheinlegaler Form.

Seine politischen Ziele hatte Hitler als neuer Reichskanzler am 1. Februar über das Radio in einem viertelstündigen «Aufruf an das deutsche Volk» verkündet, doch er erging sich in Allgemeinheiten, die man schon immer hatte von ihm hören können. Er beklagte das Elend der Massenarbeitslosigkeit, malte das Schreckgespenst des Bolschewismus an die Wand. Sodann behauptete er, das deutsche Volk habe seiner Regierung den Auftrag zur nationalen Einigung und zum Aufbau der Nation gegeben. Was er vorhatte, um diesen Wiederaufbau anzupacken, ließ er offen. Das deutsche Volk solle ihm dafür «vier Jahre Zeit geben» und könne danach urteilen.

Sehr viel konkreter wurde er, als ihm am 3. Februar eine Einladung der Reichswehrspitze die Gelegenheit gab, seine innen- und außenpolitischen Vorstellungen intern zu entwickeln. Sie folgten weitgehend dem, was er schon in «Mein Kampf» postuliert hatte. In der Dienstwohnung des Chefs der Heeresleitung, Kurt von Hammerstein, waren der neue Reichswehrminister Werner von Blomberg und der Chef seines Ministeramtes, Walther von Reichenau, sowie einige Truppen- und Wehrkreisbefehlshaber zugegen. Hitler machte auf die anwesenden Spitzen von Heer und Marine zunächst einen unsicheren und linkischen Eindruck, bis er mit seiner zweistündigen Rede begann und den Generälen Einblicke in seine Expansions- und Lebensraumpläne gab. Parlamentarismus und Demokratie sollten abgeschafft werden, um die «Wiederwehrhaftmachung» des deutschen Volkes zu erreichen. In einem uns überlieferten Stichwortprotokoll eines Beteiligten heißt es weiter: «Völlige Umkehrung der gegenwärtigen Zustände in Deutschland. Keine Duldung der Betätigung irgendeiner Gesinnung, die dem Ziel entgegensteht (Pazifismus!). Wer sich nicht bekehren läßt, muss gebeugt werden. Ausrottung des Marxismus mit Stumpf und Stiel [...] Todesstrafe für Landes- und Volksverrat. Straffste autoritäre Staatsführung. Beseitigung des Krebsschadens der Demokratie.» Erstes Ziel seiner Außenpolitik sei «der Kampf gegen Versailles». Voraussetzung dafür seien die militärische Gleichberechtigung in der Rüstungspolitik und der Aufbau der Wehrmacht. Dafür müsse die allgemeine Wehrpflicht wieder eingeführt werden. Die Phase der militärischen Aufrüstung sei die «gefährlichste», weil Frankreich möglicherweise mit einem Präventivschlag reagieren könne. Die Großmachtstellung könne auf zwei Wegen erreicht werden: «Vielleicht Erkämpfung neuer Export-Möglichkeiten, vielleicht – und wohl besser – Eroberung neuen Lebensraums im Osten und dessen rücksichtslose Germanisierung.» Dort werde man dann «rücksichtslos einige Millionen Menschen ausweisen».[4] Keiner der anwesenden Generäle widersprach. Denn es gab eine weitgehende Deckungsgleichheit der politischen Ziele zwischen Reichswehr und Hitler. Ob die Militärs sich bewusst waren, dass hier auch die Konturen eines künftigen rassenideologischen Vernichtungskrieges gezeichnet wurden, muss offenbleiben. Auf jeden Fall nahm das Bündnis der Reichswehr mit Hitler konkrete Gestalt an. Hitler war bereit, den Führungsanspruch der Reichswehr in rein militärischen Dingen anzuerkennen, dafür beanspruchte er ganz offensichtlich die alleinige politische Führung und auch die Vorbereitung auf einen Krieg. Zugleich sollte damit die Verfolgung der politischen Linken unmissverständlich beginnen.

Ein Aufruf der KPD zum Generalstreik – eine letztendlich hilflose Reaktion auf Hitlers Ernennung zum Reichskanzler – bot den Vorwand für eine Notverordnung des Reichspräsidenten «Zum Schutze des deutschen Volkes» vom 4. Februar, mit der im Falle einer «unmittelbaren Bedrohung der Sicherheit» oder falls «Organe, Einrichtungen, Behörden oder leitende Beamte des Staates beschimpft oder lächerlich gemacht werden», die Presse- und Versammlungsfreiheit massiv eingeschränkt werden konnten. Das war so dehnbar formuliert, dass damit gegnerische Parteien nach Belieben mundtot zu machen waren.

Besonders in Preußen setzte eine gnadenlose Verfolgung der politischen Gegner ein. Hermann Göring machte Preußen zum Vorreiter der Verfolgung und der Gleichschaltung. Das verschaffte ihm größte Anerkennung bei Hitler und den übrigen NS-Führern; möglich geworden war dieser Vorgang, weil seit dem «Preußen-Schlag» von Reichskanzler Franz von Papen am 20. Juli 1932 die kommissarische Regierung über den direkten Zugriff auf Verwaltung und Polizei verfügte und diesen bereits zur politischen Säuberung genutzt hatte. Bereits vor der NS-Machteroberung waren die demokratischen Bastionen in der preußischen Verwaltung durch die Entlassung von republiktreuen Beamten, Oberpräsidenten und Landräten geschleift worden. Mit einer neuerlichen Notverordnung vom 6. Februar 1933 waren auch noch die letzten vom Reichsgericht bestätigten Befugnisse der ehemaligen Regierung des sozialdemokratischen Ministerpräsidenten Otto Braun widerrechtlich aufgehoben und die Auflösung des preußischen Landtages noch am 6. Februar verfügt worden. Damit war der Weg für Göring endgültig frei. Als kommissarischer preußischer Innenminister entließ er nun auch Spitzenbeamte der Zentrumspartei oder der demokratischen Staatspartei und ersetzte sie vor allem durch deutschnationale Verwaltungsbeamte, die die demokratische Weimarer Republik immer schon abgelehnt hatten. Gleichzeitig ordnete Göring an, dass die Polizei zur Unterstützung der «nationalen Propaganda» gegen politische Gegner eingesetzt werden könne, wobei auch der Gebrauch von Schusswaffen erlaubt sei; anschließend erklärte er Mannschaften von SA und SS bzw. des deutschnationalen Stahlhelm zu «Hilfspolizisten». Damit hatte Göring ganz gezielt den Bock zum Gärtner gemacht.

Schwerpunktmäßig richtete sich der Terror gegen die Linke. «In zehn Jahren», erklärte Hitler unverblümt in einer Rede am 8. Februar, «wird es in Deutschland keinen Marxismus mehr geben.»[5] Die Verordnungen des Reichspräsidenten und Görings hatten nicht nur zu einer völlig ungleichen Behandlung der Wahlkampfparteien geführt. Sie deckten auch den SA-Terror. Die Polizei sah tatenlos zu, wie Teilnehmer republikanischer Wahlversammlungen von SA-Trupps niedergeschlagen wurden. Auch vor ehemaligen Ministern des Zentrums machte man nicht halt. Insgesamt zählte man bis zum Wahltag offiziell 69 Tote und Hunderte von Verletzten. Darunter waren auch NSDAP-Mitglieder, die Goebbels bald als «Märtyrer der Bewegung» in den politischen Kult des NS-Regimes aufnahm.

Den propagandistischen Höhepunkt des Wahlkampfes, den Hitler und Goebbels nun im Besitz aller staatlichen Propagandainstrumente führten, sollte eine Massenkundgebung im Berliner Sportpalast am 10. Februar bilden. Goebbels gab seinen Einstand als moderierender «Rundfunkreporter». Hitlers meisterhafte Rhetorik wiederholte die alten Verdammungsurteile über die vierzehn Jahre der nationalen Schmach und des Elends, das die Weimarer Republik gebracht hätte, um dann seine Verheißungen des nationalen Wiederaufbaus mit einem Missbrauch des Vaterunsers zu beenden. Er hege, rief er aus, die «felsenfeste Überzeugung, dass eben doch einmal die Stunde kommt, in der die Millionen, die uns heute hassen, hinter uns stehen, mit uns dann begrüßen werden das gemeinsam geschaffene, mühsam erkämpfte, bitter erworbene neue deutsche Reich der Größe und der Ehre und der Kraft und der Herrlichkeit und der Gerechtigkeit. Amen!»[6]

Bereits die ersten Wochen der Propagandakampagnen und der Beschwörung der nationalen Einheit waren von wilden Verfolgungskampagnen gegen die Linke begleitet. Doch gab ein Zufall, der den Nationalsozialisten in die Hände spielte und den sie ohne zu zögern für sich nutzten, der Verfolgung eine neue Dimension. Der Reichstagsbrand am 27./28. Februar brachte das Ende des Rechtsstaates und den endgültigen Durchbruch zur Diktatur. Der Brand des symbolträchtigen Gebäudes, höchstwahrscheinlich die Einzeltat des holländischen Anarchisten Marinus van der Lubbe, der ein Fanal setzen wollte, arbeitete den Nationalsozialisten in die Hände: Auch die NS-Führungsclique, die wochenlang ihre Propaganda mit den Generalstreikdrohungen der «Kommune» zu begründen versucht hatte, war anfangs von der Nachricht des brennenden Reichstages überrascht, zeigte sich dann aber noch am Brandort wild entschlossen, die Tat als kommunistische Brandstiftung und Kampfansage gegen die staatliche Ordnung darzustellen, um dann mit einer Notverordnung alle verfassungsmäßigen Grundrechte außer Kraft zu setzen.[7] Hitler hat sich aus dem Ablauf der Entscheidungen weitgehend herausgehalten und das Feld Göring überlassen. Die Verordnung enthielt, über einen älteren Schubladenentwurf hinausgehend, einen ganzen Katalog mit Straftatbeständen, die mit der Todesstrafe geahndet werden konnten. Auch wurde nicht die Reichswehr, wie ursprünglich vorgeschlagen, Herr des Ausnahmezustandes und auch nicht der Reichspräsident, sondern die Reichsregierung. Der Innenminister konnte über die Ausführungsbestimmungen entscheiden oder im Falle des Ausnahmezustandes Reichskommissare in die Länder schicken. Die Hysterie der Brandnacht hatte es ermöglicht, mit einem Federstrich alle Grundrechte der Weimarer Republik bis auf weiteres – und das hieß tatsächlich bis 1945 – außer Kraft zu setzen.[8] Zugleich hatten die Beschlüsse die Selbstlähmung der konservativen Bündnispartner beschleunigt, als diese die Entscheidung über den Ausnahmezustand in die Hände der Reichsregierung, d. h. Hitlers und seines Innenministers, gelangen ließen. Das war das eigentliche Einfallstor zur Diktatur. Noch in der Brandnacht wurden nach vorbereiteten Listen politische Gegner aus den Reihen der Linken verhaftet, in Gefängnisse und «wilde Konzentrationslager» verschleppt und misshandelt. «Es ist wieder eine Lust zu leben»,[9] kommentierte Goebbels die Nachrichten von den Massenverhaftungen. Die meisten Deutschen nahmen die von den neuen Machthabern ausgehende tödliche Gefährdung ihrer Freiheit nicht wahr. Die Abwehr von angeblicher Revolutionsgefahr und Chaos war ihnen wichtiger. So wurden die politischen Proteste bzw. die Opposition gebrochen, die sich im Februar in Kundgebungen, Versammlungen und Aufrufen von kommunistischen und sozialistischen Politikern, von Künstlern und Intellektuellen an einigen Orten, vor allem in Berlin, gegen die Regierung Hitler erhoben hatte. Mitten im Wahlkampf verstärkten sich die terroristischen Züge der nationalsozialistischen Mobilisierungskampagnen.

Begleitet wurde die Welle der Gewalt, die die Nationalsozialisten nun über das ganze Land rollen ließen, von Kampagnen der nationalen Begeisterung und Zustimmung. Das bildete den Hintergrund für die Reichstagswahlen vom 5. März, die von vornherein keine freien Wahlen mehr waren, die aber dennoch den Nationalsozialisten – trotz einer neuerlichen Steigerung ihres Stimmenanteils auf 43,9 Prozent – nicht die erhoffte absolute Mehrheit brachten. Sie blieben vorerst weiterhin von der Zustimmung des deutschnationalen Koalitionspartners abhängig. Der Weg zu dem erhofften Ermächtigungsgesetz war damit noch versperrt. Auch die Selbstbehauptung der klassischen Milieus der Arbeiterbewegung und des politischen Katholizismus bei den Wahlen (die SPD kam auf 18,3 Prozent, die KPD erreichte trotz Verfolgung 12,3 Prozent und das katholische Zentrum 11,2 Prozent) stachelte die Gleichschaltungswut der Nationalsozialisten noch weiter an. Die Wahlen vom 5. März lösten einen zweiten Schritt in dieser Etappe der «Machtergreifung» aus, die sich nun auf die kommunale und regionale Ebene ausweitete.

Überall im Land wurden nach den Märzwahlen im Reich und in Preußen die noch bestehenden Länder- und Kommunalregierungen nach einem sich ähnelnden Vorgehen mit dem Hinweis auf den angeblichen Volkswillen zum Rücktritt aufgefordert, und diese völlig ungerechtfertigte Forderung wurde durch die Drohgebärden von SA- und SS-Truppen verstärkt. Mittlerweile hatte sich die NS-Führungsspitze so weit in den Verhältnissen eingerichtet, dass der nächste Schritt vorbereitet wurde. In einer Runde bei Hitler wurde besprochen, wo und wie man gegen die noch verbliebenen Länderregierungen vorgehen könne. Die Reichstagsbrandverordnung diente mit ihrem Artikel 2 dazu, durch die Einsetzung von Reichskommissaren in den Ländern für die Wiederherstellung der angeblich gestörten Ruhe und Ordnung zu sorgen. Mit der Mischung aus inszenierten lokalen, teilweise gewaltsamen Demonstrationen der Nationalsozialisten und ihrer nachträglichen Rechtfertigung durch Verordnungen der Länder- und Reichsbehörden gelang in kurzer Zeit die Absetzung legal gewählter Amtsträger und Parlamente. Überall war es zu organisierten Kundgebungen des «Volkszorns» gekommen. SA-Männer und Parteiaktivisten waren vor die Rathäuser und Regierungsgebäude gezogen und hatten das Hissen von Hakenkreuzfahnen verlangt. Für den Fall einer Weigerung drohten sie mit deren Erstürmung. Dazu musste es meistens gar nicht kommen, weil der Reichsinnenminister eingriff. Nur in Bayern hatte es nennenswerten Widerstand gegeben, bis der Ministerpräsident Held nach seinem vergeblichen Versuch, Unterstützung vom Reichspräsidenten gegen den Gewaltakt zu erlangen, aufgegeben hatte. Nun wurden Hitlers Gefolgsleute mit Posten versorgt, was die Führer der SS und des SD (Sicherheitsdienst), Heinrich Himmler und Reinhard Heydrich, dazu nutzten, ausgehend von Bayern, politische Polizeibehörden als Instrumente des Terrors aufzubauen und am 22. März bei Dachau ein erstes Konzentrationslager zu eröffnen. Während Terror und Repression im Folgenden das ganze Land erfassten, zeigte sich das Regime gleichzeitig von seiner anderen Seite – jener der Verführung und angeblichen nationalen Versöhnung.

Erster Höhepunkt der Verheißungen einer nationalen «Volksgemeinschaft» war der «Tag von Potsdam». Joseph Goebbels, frisch ernannter Reichspropagandaminister, nutzte die Notwendigkeit, nach dem Brand des Berliner Reichstagsgebäudes für die Eröffnung des neu gewählten Reichstages einen Ausweichort finden zu müssen, zu einer improvisierten, aber dennoch wirkungsmächtigen Inszenierung. In der Potsdamer Garnisonkirche, Erinnerungsort der preußischen Geschichte, sollte die Versöhnung des alten mit dem neuen Deutschland gefeiert werden. Zwar fand die förmliche Konstituierung des Reichstages erst am Tag darauf in Berlin statt, doch in Potsdam sollte zuvor die preußische Tradition in Anspruch genommen werden, um der «nationalen Erhebung» und damit der Herrschaft Hitlers eine Legitimation zu verschaffen. Damit wurden, auch ganz im Sinne der Deutschnationalen, die Wahlen und das Parlament als verfassungsmäßige Einrichtungen der Legitimationsstiftung völlig in den Hintergrund gedrängt. Obwohl im Ablauf des Festaktes eigentlich Hindenburg und der preußischen Geschichte die zentrale Rolle zugedacht war, taten die Nationalsozialisten alles, um den Anteil der spezifisch nationalsozialistischen Festelemente herauszustellen. Reichspräsident von Hindenburg, der inmitten der paradierenden Reichswehr in der Uniform eines kaiserlichen Generals erschienen

Abb. 16 Zu den wirksamen Formen der Legitimation durch Inszenierung gehörte in den ersten Wochen der nationalsozialistischen Machteroberung die Behauptung, Hitler vollende und rette die nationalen Aufbauleistungen seiner Vorläufer – von Friedrich dem Großen bis zum Feldmarschall von Hindenburg. Auf Postkarten und Plaketten wurde diese Behauptung einer nationalen Kontinuität verbreitet, hinter der sich die revolutionären Elemente der nationalsozialistischen Politik verbargen.

war, stieg nach dem Festakt, der mit einer kurzen Rede Hitlers beschlossen worden war, in die Gruft mit dem Grab Friedrichs des Großen hinab und reichte danach Hitler die Hand. Ein Artikel in der deutschnationalen Zeitschrift «Der Tag» entschlüsselte den Sinn des Weiheaktes: «Der Repräsentant dieser Zeit grüßt die Großen der Vergangenheit und bringt aus der Gruft wieder emporschreitend, als ehrfurchtgebietender Mittler dem jungen Geschlecht den Segen vergangener Jahrhunderte.»[10] Der Weltkriegsheros gab den Nimbus vergangener Größe auf den neuen Charismaträger weiter, der sich als Repräsentant des jungen Deutschland darstellte. Der charismatische Führungsanspruch Hitlers erhielt durch den Festakt eine zusätzliche nationalreligiöse Legitimation. Das eher zufällig geschossene Foto, das Hitlers tiefe Verbeugung vor dem zum Denkmal erstarrten Generalfeldmarschall zeigt, wurde danach als Postkarte hunderttausendfach verbreitet und kündete nach dem Willen

Abb. 17 Hitler und Hindenburg am «Tag von Potsdam». Ein symbolischer Akt, der Tradition und Revolution miteinander verbinden sollte. Auf der Postkarte, die überall Verbreitung fand, wurde der Händedruck der beiden Charismaträger durch nationalreligiöse Zeichen noch symbolisch übersteigert. Zu diesem Zweck wurde im Hintergrund noch zusätzlich der Innenraum der Garnisonskirche eingefügt, während der tatsächliche Begrüßungsakt vor der Kirche stattgefunden hatte und die entsprechende Szene eher improvisiert war.

der nationalsozialistischen Regisseure von dem Gründungsakt des «Dritten Reichs».[11]

Der abendliche Fackelzug, nun wieder in Berlin, und die zeitgleich veranstalteten Feiern überall im Reich waren wieder ganz von der nationalsozialistischen Bewegung geprägt. Die bestimmte am 23. März, nun in einem sehr viel militanteren Aufzug, die Abstimmung über das Ermächtigungsgesetz im provisorischen Sitzungssaal des Reichstages, in der ehemaligen Kroll-Oper. Diese Sitzung war auch nicht mehr in den preußischen Traditionsfarben gestaltet. Ebenso wenig trug Hitler noch den bürgerlichen Gehrock, sondern vielmehr seine Parteiuniform. An der Stirnwand des Saales hinter dem Rednerpult hing eine riesige Hakenkreuzfahne. Nun dominierten die nationalsozialistischen Parteisymbole und der brutale Wille zur Macht.

Das Ermächtigungsgesetz, das Hitler bereits seit den Tagen der Machtübertragung angestrebt hatte, sollte auf pseudoparlamentarischem Weg in einer Mischung von Manipulation und Drohung durchgesetzt werden, obwohl NSDAP und DNVP die zur Verfassungsänderung erforderliche Zweidrittelmehrheit nicht besaßen. Da die SPD, wie ihr Vorsitzender Otto Wels in seinem mutigen Bekenntnis zum Rechtsstaat und zur Freiheit angekündigt hatte, gegen das Gesetz stimmen würde und die KPD-Abgeordneten an der Sitzung nicht teilnehmen durften, da sie schon verhaftet oder geflohen waren, kam alles auf die Zentrumspartei an. Hitler hatte sie mit dem Versprechen umworben, die Rechte der Kirche und ihre Einrichtungen zu schützen und gute Beziehungen zum Vatikan herstellen zu wollen. Doch es waren nicht die Verstellungskünste Hitlers allein, die das Zentrum zur Zustimmung bewogen. Es war die Atmosphäre der Drohungen und der Gewalt einerseits und der nationalen Begeisterung andererseits, die die Zentrumspolitiker davon überzeugte, nicht abseits stehen zu dürfen, wenn es um die «nationale Wiedergeburt» gehe.

In dieser Stimmung von Verführung und Gewalt beschloss der Reichstag, flankiert von aufmarschierten SA-Männern, dass der Regierung – zunächst für vier Jahre – das Recht verliehen wurde, eigenmächtig Gesetze zu erlassen, soweit sie nicht die Stellung des Reichspräsidenten berührten.[12] Das Gesetz, das 1937 und 1941 einfach verlängert wurde, bedeutete die Aufhebung der verfassungsmäßigen Gewaltenteilung und die Abdankung des Reichstags auf eigenen Beschluss hin. Einige Tage später wurde diese Regelung mit dem Gleichschaltungsgesetz vom 31. März 1933 auf die Länder übertragen; die Landtage wurden aufgelöst und nach den regionalen bzw. lokalen Stimmverhältnissen der Märzwahlen besetzt. Kommunistische Stimmen durften nicht mitgezählt werden, sozialdemokratische Sitze wurden kassiert. Die Parlamente wurden zu nationalsozialistischen Einheitsorganen, die zu bloßen Zustimmungsmaschinen degradiert wurden und die in der Öffentlichkeit als gut bezahlte Gesangsvereine wahrgenommen wurden, deren Tätigkeit auf das Absingen des Horst-Wessel-Liedes beschränkt bleiben sollte. Ihre verfassungsmäßigen Rechte hatten die Parlamente im Prozess der Gleichschaltung verloren; neue Machtträger auf der Ebene der Länder wurden «Reichsstatthalter», meist Gauleiter der NSDAP. Sie sollten nach dem Willen der Verfechter eines autoritären Einheitsstaates die ausführenden Organe der zentralen Institutionen auf regionaler Ebene werden, ohne dass dieses Ziel jemals wirklich erreicht wurde. Zu groß waren die zentrifugalen Kräfte und regionalen Interessen, auch wenn ihre Repräsentanten nun fast alle die NS-Parteiuniform trugen. Hitler nutzte die Gelegenheit der Gleichschaltungsaktionen, um Franz von Papen, den bisherigen Reichskommissar von Preußen, der meinte alles im Griff zu haben, kurzerhand auszubooten und sich selbst als Reichsstatthalter in Preußen einzusetzen. Kurz darauf ernannte Hitler – nicht zuletzt in einem Akt der Ämterverteilung an erfolgreiche Unterführer – Hermann Göring zum preußischen Ministerpräsidenten. Das war der definitiv letzte Akt in der Geschichte des Untergangs preußischer Souveränität. So war es nur eine Frage der Zeit, bis auch der Reichsrat, die Vertretung der Länder und das letzte Organ der Gewaltenteilung, im Januar 1934 aufgelöst wurde.

Mit der Abdankung des Reichstages hatten auch Parteien und Verbände ihre Existenzberechtigung verloren. Zu dem verbreiteten Antiparlamentarismus kam ein starker Antiparteienaffekt, der den Prozess der Gleichschaltung der Parteien und Verbände beschleunigte. Das betraf zunächst die Gewerkschaften. Wieder bedienten sich die Regisseure der Macht einer Mischung aus Selbstgleichschaltung und Zwang. Oft gab man dabei Institutionen den Todesstoß, die schon zuvor durch die politische und gesellschaftliche Legitimationskrise ausgehöhlt und geschwächt waren.

Bezeichnend für die nationalsozialistische Doppelstrategie von Verführung und Gewalt, die die neuen Machthaber mittlerweile entwickelt hatten, war die Verbindung von der Feier der «nationalen Arbeit» am 1. Mai und der Verfolgung der Gewerkschaften am 2. Mai. Hitler hatte kurz zuvor den Stabsleiter der Politischen Organisation der NSDAP, Robert Ley, und den Funktionär der Nationalsozialistischen Betriebszellenorganisation (NSBO), Robert Muchow, mit der Leitung eines geheimen «Aktionskomitees zum Schutze der deutschen Arbeit» betraut, um den entscheidenden Schlag gegen die Freien Gewerkschaften für den 2. Mai vorzubereiten. Zuvor sollten

Abb. 18 Am Abend des 1. Mai 1933 präsentierte sich Adolf Hitler bei einer Massenfeier auf dem Tempelhofer Feld in Berlin als «ersten deutschen Arbeiter». Der 1. Mai nahm danach als «Tag der nationalen Arbeit» einen wichtigen Platz in dem nationalsozialistischen Festkalender ein, obwohl dieser Maifeiertag in die Tradition der internationalen sozialistischen Arbeiterbewegungen gehörte.

die deutschen Arbeiter jedoch an der Feier des 1. Mai teilnehmen, des traditionellen Kampftages der internationalen Arbeiterbewegungen. Goebbels hatte die Vorbereitungen dazu getroffen und pathetisch die Arbeiterschaft zu einer großen Feier der «Volksgemeinschaft» im Berliner Lustgarten aufgerufen. «Ehret die Arbeit und achtet den Arbeiter ... Deutsche aller Stände, Stämme und Berufe, reicht Euch die Hände! Geschlossen marschieren wir in die neue Zeit hinein.»

Am 1. Mai, der noch eilends zum Feiertag der «nationalen Arbeit» erklärt worden war, marschierte tatsächlich das deutsche Proletariat. Am Vormittag fand im Berliner Lustgarten eine Feier der Jugend mit einer Ansprache von Hindenburg und Goebbels statt. Am Abend, als die Dämmerung die Lichteffekte besser zur Wirkung brachte, die sich der junge Architekt und Parteigänger Hitlers, Albert Speer, ausgedacht hatte, nutzte Hitler die große Kulisse auf dem Tempelhofer Feld, um sich selbst als ersten Arbeiter der Nation zu präsentieren und zur Einheit der «Volksgemeinschaft» wie zum nationalen Wiederaufbau aufzurufen.

Sicherlich sprach er damit Gefühle und Erwartungen an, die viele teilten, auch ohne Nationalsozialisten zu sein. Die andere, nicht weniger charakteristische Seite der nationalsozialistischen Sozialpolitik zeigte sich dann am folgenden Tag bei den überfallartigen Aktionen gegen Gewerkschaftshäuser, Büros, Banken und Redaktionen der Freien Gewerkschaften. Deren führende Mitglieder wurden in «Schutzhaft» genommen, und das Vermögen der Gewerkschaften, einschließlich der Gewerkschaftsbüros, wurde beschlagnahmt. Die Masse der Gewerkschaftsangestellten erhielt das Angebot, unter Leitung eingesetzter NSBO-Kommissare weiterzuarbeiten. Doch nicht die NSBO, die dem linken Flügel der NSDAP zuzurechnen war, sollte der Gewinner des Machtkampfes werden, sondern die «Deutsche Arbeitsfront» von Robert Ley, dem Reichsorganisationsleiter der NSDAP und treuen Gefolgsmann Adolf Hitlers. Auch diese Entscheidung entsprang dem Bedürfnis Hitlers, die Macht unter seinen konkurrierenden Unterführern aufzuteilen und die politischen Gewichte nicht übermäßig auf eine NS-Organisation zu legen.

Die Gleichschaltung der gesellschaftlichen Verbände – von den Gewerkschaften bis zu den Agrarverbänden oder den mittelständischen Interessenverbänden – begleitete und vertiefte den politischen Gleichschaltungsdruck auf die Parteien. Zugleich erwachten die Machtgelüste und Expansionshoffnungen der entsprechenden nationalsozialistischen Verbände, die sich nun berechtigte Hoffnungen auf die Durchsetzung ihrer Alleinvertretungsansprüche machten und sich in dem sozialdarwinistischen Durchsetzungswettbewerb innerhalb des nationalsozialistischen Machtkomplexes beweisen mussten, wollten sie bei der künftigen Verteilung der Macht, über die allein Hitler entschied, nicht zu kurz kommen. Das galt für anfangs noch kleinere Verbände wie die nationalsozialistischen Jugend- und Studentenbünde unter Führung von Baldur von Schirach ebenso wie für den «Nationalsozialistischen Kampfbund für den gewerblichen Mittelstand», der die Gunst der Stunde im Frühjahr 1933 nutzte, um die traditionellen mittelständischen Ressentiments und Aktionen gegen Warenhäuser, Konsumgenossenschaften, Filialgeschäfte und Kapitalgesellschaften neu zu befeuern. Seit der zweiten Märzwoche organisierte der Kampfbund überall im Land Demonstrationen und Boykottaktionen gegen die jüdische Konkurrenz und alle Großbetriebsformen, die Handwerk und Einzelhandel schon lange ein Dorn im Auge waren. Diese Bewegung war Teil der «Parteirevolution von unten»,[13] die dem politischen Aktivismus der Parteibasis ein Betätigungsfeld eröffnete und die von der Parteiführung von der Leine gelassen bzw. unterstützt wurde, um anschließend durch gesetzliche Maßnahmen nachträglich sanktioniert zu werden.

Das galt besonders für antisemitische Aktionen, die dem Kern der Parteiideologie und Propaganda entsprangen. Die «wilden» Kampagnen, die nach den Märzwahlen überall von Parteiaktivisten und SA-Trupps gegen jüdische Geschäftsleute wie gegen Anwälte, Ärzte und jüdische Verbandsfunktionäre losgetreten wurden, mündeten in die staatlich sanktionierte Boykottaktion am 1. April 1933.

Goebbels hatte den Boykottaufruf gegen die jüdischen Geschäfte gebilligt und dem «Zentralkomitee zur Abwehr jüdischer Greuel- und Boykotthetze» unter Führung des fränkischen Gauleiters und fanatischen Antisemiten Julius Streicher freie Bahn gegeben. Das Kabinett billigte anschließend die Aktion und sorgte sich vor allem darum, dass die Kampagne nicht außer Kontrolle geriet. Der organisierte Boykott verlief am 1. April nach demselben Muster wie die «wilden» Kampagnen in den Tagen und Wochen zuvor. SA-Posten standen vor jüdischen Geschäften, deren Eingänge und Schaufenster mit antisemitischen Parolen beschmiert waren. Mit Fahnen und Transparenten ausgestattet, hinderten sie Kunden am Betreten der Geschäfte. Am Abend des 1. April wurde die Aktion, wie von Goebbels geplant, ausgesetzt. Es gab nicht wenige Hausfrauen, die mutig oder auch nur aus Gewohnheit trotz dieser Drohgebärden weiter bei ihrem jüdischen Lebensmittelhändler einkauften. Das und die ausländische Kritik machten den NS-Machthabern deutlich, dass die Aktion nur begrenzten Erfolg hatte. Die deutschen Juden mussten

Abb. 19 SA-Männer stehen am 1. April 1933 als Posten mit Fahnen und Transparenten drohend vor jüdischen Geschäften und hindern Kunden am Betreten. Der organisierte Boykott wurde am Abend des 1. April ausgesetzt. Die antisemitischen Propagandisten in der NSDAP hatten ihr Aktionsfeld erhalten, es folgte der bürokratische Nachvollzug der Aktion am 7. April mit dem Arierparagraphen im «Gesetz zur Wiederherstellung des Berufsbeamtentums».

allerdings erfahren, wie wehrlos sie gegen diese Formen des Terrors waren. Währenddessen gingen die Ausgrenzungen gegen jüdische Juristen weiter: Richter und Staatsanwälte wurden beurlaubt oder zwangsversetzt, freiberufliche jüdische Anwälte mussten sich in entwürdigenden Verfahren um eine – quotierte – Zulassung bemühen. Das «Gesetz zur Wiederherstellung des Berufsbeamtentums» vom 7. April bedeutete einen fundamentalen Verstoß gegen die bürgerliche Rechtsgleichheit und sollte sich als Einstieg in die antijüdische Diskriminierungs- und Verfolgungspraxis der kommenden Jahre erweisen. Zunächst bedeutete es die nachträgliche Legalisierung der Kampagne vom 1. April und weitete den Personenkreis weiter aus, der der Ausgrenzung und politischen «Säuberung» zum Opfer fiel: Nicht nur jüdische Beamte wurden entlassen und in den Ruhestand versetzt, sondern auch Staatsbedienstete, die als politisch unzuverlässig galten. Das traf vorwiegend sozialdemokratische und bürgerlich-demokratische Beamte, die nun einschüchternden und oft von Rachegelüsten begleiteten Überprüfungsaktionen unterzogen wurden. Das Kabinett Hitler billigte das Gesetz, ohne dass die deutschnationalen Regierungsmitglieder dagegen Einspruch erhoben hätten.[14] Nur Reichspräsident Hindenburg erwirkte eine Ausnahmeregelung für jüdische Frontkämpfer und für jüdische Staatsbedienstete, die schon vor 1914 im Amte waren. Wie brüchig und oft nur von kurzer Dauer solche Schutzmaßnahmen waren, zeigte die Ausweitung der antijüdischen Ausgrenzungsaktionen auf nichtstaatliche Bereiche, auf Verbände, Vereine, Kirchen und auf das Militär, die unter dem Druck der NS-Aktivisten fast überall nachvollzogen wurden. Bis zum April 1934 hatten einige Hundert jüdische Hochschullehrer, etwa 4000 jüdische Rechtsanwälte, 300 Ärzte, 2000 Beamte und ebenso viele Schauspieler und Musiker ihre Arbeitsplätze verloren. Die nationalsozialistische «Volksgemeinschaft» konstituierte sich schrittweise mit der Selbstmobilisierung von immer größeren Teilen der Gesellschaft: Man bekundete seine Zugehörigkeit nicht nur durch öffentliche Bekenntnisse zur neuen Gemeinschaft, sondern auch durch die Beteiligung am Ausschluss der «Gemeinschaftsfremden» oder durch die Billigung entsprechender Schritte, die oft nicht erst von oben angeordnet werden mussten, sondern in einer Atmosphäre der kollektiven Gefühlsausbrüche von Hass, Neid und Angst mitten aus der Gesellschaft entstanden und sich mit der Zustimmung zur nationalen Rettung und Erhebung durch Adolf Hitler rechtfertigten.

Ein erschreckendes Beispiel für eine solche Verfolgungs- und Gleichschaltungspraxis, die als Element der «Parteirevolution von unten» aus den einschlägigen nationalsozialistischen Verbänden heraus entstand, stellte die Bücherverbrennung dar, die am 10. Mai 1933 in fast allen deutschen Universitätsstädten von dem NS-Studentenbund bzw. der nationalsozialistisch dominierten Deutschen Studentenschaft nach demselben Muster durchgeführt wurde.[15] Die Studenten verstanden sich als «geistige SA» und fanden dabei auch teilweise die Unterstützung durch die neu eingesetzten Hochschulleitungen bzw. sympathisierende Professoren. Man machte Jagd auf jüdische Professoren und Studenten und entfernte nach schwarzen Listen, die übereifrige Bibliothekare vorbereitet hatten, angeblich undeutsche Literatur aus Bibliotheken, Leihbüchereien und Buchhandlungen. In Berlin hatte man, wie in den anderen Städten auch, auf dem Opernplatz einen Scheiterhaufen errichtet, auf dem NS-Studenten mit Feuersprüchen und umrahmt von karnevalesken Zugaben zur Verspottung der gebrandmarkten Literatur Bücher und Zeitschriften missliebiger Autoren jüdischer Herkunft und demokratisch-pazifistischen Inhaltes von Karl Marx bis Kurt Tucholsky in die Flammen warfen. Joseph Goebbels, der die Aktion zur eigenen Profilierung als Führer der deutschen Kultur nutzte und gleichzeitig schon die Gleichschaltung des halbstaatlichen Rundfunks eingeleitet hatte, hielt in Berlin die Feuerrede und verkündete: «Hier sinkt die geistige Grundlage der Novemberrepublik zu Boden.» Dann zitierte er Ulrich von Hutten: «Oh Jahrhundert, oh Wissenschaft, es ist eine Lust zu leben.» Tatsächlich eröffnete er damit eine Epoche, von der eines der Opfer dieser geistigen Vernichtungsaktion, Heinrich Heine, prophetisch gesagt hatte: «Wo man Bücher verbrennt, dort verbrennt man am Ende auch Menschen.»[16]

Die Zerschlagung der einstmals größten Gewerkschaftsbewegung in Europa war der Auslöser für die Gleichschaltung der Parteien im Frühsommer 1933, wieder in einer Mischung von Zwang und Selbstaufgabe. Die KPD war durch die Reichstagsbrandverordnung und die anschließenden Massenverhaftungen längst ins Abseits bzw. in den Untergrund oder in die Emigration gedrängt worden, so dass es keines förmlichen Parteiverbotes mehr bedurfte. Anders die SPD, die am 22. Juni 1933 von Innenminister Frick zur «volks- und staatsfeindlichen Organisation» erklärt wurde. Als Vorwand nutzten die Verfolger die Emigration eines Teils der Parteiführung der SPD, die von Prag aus zum Widerstand aufgerufen hatten. Es setzte eine brutale Verfolgungsaktion durch SA und SS ein, die nun freie Hand bei der Jagd auf Kommunisten und Sozialdemokraten hatten; sie schleppten in Berlin und vielen anderen Städten allein in einer Woche Tausende Sozialdemokraten in Akten der Demütigung und Gewalt durch die Straßen, misshandelten sie in «wilden» Konzentrationslagern und brachten allein in Berlin mehr als hundert von ihnen um.

Mit der gewaltsamen Ausschaltung der SPD war auch das Schicksal der übrigen Parteien besiegelt, denen, immer begleitet von Drohungen und Gewaltakten, nur die Wahl zwischen Selbstauflösung oder Anpassung blieb. Am 14. Juli wurde das Gesetz gegen die Neubildung von Parteien verkündet und die NSDAP als einzige rechtmäßige Partei proklamiert.[17] Eine Woche zuvor, am 6. Juli 1933, hatte Hitler, dessen politischer Triumph und Heldenverehrung einen ersten Höhepunkt erreichte, vor den neu ernannten Reichsstatthaltern, seinen «Vize-Königen» in der Provinz, den «Abschluß der Revolution» proklamiert. Der politische Taktiker Hitler verkündete, im Unterschied zu einigen eifrigen Unterführern, dass nun der «freigewordene Strom der Revolution in das sichere Bett der Evolution» hinübergeleitet werden müsse. Die Revolution dürfe kein Dauerzustand werden, vielmehr stehe man nun «in der langsamen Vollendung des totalen Staates». In der kommenden Phase müsse der «Erringung der äußeren Macht [...] die innere Erziehung des Menschen» folgen.[18] Tatsächlich war die «Machtergreifung» eine neue Form der Revolution, einer Revolution gegen die Revolution. Ausgerechnet am 14. Juli, dem Jahrestag der Französischen Revolution, wurde das Ende der Parteien besiegelt und auch Goebbels beeilte sich, das Ende der Revolution zu verkünden.[19] Doch die Proklamation einer künftigen Evolution lenkte nur von der weiteren Radikalisierung des Regimes

Abb. 20 Überall im Reich tobten in den ersten Wochen und Monaten nach der nationalsozialistischen «Machtergreifung» SA-Trupps und NS-Parteimitglieder ihre Rachebedürfnisse aus. Sie misshandelten und verschleppten die Angehörigen der politischen Linken mit Duldung der staatlichen Behörden in «wilde» Konzentrationslager, die mit der Eröffnung des KZ Dachau Ende März 1933 von dem systematischen Terror der SS abgelöst wurden.

ab und täuschte die Erwartungen derer, die auf eine ruhige Entwicklung hofften und die rasch einsetzende innere Auflösung des Normenstaates nicht wahrnehmen wollten. Die Zersetzung bestehender Rechts- und Verfahrensformen und ihre Ersetzung durch eine personalisierte, unkontrollierte Herrschaft waren jedoch ganz im Sinne von Hitlers Politikverständnis, ohne dass es dafür einen erkennbaren, ausgefeilten Plan gegeben hätte.

Nun gab es auch in der deutschen Gesellschaft, die Hitler «erziehen» wollte, kein Halten mehr; überall strömten Opportunisten und Karrieremacher in die NSDAP, wo man die neuen Mitglieder spöttisch als «Märzgefallene» oder «Aprilveilchen» bezeichnete. Überall wurden die Namen von Straßen und Plätzen zugunsten der Ehrung von Hindenburg und Hitler geändert. Der «Volkskanzler» als Symbol des nationalen Aufbruchs wurde zum Bezugspunkt der wachsenden gesellschaftlichen Anpassung und Selbstgleichschaltung. Bei Festzügen und Feiern, selbst im bisher noch resistenten katholischen Milieu, tauchten nun wie selbstverständlich neben den lokalen Honoratioren nationalsozialistische Ortsgruppenleiter und SA-Kapellen auf. Im Frühsommer 1933 manchmal noch in der zweiten Reihe, ein Jahr später dann an der Spitze der Festzüge. Es herrschte Feierstimmung.[20] Auch in bürgerlichen Kreisen, in denen bislang eine gewisse Zurückhaltung gegenüber der als plebejisch eingestuften NSDAP gegolten hatte, löste die nationale Begeisterung eine Welle der Zustimmung zum Volkskanzler Adolf Hitler aus. In einer nordhessischen evangelischen Kirchengemeinde beschloss die Evangelische Frauenhilfe zusammen mit der NS-Frauenschaft (und der katholischen Minderheit), im Sommer 1934 einen großen Bildteppich zu knüpfen, der christliche Symbole mit nationalsozialistischen verband und ein Jahr später im Frühsommer 1935 mit dem Bekenntnis «Wir bringen das Hakenkreuz in die Kirche» vom nationalsozialistisch dominierten Rathaus in die gegenüberliegende Kirche gebracht und geweiht wurde. Das deutsche Bürgertum wollte dem «Führer» und seinem Regime «entgegenarbeiten».[21] Diese Stimmung war auch noch nach der blutigen Röhm-Affäre im Juni 1934 lebendig. Else Klamroth, Ehefrau eines Unternehmers aus Halberstadt und späteren Mitglieds der Widerstandsbewegung des 20. Juli 1944, schrieb im Sommer 1934 in die Kindertagebücher ihrer Töchter: «Wir müssen alle mit unseren schwachen Kräften mithelfen, Hitler sein schweres Amt zu erleichtern. Hitler hat gerade eine große, blutige, aber sicher notwendige Reinigung innerhalb der SA und der Partei vollzogen, hoffen wir, daß dies der letzte Akt dieser Art zu sein braucht.»[22]

Die Röhm-Affäre

Die Angehörigen der konservativ-autoritären Bürokratie und des Bürgertums – aber nicht nur sie – waren sich darin einig, dass man den «Führer» bei seinem schwierigen Aufbauwerk unterstützen, ihm «entgegenarbeiten» müsse.[23] Das galt umso mehr in Momenten krisenhafter Entwicklung.

Davon war man – in völliger Verkennung der tatsächlichen Vorgänge und Zusammenhänge – auch noch überzeugt, als das NS-Regime im Sommer 1934 sich durch eine staatlich organisierte Mordaktion der parteiinternen Opposition aus der SA-Führung wie Kritikern aus dem Lager der konservativen Bündnispartner entledigte und dabei gleich noch einige alte Rechnungen mit früheren Widersachern beglich. Obwohl sich Hitlers Herrschaft nach der revolutionären Phase der Machteroberung inzwischen weitgehend konsolidiert hatte, war und blieb die SA, die zu einer Massenorganisation angewachsene Parteiarmee, noch im Frühjahr 1934 ein permanenter Unruhefaktor. Man war unzufrieden über die Parteibonzen, die es sich in Ämtern und Pfründen eingerichtet hatten, und man sprach von der Notwendigkeit einer «zweiten Revolution», einer wirklich nationalsozialistischen Revolution. Außerdem war man über das Bündnis Hitlers mit der Reichswehr verärgert, und man träumte stattdessen von der Schaffung einer Volksmiliz unter Führung der SA, die über ein kampfbereites Millionenheer und – anders als das reaktionäre Offizierskorps der Reichswehr – über das notwendige nationalsozialistische Bewusstsein verfügte. Diese regimeinternen Risse und Brüche bedeuteten eine mehrfache Bedrohung für Hitlers Führerherrschaft. Er war bisher der Meinung gewesen, den linken Flügel der eigenen Partei ausgeschaltet zu haben, was sich nun als Irrtum herausstellte. Noch wichtiger für seine Herrschaftsziele war eine rasche und unbehinderte Wiederaufrüstung, die ohne die Unterstützung bzw. die professionelle Durchführung durch die Reichswehr nicht möglich gewesen wäre und die er bereits Anfang Februar 1933 angekündigt hatte. Die Reichswehr wiederum musste sich von einem weiteren Machtzuwachs ihres Rivalen SA herausgefordert fühlen und den Verlust der eigenen militärisch-politischen Machtstellung im «Dritten Reich» befürchten. Darum meinte sie Hitler in dem internen Machtkampf unterstützen zu müssen. Hinzu kam aus dem Umfeld von Vizekanzler Franz von Papen immer deutlichere, systembedrohende Kritik am revolutionären Kurs der Regierung Hitler. Papens Berater und Weggefährten mussten erkennen, dass ihre Bündnispolitik mit Hitler sie in eine bedrohliche Randlage geführt hatte. Darum wollten sie das Rad zurück zu der Ausgangssituation vom 30. Januar

1933 drehen. Der Zufall wollte es, dass sich ausgerechnet in diesem Moment die Hinweise auf den nahenden Tod des Reichspräsidenten Paul von Hindenburg verdichteten. Damit drängte die Frage nach der personellen und institutionellen Nachfolge auf eine Entscheidung. Hinzu kamen Missstimmungen in der Bevölkerung, die durch gravierende Versorgungsmängel und die nach wie vor noch hohe Arbeitslosigkeit ausgelöst worden waren. Wie ernst die Lage von den Überwachungsorganen des Regimes eingeschätzt wurde, zeigte die groß angelegte Kampagne von Goebbels gegen die «Meckerer und Miesmacher», die kurz zuvor gestartet worden war.

Das Zusammentreffen dieser verschiedenen Krisenelemente, zu denen noch der Kirchenkampf kam, beschleunigte die Ereignisse und trieb Hitler zum Handeln. Zunächst war er freilich in dieser Situation mehr der Getriebene als der Treibende. Erst als die Gegensätze eskalierten, willigte er in ein Machtbündnis ein, das Göring mit Himmler und der Reichswehr eingefädelt hatte. Zunächst hatte Hitler es, taktisch wiederum ausgesprochen geschickt, vermieden, sich auf die eine oder andere Seite zu schlagen. Er hielt sich in den Tagen vor dem Schlag gegen die SA wieder auf dem Obersalzberg auf. Dass er sich dann entschloss, die verschiedenen Konflikte zu bündeln und in einem einzigen überraschenden Doppelschlag zu lösen, entsprach ganz seiner bisherigen politischen Taktik. Seine Bündnispartner hatten hingegen erst einmal ihre eigenen Machtinteressen im Auge. In der sich zuspitzenden Rivalität von SA und SS hatte die SS-Führung, obwohl sie nur über eine vergleichsweise kleine Truppe verfügte, inzwischen wichtige Bastionen im Staatsapparat erobert und ausgebaut. Der SS-Führer Heinrich Himmler und seine rechte Hand, der ehemalige Marineoffizier und nunmehrige SD-Führer Reinhard Heydrich, hatten sich auch in Berlin festgesetzt, nachdem der Aufstieg ihrer kleinen und vorläufig noch der SA untergeordneten Elitetruppe in Bayern und dann in den anderen nichtpreußischen Ländern über die Instrumentalisierung der Politischen Polizei begonnen hatte. Doch noch stand ihnen die SA im Wege, und außerdem hatten in Preußen noch (bis zum Frühjahr 1934) Ministerpräsident Hermann Göring zusammen mit dem erst 1933 ernannten Chef der Politischen Polizei, Rudolf Diels, die staatliche Kontrollgewalt über das Geheime Staatspolizeiamt inne. In dem neuen Machtbündnis überantwortete nun Göring auch in Preußen die Macht über die Polizei an die SS. Himmler wurde Inspekteur und Stellvertretender Chef der Geheimen Staatspolizei. Diese unterstand zwar formal noch immer dem Ministerpräsidenten Göring, doch in relativ kurzer Zeit bauten Himmler und Heydrich mit Billigung Hitlers (und Görings) die Politische Polizei zu einem Instrument des Terrors aus, das keiner staatlichen Kontrolle mehr unterstand.

Auslöser dieser Entfaltung der SS zu einem massenhaften Verfolgungsapparat war die «Röhm-Affäre». Göring hatte Material gegen die homosexuellen Umtriebe in der SA-Führung gesammelt, die in der Parteiführung schon lange bekannt waren und niemanden gestört hatten. Himmler und Heydrich ließen Gerüchte über einen geplanten Putsch der SA verbreiten und spielten sich als moralische Biedermänner auf. Hitler entschloss sich schließlich zum Doppelschlag gegen die SA-Führung und gleichzeitig gegen die konservative Opposition um Franz von Papen. Äußerer Anlass war dessen Rede in der Marburger Universität am 17. Juni 1934, in der der Vizekanzler vor dem «widernatürlichen Totalitätsanspruch des Nationalsozialismus» gewarnt und Hitler als den geistigen Urheber und Anstifter des Unrechtsstaates benannt hatte. Papen und seine Berater träumten von einem Putsch der Reichswehr gegen Hitler und von der Errichtung einer Militärdiktatur, wozu aber die Reichswehrführung nicht bereit war. Sie wollte die SA ausschalten, nicht aber den «Führer» und seine Partei. In dieser komplexen Bündniskonstellation, von der jeder der Beteiligten sich einen «Deal» zu seinen Gunsten erhoffte, nutzte Hitler die zunehmenden Gerüchte um einen SA-Putsch und schließlich den Urlaub der SA-Führung, um am 30. Juni diese in Bad Wiessee durch SS- und Polizeieinheiten mit logistischer Unterstützung der Reichswehr festnehmen und erschießen zu lassen. Während Hitler selbst am Morgen des 30. Juni nach München flog, um Röhm und seine Clique festzunehmen, die in Bad Wiessee Urlaub machten, hatte Göring auf Befehl Hitlers die Verhaftung weiterer SA-Führer und der konservativen Oppositionellen in Berlin vorbereitet. In Bayern sollte die «Leibstandarte Adolf Hitler» die Aktion durchführen. Bei seiner Ankunft in München erfuhr Hitler von weiteren angeblichen Putschvorbereitungen, diesmal der Münchner SA. Das löste bei ihm einen Wutanfall und den Entschluss zu einem Rachefeldzug aus, der sich kaum von der Aktion eines Gangsterbosses unterschied. Er verhaftete die Münchner SA-Führer und raste mit einer Autokolonne nach Bad Wiessee. In seinem Kurhotel wurde Röhm (zusammen mit einem Jüngling) von Hitler aus dem Schlaf gerissen und verhaftet. Der nannte ihn, mit einer Pistole herumfuchtelnd, einen Verräter. Die Erregung Hitlers steigerte sich, als bei der Rückkehr in das «Braune Haus» in München dort die übrige Parteiprominenz versammelt war, und Hitler dies für einen großen Auftritt nutzen konnte. Er schrie, völlig außer sich, die Verhafteten an und warf ihnen den «größten Treuebruch der Weltgeschichte» vor.[24] Die gezogene Pistole in seiner Hand unterstrich seine wilde Entschlossenheit und zeigte einen Kanzler, wie ihn noch niemand gesehen hatte. Inzwischen war eine Hinrichtungsliste erstellt worden, die Hitler genehmigte. Im Untersuchungsgefängnis Stadelheim wurden die SA-Führer von der Leibstandarte der Reihe nach erschossen. Die Waffen dafür hatte die Reichswehr bereitgestellt. Nur bei der Hinrichtung von Ernst Röhm, dem Duzfreund Hitlers, zögerte der «Führer». Erst auf Drängen von Himmler und Göring gab er schließlich auch den Befehl, Röhm zu erschießen. Das erledigte, nachdem Röhm sich geweigert hatte, sich selbst zu erschießen, dann Theodor Eicke, Kommandant des Konzentrationslagers Dachau. Gleichzeitig wurden in Berlin auf Anordnung Görings einstige Rivalen und Gegenspieler wie Gregor Straßer, Kurt von Schleicher oder der ehemalige bayerische Generalstaatskommissar von Kahr sowie Mitarbeiter von Papen oft in ihrer eigenen Wohnung erschossen. Die Reichswehr zeigte sich über die Ausschaltung der SA-Führung höchst erfreut, und im Kabinett lobte anschließend Reichswehrminister Blomberg Hitler für seine staatsmännische und militärische Größe.[25] Auch Reichspräsident von Hindenburg beglückwünschte Hitler zu der «befreienden Tat». Die SA wurde danach, wie von Hitler gewünscht, gezähmt und mit Viktor Lutze ein neuer und loyaler SA-Führer eingesetzt, der die einstige Bürgerkriegsarmee, die funktionslos geworden war, zu einer Truppe für Kampfsport und Propaganda umformte. Heinrich Himmler, den Hitler für seine Verdienste ausdrücklich lobte, hingegen stieg zum unabhängigen Reichsführer SS auf, der nur dem «Führer» unterstellt war und daraus eine besondere Legitimation für die SS als NS-Elite gewann. Hitler erklärte am 3. Juli 1934 im Nachhinein die «vollzogenen Maßnahmen als Staatsnotwehr für rechtens»; danach zog er sich wieder auf den Obersalzberg zurück und trat erst Mitte Juli wieder öffentlich auf. Nun nahm er, sich als entschlossener Partei- und Staatsführer präsentierend, auch im Reichstag Stellung und beschuldigte noch einmal Röhm und die Konservativen. Zum Schluss seiner Rede drohte er potentiellen Gegnern und deutete seine Vorstellungen von der Macht eines Staates an, die für ihn letztendlich nichts anderes war als die Herrschaft des Dolches: «Es soll jeder für alle Zukunft wissen, daß, wenn er die Hand zum Schlage gegen den Staat erhebt, der sichere Tod sein Los ist.»[26] Prominente Juristen wie Carl Schmitt sekundierten ihm dabei und erläuterten, in der Stunde der Not schaffe der «Führer das Recht». Seither beanspruchte Hitler auch die Rolle des Obersten Gerichtsherrn, und kein Gericht widersprach ihm.

Der Preis, den die Reichswehr für die Kollaboration und die Ausschaltung der SA zahlen musste, war hoch. Als nur wenige Wochen später, am 2. August, Reichspräsident von Hindenburg starb, übernahm Hitler den Oberbefehl, und die Reichswehr leistete, aus eigenen Stücken, um ihre führerunmittelbare Machtstellung zu festigen, einen Eid auf den Diktator. Damit wurden die Soldaten nicht mehr auf die Verfassung oder das Vaterland, sondern auf den «Führer des Deutschen Reiches und Volkes Adolf Hitler» vereidigt und zu «unbedingtem Gehorsam» verpflichtet. Das war der neue Herrschertitel Hitlers, der damals die Ämter des Reichspräsidenten mit denen des Reichskanzlers und des Obersten Befehlshabers der Wehrmacht auf seine Person vereinigte und sich diesen neuerlichen Verfassungsbruch durch ein Plebiszit bestätigen ließ. Hitler hatte sich mit dem erfolgreichen Coup auch aller Sorgen vor einer Restauration der Monarchie entledigt, wie sie vor dem Tode Hindenburgs in konservativen Kreisen erhofft worden war. Damit war die nationalsozialistische «Machtergreifung» erst einmal abgeschlossen, und Hitler hatte eine Machtfülle erobert, die Mussolini nie erreichte, denn der faschistische «Duce» musste immer Rücksicht auf den italienischen König und die königstreue Armee nehmen. Hitler hatte in eineinhalb Jahren eine Umwälzung der Herrschaftsverhältnisse erzielt, die man als «Revolution» bezeichnen kann, auch wenn sie sich fundamental von den Freiheitsrevolutionen des 19. Jahrhunderts unterschied. Es war Hitler und seiner Partei gelungen, einen vollständigen politischen Systemwechsel herbeizuführen und auch die wichtigsten gesellschaftlichen Gruppen unter der Parole der «Volksgemeinschaft» gleichzuschalten bzw. zu einer mehr oder weniger großen Loyalität resp. zum Stillhalten zu zwingen. Die 89,9 Prozent Zustimmung, die sich bei der Volksabstimmung für Hitler ergaben, konnten durchaus als Ausschlag des Stimmungsbarometers verstanden werden. Sie spiegelten die Hoffnung der Mehrzahl der Deutschen auf eine Normalisierung und Konsolidierung. Die Tatsache, dass im Unterschied zu den meisten Plebisziten in autoritären oder totalitären Regimen doch «nur» 90 Prozent der Wähler ihre Stimme für Hitlers Regime gaben und nicht mehr, ließ allerdings noch auf ein beachtliches und mutiges Potential an Verweigerung und Kritik schließen, trotz der Manipulation und des Zwangs, die bei nationalsozialistischen Plebisziten üblich waren. Allerdings gab es im Staat Adolf Hitlers nach dem Sommer 1934 keine Möglichkeit mehr, sich auf institutionellem Wege dem Willen des «Führers» zu widersetzen. Hitler strebte damit jedoch keine Stabilisierung und Fixierung seiner Politik auf dem festen, unveränderlichen Niveau eines autoritären Regimes an, sondern nutzte diese Machtgrundlage für die weitere Entfaltung des totalitären Potentials und der Dynamik des Nationalsozialismus bis hin zur Auflösung aller Bindungen an Normen und Regeln rationalen politisch-administrativen Handelns. Es entstand in kürzester Zeit ein unkontrollierbarer, totalitärer und sich gleichsam im Wildwuchs entfaltender Führerstaat, der die endgültige Freisetzung der zerstörerischen Kräfte der nationalsozialistischen Ideologie ermöglichte. Im Tempo und in der Radikalität der totalitären Diktaturentfaltung übertraf das Regime Hitlers damit die faschistische Diktatur Mussolinis, der für Hitler lange Zeit Vorbild war und nun auch in der internationalen Wahrnehmung von diesem überholt wurde. Das nationalsozialistische Deutschland wurde zur politisch-propagandistischen Vormacht der faschistischen Bewegungen in Europa. Auch ausländische Beobachter pilgerten nach Deutschland, insbesondere zu den Reichsparteitagen der NSDAP in Nürnberg. Philofaschistische Literaten aus Frankreich verstiegen sich sogar zu der Behauptung, sie hätten dort den «neuen Menschen» gesehen, den «homme hitlerien». Diese Panegyrik hatte auch die Erfolge Hitlers in der internationalen Politik zum Hintergrund, die sich erst später einstellten. Denn Hitler hatte sich in den ersten Monaten seiner Herrschaft noch gemäßigt gegeben, nicht zuletzt, um seine Politik der Aufrüstung nicht zu gefährden.

Auch nach der Vereinigung aller Ämter auf seine Person im August 1934 war das NS-Regime darauf bedacht, den Eindruck der Mäßigung und der Einhaltung internationaler diplomatischer Regeln nicht zu gefährden. Da es keine förmliche Amtseinsetzung in die Funktion eines Nachfolgers des Reichspräsidenten gab, sondern allenfalls die Volksabstimmung diese Legitimation verschaffen sollte, musste auf Drängen des Auswärtigen Amtes den in Berlin akkreditierten internationalen Diplomaten die Gelegenheit zu einer offiziellen Bestätigung der neuen personellen Konstellation an der Staatsspitze gegeben werden. Am 12. September ließ der Diktator in Form eines Empfanges des diplomatischen Korps eine Zeremonie organisieren, mit der er sich der Weltöffentlichkeit als Staatschef präsentieren wollte.[27] Auch wenn Hitlers Macht im Inneren nun unangefochten war, galt dies für die internationale Politik noch längst nicht. Darum wählte man ein Einsetzungsverfahren, das ganz den Gepflogenheiten und auch den Erwartungen der konservativen Diplomaten im Auswärtigen Amt entsprach. Damit wurde Hitler im System der internationalen Politik hoffähig, was auch die bald einsetzenden Staatsbesuche von Staatsoberhäuptern oder Regierungschefs in Berlin belegen. Während Elemente einer Masseninszenierung auf dem diplomatischen Parkett als Instrument der Legitimation unpassend waren, nutzte man diese zur gleichen Zeit für die scheinlegale Bestätigung der vielen lokalen Machtergreifungen durch NS-Gauleiter und Kreisleiter, die im vorausgangenen Jahr in den vielen Akten der Parteirevolution von unten sich der Bürgermeisterämter und Oberpräsidententitel bemächtigt hatten und sich nun eine nachträgliche Legitimation durch eine politische

Inszenierung verschafften, auch um den Eindruck einer Normalisierung zu erwecken. Für Hitlers Repräsentation im Amt des Staatschefs, das er widerrechtlich usurpiert hatte, schienen bei der Zeremonie im Reichspräsidentenpalais eine kurze Ansprache des Doyen des diplomatischen Korps, Mgr. Ceasare Orsegnio, und eine kurze Dankesrede Adolf Hitlers ausreichend zu sein, in der er sich nicht zum ersten Mal und nicht zum letzten Mal als «Friedenskanzler» darstellte. Das musste den einen oder anderen Anwesenden schon irritieren, wusste man doch noch von dem tödlichen Attentat österreichischer Nationalsozialisten auf den österreichischen Bundeskanzler Engelbert Dollfuß wenige Wochen zuvor, am 25. Juli 1934, an dem Hitler nach verbreiteter Ansicht nicht unbeteiligt war.

Der nationalsozialistische Führerstaat

Während trotz oder gerade wegen der blutigen Säuberungen des 30. Juni 1934 das NS-Regime nach außen den von vielen Deutschen herbeigesehnten Eindruck einer Konsolidierung im Sinne einer konservativ-autoritären Ordnungs- und Wohlfahrtsdiktatur unter einer straffen Führerherrschaft erweckte, vollzog sich im Inneren hinter der Fassade der propagandistisch immer wieder verherrlichten Führermacht eine Auflösung des traditionellen Regierungs- und Verwaltungshandelns durch die Einrichtung immer neuer, führerunmittelbarer Sonderbehörden und Parteiapparate. Sie wurden zur Grundlage für die vollständige Durchsetzung der persönlichen Macht Hitlers wie seiner Politik der Eroberung und «rassischen Säuberung». Darum lassen sich auch nicht, wie das in der zeitgenössischen Wahrnehmung und auch in der späteren Erinnerung oft geschah, diese vermeintlich «guten Jahre» des Regimes zwischen 1935 und 1938/39 von denen der Jahre 1939 bis 1945 trennen. Die Jahre von Arbeit und Brot, von Feiern und Spektakeln, von Vollbeschäftigung und einem bescheidenen, längst nicht für alle gültigen Wohlstand lassen sich ohne die anschließenden Jahre der Eroberung und Vernichtung nicht denken. Auch für Hitler war die eine Phase nicht ohne die andere vorstellbar, auch wenn hinter dieser stufenweisen Entwicklung seiner Herrschaftspolitik kein konsequenter Plan stand, wie er das nach einem politisch-militärischen Erfolg im Rückblick gern behauptete.

Im Unterschied zum faschistischen Italien war die nationalsozialistische Partei mit ihrer Parteiarmee und ihren Nebenorganisationen auch nach der vollständigen Eroberung der Macht Träger und Motor des Regimes. Innerhalb kürzester Zeit war die Mitgliederzahl der NSDAP von rund 850 000 Parteigenossen im Januar 1933 auf zweieinhalb Millionen im April angestiegen. Als sich dieser Trend, der oft nur Ausdruck von Opportunismus und Anpassung war, fortsetzte, beschloss die Parteiführung einen – vorübergehenden – Mitgliederstopp, um die Massenbewegung organisatorisch zu erfassen und um ihrem Selbstverständnis als Staats- und Erziehungspartei sowie als Kern und Schirm der «Volksgemeinschaft» gerecht zu werden. Hunderttausende von Parteigenossen hatten sich in allen staatlichen Ämtern eingenistet oder hatten auf allen Ebenen die Gesellschaft, wenn auch nicht immer erfolgreich, zu durchdringen versucht. Dahinter stand zumeist das Bedürfnis nach sozialem Aufstieg und Anerkennung. Das Verhältnis der Staatspartei zum nationalsozialistischen Staat blieb allen Normalisierungsversuchen zum Trotz ungeklärt, denn es war vor allem Hitler, der sich allen Regulierungs- und autoritären Ordnungsversuchen, etwa seines Innenministers, widersetzte. Er folgte seinem sozialdarwinistischen Politikverständnis und verstand Politik als permanenten Kampf, in dem sich der Stärkere durchsetzen würde. Darum wollte er weder eine klare Verteilung von Zuständigkeiten noch eine Festlegung von Entscheidungsformen und -institutionen, auch um seine eigene persönliche Macht nicht zu begrenzen. Denn damit blieb er letzter Bezugs- und Rechtfertigungspunkt aller Maßnahmen, ohne dass er selbst in alle Entscheidungsabläufe eingriff, sondern sich lediglich Ad-hoc-Interventionen vorbehielt.

Um den Drang nach Macht, den seine ehrgeizigen Unterführer immer wieder zeigten, zu befriedigen, ernannte Hitler nach dem vorläufigen Abschluss seiner Revolution im Sommer 1933 einige Mitstreiter zu «Reichsleitern» und erhob sie damit auch formell in höchste Parteiränge. Rudolf Heß, einstmals Mithäftling und ergebener Sekretär Hitlers, wurde im September 1933 zum «Stellvertreter des Führers» in der NSDAP und einige Monate später zum Minister ohne Geschäftsbereich in der Reichsregierung ernannt. Eine wirkliche Machtstellung leitete sich daraus jedoch nicht ab. Die eigentliche innere Verwaltung der Massenpartei überließ Heß einem Stab in der Münchner Parteizentrale. Die wurde von dem ehrgeizigen und skrupellosen Martin Bormann geleitet, dessen Kontrollwut und Allgegenwärtigkeit schließlich zu seiner immer größeren Machtfülle führte, bis er als «Sekretär des Führers» alle Fäden zog und vor allem über den Zugang zum «Führer» bestimmte.

Die politische Kontrolle und Durchdringung der Gesellschaft war Aufgabe der vielen «kleinen Führer», die ihre Macht von der des großen «Führers» ableiteten und sich damit die ersehnte gesellschaftliche Anerkennung sichern wollten, die sie im zivilen Leben nicht erreicht hatten. Das waren die mehreren Hunderttausende von Blockwarten, Ortsgruppen- oder Zellenleitern und weiter oben von Kreis- und Gauleitern, von denen der größere Teil ehrenamtlich tätig war, während die oberen Ränge sich der politischen und sozialen Macht eines hohen hauptamtlichen Parteifunktionärs erfreuen konnten und um ständige Mehrung ihrer Macht durch Ämterkumulation bemüht waren. Trotz ihrer permanenten Rivalitäten entstand daraus ein durchaus effizientes und vor allem flexibles politisches System.[28] Sichtbarer Ausweis ihrer geborgten Macht waren ihre Uniform und ihre ganz nach dem Vorbild militärischer Hierarchien abgestufte Rangfolge, die auch schon einmal dazu führen konnte, dass der Pedell einer Schule in seiner Funktion als Blockwart oder Ortsgruppenleiter auch seinem Schulleiter Anweisungen geben konnte. Im Organisationshandbuch der NSDAP war für jedermann dieser Kosmos der Uniformierung und Machtansprüche nachlesbar.

Hitlers persönliche Macht, die mit den Entscheidungen des Sommers 1934 noch einmal gewachsen war und sich zusätzlich auf eine breite Zustimmungsbereitschaft in der deutschen Gesellschaft stützen konnte, führte schrittweise zur Auflösung eines institutionell geregelten Regierungshandelns. Nach dem Ermächtigungsgesetz und erst recht nach Hindenburgs Tod verspürte Hitler nicht mehr die Notwendigkeit, den Schein der Regelmäßigkeit in der Regierungsarbeit zu wahren. Die Sitzungen der Reichsregierung fanden immer seltener statt, und sie verloren auch ihre Funktion als Beratungsorgan der Exekutive. Einzig die Unterschrift unter Gesetzesvorlagen blieb als Aufgabe des Kabinetts, und das ließ sich immer mehr auch im Umlaufverfahren erledigen. Auch traten an die Stelle von Gesetzen sogenannte Führererlasse, denen von der Bürokratie des «Dritten Reiches» jedoch der Rang von Gesetzen zuerkannt wurde. Sie wurden oft, um den Schein formaler Korrektheit zu wahren, vom Chef der Reichskanzlei Lammers in Gesetzesform umgeschrieben. Solche Erlasse ließen sich auch von eifrigen Parteiführern vorformulieren und konnten dem «Führer» auf Reisen zur Absegnung vorlegt werden. Während des Kriegs war Albert Speer mit diesem Verfahren besonders einflussreich. Dadurch konnte sich auch der Parteiapparat immer mehr in die Gesetzgebung und politische Entscheidung einmischen. Entscheidend war nun die Nähe zum «Führer», den man am besten auf Reisen oder bei seinen Aufenthalten auf dem Berghof, dem zweiten Regierungssitz, oder in Bayreuth antreffen und beeinflussen konnte. Besonders für die deutschnationalen Minister, die noch im Amt geblieben waren, war Hitler schwer zu erreichen. Nur wenige nationalsozialistische Politiker hatten ständigen Zugang – wie vor allem Goebbels, zeitweise auch Göring, später Hitlers Lieblingsarchitekt Albert Speer und der unentbehrliche Martin Bormann, der die Rolle eines Maior domus ausübte. Man musste sich unentbehrlich machen und die Nähe zum Machtzentrum auch durch die eigene Zweitwohnung auf dem Obersalzberg sichern. Vor allem musste man wissen, was der «Führer» wollte und wie man das eigene politische Vorhaben den allgemeinen und vagen politischen Zielvorgaben aus «Mein Kampf» oder entsprechend anderen Führerworten anpassen konnte.

Aus der schrittweisen Auflösung des Normenstaates und dem personalen Politikstil Hitlers entstand im Laufe der Jahre ein Geflecht von halbstaatlichen und parteiamtlichen Machtapparaten und Sekundärbürokratien, deren Legitimation sich einzig auf Hitlers Macht stützte und die ihre Handlungen umgekehrt alle mit dem Führerwillen rechtfertigten. Besonders mächtige Parteiführer und -gliederungen wie Himmler und seine SS, die sich als besonders konsequente Exponenten des Führerwillens darstellten, konnten im Bereich der Polizei staatliche Kompetenzen vollständig übernehmen und die Polizeiverwaltungen schrittweise entstaatlichen. Andere wie

Fritz Todt, der schon im Juli 1933 zum führerunmittelbaren Generalinspekteur des Straßenwesens ernannt, oder Hermann Göring, der 1936 zum Beauftragten für den Vierjahresplan berufen wurde, konnten durch einen Führererlass im Konflikt mit ministeriellen Machtpositionen mit dem Argument größerer Effizienz Kompetenzen an sich ziehen und damit ebenfalls neue Sekundärbürokratien ausbilden, die die traditionellen Ministerien zu bloßen ausführenden Organen degradierten. Das führte jedoch in der Regel weder zu einem bürokratischen Leerlauf, noch entwickelte sich daraus eine tiefe Kluft zwischen dem traditionellen rational-bürokratischen Anstaltsstaat einerseits und den sich gewaltig aufblähenden Sonderbürokratien. Der nationalsozialistische Unrechts- und Vernichtungsstaat gewann seine Dynamik und seine temporäre Leistungssteigerung aus der eigentümlichen Verflechtung der Machtapparate von staatlicher Bürokratie und Parteibürokratie, die sich gegenseitig vorantrieben und vorübergehend stabilisierten. Umgekehrt boten die neuen Parteibürokratien, die von der Mammutbehörde des Vierjahresplans unter Hermann Göring bis zur Freizeitorganisation «Kraft durch Freude» reichten, neue Betätigungs- und Anerkennungsfelder für aufstiegshungrige Parteimitglieder.

Kein Vorgang charakterisiert das nationalsozialistische Herrschaftssystem deutlicher als die Entfaltung des SS-Staates, der aus der Usurpation der Politischen Polizei und schließlich der gesamten Polizei durch Himmler und seine SS entstand und seit 1936 in den Aufbau einer außerstaatlichen, reinen Parteibürokratie mündete, die nicht mehr der Kontrolle des Reichsinnenministers unterstand und sich in ständiger Zellteilung immer neue Ämter und Kompetenzen eroberte. Das führte zur permanenten Ausweitung von Himmlers Macht. Begleitet und gerechtfertigt wurde dieser Expansionsprozess durch die Entwicklung einer Polizeidoktrin, die eine umfassende Überwachungs- und Präventionsideologie bzw. -praxis entfaltete, welche sich durch die rassistische Ideologie des «gesunden Volkskörpers» und seines Schutzes vor Zersetzung rechtfertigte.

Die Nähe zum «Führer» wurde wichtiger als eine kollegiale Abstimmung zwischen Ministerien oder als eine Überprüfung der Rechts- und Verwaltungskonformität einer Entscheidung. Der Maßnahmestaat, in dem nur Befehl und Zweckmäßigkeit zur Sicherung von Machtinteressen galten, fraß sich in den Normenstaat hinein, der noch auf Recht und Gesetz beruhte, aber zunehmend an Boden verlor. Die letzte Entscheidungsinstanz blieb dabei stets der «Führer», auf den man sich immer berufen konnte und musste und der die einzige Legitimationsquelle war. Auch wenn im polykratischen Entscheidungsprozess bisweilen der Eindruck entstand, Hitler sei daran nicht beteiligt oder er habe abgewartet, bis sich innerhalb rivalisierender Interessen und Konzepte eine Position als die stärkere erwiesen hatte, so war er keineswegs ein «schwacher Diktator» (Mommsen). Durch seinen Entscheidungsvorbehalt und durch seine mitunter willkürlichen Eingriffe in Entscheidungen konnte er als unumstrittene Letztinstanz seine Machtposition immer weiter stärken. Der Staat Hitlers war mithin durch eine starke monokratische Spitze und durch gleichzeitige polykratische Machtstrukturen charakterisiert. Die Radikalisierung des Regimes ist ohne Hitlers Stellung in diesem System und ohne seine charismatische Macht nicht zu denken, aber auch nicht ohne die zumindest temporäre Effizienzsteigerung der neuen nationalsozialistischen Staatlichkeit, die von dem ideologischen Vitalismus und der hektischen Überdrehung des Tempos des Regierens und der Überdehnung der Machtansprüche befeuert wurde.

Die extreme Personalisierung der Macht konnte sich auf ein charismatisches Herrschaftsverständnis stützen, das auf dem Glauben an die außerordentlichen, ja außeralltäglichen Fähigkeiten einer Persönlichkeit beruhte. Dieser konnte mehr zugeschrieben werden, als sie selbst an besonderen Fähigkeiten tatsächlich besitzen musste und sie auch auf Dauer bewahren konnte. Denn charismatische Autorität ist – anders als eine monarchische oder demokratische, bürokratische Autorität – im Kern sehr labil und von ständigen Erfolgen oder Erfolgsmeldungen bzw. vermeintlichen Heldentaten abhängig und setzt den Glauben an die Identität von Führer und Geführten voraus. Doch auch im Führerstaat Adolf Hitlers existierte diese charismatische Herrschaft nicht in reiner Form, sondern sehr oft in Verbindung mit bürokratischen Elementen, auch in den sekundären Parteibürokratien, die zur eigenen Machtbefestigung alles taten, um ihr Handeln auf Dauer zu stellen. Denn charismatische, rein personale Herrschaft konnte verblassen, auch wenn eine permanente Propaganda und politische Inszenierungen des Führerstaates dem möglichen Verblassen des Charismas entgegenwirkten. Dazu war das charismatische Regime gleichzeitig auf außen- oder sozialpolitische Erfolge angewiesen, und es musste die Bindekräfte bzw. Aufstiegserwartungen in der Gesellschaft aufrechterhalten. Spätestens mit der sichtbaren Wende des Krieges 1943 war das nicht mehr der Fall, und das Regime konnte nur noch durch Terror aufrechterhalten werden.[29]

Terror und Verfolgung

Hitlers Macht stützte sich auf Zustimmung und Gewalt. Die Exzesse brutaler physischer Gewalt auf der Straße, politischen Terrors durch SA und Polizei und systematischer Verfolgung durch die SS waren stets präsent, entweder in offener Form oder als verdeckte Drohung. Ausschlaggebend waren die äußeren Bedingungen der nationalsozialistischen Machteroberung und -behauptung. Während in den ersten Etappen der politische Terror gegen politische Gegner und ideologisch definierte «Gemeinschaftsfremde», vor allem gegen die deutschen Juden, offen und vehement zutage trat, änderte sich das in der Stabilisierungsphase seit 1935. Damals setzte eine Systematisierung der Verfolgung durch den SS-Apparat ein, und auch mit der Vorbereitung des Krieges veränderte sich das Regime der Gewalt, um bis zum drohenden Machtverlust seit der Wende des Krieges eine neue Radikalität und Massenhaftigkeit zu erreichen. Gewalt war immer essentieller Bestandteil der Führermacht.

Die teilweise wilden, dann aber zunehmend von der preußischen Gestapo und außerhalb von Preußen von der Politischen Polizei unter dem Kommando von Himmler und Heydrich organisierten Verfolgungsaktionen gegen die politische Linke – bis hin zur Ausschaltung von KPD und SPD und der Inhaftierung ihrer führenden Mitglieder – stellten die ersten Herrschaftsziele der Nationalsozialisten dar, und sie befriedigten auch die Rache- und Säuberungsinstinkte ihrer Parteiformationen und Kampfbünde. Die zweite Stoßrichtung der Gewalt richtete sich gegen die soziale und physische Existenz der deutschen Juden. Dieser zweite Strang der Verfolgung sollte zum zentralen und signifikanten Element nationalsozialistischer Herrschaft werden und sich stufenweise bis hin zur physischen Vernichtung der deutschen und europäischen Juden im Holocaust steigern.[30]

Begonnen hatte die Entrechtung der deutschen Juden mit einzelnen Gewalt- und Boykottaktionen im März 1933 und mit dem reichsweiten Boykott jüdischer Geschäfte am 1. April 1933. Dabei zeigte sich wiederum die Doppelstrategie der Nationalsozialisten, wie sie regelmäßig praktiziert wurde: Auf anfängliche Gewaltaktionen und gezielte Provokationen durch einzelne Parteiformationen folgten pseudolegale Sanktionen von oben. Mit dem «Gesetz zur Wiederherstellung des Berufsbeamtentums» vom 7. April 1933 wurden als Reaktion auf die wilden antijüdischen Aktionen der Parteibasis nun auf gesetzlichem Wege sogenannte Nichtarier aus dem öffentlichen Dienst entlassen und ausgegrenzt. Der Staat verstieß damit gegen den Grundsatz der Gleichbehandlung seiner Bürger und löste damit eine ungebremste Folge weiterer Verfolgungen und Ausgrenzungen aus. An den Universitäten wurde der Numerus clausus für jüdische Studenten eingeführt. In Verwaltungen und Universitäten setzten hektische Überprüfungs- und Verleumdungskampagnen ein, die es den vielen «kleinen» Nazis erlaubten, durch Denunziationen und schwarze Listen ihre Gesinnungstreue unter Beweis zu stellen. Der einmal begonnenen Ausgrenzung folgten, von Parteiaktivisten eingefordert, wie selbstläufig deren Ausweitung auf nichtstaatliche Bereiche bis hin zu Kirchen und Vereinen.

Mit den von nationalsozialistischen Studenten am 10. Mai 1933 reichsweit durchgeführten Bücherverbrennungen wurden schließlich die Gleichschaltung der Universitäten vorangetrieben und der Freiheit des Geistes und der Wissenschaft ein schwerer Schlag versetzt. An dem Tag, an dem Goebbels den Sieg über die Ideen von Aufklärung und Revolution verkündete, am 14. Juli, wurde mit dem «Gesetz zur Verhütung erbkranken Nachwuchses» unter dem Mäntelchen der Wissenschaft das Menschenrecht auf Unversehrtheit des Körpers aufgehoben und die Sterilisation erbkranker Menschen angeordnet.

Die Effizienz solcher Verfolgungskampagnen, die von Heinrich Himmler 1937 als «rassische Generalprävention» gerechtfertigt wurden, stützte sich auf die politische Instrumentalisierung und den Aufbau einer ideologisch entgrenzten Politischen Polizei wie auf die Wirksamkeit gesellschaftlicher Vorurteile, die zu einem Wegsehen oder zu einer Verharmlosung der «Ausmerzungsaktionen» führten. Zum Ort bzw. zum Instrument der Ausgrenzung und teilweise auch der Vernichtung Unerwünschter wurde das Konzentrationslager, dessen öffentliche Wahrnehmung anfangs auch schon deshalb verzerrt und verharmlosend wirkte, weil das Lager eine fast alltägliche Erscheinung im Leben der deutschen «Volksgemeinschaft» war und auf den ersten Blick nicht auf die Funktion der Verfolgung von Regimegegnern und Aussonderung von «Gemeinschaftsfremden» begrenzt war. Es gab NS-Lager für Dozenten, Ärzte, Rechtsanwälte und Schüler, die dort ganz im Sinne einer allgemeinen kollektivistisch-militärischen Mentalität zu «Volksgenossen» erzogen werden sollten. Es gab überdies Arbeitslager für Arbeiter beim Bau von Autobahnen und am Westwall; darum ließen sich die Konzentrationslager, wenn man nicht genau hinsah, auch als bloße Arbeitserziehungslager verschleiern. Doch bald sprach sich herum, welche Akte der Verfolgung und Barbarei in den Konzentrationslagern tatsächlich stattfanden. Die Konzentrationslager, die 1934/35 in einer kurzen Phase der teilweisen Schließung und Schrumpfung noch etwa 3000 Häftlinge zählten, wurden seit 1938 wieder kontinuierlich ausgebaut. Bereits im November 1938 befanden sich rund 38 000 Häftlinge unter der brutalen Herrschaft der SS-Wachverbände, der sogenannten SS-Totenkopfverbände. Nach den Novemberpogromen kamen – kurzzeitig – noch 36 000 neue Häftlinge hinzu. Fortan stand nicht mehr die Verfolgung der Gegner im Vordergrund, sondern die Aussonderung und Vernichtung der «Gemeinschaftsfremden» aus der «Volksgemeinschaft». Zum Merkmal der nationalsozialistischen Herrschafts- und Vernichtungspolitik wurde das System der Konzentrationslager endgültig, als es sich während des Krieges als Folge der ständigen Erweiterung der Opfergruppen auf das «Altreich» und Teile der besetzten Gebiete mit einem riesigen Netzwerk von Stammlagern und Nebenlagern ausdehnte und im polnischen Generalgouvernement durch Vernichtungslager wie Chełmno und Auschwitz erweitert wurde. Diese wurden Orte, an denen die sogenannte Endlösung der Judenfrage, d. h. die fabrikmäßige Ermordung Millionen deutscher und Juden aus anderen europäischen Ländern, durchgeführt wurde. Die Konzentrationslager stellten von Anfang an einen rechtsfreien Raum dar und waren das unkontrollierbare Herrschaftsgebiet der SS, in dem nur ihre «Gesetze» und ihr Strafsystem galten.

Das Nebeneinander von Massenbegeisterung und Ausgrenzung zeigte der überstürzte Entstehungsvorgang der Nürnberger Gesetze am Rande des Nürnberger Reichsparteitags von 1935. Wieder war diesem Gesetzgebungsakt ein gesellschaftlicher Selbstmobilisierungsvorgang vorausgegangen. Bereits im Juni und Juli 1935 war es in verschiedenen Städten und Regionen zu neuerlichen gewalttätigen Pogrom- und Boykottaktionen und vor allem zum öffentlichen Anprangern von Liebesbeziehungen zwischen Juden und Nichtjuden gekommen. Es entstand ein wachsender Druck auf die Reichsministerien, ein gesetzliches Verbot der «Rassenschande» auf den Weg zu bringen. Die gesetzgeberischen Vorarbeiten liefen bereits, als von Hitler für den Reichsparteitag der NSDAP in Nürnberg in großer Eile die Vorlage und Verabschiedung eines Gesetzes gefordert wurde, auch um dem Parteitag noch einen propagandistischen Höhepunkt zu verleihen. In einem hektischen Aushandlungsverfahren zwischen Vertretern des Reichsinnenministeriums, der NS-Ärzteschaft und Adolf Hitler, der die Rolle des Schiedsrichters beanspruchte, wurden noch offene, aber wichtige Details des «Reichsbürgergesetzes» und des «Gesetzes zum Schutze des deutschen Blutes und der deutschen Ehre» festgelegt. Mit den Nürnberger Gesetzen, die der nach Nürnberg einberufene Reichstag am Ende des Reichsparteitages, am 15. September 1935, schließlich verabschiedete, wurden die antisemitische Diskriminierung und Ausgrenzung noch einmal verschärft. Nun verloren die deutschen Juden ihre bürgerlichen Rechte.[31] Die beiden Gesetze erfüllten zwar viele der ideologischen Forderungen, aber in der sogenannten Mischlingsfrage entschied sich Hitler vorerst nicht für die radikalste Gesetzesvariante, sondern für eine Kompromisslösung, die den Vorteil bot, den Weg für weitere Mobilisierungskampagnen offenzuhalten. Nach dem Reichsbürgergesetz konnten Staatsangehörige nur Bürger «deutschen oder artverwandten Blutes» sein, jüdische Bürger waren Bürger zweiter Klasse, die dem Schutzverband des Deutschen Reiches angehörten und ihm besonders verpflichtet waren. Das «Blutschutzgesetz» verbot nicht nur Eheschließungen zwischen Juden und Staatsangehörigen «deutschen oder artverwandten Blutes», sondern untersagte grundsätzlich auch den außerehelichen Verkehr zwischen Juden und Staatsangehörigen «deutschen oder artverwandten Blutes». Eine rassistische Obsession, Gegenstand vieler antisemitischer Hetzschriften pornographischen Inhalts, wurde damit zu einem staatlichen Gesetz und spiegelte die Kontrollwut des NS-Staates, der auch die Intimsphäre unter seine Aufsicht stellen wollte. Dass nicht wenige «Volksgenossen» dies als Aufforderung zur Schnüffelei verstanden, zeigt die Zahl der Denunziationen, die nach dem Herbst 1935 deutlich zunahmen. Auch nach der Gesetzgebung von Nürnberg blieb unklar, wer als Jude zu gelten habe und wer nicht. Während für die Rassenideologen nach wie vor das unsinnige Merkmal der angeblichen Blutsanteile galt, machte das Gesetz die Religionszugehörigkeit zum Kriterium. Als Rassejude habe zu gelten, wer mindestens drei jüdische Großeltern habe, als «Mischling» hingegen, wer nur zwei jüdische Großeltern besaß. Für rund 150 000 Menschen, die nun als «Mischlinge» diskriminiert waren, und für etwa 50 000 Ehen zwischen deutschen Juden und nichtjüdischen Deutschen, die nun als «Mischehen» galten, blieb eine quälende Rechtsunsicherheit, zumal das Regime seine Verfolgungspolitik ständig veränderte.

Zum «Schicksalsjahr» für die deutschen Juden sollte das Jahr 1938 werden. Auch diese dritte Stufe der Judenverfolgung scheint auf den ersten Blick Ergebnis einer ausgeklügelten Planung zu sein. Tatsächlich wurde jedoch aus einer sich zuspitzenden politischen Entwicklung und einer krisenhaften kollektivpsychologischen Aufladung eine schließlich reichsweit organisierte Verfolgungs- und Zerstörungsaktion, die es Parteiaktivisten erlaubte, ihren Willen zur Tat zu demonstrieren. In diesem Fall waren die SA und Goebbels für Vorbereitung und Tat verantwortlich.[32] Sie vereinte der Wille, ihre ramponierte Reputation beim «Führer» zu verbessern: Die SA fühlte sich seit 1934 ständig zurückgesetzt, und Goebbels hatte sich wegen seiner Liebesaffäre mit der Schauspielerin Lida Baarová heftige Vorwürfe Hitlers anhören müssen. Hitler hielt sich bei den Pogromen im Hintergrund, hatte aber den Anstoß zu den Aktionen gegeben und die Fäden in der Hand behalten. Begonnen hatte die Welle neuerlicher antisemitischer Erregungen und Kampagnen mit einem Gesetz vom Januar 1938, das die deutschen Juden zwang, ihre Vor- und Familiennamen zu ändern, damit man sie auf diese Weise noch deutlicher als bisher stigmatisieren konnte. Außerdem mussten nun jüdische Vermögen angemeldet werden, was die Gier vieler Partei- und Volksgenossen weckte. Sie bereicherten sich an den verbleibenden Objekten; vor allem aber griff der NS-Staat zu, der 1938 aufgrund seiner Rüstungspolitik in wirtschaftliche und finanzielle Schwierigkeiten geraten war. Der Staat verdiente nicht nur an den «Arisierungen» mit, sondern erhob schließlich von den zur Emigration gezwungenen Juden zusätzlich eine «Reichsfluchtsteuer» und andere Zwangsabgaben. Die Lage spitzte sich zu, als nach der Sudetenkrise Himmler am 26. Oktober 1938 ein Aufenthaltsverbot für polnische Juden verhängte und sie zwang, innerhalb von drei Tagen das Deutsche Reich zu verlassen. Da die polnischen Behörden ihnen die Aufnahme verweigerten, irrten mehr als zehntausend Betroffene durch das Niemandsland zwischen den Grenzen. Die Nachricht vom Schicksal seiner Eltern, die zu den Opfern gehörten, trieb den jungen Herschel Grynszpan zu einer Verzweiflungstat: Sein Attentat auf den deutschen Botschaftsangehörigen Ernst vom Rath in Paris am 7. November löste eine reichsweite Pogromaktion durch SA-Trupps aus, die, von Hitler und Goebbels angestiftet, am Abend des 9. November ihre Chance sahen, ihren politischen Machtanspruch zu demonstrieren. Dabei bedurfte es offenbar nur einiger auslösender Stichwörter, die den SA-Aktivisten Ziel und Methoden ihres Vorgehens überall im Reich angaben. Weitere Begründungen waren nicht erforderlich, denn Antisemitismus und die Ausgrenzung bzw. Verfolgung von Juden waren für alle oberstes Staatsziel, und man wusste, was der «Führer» von einem erwartete. Auch wenn nicht alle SA-Männer die subtile Anweisung von Goebbels verstanden hatten und statt des geforderten «Räuberzivils» teilweise in voller Uniform antraten, verstanden sie sich als ausführende Organe eines angeblichen «Volkszorns» und zerstörten in einer beispiellosen Brutalität rund 7500 Geschäfte, steckten 191 Synagogen in

Brand und töteten mehr als 90 jüdische Bürger. Mehr als 20000 männliche jüdische Bürger, die als vermögend galten, wurden festgenommen und in Konzentrationslager verschleppt. Sie wurden erst dann freigelassen, als sie sich zur Emigration bereiterklärten. Die Exzesse von Gewalt, Vandalismus, Misshandlungen und Demütigungen, die sich in aller Öffentlichkeit abspielten, stießen bei Teilen der Bevölkerung auf Unverständnis und auch auf Ablehnung. Man flüsterte sich zu, dass Derartiges in einem Kulturstaat nicht vorkommen dürfe. Den lautloseren und wirkungsvolleren Weg wählte Hermann Göring zwei Tage danach, als er in der charakteristischen Doppelstrategie das bürokratisch umsetzte, was zuvor in der gelenkten Parteiaktion von unten losgetreten worden war. Göring trieb der zynische Hang zur Ausplünderung und finanziellen Bereicherung. Nach dem Verlust ihrer bürgerlichen Rechte drohte den deutschen Juden nun eine umfassende Enteignung und Vertreibung. Sie hatten eine «Sühneleistung» von einer Milliarde Reichsmark aufzubringen und alle Schäden zu bezahlen. Selbst ihre Versicherungsansprüche mussten sie an den Staat abtreten. Die Zukunft derer, die nicht emigrieren konnten, weil sie die Kosten dafür nicht aufbringen konnten, hatte Göring schon am 12. November angedroht: Im Falle eines künftigen «außenpolitischen Konfliktes» würde man mit den Juden abrechnen; Hitler wurde in einer Reichstagsrede am 30. Januar 1939 noch deutlicher: Wenn das «internationale Finanzjudentum» die Völker noch einmal in einen «Weltkrieg triebe», wäre das Ergebnis nicht die «Bolschewisierung der Erde», sondern die «Vernichtung der jüdischen Rasse in Europa».[33] Diese «Prophezeiung» vom 30. Januar, die er später öfter wiederholen sollte, legte die Perspektiven seiner Politik offen, ohne dass er selbst schon gewusst hätte, wie er dieses ideologische Ziel in die Tat umsetzen könnte. Immerhin war die Richtung seiner Judenpolitik damit öffentlich fixiert, und der Begriff der «Vernichtung der jüdischen Rasse» markierte ein Ziel, hinter das es kein Zurück mehr gab und das auch für die NS-Funktionäre Wegweiser war, wenn sie wissen wollten, was ihr «Führer» von ihnen in der «Judenfrage» erwartete.

«Führer» und «Volksgemeinschaft»

Die Ausgrenzung und Vernichtung von politisch-ideologischen Feinden und von sogenannten Gemeinschaftsfremden gehörten ebenso zu den charakteristischen Merkmalen der nationalsozialistischen Volksgemeinschaftsideologie wie umgekehrt die Integration der Aufstiegs- und Leistungswilligen. Für sie stellten die Versprechungen einer klassenübergreifenden «Volksgemeinschaft» einen Anziehungspunkt ihrer sozialen Aufstiegserwartungen dar und das Versprechen auf soziale Anerkennung. Inklusion in die «Volksgemeinschaft» und Exklusion derer, die nicht dazugehören sollten, waren zwei Seiten der Parole von der «Volksgemeinschaft».[34] Beide hatten ihren unbestrittenen Bezugspunkt in der Figur des «Führers», der nicht müde wurde, diesen Zusammenhang und die Identität von «Führer» und «Volk» zu proklamieren. Auf dem Parteitag 1937 verkündete er, ganz der Hohepriester einer politischen Religion, diese mystische Vereinigung und Konsensverheißung als «Wunder einer neuen Zeit»: «Daß ihr mich einst gefunden habt und daß ihr an mich glaubt, hat eurem Leben einen neuen Sinn, eine neue Aufgabe gestellt! Daß ich Euch gefunden habe, hat mein Leben und meinen Kampf erst möglich gemacht.»[35] Nicht sehr viel anders hatte er ein Jahr zuvor auf der Führerkanzel des Nürnberger Parteitagsgeländes seine eigene Existenz propagandistisch wirksam als nationaler Erlöser inszeniert.

Ausgrenzung aus der «Volksgemeinschaft» bedeutete nicht nur die Verfolgung von Kommunisten und Sozialdemokraten sowie die Verfolgung der Juden, sondern auch die Asylierung und Ermordung von Epileptikern, psychisch Kranken und Kriminellen, deren Registrierung und Sterilisation schon von den Verfechtern einer Rassenhygiene in der Weimarer Republik aus medizinischen wie ökonomischen Gründen empfohlen worden war. Den ersten Schritt zur Umsetzung der rassenhygienischen Forderungen hatte das NS-Regime bereits im Juli 1933 mit dem «Gesetz zur Verhütung erbkranken Nachwuchses» vorgenommen. Bis zum Kriegsbeginn 1939 wurden auf Veranlassung von neu eingerichteten Erbgesundheitsgerichten etwa 300 000 Menschen zwangsweise sterilisiert. Seit 1937 wurden aus ähnlichen rassenhygienischen und kriminalbiologischen Ideologemen im Sinne einer

Abb. 21 Eintopfessen beim «Führer». Das nationalsozialistische Winterhilfswerk organisierte seit 1933 mit Sammelbüchsen und einem kontrollierten sonntäglichen Eintopfessen symbolische Aktionen volksgemeinschaftlicher Solidarität, die es Hitler erlaubten, sich als «Führer» der «Volksgemeinschaft» darzustellen. Was bei dem bescheidenen Eintopfessen eingespart wurde, musste an das Winterhilfswerk abgeliefert werden.

«vorbeugenden Verbrechensbekämpfung» sogenannte Berufs-, Gewohnheits- und Sittlichkeitsverbrecher verhaftet und in Konzentrationslager verschleppt; dasselbe Schicksal ereilte auch Homosexuelle, deren Bekämpfung Himmler ebenfalls 1937 angekündigt hatte. Die Kategorien der «Gemeinschaftsfremden» und «Asozialen», das waren beispielsweise Landstreicher, Bettler und Zuhälter, d. h. alle, denen eine «Zersetzung des deutschen Volkskörpers» unterstellt wurde; diese Liste wurde ständig erweitert: 1938 wurden «Arbeitsscheue» und «Zigeuner» verhaftet und zur Arbeit in Konzentrationslager gezwungen.[36]

Der Erziehung zur «Volksgemeinschaft» diente ein ganzes System von Arbeitsdienstlagern und Lagern der Hitlerjugend (HJ), aber auch von Ausleseschulen, wie etwa den Adolf-Hitler-Schulen, den Nationalpolitischen Erziehungsanstalten (Napola) oder den NS-Ordensburgen, in denen die künftige NS-Elite herangezogen werden sollte. In diesen Lagern sollte eine formierte soziale Ordnung vorge-

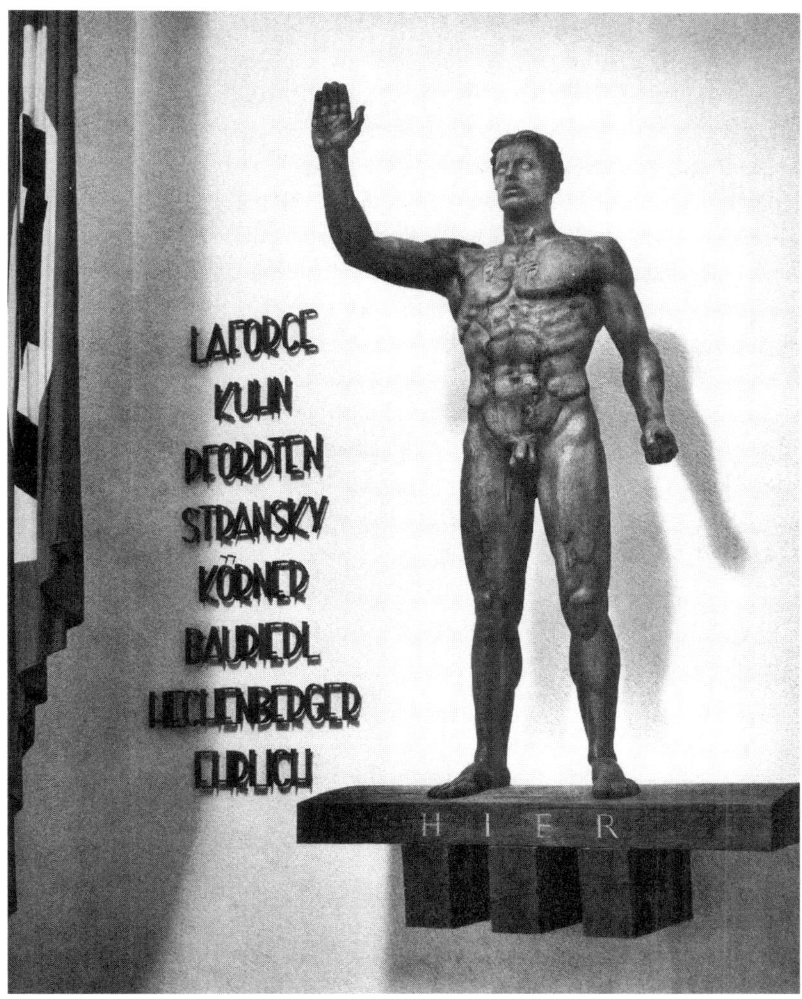

Abb. 22 Die NS-Ordensburg Vogelsang in der Eifel diente der Ausbildung des Führernachwuchses der NSDAP. Das Ausbildungsprogramm zielte auf die Erziehung eines «neuen Menschen». Leitbilder dafür lieferte der Märtyrerkult der NS-Bewegung, der mit einem Ehrenmal für die Gefallenen der Bewegung in einem zentralen Kultraum inszeniert wurde. Dort wurden auch «braune Hochzeiten» gefeiert und der Nationalsozialismus zu einer politischen Religion erhoben.

lebt und das Bewusstsein ausgebildet werden, zu einer «Herrenrasse» zu gehören.[37]

In den Ausleseschulen wie in der HJ-Erziehung sollten Körpererziehung, Disziplin und Kameradschaft, nicht aber Bildung und individuelle Urteilsbildung im Vordergrund stehen. Das entsprach auch den Vorstellungen Adolf Hitlers, der sich gerne in den Ordensburgen und Ausleseschulen zeigte. Dass die neue Gemeinschaft – wie sie auch bei den zahlreichen NS-Feiern im nationalsozialistischen Feierjahr von den Feiern des «Tages der nationalen Arbeit» am 1. Mai, dem «Reichserntedankfest» am Bückeberg über die Reichsparteitage Anfang September in Nürnberg bis hin zu Totenehrungen und Märtyrerfeiern am 9. November sowie bei den unzähligen lokalen Sonnwendfeiern inszeniert wurde – konfessionelle, regionale und berufliche Unterschiede symbolisch einebnen und durch Gesinnung überwölben sollte, war die populäre Seite der Volksgemeinschaftsideologie.

Der gewaltig aufgeblähte NSDAP-Parteiapparat bot überdies Aufstieg und soziale Anerkennung: 1937 betrug die Zahl der Politischen Leiter rund 700 000, im Krieg gehörten rund zwei Millionen zum nationalsozialistischen Führungskorps, vom Gauleiter bis zum Ortsgruppenleiter und Blockwart. Das brachte für die Mitglieder viele Vergünstigungen, für die Gesellschaft ein intensives Kontrollsystem. Neue Uniformen sowie neue Bezeichnungen für traditionelle Sozialbeziehungen und eine Palette von Gemeinschaftseinrichtungen und -veranstaltungen vom Kameradschaftshaus bis zum Betriebsabend sollten eine gefühlte Gleichheit herstellen; tatsächlich aber blieben die sozialen Hierarchien erhalten. Firmenchefs, in der NS-Sprache «Betriebsführer», die zur Bekräftigung ihrer Zugehörigkeit zur «Volksgemeinschaft» beispielsweise mit an Bord eines «Kraft durch Freude»-Dampfers gegangen waren, verließen für gewöhnlich diesen kurz nach dem Auslaufen des Schiffes.

Besondere propagandistische und sozialpolitische Aufmerksamkeit galt der Millionenschaft der Arbeiter. Nachdem man 1933 ihre politischen Organisationen zerschlagen und Arbeiter und Angestellte in die Massenorganisation der «Deutschen Arbeitsfront» gezwungen hatte, versuchte das Regime die politische Entmündigung der Arbeiter durch sozialpolitische Verlockungen, aber vor allem durch Erfolge auf dem Arbeitsmarkt und durch eine aufsteigende

Lohnentwicklung zu kompensieren, die sich positiv von den Krisenjahren 1930/32 abhob. Im Unterschied zu dem stagnierenden Konsumgüterbereich füllten sich in den rüstungswirtschaftlich relevanten Betrieben die Lohntüten rascher und wurden voller. Das kam einmal durch die Steigerung der wöchentlichen Arbeitszeit zustande, später dann durch die Einführung von höheren Akkordlöhnen oder Zuschlägen, mit denen die Betriebe auf den Mangel an Facharbeitern reagierten. Die Erfahrung eines gesicherten Arbeitsplatzes, die man seit vielen Jahren nicht mehr kannte, trug ganz entscheidend zur anfangs zögerlichen, aber später nachhaltigen Loyalität oder Stillhaltebereitschaft der Arbeiterschaft bei. Das waren oft nur bescheidene Erfolge, die aber in der öffentlichen Wahrnehmung meistens Hitler zugeschrieben wurden. Auch die Mutter eines arbeitslosen Kommunisten aus dem Fränkischen zeigte sich darüber, dass ihr Sohn wieder Arbeit und Brot gefunden hatte, derart beglückt, dass sie gelobte, dem «Führer» eine Kerze anzustecken.[38] Die zusätzlichen sozialpolitischen Errungenschaften und Leistungen, die das Regime in Fortsetzung früherer Sozial- und Wohlfahrtspolitik teilweise weiterführte und ausbaute, flankierten diesen Stimmungsumschwung. Sozialpsychologisch wirkungsvoll war überdies die Einführung eines bezahlten Mindesturlaubs von sechs bis zwölf Tagen, die es der NS-Freizeitorganisation «Kraft durch Freude» erlaubte, billige Ferienreisen für alle anzubieten und den Traum des deutschen Arbeiters wahrzumachen, einmal auf einem Hochseedampfer in die weite Welt zu fahren, auch wenn sich das zunächst nur Angestellte und Angehörige des Mittelstandes leisten konnten.

Möglich wurden die Verbesserungen der Lohn- und Einkommensentwicklung durch den wirtschaftlichen Aufschwung und eine kurze Hochkonjunktur, die aber vor allem durch eine einseitige und völlig überhitzte Aufrüstungspolitik hervorgerufen wurde. Sichtbares Zeichen waren ein kräftiger Rückgang der Arbeitslosigkeit, bis es 1937/38 bereits in bestimmten Bereichen zu einem Mangel an Facharbeitern kam. Dass der solcherart, durch die Aufrüstung angeheizte wirtschaftliche Aufschwung mit immer wieder auftretenden Engpässen in der Versorgung und bei der Rohstoff- und Devisenbeschaffung verbunden war, führte zwar immer wieder zu Missfallensäußerungen in der Bevölkerung, brachte Hitler jedoch nicht davon ab, an seiner forcierten Aufrüstungspolitik trotz der Warnungen von Wirtschaftsexperten festzuhalten. Das Regime reagierte auf den Mangel an Rohstoffen, die für teure Devisen auf den internationalen Märkten erworben und eingeführt werden mussten, nicht etwa mit der Drosselung der Rüstungsaufträge, sondern 1936 mit dem Übergang zu einer gelenkten Wirtschaft und der Einrichtung der Vierjahresplanbehörde unter der Führung von Hermann Göring. Mittels einer dirigistischen Bewirtschaftung und Kommandowirtschaft in den rüstungswirtschaftlich und für die Produktion von Ersatzrohstoffen relevanten Bereichen sollte die Autarkiepolitik eine weitgehende Unabhängigkeit bei der Gewinnung von Rohstoffen für die Industrie erzielen, was extrem kostensteigernd und nur unvollkommen zu erreichen war. Das Versprechen, für «Butter und Kanonen» zu sorgen, widersprach der ökonomischen Vernunft, folgte aber dem Primat der Politik, der von Hitler vorgegeben wurde. Auch war durch die Vollbeschäftigung und die Steigerung der Wochenlöhne mehr Geld in die Hände der Volksgenossen gelangt, die diese jedoch kaum auf dem Markt für Konsumgüter einsetzen konnten. Mit dem propagandistisch wirksamen Versprechen von subventionierten Volksprodukten vom «Volksempfänger», der die Verbreitung von billigen Rundfunkgeräten förderte, bis hin zu einer Massenautomobilisierung in Gestalt des KdF-Wagens – d. h. des Volkswagens, der allerdings nie an die KdF-Sparer, sondern ausschließlich an die Wehrmacht in Form der militärischen Variante des «Kübelwagens» ausgeliefert wurde – hoffte man allerdings, Kaufkraft abschöpfen und die Unzufriedenheit über immer wieder auftretende Versorgungsengpässe in Grenzen halten zu können. Außerdem verschafften Konsumangebote dieser Art, die seit der Weltwirtschaftskrise so gut wie unerreichbar waren, den Hauch von Modernität, der das Regime auch in Zukunft verstärkt umgeben könnte.

Der Aufschwung erreichte längst nicht alle Branchen und Regionen, wie auch die Gesellschaftspolitik Gewinner und Verlierer kannte. Die einseitige Rüstungspolitik schuf neue Ungleichheiten. Einen deutlichen Aufschwung erlebten als Folge der Aufrüstung industrielle Zentren im Ruhrgebiet und in Mitteldeutschland, wo die Montanindustrie und die metallverarbeitende Industrie sowie der Fahrzeugbau und die Flugzeugindustrie, daneben die chemische Industrie deutliche Wachstumsraten erzielten. Dort wurden neue Fabriken und neue Produktionsanlagen errichtet, neue Technologien für die Herstellung von Kautschuk und synthetischen Treibstoffen entwickelt, aber teilweise auch neue Arbeiterwohnsiedlungen errichtet. Das veränderte das Gesicht vieler Städte und Landschaften und trieb die industrielle Modernisierung auch noch während des Krieges voran. Es führte überdies zu wirtschaftlichen und sozialen Verschiebungen, die dem statisch-mittelständisch geprägten Gesellschaftsbild vieler NS-Ideologen und Anhänger widersprachen, aber angesichts der Priorität, die die Rüstung besaß, unvermeidlich waren. Profiteure des Rüstungsbooms waren selbstverständlich nicht zuletzt die Unternehmer, auch wenn sie die Autonomie des wirtschaftlichen Handelns an die NS-Kommandowirtschaft verloren. Verlierer hingegen waren die Landwirtschaft und der alte Mittelstand in Handwerk, Handel und Kleingewerbe.

Auch in der Frauenpolitik bzw. in der gesellschaftlichen Lage der Frauen klafften mit zunehmender industrie- und rüstungswirtschaftlicher Mobilisierung Ideologie und Wirklichkeit auseinander. Die NS-Frauenideologie folgte traditionellen patriarchalischen und antiemanzipatorischen Rollenbildern, erweiterte diese aber um rassistische und erbbiologische Komponenten. Ehe und Familie wurden als «Keimzelle der Volksgemeinschaft» gefeiert. Zugleich bot jedoch die nationalsozialistische Propaganda- und Mobilisierungspolitik Frauen außerhäusliche Handlungsmöglichkeiten und Aufstiegschancen in den zahlreichen NS-Frauenorganisationen. Wie wenig man in modernen säkularisierten Gesellschaften allgemeine Trends aufhalten konnte, mussten die Nationalsozialisten auch in ihrer Familien- und Geburtenpolitik erfahren. Trotz verschiedener staatlicher Fördermaßnahmen wie Kindergeld und Ehestandsdarlehen ließ sich die Entwicklung zur Kleinfamilie mit zwei Kindern nicht aufhalten. Auch die Zahl der erwerbstätigen Frauen im «Dritten Reich» hat allen ideologischen Postulaten zum Trotz nicht abgenommen. 1933 waren 11,6 Millionen Frauen in einem Arbeitsverhältnis, 1939 waren sogar 14,6 Millionen erwerbstätig. Das waren 52 Prozent aller Frauen zwischen 15 und 60 Jahren – mithin mehr als zur selben Zeit in den

USA oder Großbritannien. Die Erwerbsquote von ledigen Frauen war beträchtlich höher als von verheirateten Frauen; Arbeiterfrauen waren sehr viel häufiger erwerbstätig als Frauen aus dem Bürgertum. Auch der dramatische Arbeitskräftemangel während des Krieges änderte wenig an der Rollenverteilung. Hitler verhinderte aus ideologischen Gründen eine verstärkte Einbeziehung von Frauen in die Rüstungsproduktion. Stattdessen stopfte man die Löcher im Arbeitsmarkt mit der millionenfachen Rekrutierung von ausländischen Zwangsarbeitern, trotz aller rassenideologischen Bedenken.

Die deutsche Jugend lebte nach 1933 in einem Spannungsfeld zwischen scheinbarer Befreiung und wachsender Disziplinierung bzw. Reglementierung. Zwar wurde der Generationenkrieg, den die NS-Propagandisten vor 1933 verkündet hatten, nach 1933 abgeblasen, aber Jugendpathos und Mobilitätsappell bestimmten nach wie vor Selbstdarstellung und Werbekraft des Regimes. Es war sicherlich kein Zufall, dass ausgerechnet die anfangs unbedeutende nationalsozialistische Jugendorganisation seit 1929 den Namen Adolf Hitlers trug. «Wer die Jugend besitzt, der hat die Zukunft», versicherten sich Hitler und NS-Jugendführer Baldur von Schirach. Immer wieder wurden jugendliche Begeisterungsfähigkeit und Aggressivität freigesetzt, gleichzeitig aber gelenkt und manipuliert. Der Auftritt Hitlers beim «Tag der Hitlerjugend» auf den Nürnberger Reichsparteitagen war einer der Höhepunkte der Inszenierung der nationalsozialistischen Feier der Jugendlichkeit und «ihres Führers». Vergessen waren die Gleichschaltung vieler Jugendverbände der Weimarer Republik und die mit Verlockung und Zwang betriebenen Mobilisierungskampagnen der Staatsjugendführung. Sie hatten dazu geführt, dass die Organisationen von HJ und BDM, die seit 1936 auch offiziell als Staatsjugend fungierten, gewaltig anschwellen konnten. Bis Ende 1934 waren 3,4 Millionen neue Mitglieder aufgenommen worden, 1939 waren es 8,7 Millionen; sie kamen anfangs mehr aus Einsatzwillen und Begeisterung, aber bald immer häufiger durch Einschüchterung, Anpassungsdruck und Zwang. Als der dumpfe Drill und die ideologische Indoktrination zunahmen, versuchten Eltern und Jugendliche, sich diesem Zwang zu entziehen, indem sie möglichst selten zu den HJ-Heimabenden gingen.

Der unbestreitbare Erfolg der nationalsozialistischen Propaganda lag nicht nur in der Sensibilität der NS-Propagandisten für die Rolle moderner Medien und dem Faszinosum ihrer Masseninszenierungen begründet, sondern auch in der Anpassung an die Bedürfnisse und sozialen Erwartungen der deutschen Gesellschaft; außerdem in der Fähigkeit, auch bescheidene gesellschaftspolitische Erfolge als ersten Schritt zu einer viel weiter gehenden Entwicklung zu verkaufen. Die nationalsozialistische Propaganda schaffte es, die Zukunft für sich zu reklamieren und Hitler zum Träger dieser Zukunftserwartungen zu stilisieren. Zu der Sensibilität des Regimes für die Stimmung in der Bevölkerung gehörte überdies die Fähigkeit, die Möglichkeiten und Formen symbolischer politischer Kommunikation zu nutzen. Niemand verstand sich besser auf eine wirkungsvolle politische Ästhetik als der Opernfreund und verhinderte Bühnenbildner Adolf Hitler, der – angefangen bei der Hakenkreuzfahne – bei allen wichtigen Entscheidungen in Fragen der Propaganda und politischen Inszenierung den Anstoß gab und sich verbindliche Entscheidungen vorbehielt. Er hatte ein Gespür für die Magie der vielen Zeichen und Rituale und sorgte dafür, dass diese sich in einem machtgeschützten Raum entfalten konnten, ohne dass das Regime sich vor Kritik und politischer Satire fürchten musste. Denn deren Repräsentanten, die selbstverständlich zu einer freien, demokratisch-pluralistischen Gesellschaft gehörten, hatte man bereits 1933 ausgeschaltet und verfolgt. Mit Goebbels war Hitler sich nach jedem Reichsparteitag in Nürnberg einig, dass man die Wirkung der mehrtägigen Inszenierungen ständig überprüfen und gegebenenfalls verbessern müsse. Denn was zählt, so Goebbels, ist allein der Effekt.

Mit der Machtübernahme 1933 waren den Nationalsozialisten nicht nur schrittweise die Kontrolle und Verfügung über fast alle Medien zugefallen, sie hatten zudem unter der Federführung des neuen Propagandaministers Joseph Goebbels ein ganzes Netzwerk von eigenen Propagandaeinrichtungen, das von der Hauptstadt bis in die ferne Provinz reichte, aufgebaut und sich dabei auf die Bereitschaft vieler Aufstiegswilliger zum Mitmachen stützen können. Goebbels hatte allerdings bald festgestellt, dass zu viel und zu eintönige Propaganda die Gefahr barg, bald zu Ermüdung und Abstumpfung zu führen.

Darum ließ er in der Presselandschaft durchaus ein paar anspruchsvolle und leicht abweichende Farbtupfer zu, wie etwa die bürgerliche «Frankfurter Zeitung» oder die Eigenkreation der Zeitung «Das Reich», die Raum für einen anspruchsvolleren Journalismus bot. Im Film vermied man eine allzu plumpe Politisierung, obwohl man die institutionellen Möglichkeiten der Lenkung der Filmproduktion und -präsentation besaß (und diese während des Krieges auch zunehmend stärker einsetzte). Auch in der bildenden Kunst konnte sich das Regime nur auf die Verfolgung von «entarteter Kunst» und unter dem Beifall traditionalistischer Bildungsbürger auf das Verbot von Werken der Moderne einigen; eine eigene nationalsozialistische Malerei blieb eine unerfüllte Vision. Auch wenn Hitler bei den seit 1937 regelmäßig stattfindenden «Großen Deutschen Kunstausstellungen» im neu errichteten «Haus der Deutschen Kunst» in München durch großzügige Ankäufe und Preisverleihungen alles tat, um die neue deutsche Kunst zu fördern: Der gängige künstlerische Traditionalismus der Genre- und Aktmalerei ließ sich unter diesen Bedingungen nicht ablösen, zumal man gerade einen Feldzug gegen die einst so innovative und ästhetisch anspruchsvolle Kunst der Gegenwart geführt hatte.

Mit der Lenkung und Instrumentalisierung von Rundfunk und Film knüpften die Nationalsozialisten an die Entwicklungstendenzen der modernen Massenkultur an und setzten sie für ihre Zwecke ein. Sie waren damit ganz Teilhaber und Nutznießer der Moderne, sowenig sie darauf verzichten wollten, den traditionellen Kulturbetrieb, d. h. Literatur, Musik und Theater, zu durchdringen und ihren ambivalenten Herrschaftstechniken von Verlockung und Zwang unterzuordnen. Ein Stück kultureller Autonomie blieb dem bürgerlichen Kulturbetrieb bis zum Kriegsbeginn bewahrt; das Regime beschränkte sich vor allem auf personelle Säuberungen und nutzte die verbreitete Selbstanpassung der Künstler. Jedoch verzichtete Goebbels im Bereich der «Hochkultur» auf stärkere politische Eingriffe, auch weil er um die sehr begrenzten Möglichkeiten und Fähigkeiten einer spezifisch nationalsozialistischen Ästhetik und Kultur wusste.

Die kam sehr viel stärker und eigentümlicher im nationalsozialistischen Feierstil und in dem davon bestimmten Festkalender zum

Ausdruck. Darin fanden sich sowohl Elemente einer pseudoreligiösen Liturgie wie einer technisch aufwendigen Masseninszenierung und Kulissenwelt, die auch vor Anleihen aus Film und Operette nicht zurückschreckte und vor allem mit den massenhaften, in die Provinz reichenden Reproduktionen der offiziellen Feste und Feiern, die in Nürnberg, München oder Berlin stattfanden, ein Stück pseudodemokratischer Partizipation schuf; auf diese Weise sollte der schöne Schein der sakralisierten Führerherrschaft überall Verbreitung finden. Im Mittelpunkt solcher Masseninszenierungen – in Nürnberg wie auf dem Bückeberg oder in Berlin – stand immer Hitler, dessen Charisma durch eine Dramaturgie aus Licht und Dunkelheit, aus der inszenierten Einsamkeit des «Führers» und den vielen von ihm vorgenommenen Weihehandlungen mit der «Blutfahne» oder anderen Reliquien einer säkularisierten Religion erneuert werden sollte. Gleichwohl stieß diese Massenmobilisierung immer wieder an ihre Grenzen: Der christliche Festkalender ließ sich durch den nationalsozialistischen Festkalender, auch wenn man für dessen Propagierung ein eigenes Amt schuf, nicht verdrängen. Zudem gab es interne Berichte, die von der sich ausbreitenden Langeweile und den störenden Pannen bei dem tagelangen Parteitagsritual erzählten.

Der «Führer privat». Privatheit als Inszenierung

«Hitler wie ihn keiner kennt». Unter diesem Titel veröffentlichte Heinrich Hoffmann, Hitlers Leibfotograf, 1932 erstmals Bilder von Hitlers «Privatsphäre», die keine war. Hoffmann und sein Schwiegersohn Baldur von Schirach vermischten ganz bewusst Szenen aus Hitlers tatsächlichem Privatleben mit Bildern der politischen Repräsentation des nationalsozialistischen Parteiführers. Das entsprach teilweise auch dem tatsächlichen Lebensstil Hitlers, der, wie sein «Reichspressechef» Otto Dietrich später schrieb, «kein Unterscheidungsvermögen zwischen dienstlichem und privatem Leben» kannte und «seine Dienstgeschäfte inmitten seines Privatlebens» führte und ein «Privatleben inmitten seiner Amtsgeschäfte und seiner Amtsführung» lebte.[39] Tatsächlich blieben viele Seiten des Privatlebens von Adolf Hitler ausgespart und sollten es auch in Zukunft bleiben, was viel über Hitlers Persönlichkeit verriet. Durch die absichtsvolle Privatisierung des Hitler-Mythos wurde vielmehr eine spezifische Ausdrucksform geschaffen, die es erlaubte, wenig über Hitlers privates Leben zu sagen, aber ihn zum vorbildlichen Menschen zu stilisieren. Diese Form der Inszenierung von Privatheit erwies sich als ein Stück einer «Entdifferenzierung der politischen Sphäre».[40] Das fügte sich bestens in den politischen Stil des Nationalsozialismus. Hoffmann führte dem Publikum seit 1932 einen Hitler im «Alltag» vor, der sich so gab wie du und ich, der aber volksnaher Führer und mächtiger Kanzler zugleich war.[41] Wenn der Bildband vor allem Hitlers herausragende Eigenschaften, seine «Kraft und Güte», herausstellte, den Mann, der «anspruchslos und spartanisch lebte, enorm fleißig war und viel arbeitete, künstlerische Begabung und eine umfassende Bildung besaß»,[42] dann war das eine Imagewerbung, die zahlreiche positive Identifikationsangebote jenseits der «Großen Politik» und der Machtansprüche der Hitler-Bewegung zu bieten schien. Privatheit wurde inszeniert und war ein Element der Herrschaftstechnik. Das Rezept erwies sich, wie die große Auflage dieses ersten Hitler-Bildbandes zeigt, als außerordentlich erfolgreich und wurde in weiteren Bänden fortgeführt. Sie kreisten um Hitlers private Lebenswelt auf dem Obersalzberg, seine Fahrten durch Deutschland, seine Nähe zur Natur und zu den Bergen, seine Begegnungen mit Kindern und Jugendlichen. Das waren Werte, die alle positiv besetzt und anschlussfähig waren.

Hitlers Lebensstil hatte sich in seiner Zeit als «Führer» und Staatsmann kaum geändert und glich bald wieder dem des Künstlers und Bohemiens, wie er ihn sich in seinen Wiener und Münchner Jahren angewöhnt hatte. Nur in den ersten Monaten nach der Machtübernahme spielte er die Rolle des disziplinierten Reichskanzlers, der Akten studierte, seinen Amtsgeschäften in Berlin nachging und früh auf den Beinen war. Dann, nach Hindenburgs Tod und der Monopolisierung der Macht, fand er zurück zu seinem sprunghaften Lebens- und Arbeitsstil, der nun bald auch die politischen Entscheidungsprozeduren prägte. Er stand sehr spät auf. Der Arbeitstag begann erst um zehn Uhr, oft auch noch später. Der Arbeitsverlauf begann mit einem

Vortrag des Staatssekretärs Hans Heinrich Lammers und des Pressereferenten Otto Dietrich. Die Termine und Besprechungen, die sich anschlossen und von einer langen Mittagspause unterbrochen wurden, fanden, wenn Hitler in Berlin war, im Arbeitszimmer in der Alten Reichskanzlei statt. Zum Mittagessen hatten Hitlers Adjutanten auf seine Anordnung hin mehrere Gäste eingeladen, meistens Gauleiter und andere Parteifunktionäre, mitunter auch prominente Schauspieler und Künstler, die zusammen mit Goebbels vorbeikamen, der beinahe Dauergast war. Ähnlich waren auch zum Abendessen illustre Gäste aus dem Kunst- und Kulturleben geladen. Hitler liebte das Alleinsein nicht, und bei Tisch führte er meistens das Gespräch, das nicht erst in den Führerhauptquartieren während des Krieges meistens als Monolog verlief. Dabei waren auch die Sekretärinnen anwesend, die so lange ausharren mussten. Spät am Abend gab es meistens eine Filmvorführung, in der Reichskanzlei wie auf dem Obersalzberg. Was vorgeführt wurde, bestimmte der Hausherr. Meistens war es leichte Kost, darunter auch sehr viele amerikanische Produktionen. Manchmal wurden zwei oder auch drei Filme hintereinander gezeigt. Dann gab es noch eine Teerunde. Danach zog sich Hitler zurück und las bis tief in die Nacht oder in den frühen Morgen.

Zu Hitlers Entourage gehörten Männer, die ihn von Anfang seiner politischen Karriere an begleitet hatten. Leibwächter, Chauffeure und Adjutanten. In der Reichskanzlei erhielten sie den Status eines «Persönlichen Adjutanten»: Chefadjutant war Wilhelm Brückner, der für Hitlers persönliche Sicherheit und das weitere Personal zuständig war. Daneben fungierte Julius Schaub als das «wandelnde Notizbuch»,[43] schließlich Albert Bormann, der jüngere Bruder des Reichsleiters Martin Bormann, der Hitlers Privatkanzlei leitete und sich um die umfängliche Privatpost kümmerte. Schließlich war Philipp Bouhler für die «Kanzlei des Führers» zuständig. Nach 1934 wurde dieser Kreis um die Adjutanten aus den drei Wehrmachtsteilen erweitert.

Bald hetzte Hitler unaufhörlich zwischen Berlin, München, dem Obersalzberg oder Bayreuth hin und her, zwischen Besprechungen, Kundgebungen, Aufmärschen, ersten Spatenstichen und Einweihungen. Dazu setzte er einen Sonderzug oder einen großen Fuhrpark von Luxuslimousinen der Marke Mercedes-Benz ein, die schon vor 1933 Hitlers Autoleidenschaft gefördert hatte. Die Abfahrtstermine und Wegstrecken für die zahlreichen Reisen wurden sehr spät bekannt gegeben. Sein Pkw war stets von Begleitfahrzeugen mit Sicherheitsbeamten umgeben. Hitlers Sicherheitsbedürfnis war sehr groß. Das war nicht unbegründet, da er immer wieder von Mordanschlägen bedroht war. Die Sicherheit des Diktators war aber auch deswegen eine wichtige Aufgabe und Herausforderung für seine «Umgebung», da der charismatische Führer sich gerne stehend im offenen Pkw vor einer jubelnden Menge zeigte.

Das Leben eines Reise-Kanzlers, der die Öffentlichkeit suchte, verstärkte nach außen das Bild vom rastlosen und omnipräsenten «Führer». Die Mitglieder des Kabinetts oder der Regierungsbehörden mussten ihm oft nachreisen, um eine Entscheidung herbeizuführen. Das stärkte umgekehrt den Einfluss der Führungsgruppen der NSDAP, der Gauleiter und Reichsleiter und auch der Adjutanten und Sekretäre. Es bot sich ihnen damit die Chance, Entscheidungen an den zuständigen Ministerien vorbei durchzusetzen. Kam es bei diesem unkoordinierten Verfahren zu Entscheidungen, die im Widerspruch zur Gesetzgebung der eigenen Regierung standen, musste die Panne dadurch mühsam kaschiert werden, dass die zur Durchführung der Verordnung notwendigen Durchführungsbestimmungen nicht erlassen wurden und der Vorgang im Sand verlief. Denn der «Führer» konnte sich natürlich nicht irren. Trotz seines stupenden Gedächtnisses und trotz seiner oft verblüffenden Detailkenntnisse ließen sich die Fäden der Regierung nicht mehr in einer Hand halten. Dieser Regierungsstil förderte mit der Zeit vielmehr das Eigenleben einzelner Ressorts und führerunmittelbarer Sonderapparate. Die Nähe bzw. der Zugang zum «Führer» wurde sehr bald zum wichtigsten Mittel der Einflussnahme und Entscheidung.

Wer wirklich diese Nähe besaß und zum privaten Umfeld Hitlers gehörte, das wurde auf dem Berghof sichtbar. Seit der Machtübernahme 1933 hatte sich der Obersalzberg bei Berchtesgaden mit seinen Ferienvillen von einem Refugium Hitlers zu einer zweiten Reichskanzlei und zu einem Wallfahrtsort entwickelt.[44] Hitler hatte

Abb. 23 Der Obersalzberg war zweite Reichskanzlei und Treffpunkt des inneren Machtzirkels im Führerstaat. Wer auf den Berghof (hier seine Terrasse) eingeladen war, gehörte dazu und war zugleich Teil einer Inszenierung des «Privatlebens» des «Führers».

das Haus Wachenfeld seit 1928 gemietet und im Juni 1933 schließlich gekauft. Es wurde seither um- und ausgebaut und 1936 offiziell als «Berghof» eingeweiht. Die Bauern der Umgebung mussten ihre Häuser an die NSDAP verkaufen, damit Martin Bormann, der Verwalter des «Führervermögens», hier ein «Führersperrgebiet» einrichten konnte. Seit 1933 strömten Anhänger und Neugierige zu Tausenden in das idyllische Dorf und an den Zaun des Berghofes, um den «Führer» aus nächster Nähe zu sehen. Bald wurde die Wallfahrt zum «Führer» in geregelte Bahnen gelenkt und der Jubel von der Partei organisiert. Der Besuch beim «Führer» auf dem Berghof gehörte zum festen Programm der NS-Gemeinschaft «Kraft durch Freude». Auch die Mächtigen des «Dritten Reiches» waren hier zu sehen. Einige hatten in unmittelbarer Nähe selbst ein Haus erworben, um möglichst nahe am eigentlichen Machtzentrum zu sein. Göring, Goebbels und Speer waren Nachbarn. Zu Hitlers «Hofstaat» gehörten jedoch längst nicht alle Granden des «Dritten Reiches». Hermann Göring gehörte offenbar nicht dazu, auch nicht Rudolf Heß, Heinrich Himmler und Joachim von Ribbentrop. Sie erschienen nur zu einigen Besprechungen und zu offiziellen Anlässen, wenn ein ausländischer Gast auf den Berghof eingeladen worden war.[45] Demgegenüber gehörten aus der NS-Führungsriege nur Goebbels und Speer zu der exklusiven Gesellschaft auf dem Berghof.

Neben dem Personal und den persönlichen Adjutanten, Leibärzten und Sekretärinnen waren vor allem Repräsentanten von Regierung und Partei sowie des Militärs regelmäßig zugegen und schließlich als innerer Zirkel Eva Braun und ihre Familie samt Freundinnen sowie Heinrich Hoffmann und Familie. Der Berghof besaß keineswegs nur einen privaten Charakter, wie das Albert Speer nach 1945 behauptete. Privates, Politisches und Geschäftliches waren dort eng miteinander verquickt. Heinrich Hoffmann etwa war ganz der Geschäftsmann, der auch seine Einladungen auf den Berghof zu privaten Geschäften und Vermittlungen nutzte. Hitler verstand seinen Berghof als Rückzugsort. Die meisten seiner politischen Entscheidungen über Krieg und Eroberung fällte er auf dem Berghof. Dorthin zog er sich in Krisenzeiten und Entscheidungssituationen oft tage- oder wochenlang zurück. Politische Dinge waren im Berghof-Kreis kein Geheimnis, auch nicht die Verfolgung der Juden. Der «private Kreis um Hitler» war nach der Aussage von Albert Speer «nicht zum Schweigen verpflichtet».[46] Schließlich waren sie alle nicht nur «Zeugen», sondern auch «Überzeugte».[47]

Seit 1936 wohnte Eva Braun auf dem Berghof, ein Jahr zuvor hatte Hitler ihr und ihrer Schwester ein kleines Haus in München gekauft. Hitler hatte sie 1929 im Atelier von Heinrich Hoffmann kennengelernt. Hitlers Verhältnis zu Eva Braun sollte geheim gehalten werden; selbst für den vertrauten Kreis auf dem Berghof musste die eigentümliche Beziehung «Erstaunen hervorrufen».[48] Sie hatte im Beisein Dritter Hitler mit «Mein Führer» anzureden. Er nannte sie «Fräulein Braun». «Öffentliche Liebesbezeugungen oder auch nur den Hinweis auf körperliche Nähe», so urteilt die Biographin Eva Brauns, gab es – zumindest in den Jahren bis Kriegsausbruch – selbst auf dem Berghof nicht. Nur im vertrauten Kreise sprachen sie sich mit Vornamen an. Wenn hohe Gäste kamen, musste Eva Braun in ihr Zimmer verschwinden. Sie war darum auch keineswegs Hausherrin, selbst wenn sie in Zeiten von Hitlers Abwesenheit das Sagen hatte und im privaten Kreis durchaus die Rolle der Gastgeberin übernahm.

Hitler wollte nicht heiraten und auch keine Kinder haben. Ob er damit seine Rolle als «Idol», wie Kershaw meint, bewahren wollte? Gleichsam als Ehemann der gesamten Nation? Oder ob er befürchtete, durch eine Ehe allzu sehr dem Einfluss oder den Ansprüchen einer Ehefrau zu unterliegen, muss offenbleiben. Sein später Entschluss, Eva Braun, die ihm nach Berlin in den Bunker gefolgt war, wohlwissend, was sie dort erwartete, Stunden vor ihrem gemeinsamen Suizid vor einem Standesbeamten zu heiraten, bedeutet den letzten Schritt von der Unnahbarkeit und Stilisierung als charismatischer Führer in die Alltäglichkeit des Bürgerlichen.

Vermutlich war dieses Bedürfnis nach Distanz auch Ausdruck von Hitlers Scheu, allzu Persönliches preiszugeben. Davon berichtet auch sein Leibarzt Theo Morell. Untersuchungen, bei denen er seinen ganzen Körper hätte entblößen müssen, soll er abgelehnt haben. Auch sein früher Gönner Ernst Hanfstaengl erzählte später, Hitler habe eine «geradezu altjüngferliche Abneigung (empfunden), sich unbekleidet zu zeigen».[49]

Der Modearzt Morell, den Heinrich Hoffmann ihm vermittelt hatte, hatte sich allerdings das Vertrauen Hitlers erworben, indem er ihm bei allerlei Unpässlichkeiten, Schlafstörungen und Magenkrämpfen geeignete (mitunter auch ungeeignete) Medikamente verschrieb, bis während des Krieges daraus eine regelrechte Abhängigkeit Hitlers von Morells Präparaten, Aufputsch- und Beruhigungsmitteln, schließlich auch von härteren Drogen wurde. Im Jahre 1942, als die militärische Lage aussichtslos wurde, spritzte Morell Eudokal, später bekam Hitler auch noch Kokain. Ob sich daraus eine Abhängigkeit ableiten lässt, die sogar dazu führte, dass seine zerstörerischen und größenwahnsinnigen militärischen und politischen Entscheidungen in den Jahren 1942 bis 1944 auf die tägliche Einnahme von Drogen zurückzuführen wären, ist unwahrscheinlich. Hitler sah in dieser Medikamentierung allerdings die Möglichkeit, Stresssituationen zu überspielen und den Eindruck dauerhafter Präsenz und entschlossener

Konzentration zu erwecken. Morells Mittelchen wurden zum Bestandteil seiner Selbstinszenierung.[50]

Auf dem Berghof und in den Räumen der Reichskanzlei bewahrte Hitler auch seine Kunstsammlungen auf und präsentierte sich als Kunstfreund. Wie fast jeder Sammler fing er klein an und verließ sich dabei ganz auf seinen Freund Heinrich Hoffmann. Darum ist es nicht verwunderlich, dass Hitlers frühe Kunstsammlung, wie Brigitte Schwarz festgestellt hat,[51] der seines Beraters Hoffmann ähnelte. Sie sammelten, was damals in München üblich war, kleinformatige Landschafts- und Genrebilder der Münchner Maler des 19. Jahrhunderts und nicht etwa impressionistische oder nachimpressionistische Meisterwerke, wie sie in den Häusern der großen Münchner Privatsammler anzutreffen waren. Maria Almas-Dietrich, eine Freundin von Eva Braun, hatte ihm Auktionskataloge beschafft und mit ihm auch Auktionen besucht. Bald wurde sie als Kunstberaterin von dem Galeristen Karl Haberstock verdrängt, der seit Mitte der 1930er Jahre für die Ausstattung von Hitlers Feriendomizil auf dem Obersalzberg zuständig war. Mit der Ausbildung von Hitlers charismatischem Führertum und einem entsprechenden Selbstverständnis als Genie gehörten auch der Kunstbesitz und das Mäzenatentum zum unverzichtbaren Ambiente für die öffentlichen Auftritte des Diktators. Während Hitler auf den «Großen Deutschen Kunstausstellungen» in München durch großzügige Ankäufe aus seinem «Kulturfonds» Kunstförderung betrieb, ohne diese Bilder, die die neue deutsche Kunst repräsentieren sollten, selbst in seine Sammlungen aufzunehmen, waren seine eigenen Kunsthändler mit dem Erwerb traditioneller Kunst beschäftigt. Heinrich Hoffmann verstand es, Bilder dieser Inszenierungen Hitlers als Kunstfreund in entsprechenden Bildbänden wirkungsvoll zu präsentieren. Bezeichnend für die Perversion des Kunstsammelns, wie Hitler es verkörperte, wurde der private Prachtdruck «Meisterwerke der Malerei AH», den Haberstock in zwei Bänden mit rotem Ledereinband und Goldprägung in nur wenigen Exemplaren für Hitler herstellte. Im Teilband «Neue Meister» wurden 31 Gemälde der deutschen Malerei des 19. Jahrhunderts und im Band «Alte Meister» wurden 27 Werke der europäischen Malerei auf eingeklebten Fotografien präsentiert. Die ausgewählten Gemälde gingen offensichtlich auf Ankäufe Haberstocks zurück und besitzen allesamt einen «dekorativen Charakter» (Schwarz). Sie reichen von venezianischen Frauenporträts des 16. Jahrhunderts über niederländische Stillleben des 17. Jahrhunderts bis zu venezianischen Stadtansichten des 18. Jahrhunderts und repräsentieren den Kanon des traditionellen bürgerlichen Kunstgeschmacks, den auch Hitler für sich reklamierte. Unter den deutschen Malern des 19. Jahrhunderts ragen Anselm Feuerbach, Adolph Menzel, Hans Thoma und Moritz von Schwind heraus. Bemerkenswert ist freilich die Tatsache, dass auch ein symbolistisches Gemälde von Arnold Böcklin zu der Sammlung gehörte und nicht nur Genremalerei von Eduard Grützner, der später von Albert Speer kritisch-spöttisch als Beleg für Hitlers kleinbürgerliches Kunstverständnis zitiert wurde. Umgekehrt fand der Böcklin vor dem traditionellen Blick von Goebbels keine Gnade. Was der «Führer» sammelte, erhielt jedoch für die NS-Führung kanonische Gültigkeit und bildete den Maßstab für kostbare Geschenke, die die Paladine ihrem «Führer» zu den verschiedensten Anlässen machten.

Während die Kunstwerke, die in den beiden Prachtbänden abgebildet waren, meist noch über den Kunsthandel erworben wurden, setzte mit der Radikalisierung des Regimes und Hitlers Eroberungspolitik seit 1938 eine Phase der persönlichen Bereicherung und der Beschlagnahmung von Kunst ein. Kunstwerke, die durch Zwangsverkäufe jüdischen Kunstsammlern und Kunsthändlern aus Wien von der Gestapo abgepresst wurden, wanderten über andere Kunsthändler an Haberstock, der sie Hitlers Sammlung auf dem Berghof einverleibte. Eine neue Dimension erreichte der nun überwiegend auf Raub beruhende Kunsterwerb Hitlers, als er Hans Posse, den Direktor der Staatlichen Gemäldegalerie in Dresden, damit beauftragte, für sein geplantes Museum in Linz im besetzten Europa Beutezüge zu organisieren, um Kunstwerke für das Führermuseum zusammenzutragen, das er seiner Heimatstadt Linz stiften wollte. Mit dem sogenannten Führervorbehalt räumte sich Hitler eine Generalvollmacht ein, die ihm und seinen Kunstjägern den unmittelbaren Zugriff auf Hunderttausende von Objekten erlaubte, die zu der Raubkunst aus Europa gehörten. Erst danach hatten die anderen NS-Größen, die es ihrem «Führer» gleichtun wollten, den zweiten Zugriff auf das, was

Hitler übrig gelassen hatte. Krieg und Kunstraub waren wieder einmal eine Symbiose eingegangen.

Der Weg in den Krieg. Außenpolitik und Aufrüstung

Nach Hitlers Regierungsübernahme herrschte in der internationalen Politik zunächst Beunruhigung – nicht wegen seines Antisemitismus oder aufgrund der innenpolitischen Säuberungen und der Ausschaltung der Parteien, sondern weil eine Person an die Macht gekommen war, die als Speerspitze des deutschen Revisionismus und radikalen Nationalismus galt. Allein schon deswegen und nicht noch zusätzlich durch die rassen- und raumpolitischen Ausführungen in «Mein Kampf», die nicht ernst genommen wurden, fürchteten viele europäische Nachbarn, dass Hitler die internationalen Verträge zerreißen, Deutschland aufrüsten und Österreich an das Deutsche Reich anschließen würde. Allerdings hofften auch einige ausländische Beobachter, dass die Regierungsverantwortung Hitler dazu bringen würde, sich zu mäßigen.[52]

Es kam also für Hitler darauf an, in der ersten kritischen Phase der Außenpolitik seine tatsächlichen Ziele, so wie er sie schon am 3. Februar 1933 gegenüber der Reichswehrspitze angedeutet hatte, zu verschleiern und den Eindruck zu erwecken, dass es überhaupt keine spezifisch nationalsozialistische Außenpolitik gebe, sondern nur die Fortsetzung der Weimarer Revisionspolitik, die allerdings auch schon unter den Präsidialregierungen Brüning und von Papen eine deutlich aggressivere Ausrichtung erfahren hatte. Der Verschleierungspolitik Hitlers kam entgegen, dass man auch von deutschnationaler Seite Vorkehrungen getroffen hatte, die Kontinuität in der Außenpolitik zu wahren. Nicht nur Außenminister Konstantin von Neurath und sein Staatssekretär Wilhelm von Bülow blieben im Amt, auch der außenpolitische Apparat sollte weiterhin freie Hand behalten. Staatssekretär von Bülow, der sich sicher war, dass «die außenpolitische Tragweite des Regierungswechsels» gering sein würde, tat ein Übriges und formulierte in einer Denkschrift[53] noch einmal die außenpolitischen Ziele, wie die Präsidialkabinette sie seit 1930 verfolgt hatten und auf die man den außenpolitisch völlig unerfahrenen Hitler meinte festlegen zu können. Dass seine Ziele sehr viel weiter reichten, hatte Hitler in internen Gesprächen schon längst zu erkennen gegeben. Nach außen versuchte der Verstellungskünstler Hitler, seine Außenpolitik zunächst als bloße Revisionspolitik darzustellen, und er gab vor, vor allem die Ungerechtigkeiten des Versailler Vertrags und die deutschen Gebietsverluste von 1919 bekämpfen und aufheben zu wollen.

Die Gelegenheit dazu, das hatte er erkannt, war außerordentlich vielversprechend. Denn die internationale Nachkriegsordnung begünstigte spätestens seit Ausbruch der Weltwirtschaftskrise und dem dadurch ausgelösten Drang zu Nationalismus und Protektionismus entsprechende Bestrebungen. Darüber hinaus konnte man mit der Forderung nach dem Selbstbestimmungsrecht der Völker, so wie es der amerikanische Präsident Wilson in Versailles gefordert hatte, das internationale System ins Wanken bringen und die Schwäche der Gegner skrupellos ausnutzen. Die nationalsozialistische Verheißung auf Wiederherstellung deutscher Größe und Wiederwehrhaftmachung fand auch die Zustimmung der konservativen Bündnispartner, die sich allerdings an internationale Verträge und Konventionen gebunden fühlten und den Weg zurück zur Großmacht über eine möglichst rasche wirtschaftliche und militärische Stärkung des Deutschen Reiches finden wollten. Man wollte damit aber allenfalls militärischen Druck ausüben. Der von Bülow formulierte Dreistufenplan ließ sich offenbar ohne allzu große Schwierigkeiten mit Hitlers Vorstellungen in Übereinstimmung bringen. Dieser Auffassung war offenbar auch die Reichswehr, die ihr Heil ebenfalls im Bündnis mit Hitler suchen wollte. Der Aufbau einer starken und vergrößerten Wehrmacht würde neue Karrieremöglichkeiten eröffnen, und Hitler schmeichelte den Militärs, indem er immer wieder die Wehrmacht neben der Partei als die zweite Säule des nationalsozialistischen Deutschlands herausstellte. Angesichts solcher Erwartungen störten Hinweise darauf, dass die Außenpolitik Hitlers in ihren Methoden und Schritten unkonventionell und auch taktisch so flexibel war, dass selbst unvorhergesehene Entscheidungen wie etwa eine (vorübergehende) Verständigung mit Polen möglich waren, was deutschnationalen Prinzipien vollkommen widersprach. Dennoch schloss das Deutsche Reich auf

Initiative von Hitler im Januar 1934 einen Nichtangriffspakt mit Polen, jenem Nachbarn, den die konservativen Revisionisten als «Saisonstaat» eher heute als morgen von der Landkarte radieren wollten. Mit dem Pakt wurden die deutschen Revisionsforderungen erst einmal auf Eis gelegt und ein gegenseitiger Gewaltverzicht vereinbart, was nicht bedeuten musste, dass Hitler diese Vereinbarung bei nächster Gelegenheit nicht auch wieder aufkündigen würde. Immerhin schwächte der Nichtangriffspakt das Bündnissystem Frankreichs und gab Deutschland die Möglichkeit, einen ersten Schritt zum Ausbruch aus der Nachkriegsordnung zu vollziehen. Das war nur das erste Beispiel dafür, dass auch in der nationalsozialistischen Außenpolitik, wie auf anderen Politikfeldern, das Vertraute und das Unvorstellbare ineinander verzahnt waren.

Zu dem Unvorstellbaren gehörte auch das Konkordat, das Hitlers Regierung schon im Juli 1933 mit dem Vatikan abgeschlossen hatte und das vielen Nationalsozialisten nicht weit genug ging, denn es bot eine Bestandsgarantie für die katholische Kirche, für den katholischen Religionsunterricht und für katholische Bekenntnisschulen wie für die Betätigung katholischer Vereine, sofern sie sich auf religiöse und karitative Angelegenheiten beschränkten. Umgekehrt mussten die katholischen Bischöfe bei ihrem Amtsantritt einen besonderen Treueid leisten, und die Kirche sollte sich aus dem politischen Leben zurückziehen. Auch eine parteipolitische Betätigung von katholischen Priestern wurde ausgeschlossen, was die Auflösung von Zentrum und BVP nur noch beschleunigen musste. Die innenpolitischen Motive überwogen bei dieser Verständigung zwischen zwei im Kern unvereinbaren Mächten, verhalfen aber Hitlers Regime fürs Erste zu einer diplomatisch wertvollen internationalen Anerkennung, und das ausgerechnet durch die konservative Großmacht der religiösen Tradition. Die politische Fähigkeit, Außenpolitik immer wieder mit ihren innenpolitischen Konsequenzen im Blick zu behalten, zeichnete Hitler von Anfang aus. Das zeigte sich auch bei seinem anderen außenpolitischen Schritt des Jahres 1933, der überraschen musste und der die Verlängerung des Freundschafts- und Nichtangriffsvertrags mit der UdSSR betraf. Geschlossen hatte ihn die Weimarer Republik zehn Jahre zuvor, und nun wurde er in einer neuen

Konstellation bestätigt. Für Hitler war die bolschewistische Sowjetunion der Todfeind, und im «Dritten Reich» wurden Kommunisten gnadenlos verfolgt; doch waren die außenpolitischen Interessen im Augenblick gewichtig genug, um die Verlängerung der Übereinkunft zu verabreden.

Auch wenn Hitlers Denken und das seiner Führungsclique um Politikmuster und außenpolitische Zielvorstellungen kreiste, die auf eine rassistische Eroberungs- und Lebensraumpolitik ausgerichtet waren und damit weit über die nationalen Revisionsziele hinausgingen, war er aus taktischen Motiven durchaus auch auf internationalem Parkett zu unerwarteten und auf den ersten Blick widersprüchlich scheinenden Schritten in der Lage. Das machte ihn trotz der professionellen Erfahrungen und Netzwerke seiner konservativen Bündnispartner, die ihn «zähmen» wollten, auch in der Außenpolitik recht bald zur bestimmenden Größe. Dass er seine Kernziele, vor allem seine Politik der forcierten Aufrüstung, nach außen vorerst noch verschleierte und innenpolitisch absichern konnte, kam Hitler auch in dieser Hinsicht zugute.

Seine frühe Ankündigung in Reichswehrkreisen hingegen, seine Politik ganz auf die «Wiederwehrhaftmachung» des Deutschen Reiches ausrichten zu wollen, stieß bei deren Vertretern von Anfang an auf Zustimmung und weckte bei Offizieren und Soldaten die Hoffnung auf Sicherung ihres gesellschaftlichen Ranges und auf die Anerkennung, die sie in der Weimarer Republik nicht gefunden hatten. Spätestens 1938 mussten die Hellsichtigen unter den Offizieren erkennen, dass sie ihre autonome Machtstellung längst verloren hatten – und zwar nicht ohne eigenes Zutun und ohne eigene Kollaborationsbereitschaft – und sich in den folgenden Kriegsjahren immer tiefer in das NS-Unrechtssystem verstrickten; dies allerdings trieb nur wenige von ihnen in die Opposition. Die Mehrheit der Truppe ließ sich demgegenüber weiterhin davon blenden, dass sogar im Innenhof der Neuen Reichskanzlei neben der Monumentalplastik der Partei auch eine stand, die die Wehrmacht symbolisierte.

Für die Militärs bedeutete in der Regel die Aufrüstung neue Waffen, neue Betätigungsmöglichkeiten und raschen Aufstieg. Mit der Erweiterung der Wehrmacht im Zuge von Aufrüstung und personellem Ausbau veränderte sich auch das sozialmoralische Profil des Militärs. Aus einem traditionellen Elitenverband wurde mit der Rekrutierung junger Soldaten und Offiziere ein nationalsozialistisches «Volksheer», das seine Offiziere aus sozialen Schichten rekrutierte, die früher als «nichtoffiziersfähig» gegolten hätten und die noch stärker vom Nationalsozialismus überzeugt waren als die älteren Offiziere. Mit dem Diktum «Hitler ja – die Partei nein» gab man sich lange der Illusion hin, sich trotz der Integration in den NS-Staat ein Stück Autonomie bewahrt zu haben, wobei die Wirkungsweise des Führermythos übersehen wurde. Denn der machte in seiner Verbindung von Zustimmungsbereitschaft und Gleichschaltung auch Heer, Luftwaffe und Marine zu einem Instrument der nationalsozialistischen Außen- und Kriegspolitik und teilweise auch zu willigen Helfern der NS-Eroberungs- und Verfolgungspolitik. Das sollte sich spätestens mit dem Ende der konservativen Mäßigungs- und Stilisierungspolitik des Regimes zeigen.

Bis dahin wurde die Außenpolitik des «Dritten Reiches», die zunehmend Hitlers Politik war, eher vom Kalkül als vom Dogma geleitet und vollzog sich in einzelnen Etappen unter geschickter Ausnutzung von Krisenherden und veränderten Konstellationen der internationalen Politik. Dabei hatte Hitler, im Unterschied zu traditionellen Außenpolitikern, die vom Primat der Außenpolitik überzeugt waren, immer auch die innenpolitische Absicherung bzw. Instrumentalisierung des Außenpolitischen im Auge behalten. Der überraschende Nichtangriffspakt mit Polen im Januar 1934 war der Versuch, das autoritär regierte Polen vorübergehend als Partner zu gewinnen und das nationalsozialistische Deutschland als friedfertig und verhandlungsbereit darzustellen. Der Austritt aus dem Völkerbund im Oktober 1933, mit dem alle völkerrechtlichen Verpflichtungen Deutschlands aufgekündigt wurden und der Deutschland in die internationale Isolation zu treiben drohte, nutzte die zunehmende Schwäche des Systems der kollektiven Sicherheit aus und fand überdies in einer Volksabstimmung eine breite nationale Zustimmung. Diese fiel bei der vertragsgemäßen Abstimmung über die staatliche Zugehörigkeit des Saargebietes im Januar 1935 noch überzeugender aus und zeigte, dass selbst in einer freien Wahl die große Mehrheit der

Wähler der nationalen Einheit den Vorrang vor politischer Freiheit gab und dass sie sich von dem Gedanken, nicht nur für «Heim ins Reich», sondern auch für eine Diktatur zu optieren, nicht abschrecken ließ.

Seit diesem ersten revisionspolitischen Erfolg des Saarland-Anschlusses, der Hitler in den Schoß gefallen war, konnte er sich einer wachsenden Zustimmung sicher sein. Seine nächsten Schritte, die eine offene Verletzung der völkerrechtlichen Verpflichtungen durch den Versailler Vertrag und den Locarno-Pakt (1925) bedeuteten, die allen militärischen Aktivitäten Deutschlands enge Grenzen zogen, konnte er mit einer breiten innenpolitischen Absicherung und mit außenpolitischen Scheinbegründungen meist als Überraschungscoups durchführen. Zunächst verkündete das Regime am 16. März 1935 die Wiedereinführung der allgemeinen Wehrpflicht und die Wiederaufrüstung, die schon längst mehr oder weniger gut getarnt in Gang gesetzt worden war. Aus der «Reichswehr» wurde nun die «Wehrmacht» – eine semantische Veränderung, die dem Anspruch auf nationale Souveränität entsprach und einen Wandel in der Außen- und Rüstungspolitik andeutete. Trotz einiger diplomatischer Proteste war vor allem Großbritannien bereit, diese Revision des Versailler Vertrages hinzunehmen, und schloss als Signal des Einverständnisses im Juni ein Flottenabkommen mit dem Deutschen Reich ab, auch um dessen Revisionsdrang einzudämmen. Für Hitler bedeutete das Abkommen mit dem Wunschpartner England, der sich jedoch Hitlers weiterem Werben verweigerte, das Ende der internationalen Isolierung Deutschlands. Der nächste Schritt, der sich wieder im Schatten einer internationalen Krise vollzog, in diesem Falle des italienischen Einmarschs in Abessinien im Oktober 1935 und der sich abzeichnenden Bildung der Volksfrontregierung in Frankreich im Frühjahr 1936, war der Einmarsch deutscher Truppen in die entmilitarisierte Zone des Rheinlandes im März 1936. Damit verstieß Hitler massiv gegen den Locarno-Vertrag, den Eckstein der kollektiven Sicherheitspolitik der Ära Stresemann. Die Bevölkerung und die Wehrmachtsführung hatten den Atem angehalten, um nach dem erfolgreichen Coup Hitler umso begeisterter zu feiern. In die Bewunderung für die «geniale Leistung des Führers» mischte sich Erleichterung über den glücklichen Ausgang des Abenteuers. Tatsächlich hatte Hitler wieder einmal mit hohem Risiko gespielt und selbst offenbar unter größter Anspannung alles auf eine Karte gesetzt. Eine entschlossene Gegenwehr Frankreichs hätte das Unternehmen vermutlich scheitern lassen und Hitler eine politische Niederlage eingebracht, von der er sich schwer hätte erholen können. Aber Frankreich unternahm außer Protesten nichts, weil es inmitten innerer Erschütterungen zu sehr mit sich selbst beschäftigt war. Die Welle nationaler Euphorie, die nach dem erfolgreichen Rheinlandcoup ausbrach, hatte in Deutschland die Kritik an den Versorgungsmängeln, die den Alltag des Regimes ebenso stark belasteten wie der Unmut über die nationalsozialistische Kirchenpolitik, wieder einmal überlagert und für den Augenblick vergessen gemacht. Zum propagandistischen Ritual gehörte neben der plebiszitären Akklamation durch «Wahlen» zum Reichstag, die zum Triumph des «Führers» wurden, dessen anschließende Versicherung, dies sei der letzte Akt deutscher Revisionsforderungen.

Auch wenn sich im Juli 1934 mit dem Putsch der österreichischen Nationalsozialisten der Versuch Hitler-Deutschlands drohend abgezeichnet hatte, in die Souveränität der Nachbarn einzugreifen, hatte diese dräuende Gefahr nicht ausgereicht, um alte westeuropäische Bündnisbeziehungen zu reaktivieren und möglicherweise unter Einbeziehung der UdSSR zu einer Politik der breiten Anti-Hitler-Koalition zu erweitern. Dazu waren die nationalen Interessen mittlerweile zu divergent und egoistisch geworden. Selbst die Stresa-Front – benannt nach dem Ort, wo das Abkommen geschlossen wurde –, die als kleine Lösung zwischen Frankreich, Italien und England nach langen Verhandlungen im April 1935 gegen die Vertragsverletzungen Hitlers zustande kam, war von Anfang an brüchig. Noch bevor sie Wirklichkeit wurde, hatte Mussolini sie mit seinen Expansionsgelüsten in Abessinien durchlöchert. Das erlaubte Hitler, der diese Entwicklung genau beobachtete, die Situation in der beschriebenen Weise für eigene revisionspolitische Ziele auszunutzen, auch wenn das Risiko einer Gegenwehr noch groß und die fachlich-militärischen Bedenken der deutschen Militärs nicht gering waren.

Das Jahr 1936 musste sich den Deutschen aus nationaler wie internationaler Perspektive insgesamt als «glückliches Jahr» darstellen und den «Hitler-Mythos» auf neue Höhen treiben. Das Regime konnte sich mit den Olympischen Spielen in Berlin im Sommer 1936 als «Friedensmacht» und als wohlgeordneter autoritärer Wohlfahrtsstaat präsentieren. Vor allem war am Ende dieses ereignisreichen Jahres Hitlers außenpolitischer Handlungsspielraum und seine Stellung in der internationalen Politik deutlich gewachsen. Er begann nun selbst, an seine Unfehlbarkeit und an seine Sendung zu glauben. Sein Selbstbewusstsein stieg ins Grenzenlose. Seither sprach er immer wieder von der Vorsehung, die ihn leite, und von seiner Identität als «Führer» mit dem nationalen Willen der Deutschen. Das hatte zur Folge, dass er in Zukunft immer weniger Rücksicht auf innen- und außenpolitische Hindernisse nahm.

Was der Öffentlichkeit verborgen blieb, war die gleichzeitige Vorbereitung eines Kriegskurses für Wirtschaft und Wehrmacht, der hinter den Kulissen der friedlichen Olympischen Spiele mit dem Vierjahresplan festgelegt wurde. Die deutsche Wirtschaft sollte, so hatte es Hitler im August 1936 in einer geheimen «Denkschrift zum Vierjahresplan»[54] festgelegt und die Weichen dafür gestellt, in vier Jahren kriegsbereit, die Wehrmacht in vier Jahren einsatzbereit sein. Die Wirtschaftspolitik wurde von Rentabilitätserwägungen und einer soliden Haushalts- und Finanzpolitik weggeführt und nur noch an rüstungswirtschaftlichen Erwägungen orientiert.

Es kündigte sich, wiederum vor dem Hintergrund internationaler Krisen, eine Wende deutscher Bündnispolitik an. Die deutsche Unterstützung für die italienische Aggressionspolitik in Abessinien ließ sich Hitler mit Italiens Zurückhaltung bei künftigen deutschen Interventionen in die Souveränität Österreichs vergelten. In einem deutsch-österreichischen Abkommen vom Juli 1936 erkannte Österreich, nachdem Mussolini seine schützende Hand zurückgezogen hatte, die deutsche Einmischung in die österreichische Innen- und Außenpolitik an, um nicht einmal zwei Jahre später vollends zum Opfer der nationalsozialistischen Aggression zu werden. Die Rolle des ersten Opfers, die in Österreich nach dem «Anschluss» und vor allem nach 1945 gerne zur Selbstentlastung angenommen wurde, widersprach allerdings der zeitgenössischen Erfahrung, die von einer großen Zustimmungsbereitschaft der Österreicher zu einem «Großdeutschen Reich» geprägt war und der deutschen, nationalsozialistischen Politik Hitlers seit 1936 immer mehr Begeisterung entgegenbrachte. Entscheidend für Hitler waren allerdings von Anfang an die internationale politische Komponente der Österreich-Politik und nicht nur die großdeutschen Emotionen. Die gemeinsame Intervention der beiden faschistischen Mächte im Spanischen Bürgerkrieg auf der Seite von Franco, ebenfalls im Sommer 1936, mündete bereits am 23. Oktober 1936 in eine Verständigung der Außenminister beider Mächte über ein künftiges koordiniertes Vorgehen in der internationalen Politik. Das sollte auch eine Verständigung in der Österreich-Frage einschließen. Einen Tag später eröffnete Hitler dem italienischen Außenminister Graf Ciano, dem Schwiegersohn Mussolinis, die Aussicht auf ein Offensivbündnis für die nächsten Jahre. Einen Interessenkonflikt schloss Hitler aus: Der italienische Lebensraum liege ebenso wie der deutsche im Osten. Eine Woche später sprach Mussolini auf dem Marktplatz von Mailand bereits von der Achse Rom–Berlin, um die sich alle anderen europäischen Staaten, die mit dem neuen Machtzentrum zusammenarbeiten wollten, bewegen könnten. Es schien, als wollten die beiden faschistischen Diktatoren sich und der Welt beweisen, dass ihre Regime zu einer besonderen politischen Dynamik und Beschleunigung auch in der Bündnispolitik befähigt seien.

Der Spanische Bürgerkrieg, der noch vor den Olympischen Spielen am 17. Juli 1936 ausgebrochen war, hatte Hitler und Mussolini enger zusammenrücken lassen. Sie meinten die Schwäche des Völkerbundes und seines System, eine kollektive, demokratische Konfliktregelung zu erreichen, für ihre Eroberungspläne nutzen zu können. Scheinbare Rechtfertigungen dafür ließen sich leicht finden: Mussolini bezog sich auf die einstige Größe des Römischen Reiches und beanspruchte das Mittelmeer als «mare nostro». Hitler reklamierte die Wiederherstellung «deutscher Größe» und gewann Historiker und Museologen dafür, diesen Anspruch in einer großen Ausstellung in Szene zu setzen.[55] Beherrschendes Motiv für ihn war jedoch sein Antibolschewismus, der seit 1936 im Mittelpunkt der NS-Propaganda stand. Der Sieg der linken Volksfrontregierung bei den spanischen Wahlen im Frühjahr 1936, also noch einige Monate vor dem Sieg der französischen Volksfront im Juni 1936, boten ihm willkommene Bestätigung seiner Propagandaformel von der drohenden bolschewistischen Weltrevolution und Rechtfertigung für eine neue Bündnispolitik. Nicht nur die innenpolitischen Auseinandersetzungen in Spanien und Frankreich gerieten seither in den Sog der internationalen Gegensätze von Faschismus und Antifaschismus, auch im internationalen System bekamen ideologische Formeln ein stärkeres Gewicht. Der Spanische Bürgerkrieg wurde zum Kampf der beiden ideologischen Lager stilisiert.

Die deutsche Entscheidung zur Intervention warf überdies ein bezeichnendes Licht auf die Entscheidungsabläufe von Hitlers Außenpolitik. Am späten Abend des 25. Juli hatte Hitler, nach einem Gespräch mit Hermann Göring und Kriegsminister Werner von Blomberg, wie zuvor schon mit Mussolini, beschlossen, den putschenden spanischen General Franco zu unterstützen. Zuvor hatte Hitler dessen Emissäre in Bayreuth empfangen, wo er sich wie üblich zur Festspielzeit aufhielt. Die folgenschwere Entscheidung, die Deutschland näher an Italien rücken und dem System des Völkerbundes einen tödlichen Stoß versetzen sollte, war bezeichnenderweise am Rande der Festspiele gefallen. Krieg und Spiele waren in Hitlers Politik eng miteinander verbunden. Auch andere Entscheidungen zum Krieg, die sich im Sommer 1936 abzeichneten, fielen hinter der Kulisse der Olympischen Spiele und ließen sich dort trefflich verbergen.

Über Hitlers Motive zur Intervention in Spanien ist viel gestritten worden. Sicherlich war das Interesse der deutschen Rüstungswirtschaft an spanischen Rohstoffen von einiger Bedeutung, was auch das große Engagement Görings in der deutschen Spanien-Politik erklärt. Auch die Erprobung der deutschen Luftwaffe dürfte eine Rolle gespielt haben, was wiederum Görings Interesse an einer deutschen Intervention auf dem spanischen Schlachtfeld erklärt. Ausschlaggebend für Hitlers Entscheidung zur Intervention waren jedoch eindeutig politisch-ideologische Motive. Er wollte die Gelegenheit nutzen, um die europäischen Krisenherde zu erweitern und die eigenen politischen Handlungsmöglichkeiten dadurch zu vergrößern. Doch versuchte er immer wieder, andere nationalsozialistische Machtträger in diese Entscheidung einzubinden. In diesem Fall waren Göring und

Blomberg an der Entscheidungsfindung beteiligt und damit in Hitlers Politiksystem integriert. Hitler hatte bei den Gesprächen über eine Intervention in Spanien jedoch sein vorrangiges Interesse an den machtpolitischen Implikationen und Konsequenzen gegenüber den Zielen seines Paladins Göring durchsetzen können, der freilich aus der Intervention auf dem spanischen Kriegsschauplatz seinen wirtschaftspolitischen Zielen auch näher kommen konnte. In anderer, personeller Konstellation war dies schon zuvor bei dem sehr viel riskanteren Entschluss zur Rheinlandbesetzung geschehen. In beiden Fällen lag die endgültige Entscheidung jedoch bei Hitler. Hinzu kam der ideologische Faktor, der von Goebbels Propaganda aufgegriffen und verbreitet wurde. Die gemeinsame deutsch-italienische Intervention in Spanien ließ sich als Akt der Rettung Europas vor dem Bolschewismus darstellen.

Dass mit der Ernennung von Heinrich Himmler zum «Reichsführer SS und Chef der Deutschen Polizei im Reichsministerium des Inneren» gleichzeitig eine herausragend wichtige Entscheidung für die innere Entwicklung des Herrschafts- und Verfolgungssystems fiel, mit der die Polizei aus der staatlichen Kontrolle herausgelöst und der Weltanschauungstruppe der SS unterstellt wurde, unterstreicht die außerordentliche Bedeutung des Jahres 1936 für die Radikalisierung des Regimes.

Den Übergang von der verdeckten zur offenen Aggression und den Entschluss, in absehbarer Zeit einen Krieg um den deutschen Lebensraum zu führen, hatte Hitler in seiner Denkschrift zum Vierjahresplan im Sommer 1936 für den inneren Führungskreis formuliert. Seine Kriegsziele hatte der selbstbewusste «Führer» in den folgenden Monaten konkretisiert und in seine Analyse der internationalen Lage einbezogen. Dabei ging es ihm hauptsächlich um eine Forcierung der Aufrüstung, während die bündnispolitischen Optionen, die er dabei erwähnte, eher den Charakter von vagen Plänen und Wunschvorstellungen hatten. Zu diesen Optionen gehörten auch die Ideen von Joachim von Ribbentrop, Chef des parteioffiziellen Amtes Ribbentrop, der sich gegen die Politik des Auswärtigen Amts durch eine Nebenaußenpolitik zu profilieren suchte. Er hatte mit dem japanischen Botschafter in Berlin ein Abkommen unterzeichnet, das unter dem Namen «Antikominternpakt» gegen die Kommunistische Internationale gerichtet war und ein weltpolitisches Bündnis der drei revisionistischen Mächte Deutschland, Japan und Italien ankündigte, das sich nur in ideologischen Formeln bewegte und nie Grundlage einer wirklichen Bündnispolitik wurde. Für Ribbentrop schien sich damit seine Konzeption von einem weltpolitischen Dreieck Berlin–Rom–Tokio zu erfüllen, mit dem er, auch wenn das Unternehmen mehr einem Papiertiger glich, England politisch zu isolieren hoffte. Für Hitler passte dieses Konzept aus anderen Gründen in seine Außenpolitik. Es sollte das Werben um England noch einmal intensivieren und dabei seinen bisherigen Drohgebärden in Richtung London größeres Gewicht verleihen. Es gab also durchaus ein Nebeneinander verschiedener außenpolitischer Konzepte, die für Hitler den taktischen Vorteil besaßen, wie ein Spieler je nach Bedarf auf unterschiedliche Projekte setzen und divergierende personelle Ambitionen aus seinem Umfeld einbinden zu können, solange deren Vertreter, wie das im Fall Ribbentrop geschehen sollte, im Falle eines tatsächlichen außenpolitischen Dissenses sofort vor Hitler einknickten.

Ein gutes Jahr später konnte sich Hitler auch gegenüber dem britischen Außenminister selbstbewusst als Weltmacht präsentieren. Grollend lehnte er es ab, sich am Verhandlungstisch in eine allgemeine Lösung der internationalen Konflikte ziehen zu lassen, und gab zu erkennen, dass er sich von Bündnisplänen mit England, das allein auf diplomatischen Lösungen bestanden hatte, erst einmal abgewandt habe. Während man im Auswärtigen Amt von einer neuen Phase der Außenpolitik erwartete, dass diese auf dem «Wege der Evolution» zu ihrem Ziel gelangte und allenfalls eine schrittweise territoriale Revision umfassen könne, äußerte sich Hitler ganz anders: Das geschah am 5. November 1937 in einer Ansprache vor der engsten militärischen Führung und dem deutschnationalen Außenminister.[56] Dort formulierte er in einer vierstündigen ununterbrochenen Rede einen veränderten Zeitplan seiner Außenpolitik und sprach nun in einer bis dahin unbekannten Intensität unverhohlen von der Anwendung von Gewalt wie von unumgänglichen militärischen Eroberungen. Notwendig geworden war das Geheimtreffen, als die Widersprüche zwischen forcierter Aufrüstung und knapper Rohstoffversorgung auf eine Entscheidung drängten. Die aber vermied Hitler. Stattdessen konzentrierte er sich auf seine «grundlegenden Gedanken über Entwicklungsmöglichkeiten und -notwendigkeiten unserer außenpolitischen Lage», die er obendrein noch als seine «testamentarische Hinterlassenschaft für den Fall seines Ablebens» verstanden wissen wollte. Um die eigentliche Frage der Besprechung wenigstens indirekt aufzugreifen, verschob Hitler rüstungswirtschaftliche Entscheidungen auf die militärische Besetzung der «Tschechei» und dann Österreichs. Mit Krieg und Eroberung sollten die wirtschaftlichen Engpässe behoben werden; auch eine Verbesserung der Versorgungsgrundlage mit Nahrungsmitteln könne damit erreicht werden. Denn mit einer zwangsweisen Emigration aus der Tschechei von zwei Millionen, aus Österreich von einer Million Menschen (gemeint waren Juden), die er als Folge deutscher Besatzungspolitik andeutete, ließen sich frei werdende Ressourcen nutzen. Dass durch eine solche Politik der Drohung und Gewalt Frankreich und England zu einer militärischen Reaktion herausgefordert würden, wollte er nicht ausschließen, ohne sich freilich davon beeindrucken zu lassen. Seine Zuhörer musste das beunruhigen. Nicht dass sie grundsätzlich einen Krieg fürchteten, doch ihre Sorgen galten vor allem dem Tempo und dem Weg, zu denen sich Hitler offenbar entschlossen hatte. Neu war vor allem, dass er nun verkündete, mit der gewaltsamen Lösung der deutschen Raumfrage bereits 1938 beginnen zu wollen und diese bis 1943/45 abzuschließen. Was er vortrug und was ihn davon entband, sich zu konkreten rüstungswirtschaftlichen Problemen äußern zu müssen, orientierte sich an Konzepten, die schon in «Mein Kampf» zu lesen waren. Doch was bis dato als ideologisches Fernziel formuliert war, wurde nun zum Bezugspunkt konkreter Außen- und Kriegspolitik. Nur von einem Lebensraumkrieg gegen die Sowjetunion war noch nicht die Rede, aber es war nicht zu überhören, dass seine ersten Angriffsziele, nämlich Österreich und die Tschechoslowakei, die sich noch aus der Revisionspolitik rechtfertigen ließen, nur die erste Stufe weitergehender Eroberungen sein sollten. Revisionspolitik war für den Lebensraumideologen Hitler nur Mittel zum Zweck.

Die Aussprache, zu der es im Anschluss an die lange Rede kam, brachte die konzeptionellen Unterschiede in dem Verständnis von Außen- und Militärpolitik deutlich zutage. Die Heeresführung forderte, dass vor einer militärischen Aktion erst die Aufrüstung abgeschlossen sein müsse, während Hitlers revolutionäres Konzept davon ausging, dass man Krieg führen müsse, um die Aufrüstung vorantreiben zu können. Der Krieg sollte sich selbst ernähren – und drohte damit zu einem Raubkrieg zu werden. Die Sorgen der Wehrmachtsspitzen und des Außenministers, dass Frankreich und England bei dem Griff nach Wien und Prag militärisch eingreifen würden, wischte er mit seinen bisherigen Erfahrungen mit diesen Mächten vom Tisch. Nun gehe es um die «Gewinnung eines größeren Lebensraumes», und dazu werde man den Weg der Gewalt einschlagen müssen. Die anwesenden Repräsentanten des deutschnationalen Bündnispartners – der Kriegsminister von Blomberg, der Oberbefehlshaber des Heers von Fritsch und Außenminister von Neurath – formulierten zwar noch ihre gut begründeten militär- und außenpolitischen Einwände gegen Hitlers Kriegspolitik, doch dieser zog daraus nur den Schluss, dass er sich von diesen vorsichtigen Partnern, mit denen man keine «große Politik» machen könne, trennen müsse. Das geschah auch bei der nächsten sich bietenden Gelegenheit im Februar 1938. Mittlerweile hatten sich die Gewichte im nationalsozialistischen Herrschaftssystem so weit verschoben, dass Hitlers Entscheidung für eine sofortige kriegerische Revisions- und Expansionspolitik von niemandem mehr korrigiert werden konnte. Hitler hatte 1937 die zweite und finale Stufe der Verselbständigung seiner Macht erklommen und dies auch deutlich gemacht. Der Weg zum Krieg, der schon längst eingeplant war, war damit auch offen vorgezeichnet; und dieser Krieg war Hitlers Krieg, auch wenn er ohne die Mitwirkung von Wehrmacht, Bürokratie und Wirtschaft nicht geführt werden konnte.

Die Blomberg-Fritsch-Krise, die die entscheidenden personellen und machtpolitischen Veränderungen im Februar 1938 auslösen und besiegeln sollte, war nicht von Hitler herbeigeführt worden, sondern wiederum Ergebnis eines Zufalls, der von Hitler schnell und rücksichtslos ausgenutzt wurde, um einen neuen Grad der Radikalisierung seines Regimes zu erreichen: Reichkriegsminister General Werner von Blomberg hatte durch eine überstürzt eingegangene Ehe mit einer ehemaligen Prostituierten gegen den Ehrenkodex der Wehrmacht verstoßen und nicht nur sich, sondern auch seinen Trauzeugen Hitler damit in eine peinliche Lage gebracht. Der Oberkommandierende des Heeres, General Werner Freiherr von Fritsch, der als möglicher Nachfolger Blombergs im Gespräch war, war kurz danach durch eine Intrige schwer belastet worden, als man ihm Homosexualität unterstellte. Das stimmte zwar nicht, sondern beruhte vielmehr auf einer gezielten Verwechslung, die dafür herhalten musste, einen prinzipienfesten General auszuschalten. Hitler spielte den Ehrenmann und entließ beide Militärs. Das bot ihm die Chance zu weiteren Umbesetzungen und tiefgreifenden Umstrukturierungen. Joachim von Ribbentrop, Hitlers treuer und von sich selbst maßlos überzeugter Parteigänger, kam ohne jede Erfahrung in der internationalen Diplomatie an das Ziel seiner politischen Bestrebungen und wurde an Stelle von Konstantin von Neurath Außenminister. Das Amt des Kriegsministers wurde abgeschafft und stattdessen ein Oberkommando der Wehrmacht unter General Wilhelm Keitel geschaffen, der Hitler unmittelbar unterstellt wurde. Keitel und sein wichtigster Helfer Alfred Jodl waren beide Hitler gehorsamst ergeben und verspielten endgültig die Selbständigkeit der Wehrmacht.

Die Unruhe, die die Blomberg-Fritsch-Krise und die Umbesetzungen ausgelöst hatten, geriet bald in Vergessenheit, als Hitler und Göring ihre düsteren Ankündigungen wahr machten. Seit der Jahreswende streuten sie aus, dass der «Anschluss» Österreichs unmittelbar bevorstehe, und lösten damit bei den österreichischen nationalsozialistischen Aktivisten eine Welle von Provokationen und Demonstrationen aus. Das entsprach bewährten nationalsozialistischen Methoden. Als man im Januar 1938 bei österreichischen Nationalsozialisten tatsächlich Pläne und Aufzeichnungen fand, die eine gewaltsame Lösung der Anschlussfrage erkennen ließen, versuchte Österreichs Bundeskanzler Kurt von Schuschnigg, die Souveränität seines Landes durch ein Gespräch mit Hitler zu retten, und erreichte dadurch genau das Gegenteil. Hitler nutzte das Treffen in Berchtesgaden am 12. Februar 1938, um im Widerspruch zu allen diplomatischen Gepflogenheiten seinen Gast zwar zunächst mit einigen Höflichkeitsfloskeln, dann aber mit einem psychologischen Überfall zu empfangen und zu drohen, er werde bald mit Gewalt dem «Spuk» an seiner Grenze ein Ende machen, denn weder Italien noch Frankreich oder England wollten Österreich unterstützen. Nach dieser ersten Einschüchterungsaktion überließ er es Ribbentrop, die deutschen Forderungen zu benennen: die freie Betätigungsmöglichkeit für österreichische Nationalsozialisten, die Ernennung des Nationalsozialisten Arthur Seyß-Inquart zum Sicherheitsminister und die Anpassung der österreichischen Wirtschafts- und Außenpolitik an das Deutsche Reich. Um seinen Forderungen symbolisch Nachdruck zu verleihen, ließ Hitler noch den neu ernannten Oberkommandierenden der Wehrmacht Keitel mit seiner imposanten hünenhaften Gestalt drohend aufmarschieren. In drei Tagen erwarte man, so schloss Hitler das gleichermaßen dramatische wie unkonventionelle Gespräch, in Berlin die Einlösung der Forderungen. Schuschnigg meinte nach seiner Rückkehr, immerhin die formelle Unabhängigkeit seines Landes gesichert zu haben, und wollte sich dies mit einer Volksabstimmung, die er kurzfristig für den 13. März ansetzte, plebiszitär bestätigen lassen. Damit wollte er Hitler offensichtlich mit seinen eigenen Waffen schlagen. Die offenkundigen Manipulationen, mit denen Schuschnigg bei der Wahlvorbereitung vor allem Jungwähler, die man für besonders nationalsozialistisch eingestellt hielt, von der Mitwirkung an der Abstimmung fernhalten wollte, nutzte Hitler, der nun den Demokraten gab, um mit militärischer Intervention für den Fall zu drohen, dass die Abstimmung nicht abgesagt würde. Außerdem erhöhte er den Preis und verlangte nun die Einsetzung von Seyß-Inquart als Kanzler. Die Drohung zeigte Wirkung. Schuschnigg verpflichtete sich, die NSDAP zu legalisieren und die Verschmelzung mit Deutschland vorzunehmen. Die kurzzeitige Weigerung des österreichischen Bundespräsidenten, Seyß-Inquart zum Kanzler zu machen, war der Anlass für die Erhebung der österreichischen Nationalsozialisten, die ebenfalls zum Zuge kommen wollten. Sie besetzten alle wichtigen Ämter und wählten damit gleichfalls ein bewährtes Instrument der illegalen und gewaltsamen Machteroberung. Obwohl die Machtergreifung in Österreich somit längst im Gange war, gab Hitler am 11. März um 20.45 Uhr der Wehrmacht den Einmarschbefehl für den nächsten Tag. Er wollte seinen Krieg. Gleichzeitig inszenierte Göring die Farce eines Hilfeersuchens, das angeblich von Seyß-Inquart stammte, das dieser tatsächlich jedoch nie abgeschickt hatte. Das störte Göring wenig, der das angebliche Telegramm dennoch veröffentlichte, um die «brüderliche Hilfe», zu der man längst entschlossen war, propagandistisch zu rechtfertigen.

Am 12. März marschierten die deutschen Truppen unter dem Jubel der österreichischen Bevölkerung in das Nachbarland ein. Der österreichische Schriftsteller und Kabarettist Helmut Qualtinger erhielt Morddrohungen dafür, wie er die damalige Stimmung in seinem unvergleichlichen «Herrn Karl» (1961) beschrieben hat: *«Da san mer alle, i waaß noch, am Ring, am Heldenplatz gestandn. Unübersehbar woarn mir. Man hat gfühlt, man is unter sich, es war wie beim Heurigen, es wa wie aan riesiger Heuriger – aber feierlich, aan Taumel. (...) Die Deitschn san einmarschiert, mit klingendem Spiel... (summt) ... die Polizei is gestandn, mit ihre Hakenkreuzbinden, fesch – furchtbar, furchtbar das Verbrechen, wie man diese gutgläubigen Menschen in die Irre geführt hat! Der Führer hat geführt, aber a Persönlichkeit war er! Vielleicht a Dämon? Aber ma hat die Größe gespürt.»* Tatsächlich fuhr Hitler unter Glockengeläut am Nachmittag im offenen Mercedes zu seinem «Freundschaftsbesuch» in sein Heimatland. Es war ein Triumph großdeutscher Gefühle, die auch den einstigen Niemand aus Linz, Adolf Hitler, ergriffen hatten. Unter dem Eindruck des Jubels beschloss er, Österreich sofort vollständig einzugliedern. Auf dem Wiener Heldenplatz feiert er seinen besonderen, durchaus auch persönlichen Triumph und verkündete den «Eintritt meiner Heimat in das Deutsche Reich». Was das neben aller großdeutschen Euphorie auch bedeutete, zeigt die Tatsache, dass nun mit einem Schlag alle Gleichschaltungs- und Verfolgungsmaßnahmen nachvollzogen wurden, die bis dahin im Deutschen Reich durchgesetzt worden waren. Oft noch vor dem Eintreffen deutscher Truppen hatten einheimische Nationalsozialisten Pogrome gegen die jüdische Bevölkerung in Wien und anderswo angezettelt, bis dann Demütigung, Entrechtungsmaßnahmen, Raub und Enteignungen der österreichischen Juden von den neuen Machthabern administrativ von oben organisiert wurden. Das war die Handschrift von Himmler und Heydrich, die vorwegnahmen, was die deutschen Juden bei dem

Abb. 24 Die Unterzeichnung des Münchner Abkommens am 29./30. September 1938. Das Jahr 1938, in dem allein Hitler über Krieg und Frieden entschied, wurde zum Jahr seiner größten außen- und nationalpolitischen Erfolge, die für ihn jedoch nur den Weg zur weiteren Politik der Aggression und Gewalt öffneten.

Pogrom im November 1938 ereilen sollte. Sie zwangen die jüdischen Bürger, auf den Knien mit Bürsten die Straßen zu reinigen, vertrieben sie aus ihren Wohnungen und beraubten sie ihres Vermögens. Außerdem wurden innerhalb weniger Tage rund 20 000 Personen meist aus politischen Gründen verhaftet, vor allem Kommunisten und Juden. Es wurde in großer Eile in Mauthausen bei Linz ein Konzentrationslager in der Nähe von Steinbrüchen errichtet, wo die Häftlinge für ein SS-eigenes Unternehmen unter brutalen Bedingungen Steine für künftige Großbauten brechen und bearbeiten mussten, mit denen Hitler seine Heimatstadt Linz schmücken wollte.

Was nach außen als Triumph des nationalen Selbstbestimmungsrechtes und des völkischen Prinzips dargestellt wurde, bedeutete für Hitler und die nationalsozialistische Führung vor allem einen machtpolitisch-strategischen und einen wehrwirtschaftlichen Zugewinn, der die Voraussetzungen für weitere Aggressionen bereitete. Zum einen war nun die tschechoslowakische Südflanke dem deutschen

Zugriff ausgeliefert und das Tor zur Schaffung eines Großwirtschaftsraumes Südosteuropa weit geöffnet, zum anderen erbeutete das Deutsche Reich die österreichischen Devisenvorräte in Höhe von 1,4 Mrd. Reichsmark (RM), was die chronisch schwachen deutschen Vorräte für eine Weile erheblich aufbesserte.

Sofort nach dem Vollzug des «Anschlusses» begannen die Planungen für eine Eroberung der Tschechoslowakei, die nach einem vergleichbaren Muster ablaufen sollte. Eine außenpolitische Absicherung hatte sich Hitler von einem Staatsbesuch in Italien Anfang Mai 1938 erhofft, doch die italienische Seite ließ sich trotz aller Freundschaftsbekundungen nach Hitlers Triumph in Österreich auf keine weiteren schriftlichen Zusagen über eine künftige engere Zusammenarbeit beider Mächte ein, weil man die Beziehungen zu Großbritannien nicht noch weiter verschlechtern wollte. Nach seiner Rückkehr nach Berlin verschärfte Hitler seine Propagandakampagnen gegen den ungeliebten Nachbarn ČSR in einer konzertierten Aktion. Goebbels startete neue Presseangriffe gegen Prag; und Henlein, den Führer der sudetendeutschen Volkspartei, brachte Hitler dazu, lautstark Forderungen nach einer Selbstbestimmung der Sudetendeutschen zu erheben, damit diese «heim ins Reich» kehren könnten. Henlein sollte überdies Zwischenfälle provozieren und seine Forderungen immer weiter erhöhen, so dass sie politisch unerfüllbar bleiben mussten. Die Wehrmachtsführung wurde auf ihre neue Stoßrichtung vorbereitet. Noch fehlte der Anlass, den Hitler zum Losschlagen suchte. Den schien die tschechische Reaktion auf die gezielten deutschen Provokationen zu liefern. Am 20. Mai erklärte Prag die Teilmobilmachung der tschechischen Streitkräfte; am folgenden Tag erschienen der britische und der französische Botschafter bei Ribbentrop, um die deutsche Regierung nachdrücklich vor einer militärischen Aktion zu warnen. Vorerst verzichtete die Reichsregierung auf derartige Aktivitäten und beschränkte sich auf weitere Propagandakampagnen. Die «Wochenendkrise» bedeutete für Hitler einen Gesichtsverlust, doch das reizte ihn umso mehr. Der Diktator hielt an seinen Angriffsplänen fest und richtete sich für einen Krieg mit den Westmächten ein.

Insofern bedeutete die «Wochenendkrise» einen Wendepunkt in Hitlers Politik. Er war, wie der Chef des Wehrmachtsführungsamtes,

Generaloberst Alfred Jodl, in seinem Tagebuch festhielt, «nicht noch einmal gewillt», einen solchen Prestigeverlust hinzunehmen.[57] Wieder zeigte sich derselbe Mechanismus in Hitlers Verhalten: Herausforderungen und Krisen führten zu Radikalisierung und neuer Entschlossenheit. Am 30. Mai 1938 gab Hitler Weisung an die Wehrmacht, alle Vorbereitungen für eine militärische Aktion gegen die Tschechoslowakei zu treffen. Nachdem Hitler den Reichsparteitag in Nürnberg am 12. September zu wilden Attacken gegen die ČSR genutzt hatte, setzte der britische Premierminister Chamberlain alles daran, die internationale Krise, die Hitler erneut vom Zaun gebrochen hatte und die einen wichtigen Bündnispartner Londons in seiner nationalen Existenz bedrohte, auf dem Verhandlungsweg zu lösen. Er zeigte sich bereit, mit Hitler persönlich zu verhandeln, und kam ihm am 15. September bis auf den Obersalzberg entgegen. Die Bereitschaft des britischen Premiers zu einer Politik des Appeasements beruhte auf einem rationalen Kalkül, mit dem er die britische Schwäche bei der Rüstung, im Haushalt und in der innen- wie außenpolitischen Situation nüchtern einschätzte, wobei er aber, wie sich bald zeigen sollte, zugleich den Aggressions- und Eroberungswillen bzw. die zunehmende Irrationalität der Hitler'schen Politik deutlich unterschätzte. Hitlers Verhalten war, wie immer, mehrdeutig. Er hielt an seinen Drohungen und Angriffsplänen fest, versuchte aber gleichzeitig, durch scheinbares Entgegenkommen eine gemeinsame Aktion der Gegner zu unterlaufen. Hitler wollte seinen Krieg, aber er nahm die Verhandlungsofferten zunächst einmal an, um dann jedoch die britischen Angebote abzulehnen. Er hatte seinen Gast, der zum ersten Mal in seinem Leben ins Flugzeug gestiegen war, um keine Zeit zu verlieren, zwar höflich empfangen, stellte aber in der anschließenden Verhandlung, begleitet von weiteren Drohungen und Gesten scheinbarer Nachgiebigkeit, weitere Forderungen. Chamberlain war noch einmal am 22. September nach Deutschland gereist und musste erleben, dass Hitler nun zusätzlich eine Verkürzung der Fristen für die Räumung der sudetendeutschen Gebiete verlangte und mit der Anwendung von Gewalt drohte. Nun hatte Hitler in seinem Drang zum Vabanquespielen offenbar überzogen. Die britische Regierung erklärte am 27. September, kurz vor Ablauf des deutschen Ultimatums, sie würde zusammen mit Frankreich, der eigentlichen Schutzmacht der Tschechen, und mit Unterstützung der Sowjetunion, die sich nun gleichfalls einschaltete, der bedrohten Nation beistehen. Als auch diese Eskalation Hitler nicht zu beeindrucken schien, bot die britische Regierung eine Überarbeitung des Zeitplanes an. Daraufhin schaltete sich Mussolini ein, der einen großen Krieg vermeiden wollte. Hitler blieb nun nichts anderes übrig, als einer Verhandlungslösung zuzustimmen. Am Morgen des 30. September unterschrieben Hitler, Chamberlain, der französische Ministerpräsident Daladier und Mussolini in München das Münchner Abkommen. Es sah vor, dass das Sudetenland ohne Volksabstimmung sofort an Deutschland angeschlossen werden sollte. Kampflos besetzten deutsche Truppen am nächsten Tag die sudetendeutschen Randgebiete, die innerhalb der Tschechoslowakei wirtschaftlich besonders wichtig waren. Die tschechische Regierung, die ebenso wie die Sowjetunion an den Verhandlungen nicht beteiligt war, wurde erst am Tag der Unterzeichnung über den Gebietsverlust informiert und musste neben diesem Schlag gegen die eigene Integrität durch die Autonomieerklärung der Slowakei und der Karpato-Ukraine weitere territoriale Amputationen hinnehmen, die den von deutscher Seite geschürten inneren Auflösungsprozess weiter beschleunigten. Auch die Grenzgarantien, die London und Paris gegenüber Prag aussprachen, kamen zögerlich und halbherzig. Ein baldiges Ende des «Rumpfstaates» war angesichts der Aggressivität Hitlers absehbar.

Chamberlain, der am Tag nach den Münchner Verhandlungen nach einem weiteren Gespräch mit Hitler meinte, den Frieden gesichert zu haben, wurde zu Hause als Friedensstifter gefeiert, und auch in Deutschland war man erleichtert, weil der Krieg noch einmal abgewendet war. Den Frieden hatte Chamberlain damit jedoch nicht gesichert, sondern nur Zeit gewonnen. Dafür hatte der Westen die territoriale Integrität des tschechischen Bündnispartners und Völkerbundmitglieds missachtet und indirekt den Kriegskurs Hitlers gefördert und nicht gestoppt. Für den deutschen militärischen Widerstand, der sich nach den Erfahrungen der Blomberg-Fritsch-Krise vorsichtig gebildet hatte, bedeutete das britische Entgegenkommen einen schweren Rückschlag. Einige hochrangige Offiziere und Beamte hatten nämlich geplant, sich Hitlers unverantwortlicher Kriegspolitik zu widersetzen, den Diktator zu verhaften und vor ein Gericht zu stellen. Mit ihrem Entgegenkommen hatten die Westmächte den Plänen der Militäropposition vorerst den Boden entzogen und Hitlers absolute Macht gerettet. Der hatte die britische und französische Beschwichtigungspolitik als Zeichen der Schwäche interpretiert. Vor allem aber war er darüber verärgert, dass er nicht seinen Krieg bekommen hatte, sondern dass ihm die tschechische Beute bloß am Verhandlungstisch zugefallen war. Die deutsche Bevölkerung war nach den Kriegsängsten, die sie in der Septemberkrise heimgesucht hatten, ihrerseits erleichtert und wieder begeistert über das politische Geschick ihres «Führers». Der hatte allerdings nicht vergessen, dass die Berliner Bevölkerung auf dem Höhepunkt der Sudetenkrise, am 27. September 1938, als er einsatzbereite Truppen durch das Stadtzentrum marschieren ließ, bei dieser Demonstration der Stärke nur wenig Aufmerksamkeit und jedenfalls keine Begeisterung gezeigt hatte.

Das und die Verärgerung über die Friedenserwartungen, die der britische Premierminister Chamberlain nach seiner Rückkehr aus München nicht nur in London, sondern auch in Deutschland ausgelöst hatte, waren der Anlass für eine Geheimrede Hitlers vor rund vierhundert Pressevertretern am 10. November in München, in der er ankündigte, dass nun die «pazifistische Platte» abgespielt sei.[58] Man habe aus Gründen der außenpolitischen Absicherung jahrelang von Frieden reden müssen und bei der Bevölkerung damit offenbar den «falschen Eindruck» erweckt, er wolle «den Frieden unter allen Umständen». Mit dieser irrigen Annahme müsse es endlich ein Ende haben, und der Presse falle dabei eine wichtige Aufgabe zu.

Den Beweis seiner Gewalttätigkeit hatte das Regime gleichzeitig bereits in der Pogromnacht des 9./10. November geliefert, als es den Krieg gegen eine eigene Minderheit eröffnet hatte.

In dieser Atmosphäre einer kollektiv-psychologischen kriegerischen Aufladung bereitete Hitler den nächsten Coup vor. Er plante die Besetzung der «Rest-Tschechei» und verschaffte sich zunächst die stille Unterstützung von Polen und Ungarn, die ihrerseits Gebietsforderungen an die «Rest-Tschechei» hatten. Am 11. März 1939 befahl Hitler der Wehrmacht in einer geheimen Weisung den Übergriff auf Prag und setzte als politisches Drohinstrument auch Erpressung und Nötigung ein, ganz wie man das aus Gangsterfilmen kennt. Der herzkranke tschechische Staatspräsident wurde am 14. März 1939 in die Reichskanzlei zitiert, wo Hitler ihm derart zusetzte, dass er einen Schwächeanfall erlitt. Hitlers Leibarzt Morell brachte ihn mit seinen Mittelchen wieder auf die Beine, so dass er in der Lage war, ein Papier mit einer Bitte um deutschen Schutz zu unterschreiben. Daraufhin besetzten am Morgen des 15. März 1939 deutsche Truppen das wehrlose Prag. Hitler folgte seinen Soldaten im Sonderzug, um sein neues Herrschaftsgebiet unter dem Namen «Protektorat Böhmen und Mähren» in Besitz zu nehmen. Diese neuerliche Eroberung, der am 23. März noch die militärische Besetzung des Memelgebietes folgte, ließ sich nicht mehr mit dem Selbstbestimmungsrecht einer Minderheit rechtfertigen und musste die Westmächte endgültig alarmieren. Der Einmarsch in Prag führte zur Ernüchterung der britischen Appeaser und zur Beschleunigung britischer Rüstungsanstrengungen. London erklärte nun, jeder weiteren deutschen Eroberung mit Waffengewalt entgegenzutreten. Zunächst machte der Gewaltakt das Deutsche Reich zur Hegemonialmacht in Südosteuropa und verkürzte die deutsche Militärgrenze deutlich. Vor allem verstärkte diese Aggression das deutsche Rüstungspotential durch die Eroberung tschechischer Industrieanlagen erheblich.

Dass nun Polen von Hitlers Eroberungswillen bedroht war, war seit der Jahreswende 1938/39 offensichtlich. Schon am 8. November 1938 hatte Heinrich Himmler seinen «lieben SS-Männern» angedeutet, Hitler werde demnächst das größte Reich schaffen, das die Erde je gesehen habe. Am 30. Januar 1939 wiederholte Hitler, was er schon zuvor, wie es seinem Führungsstil entsprach, im engeren, ausgewählten Herrschaftszirkel angedeutet hatte, dass es nämlich im Falle eines kommenden Weltkrieges auch zur Vernichtung der europäischen Juden kommen werde. Damit kamen das Ungeheuerliche und das Revolutionäre seiner Politik zum Vorschein. Nicht nur ein Großreich, sondern auch ein Rassereich sollte erobert werden. Darum konnte es im Verständnis Hitlers auch keine Kehrtwendung und keine Abkehr

Abb. 25 Der innere Krieg gegen die jüdische Minderheit. 1938 wurde auch zum Schicksalsjahr der deutschen Juden. Die Zerstörung ihrer Synagogen und Geschäfte während der Novemberpogrome bedeutete den vollständigen Verlust ihrer bürgerlichen Rechte und wirtschaftlichen Existenz sowie eine neue Stufe der Verfolgung und Ausgrenzung.

von der Politik der Rüstung und Aggression geben. Hitlers Kriegsplanungen beschleunigten sich dadurch, dass es in seiner Wahrnehmung einen engen, sich wechselseitig bedingenden Zusammenhang von objektiven politischen und wirtschaftlichen Krisenlagen und dem subjektiven Gefühl gab, dass es nur noch ein schmales Zeitfenster gab, in dem man eine Entscheidung herbeiführen müsse. Im Augenblick sah er Deutschland politisch und rüstungswirtschaftlich noch im Vorteil gegenüber den Westmächten.

Die politische Lage Polens hatte sich mit der neuen militärisch-politischen Situation am Jahresende 1938 deutlich verschlechtert. Sie stand auf der Tagesordnung. Ob es für eine deutsche Dominanz eines Krieges bedurfte, war zu diesem Zeitpunkt noch offen. Bis zum März 1939 versuchte Hitler offenbar, zu Polen «ein tragbares Verhältnis» herzustellen – was immer das bedeutete. Das eigentliche Ziel war zunächst der Kampf gegen den Westen. Doch die polnische Regierung lehnte nach den Erfahrungen mit der deutschen Eroberung des Memelgebietes im März 1939 jede Regelung, vor allem in der künftigen Regelung der Danzig-Frage und der von deutscher Seite geforderten Rückkehr der unter Völkerbund-Verwaltung stehenden «Freien Stadt» zum Deutschen Reich, kategorisch ab. Damit gehörte Polen in der Einschätzung Hitlers in das gegnerische Lager. Entscheidend für die Handlungsoptionen Hitlers wurde das Verhalten Englands, das am 31. März eine Beistandsgarantie für den Fall ankündigte, dass der territoriale Bestand und die Souveränität Polens (und Rumäniens) bedroht würden. Seit dem Locarno-Vertrag von 1925 hatte London keine ähnlich weit reichende Bindung auf dem Kontinent mehr ausgesprochen.

Hitler reagierte wütend auf diese neue Situation und kündigte das britisch-deutsche Flottenabkommen wie den deutsch-polnischen Nichtangriffspakt. Die britische Garantieerklärung bot nun die Möglichkeit, auch den deutschen Generälen seine Kriegsplanungen zu eröffnen, die er intern schon längst entwickelt hatte. Auch die deutsche Öffentlichkeit sollte in eine kriegsbereite Stimmung versetzt werden. Am 20. April 1939, Hitlers 50. Geburtstag, präsentierte sich der Diktator mit einer waffenstarrenden Parade auf der neuen Ost-West-Achse in Berlin. Acht Tage später reagierte Hitler rhetorisch geschickt und voller angriffslustigem Spott auf einen Friedensappell des amerikanischen Präsidenten Roosevelt, der die weltweite Dimension der deutschen Herausforderung und der internationalen Gegenwehr gegen die nationalsozialistische Raumeroberungspolitik andeutete. Die Konturen eines Weltkrieges zeichneten sich ab. Umso trotziger erläuterte Hitler am 23. Mai 1939 der Wehrmachtsführung offen seine Kriegsziele[59] und rechtfertigte die Notwendigkeit des Krieges mit einer Wirtschaftslage, die er allerdings selbst seit 1936 mit seiner Entscheidung für die Priorität des Krieges sehenden Auges herbeigeführt hatte. Man müsse fremde Staaten erobern, um die deutschen Wirtschaftsprobleme zu lösen. Deshalb gehe es gar nicht mehr darum, ob man Polen schonen solle oder nicht. Sondern: «Es handelt sich für uns um Arrondierung des Lebensraumes im Osten und die Sicherstellung der Ernährung.» Polen müsse darum bei passender Gelegenheit angegriffen werden. Außerdem müsse Frankreich geschlagen werden, um dann auch England niederkämpfen zu können. Als frühesten Angriffstermin für den entscheidenden Krieg gegen England nannte er wieder, wie bei seiner Ansprache im November 1937, das Jahr 1943. Einstweilen konzentrierten sich Hitler und die Wehrmachtsführung auf die Vorbereitung des Überfalls auf Polen, wobei man erwartete, dass es nur ein kurzer Krieg werden würde.

Doch die gewünschte internationale Lage, die einen Krieg gegen Polen scheinbar rechtfertigen könnte, schien sich angesichts der britischen Garantieerklärung und britischer Verhandlungen mit Moskau nicht so schnell einzustellen, wie es sich der Diktator und Eroberer, der es mit seinem Krieg eilig hatte, gewünscht hatte. Hitler wählte darum im Wettstreit mit gleichzeitigen, aber äußerst schwierigen britisch-sowjetischen Gesprächen einen Umweg, der alle Welt überraschte. Im Unterschied zu London war Hitler zu weitreichenden Zugeständnissen an Stalin bereit, die er ohnehin bald wieder zu kassieren gedachte. Am 14. August hatte Ribbentrop den Kurswechsel mit einer Instruktion an den deutschen Botschafter in Moskau eingefädelt, am 20. August schickte Hitler ein Telegramm an «Herrn I. W. Stalin, Moskau» mit der Bitte, Außenminister v. Ribbentrop nicht erst am 26. oder 27. August zu empfangen, sondern schon am 22./23. August. Hitler hatte es eilig. Am 23. August 1939 flog der eilfertige

Außenminister mit uneingeschränkter Vollmacht zum Abschluss eines Nichtangriffspaktes mit dem ideologischen Todfeind Sowjetunion nach Moskau. Der Pakt war in den Tagen und Wochen zuvor zwischen Berlin und Moskau sondiert und vorbereitet worden. In einem geheimen Zusatzprotokoll verständigte man sich auf die Zerschlagung und Aufteilung Polens. Hitler bekam damit die Hände frei für seinen nächsten militärischen Schlag, den Überfall auf Polen; Stalin, der Sorge hatte, in einem künftigen Krieg möglicherweise Angriffsziel der «kapitalistischen Mächte» in London, Paris und Berlin zu werden, lenkte damit, wie er offensichtlich meinte, erst einmal die deutsche Angriffsmaschinerie von Russland ab und bekam als Gegenleistung für seinen Expansionsdrang nach Westen von Hitler mehr territoriale Zusagen, als der Westen sie, mit Rücksicht auf Polen, je hätte leisten können. Die deutsche Angriffslokomotive stand einsatzbereit unter Dampf, und Stalin gab mittelbar das erhoffte Signal für den Angriff auf Polen. Den Befehlshabern der Wehrmacht legte Hitler am 22. August 1939, als Ribbentrop noch unterwegs nach Moskau war, auf dem Berghof seine Vorstellungen über den künftigen Krieg deutlicher als bisher dar.[60] Deutschland stehe unter einem doppelten Zeitdruck: einem wirtschaftlichen und einem persönlichen. Denn niemand wisse, erklärte er in jenem Anfall von Größenwahn, «wie lange ich noch lebe. Deshalb Auseinandersetzung besser jetzt.» Von ihm allein hänge Deutschlands Zukunft ab. Darum gebe es nur die Wahl zwischen einem raschen Losschlagen oder der Gefahr, später vernichtet zu werden. Polen sei «in die Lage manövriert, die wir zum militärischen Erfolg brauchen». Im Krieg gegen Polen gehe es nicht um Danzig, sondern um die Ausbeutung von Polens Rohstoffen und um dessen Vernichtung. Angesagt sei ein «brutales Vorgehen. 80 Millionen Menschen müssen ihr Recht bekommen. Ihre Existenz muss gesichert werden.» Der Stärkere habe das Recht für sich. Auch von der britischen Warnung, dass man nach wie vor seine Beistandsversprechen gegenüber Polen aufrechterhielte, ließ sich Hitler nicht beeindrucken. Die seien nur «kleine Würmchen», wie man in München gesehen habe. Auch die überraschende Nachricht aus Rom hielt ihn von seinem Krieg nicht ab. Der Achsenpartner Mussolini erklärte am 25. August, dass Italien sich nicht vor 1942 imstande sehe, an der

Seite Deutschlands in einen Krieg zu ziehen. Nur der Angriffstermin wurde daraufhin um wenige Tage verschoben. Hitlers größte Sorge war, dass ihm wieder «irgendein Schweinehund einen Vermittlungsplan vorlegt». Wie man auf diplomatische Verhandlungsofferten, auf die man zur Wahrung der angeblichen deutschen Verständigungsbereitschaft noch eingehen müsse, reagieren würde, war schon eindeutig festgelegt und zeigte nur Hitlers Entschlossenheit zum Krieg: «30.08. – Polen in Berlin. 31.08. – Zerplatzen. 01.09. – Gewaltanwendung».[61] Auch die Mahnung seines Paladins Hermann Göring: «Wir wollen doch nicht Vabanque spielen», hielt Hitler von dem Angriffsplan nicht ab. Seine Antwort legte seine politischen Maxime offen: «Ich habe in meinem Leben immer Vabanque gespielt.»[62]

Am 1. September marschierte die Wehrmacht in Polen mit einer gewaltigen Streitmacht ein. Gegen zehn Uhr behauptete Hitler im Reichstag, alles für den Frieden getan zu haben. Doch Polen habe, so verdrehte Hitler die Wahrheit weiter, «heute Nacht zum ersten Mal auf unserem eigenen Territorium auch durch reguläre Soldaten geschossen. Seit 5.45 Uhr wird jetzt zurückgeschossen.»[63] Am 3. September erklärten Großbritannien und Frankreich dem Deutschen Reich den Krieg. Hitler war in seinem Element. Er wolle jetzt nichts anderes mehr sein als der «erste Soldat des Deutschen Reiches». Zur symbolischen Bekräftigung seiner neuen Identität trug er eine feldgraue Uniformjacke mit goldenen Knöpfen und einem goldenen Reichsadler auf dem linken Ärmel. Er werde diese Uniform erst nach dem Sieg ablegen – oder das Ende des Kriegs nicht mehr erleben. Eine Kapitulation werde es nicht geben. Auch ein 9. November 1918 werde sich nicht noch einmal wiederholen. Alles oder nichts – nur so konnte sich im Kern Hitler Krieg und Politik vorstellen. Alles andere war taktische Verstellung, Mittel zum Zweck.

Hitlers Hoffnung auf eine Isolierung Polens war jedoch zunächst zerstoben, es drohte ein Zweifrontenkrieg, den man eigentlich hatte vermeiden wollen. Doch der Vabanquespieler hoffte, auch diese ungünstige Ausgangssituation und die Tatsache, dass die Wehrmacht nach wie vor über keine Tiefenrüstung, also Waffen und Munition für einen längeren Feldzug, verfügte, durch eine Serie von Blitzkriegen überwinden zu können. Auch die deutsche Bevölkerung zeigte anders als im Juli 1914 keine Kriegsbegeisterung. Man hörte bedrückt und fassungslos, dass Hitler Deutschland in den Krieg geführt hatte. Im Unterschied zu 1914 gab es auch keinen Grund für eine Diskussion über die Kriegsschuld; sie lag allein bei Hitler und seinem «Dritten Reich».

7. DER KRIEGSHERR UND DIE NATIONALSOZIALISTISCHEN VERBRECHEN

Auf dem Höhepunkt der Macht: 1939/40

Am Morgen des 1. September 1939 um 4.45 Uhr eröffnete das deutsche Schlachtschiff «Schleswig-Holstein», das angeblich zu einem Freundschaftsbesuch gekommen war, das Feuer auf ein polnisches Munitionsdepot auf der Westerplatte vor dem Hafen von Danzig. Deutsche Soldaten, die in dem Schiff versteckt waren, besetzten zusammen mit Einheiten der Danziger «Heimwehr» die Stadt. Am Abend des 1. September empfing Ribbentrop in Berlin den britischen Botschafter Henderson, der ein Ultimatum überreichte. Sollte das Deutsche Reich seinen Angriff auf Polen nicht unverzüglich einstellen, dann werde England seine Bündnisverpflichtungen gegenüber Polen erfüllen. Hitler war zu einem Truppenrückzug auch dann nicht bereit, als Mussolini sich am 2. September ebenfalls noch einschaltete. Der Krieg war damit unvermeidlich. Daraufhin stellten London und Paris am 3. September den Kriegszustand fest. Hitler soll die Nachricht «wie versteinert» vernommen und Ribbentrop gefragt haben: «Was nun?» Fassungslos konnte er allenfalls darüber sein, dass der Krieg in einer falschen Reihenfolge begonnen hatte. Möglicherweise hatte er doch damit gerechnet, dass die Westmächte nicht eingreifen würden. Goebbels hatte jedenfalls den Eindruck, dass «Hitler keinen langen Krieg gebrauchen könne» und darum nach einem raschen Sieg über Polen einen schnellen Frieden im Westen suchen würde.[1] Auch wenn der amerikanische Kongress dem Präsidenten Roosevelt zunächst ein militärisches Engagement an der Seite der Westmächte verweigerte, ließ dieser keinen Zweifel daran, an wessen Seite die Vereinigten Staaten standen. Die Haltung der «bewaffneten Neutralität» erlaubte es der amerikanischen Regierung, aufzurüsten und den

«Kreuzzug für die Demokratie» vorzubereiten. Damit kündigte sich die globale Dimension an, die der Krieg sehr bald entwickeln sollte. Japan erklärte sich zu diesem Zeitpunkt noch als neutral. Für Hitler bedeutete dies aus strategischer Sicht, dass er das schmale Zeitfenster, das sich für seinen Krieg öffnete, nutzen musste, bis die gegnerischen Mächte aufgerüstet hätten und auf den Kriegsschauplätzen mit ihrer Übermacht eingreifen könnten.

Für Hitler bedeutete der Krieg aber viel mehr: Der Krieg war für den Nationalsozialismus das ureigenste Element, im Krieg fand er gleichsam zu sich selbst. Nun ging es für Hitler nur noch um Sieg oder Niederlage, Triumph oder Untergang. Probleme der Organisation des Krieges und der Kriegsgesellschaft waren für ihn zunächst zweitrangig, und er überließ sie anderen. Die Kriegsführung war zwar mit der inneren Entwicklung der deutschen Politik und Gesellschaft verbunden, aber noch mehr mit der Rassen- und Lebensraumideologie des Nationalsozialismus. Es ging Hitler, wie er offen ausgesprochen hatte, auch nicht um Danzig, sondern um die «Arrondierung des deutschen Lebensraumes». Darum zeichneten sich bereits in den ersten Monaten des Krieges in Polen die Grundzüge nationalsozialistischer Besatzungs- und Vernichtungspolitik ab – von der Verfolgung polnischer Juden bis hin zur Germanisierungspolitik und zum massenhaften Zwangsarbeitereinsatz.

Innerhalb weniger Wochen konnten die rüstungsmäßig überlegenen deutschen Truppen die polnische Armee vollständig besiegen. Noch überließ Hitler die operative Planung des Feldzuges den Militärs. Erstmals wurden schwere Luftangriffe auf große Städte geflogen. Am 3. September fuhr Hitler mit einem Sonderzug in Begleitung seiner militärischen Adjutanten und seines Sekretärs Martin Bormann sowie seiner Sekretärinnen und Fotografen nach Polen. Er ließ sich im Pkw zur Front fahren, um den deutschen Vormarsch mit dem Fernrohr zu beobachten und um publikumswirksame Fotos zu bekommen.

Am 17. September marschierte die Rote Armee in den Ostteil Polens ein, so wie das in der geheimen Absprache von Ribbentrop mit Molotow vorgesehen war. Zur selben Zeit zog Hitler unter dem Jubel der deutschen Bevölkerung in Danzig ein und feierte die Heim-

Abb. 26 Hitler vor dem Befehlszug des Führerhauptquartiers im eroberten Polen im September 1939. Nicht in der Reichskanzlei, sondern unterwegs auf Reisen oder in den Führerhauptquartieren nahe der Front fallen fortan die politischen Entscheidungen.

holung einer weiteren deutschen Stadt ins Reich. Am 27. September kapitulierte Warschau, auch um die weitere Bombardierung der Stadt zu verhindern, die schon genug Zerstörung erfahren hatte. Am 5. Oktober nahm Hitler im eroberten Warschau eine große Siegesparade ab, nachdem sich mittlerweile auch die letzten polnischen Truppen ergeben hatten. Einen Friedensvertrag mit Polen gab es nicht, weil beide Eroberer, Deutschland und die Sowjetunion, davon ausgingen, dass Polen nicht mehr existierte. Das Land wurde unterworfen und zerteilt; es wurde zum Experimentierfeld von ideologisch bestimmten Verfolgungs- und Vernichtungspraktiken.

Dass Polen in kurzer Zeit in ein Land blutiger Verfolgung und Ausbeutung verwandelt wurde, wurde allerdings von den Nachrichten vom «Blitzsieg» überlagert, zumal in der Bevölkerung nach dem Schock durch den Kriegsbeginn bald wieder Zuversicht einkehrte. Bereits bei Kriegsbeginn hatten Himmler und Heydrich fünf Einsatzgruppen der Sicherheitspolizei aufgestellt, die jeweils einer

Armeegruppe zugewiesen wurden und in Absprache mit dem Oberkommando der Wehrmacht hinter dem Vormarsch der Truppe mit ihrem blutigen Vernichtungsfeldzug begannen. Ihre offizielle Aufgabe lautete, «reichs- und deutschfeindliche Elemente im Feindesland rückwärts der fechtenden Truppe» zu bekämpfen. Hinter dieser Tarnsprache verbarg sich ein sehr viel weiter gehender Auftrag, der zudem ständig erweitert wurde. Die Einsatzgruppen sollten «polnische Aufständische» und vor allem polnische Führungskräfte in der Verwaltung bzw. Angehörige der Intelligenz erschießen. Nach einer Weisung Heydrichs vom 21. September sollten auch Juden in die Verfolgung einbezogen werden.[2] Sie sollten in größeren Städten in Ghettos «zusammengefaßt» werden. Das war der Beginn einer massenhaften Ausbeutungs- und Germanisierungspolitik. Bald sollte sich herausstellen, dass die Rote Armee auf ihrem Territorium der deutschen Praxis vergleichbare Massenerschießungen und -verhaftungen vorgenommen hatte. Unter den deutschen Offizieren und Soldaten gab es noch besorgte Stimmen, die das Morden von Wehrlosen ablehnten und wie Generaloberst Blaskowitz das auch 1940 in Denkschriften an den Oberbefehlshaber des Heeres, die auch bei Hitler landeten, offen aussprachen. Er wurde allerdings sehr bald versetzt. Die Handlungsmöglichkeiten der Wehrmachtsführung, die sich noch um die Einhaltung völkerrechtlicher Normen bemühte, wurden im Oktober 1939 entscheidend eingeengt, als Hitler die Eingliederung von der knappen Hälfte der von der Wehrmacht eroberten Gebiete in das Reichsgebiet anordnete. Diesseits der neuen Grenze, die von der Ostgrenze Ostpreußens zur Ostgrenze Oberschlesiens verlief, sollte die einheimische polnische Bevölkerung ausgesiedelt und «Volksdeutsche» angesiedelt werden. Jenseits dieser Grenze in dem sogenannten Generalgouvernement sollten die dort lebenden oder dorthin ausgesiedelten Polen ein «Helotendasein auf niedriger Kulturstufe»[3] führen. Für die Verfolgungs-, Vertreibungs- und Umsiedlungspolitik, die im nationalsozialistischen Sprachgebrauch «völkische Flurbereinigung» hieß, erhielt Himmler am 7. Oktober umfassende Vollmachten, als ihm in einem «geheimen Führererlaß» das Amt eines «Reichskommissars für die Festigung des deutschen Volkstums» übertragen wurde. Die Titulatur hatte sich Himmler nach einer entsprechenden Weisung Hitlers selbst zurechtgeschneidert. Er nutzte den Befehl, um im Osten einen Machtbereich der SS zu etablieren, der jeder Kontrolle durch Verwaltung und Recht entzogen war. Er konnte sich dabei auf den Auftrag Hitlers berufen, der ihm umfassende Vollmachten erteilt hatte zur «Ausschaltung des schädigenden Einflusses von solchen volksfremden Bevölkerungsteilen, die eine Gefahr für das Reich und die deutsche Volksgemeinschaft bedeuten». Auch mit der neu eingerichteten deutschen Zivilverwaltung erhielt die Wehrmacht einen Gegenspieler, der als Gauleiter bzw. Vertrauter Hitlers größere Einflussmöglichkeiten als die Militärverwaltung besaß. Das Besatzungs- und Herrschaftsmodell, das sich im besetzten Polen in wenigen Tagen entwickelte, war ein weiterer Schritt im Aufbau einer von allen Normen losgelösten ideologischen Verwaltung und Führerherrschaft und demonstrierte die künftigen Wege der Entschluss- und Herrschaftsbildung. Hitler gab einen allgemein gehaltenen Führerbefehl aus, und seine machthungrigen Unterführer, an der Spitze Himmler, hatten nichts Eiligeres zu tun, als sich daraus einen neuen Einfluss- und Machtbereich im Sinne der nationalsozialistischen Ideologie zurechtzuschneidern. Hitler, der die Verantwortung für diese Entscheidungen trug, tröstete die Wehrmachtsführung damit, dass sie nun «eine Verantwortung loswerden könnte». Denn, so erläuterte er gegenüber Halder diese Weisung, «harter Volkstumskampf duldet keine gesetzlichen Bindungen». Auch über den Inhalt dieses Volkstumskampfes, wie Hitler ihn weiter ausführte, machte sich Halder Notizen: «Verhindern, dass polnische Intelligenz sich zu neuer Führungsschicht aufwirft. Niedriger Lebensstandard soll erhalten bleiben. Billige Sklaven. Aus deutschem Gebiet muß dieses Gesindel heraus [...] Schaffung einer totalen Desorganisation [...] Das Reich soll den Generalgouverneur befähigen, dieses Teufelswerk zu vollenden.»[4]

Am 28. September hatten Ribbentrop und Molotow in einem deutsch-sowjetischen Grenz- und Freundschaftsvertrag die neuerliche, vierte Teilung besiegelt und öffentlich gemacht, was bisher nur in geheimen Absprachen geregelt worden war. Frankreich hatte zwar in einem Militärvertrag Polen in einem Zeitraum von zwei Wochen Unterstützung durch einen französischen Angriff auf Deutschland zugesagt. Doch es passierte nichts, obwohl Frankreich an seiner Grenze weit mehr Truppen hatte als Deutschland. Frankreich und England verharrten tatenlos in einem «Sitzkrieg». Polen fühlte sich von seinen Bündnispartnern im Stich gelassen.

Nach dem Erfolg über Polen hatte Hitler es eilig, seine Offensive im Westen vorzubereiten. Ohne eine Antwort auf seinen «Friedensappell» vom 6. Oktober 1939 abzuwarten, mit dem er wieder einmal den Alliierten eine Verständigung zu seinen Bedingungen angeboten hatte, teilte er den Oberbefehlshabern der Wehrmacht seinen Entschluss mit, den Angriff, wenn irgend möglich, noch im Herbst durchzuführen. In militärischen Führungskreisen, wo man sich an das Steckenbleiben und das Scheitern der deutschen Offensive im September 1914 an der Westfront mit Schrecken erinnerte, gab es erhebliche fachlich begründete Zweifel an der Durchführbarkeit dieser Planungen. Eine kleine Gruppe von Offizieren – unter ihnen Generalstabschef Franz Halder, Abwehrchef Admiral Wilhelm Canaris und Generalmajor Hans Oster – versuchte in Verbindung mit einer zivilen bürgerlichen Opposition um den ehemaligen Leipziger Oberbürgermeister Carl Goerdeler, den Krieg zu verhindern. Aber sowohl ihre Kontakte mit englischen Vertrauensmännern als auch Drohungen Hitlers vor «defätistischen» Äußerungen in der Generalität führten zum Zusammenbruch ihrer Widerstandsaktivitäten. Sehr viel erfolgreicher wäre beinahe das Attentat eines Einzelgängers gewesen, des Schreiners Georg Elser, der im Münchner Bürgerbräukeller am 8. November zu der üblichen Erinnerungsfeier der Alten Kämpfer eine Bombe zündete, die Hitler nur knapp verfehlte. Dass danach die Sicherheitsvorkehrungen um Hitler noch einmal verschärft wurden, veranlasste die militärische Opposition zusätzlich zur Vorsicht und Zurückhaltung.

Auch Hermann Göring hatte sich im Oktober 1939 vergeblich für eine Verständigung mit den Westmächten und gegen eine Weiterführung des Krieges ausgesprochen, da er die Wehrmacht für einen möglichen Abnutzungskrieg noch nicht genügend vorbereitet sah. Doch zu einem Alleingang gegen den «Führer» war er nicht bereit, was einmal mehr zeigt, dass ohne Hitler ein möglicherweise ebenfalls nationalsozialistisches Deutschland einen anderen politischen Kurs gesteuert hätte. Allein die schlechten Wetterverhältnisse und die unzureichende Rüstungssituation verhinderten die sofortige Weiterführung des Krieges und trugen zur Verschiebung des Angriffs auf den Frühsommer 1940 bei. Zudem schien es aus rüstungswirtschaftlichen Gründen geboten, sich unbedingt die Zufuhr schwedischer Erze weiterhin zu sichern. Hitler wollte sich auf keinen Fall die militärische Initiative aus der Hand nehmen lassen und befahl darum am 9. April 1940 den Überfall auf zwei neutrale Länder, Dänemark und Norwegen, nachdem ihn der Oberbefehlshaber der Marine, Erich Raeder, von der Gefahr überzeugt hatte, dass Norwegen mit England paktieren und die Rohstoffzufuhr aus den schwedischen Erzlagern auf diese Weise unterbrechen könnte. Die handstreichartige Operation «Weserübung» sollte noch vor dem Westfeldzug beginnen und eine günstige Ausgangsbasis gegenüber England sichern. Noch während alle drei Wehrmachtsteile an der Landung in Norwegen beteiligt waren und die Marine bei dem Landeunternehmen erhebliche Verluste erlitt, begann am 10. Mai 1940 die Offensive im Westen. Die mehrmalige Verschiebung des Angriffstermins hatte die Erfolgsaussichten sogar noch erhöht, denn Hitler entschied sich im Vorfeld für einen veränderten und unkonventionellen Operationsplan, den Generalleutnant Erich von Manstein vorgetragen hatte.

Der Westfeldzug verlief scheinbar in der Tradition europäischer militärischer Konflikte. Doch Mansteins Operationsplan «Sichelschnitt» setzte sehr viel stärker auf Überraschung und Risiko als im Ersten Weltkrieg üblich. Er sah den massierten Einsatz von Panzer- und motorisierten Verbänden der Heeresgruppe A durch die unwegsamen Ardennen vor, die nicht in das französische Befestigungssystem einbezogen waren, da sie bisher als natürliches Hindernis für motorisierte Verbände gegolten hatten. Gleichzeitig sollte die Heeresgruppe B Belgien und die Niederlande besetzen und nach Erreichen der Nordseeküste die Hauptmasse der gegnerischen Verbände zwischen den beiden Heeresgruppen zerreiben. Am 9. Mai reiste Hitler mit seinem gepanzerten Sonderzug von Berlin mit einigen bewusst irreführenden Umwegen in die Eifel, in das neue Führerhauptquartier «Felsennest». Das war das erste fest eingerichtete seiner Art, dem noch weitere Führerhauptquartiere Hitlers folgen sollten, meist in größerer Nähe zum jeweiligen Frontabschnitt, als dies von Berlin aus gegeben gewesen wäre. Ihre Lage symbolisierte seinen Machtanspruch als Oberbefehlshaber und zugleich die Nähe des «Führers» zu «seinen» Soldaten. Die Führerhauptquartiere wurden für den weiteren Verlauf des Krieges Machtzentralen Hitlers, und ihre Namen wurden für Millionen von Deutschen Sinnbilder für Hitlers Kriegsführung, vernahmen sie doch seit dem Russlandfeldzug alle wichtigen, meist jedoch geschönten und den Ernst der Lage verharmlosenden Nachrichten über den Kriegsverlauf als Mitteilung aus einem der Führerhauptquartiere.

Das Tempo des Vormarsches, der am 10. Mai 1940 begann, und die Überraschung des Gegners, der überdies innenpolitisch und ökonomisch stark geschwächt war, führten zum raschen Erfolg der Wehrmacht. Die britisch-französische Kooperation zerbrach, als die Briten versuchten, ihr Expeditionskorps, das zusammen mit etwa 100 000 französischen Soldaten in Dünkirchen eingekesselt war, über den Kanal zu retten. In dieser Situation beschloss die umgebildete französische Regierung auf Intervention der Generäle Pétain und Weygand am 17. Juni, um Waffenstillstand nachzusuchen. Drei Tage zuvor waren deutsche Truppen in Paris einmarschiert.

Die Krise und der Zusammenbruch des politischen Systems der französischen Dritten Republik waren in Europa ein Schock für die Anhänger des parlamentarischen Systems und ein Beweis für die vermeintliche Zukunftsfähigkeit einer modernen Diktatur. In Deutschland war der siegreiche Frankreichfeldzug eine politische Demonstration und ein Sieg über ein historisches Trauma. In knapp sechs Wochen hatte Hitler mit der Wehrmacht erreicht, woran das kaiserliche Deutschland im Ersten Weltkrieg in vier Jahren verlustreich gescheitert war. Hitler ließ sich eine symbolische Revanche nicht entgehen. Er war auf die Nachricht vom französischen Waffenstillstandsersuchen ganz außer sich und schlug sich vor laufender Kamera begeistert auf die Oberschenkel. Er zwang die französische Waffenstillstandsdelegation zur Unterzeichnung in jenen Eisenbahnwagen, in dem im November 1918 die Deutschen den Waffenstillstand hatten unterschreiben müssen. Kurz nach dem Waffenstillstand besuchte er mit ehemaligen Weltkriegskameraden und seiner

Abb. 27 Am frühen Morgen des 23. Juni 1940 besichtigte Adolf Hitler mit seinen Architekten Albert Speer und Hermann Giesler unter Führung des Bildhauers Arno Breker das eroberte Paris. Es war sein größter Triumph und zusätzlicher Anstoß für megalomane Bauvorhaben in Berlin, München, Linz und Nürnberg.

Entourage die einstigen Schlachtfelder in Flandern. Schließlich flog er am frühen Morgen des 23. Juni zu einem Kunstbesuch nach Paris, begleitet von den Architekten Hermann Giesler und Albert Speer und unter Führung des pariskundigen Bildhauers Arno Breker. Der Anblick von Paris beeindruckte Hitler so sehr, dass er Speer beauftragte, das neue Berlin noch größer und schöner zu gestalten als die Seine-Stadt, deren Konkurrenz nach der vollzogenen militärisch-politischen Unterwerfung auch in einer Art architektonisch-künstlerischem Überbietungswettbewerb danach nicht mehr zu befürchten sein sollte.

Gleichwohl fielen die deutschen Bedingungen für die Zeit der Besatzungspolitik im Jahre 1940 vergleichsweise moderat aus, weil man verhindern wollte, dass die französische Flotte und die Kolonialtruppen sich auf die Seite Großbritanniens schlügen und gegen Deutschland weiterkämpften. Der Norden Frankreichs und die Atlantikküste wurden unter deutsche Militärverwaltung gestellt, während die neue französische Regierung unter Marschall Pétain mit Sitz in Vichy die Verwaltung des unbesetzten Südens übernahm, der sich in deutscher Abhängigkeit befand.

Hitler war auf dem Höhepunkt seiner Macht. Dass es nicht zur Wiederholung der Niederlage von 1918 gekommen, sondern im Gegenteil der «Erbfeind» in kürzester Zeit besiegt war, steigerte den Hitler-Mythos fast bis ins Unermessliche. Die Offiziere, deren Warnungen sich als falsch erwiesen hatten, verloren damit die letzte Bastion ihrer Eigenständigkeit, ihr militärisches Expertentum, und sie waren fortan bereit, sich endgültig Hitlers Führung zu unterwerfen. In Wehrmachtskreisen ging die Rede vom «größten Feldherrn aller Zeiten» um. Es war jedoch bezeichnend für die Politik des Nationalsozialismus, dass Hitler auch auf dem Höhepunkt seiner Macht nicht in der Lage war, die neue Hegemonialstellung auf dem europäischen Kontinent, die neben Dänemark und Norwegen auch den Balkan umfasste, politisch und strategisch zur eigenen Stabilisierung und einer angemessenen Politik zu nutzen. Die europäischen Staaten, die sich nun in Abhängigkeit vom Nationalsozialismus bzw. im Zustand vollständiger Unterwerfung befanden, waren für Hitler nur Objekte der wirtschaftlichen Ausbeutung und machtpolitischer Optionen.[5]

Die politischen und ökonomischen Notwendigkeiten, die eine solche Herrschaft über ein Großreich erforderten, waren Hitler unbekannt und fremd. Auch zeigten die verschiedenen Besatzungsherrschaften, die im Westen und im Osten relativ rasch errichtet wurden, keine einheitliche Verwaltungsstruktur, sondern waren Ad-hoc-Einrichtungen, die die jeweiligen inneren Machtverhältnisse des NS-Regimes spiegelten.

Von der Hast eines Eroberers getrieben, dachte Hitler, während in Berlin und überall im Reich die Siegesglocken läuteten, bereits über die Fortsetzung des Kampfes gegen England nach, dessen erfolgreicher Abschluss nach seinen imperialen Vorstellungen die notwendige Voraussetzung für seinen eigentlichen Krieg, den Lebensraumkrieg gegen die Sowjetunion, schaffen sollte.

Doch die Eroberung Englands durch eine Landung von Bodentruppen erschien zu riskant, stattdessen wollte die NS-Führung die Britischen Inseln durch Luftangriffe zur Aufgabe zwingen. Anfang August begann die Luftschlacht um England, die zum ersten Mal die Grenzen der deutschen Rüstung zeigte. Man verfügte nicht über genügend Jagdflugzeuge, um die eigenen Bombenflugzeuge zu schützen, und diese hatten eine zu geringe Reichweite, um die britische Luftrüstungsindustrie zu erreichen bzw. zu gefährden. Die Luftüberlegenheit und damit das strategische Ziele der Aktion waren nicht zu erreichen; eine Landungsoperation musste abgeblasen werden.

«Unternehmen Barbarossa»: Lebensraum- und Vernichtungskrieg

Unterdessen meinte der Ideologe Hitler einen Ausweg aus seinem strategischen Dilemma gefunden zu haben. Er beschloss, den Krieg gegen die Sowjetunion vorzuziehen, um nach einem raschen Sieg über die Rote Armee, von dem nicht nur er, sondern auch viele Generäle ausgingen, dann England umso sicherer zur Aufgabe zwingen zu können. Am 18. Dezember 1940 gab er die Weisung Nr. 21 für den «Fall Barbarossa», d. h. zur Vorbereitung eines Angriffs auf die Sowjetunion. Der Feldzugsplan entstand aus einer politisch-militärischen Situation heraus, die Hitlers ursprünglichen Zielsetzungen widersprach. In «Mein Kampf» war zu lesen, dass ein Sieg über Frankreich zusammen mit einem Bündnis mit England Voraussetzung für einen Angriff auf die Sowjetunion sein sollte. Nun sollte es genau umgekehrt verlaufen: Ein Sieg über die Sowjetunion, «Englands Festlandsdegen», sollte den Sieg über England vorbereiten. Nicht eine Revision seiner Kriegsziele insgesamt war also die Konsequenz, die Hitler aus den unplanmäßigen Entwicklungen zog, sondern eine dogmatische Verdichtung zweier Kriegsziele, die der Haltung eines «Jetzt erst recht» folgten und das Risiko noch einmal erhöhten. Auch kriegswirtschaftliche Zwänge sprachen für eine Vorverlegung des Angriffs auf die Sowjetunion, denn diese wollte sich die Lieferung landwirtschaftlicher Produkte an Deutschland, die gemäß dem deutsch-sowjetischen Wirtschaftsabkommen erfolgten, mit immer größeren, auch territorialen Forderungen bezahlen lassen. Bei seinem Besuch in Berlin am 12. und 13. November 1940 hatte der sowjetische Außenminister Molotow nun auch Interessen seines Landes an Skandinavien und auf dem Balkan geltend gemacht. Das war für Hitler inakzeptabel und der letzte Anstoß für seinen Entschluss zum baldigen Angriff auf die Sowjetunion.

Welche zerstörerischen Energien der nationalsozialistische Krieg im Osten, Hitlers ureigenster Krieg, freisetzte, beweist die gedrängte Folge von Entscheidungen, Projekten und Phantasien innerhalb weniger Wochen im Juni und Juli 1941. Das Ineinander der Weltmachtpläne sowie der Unterwerfungs- und Vernichtungsbefehle ist zugleich ein deutlicher Hinweis auf deren inneren Zusammenhang. Bereits die Vorbereitung dieses seines Krieges weckte bei Hitler Weltmachtvisionen und Vernichtungsphantasien. Im Führerhauptquartier monologisierte Hitler dann in der Nacht vom 5. zum 6. Juli über die deutsche Grenze am Ural und die völlige Zerstörung Moskaus als Sitz der bolschewistischen Lehre. Zwei Tage später wiederholte er seine «grundsätzliche Entschlossenheit», neben Moskau auch Leningrad dem «Erdboden gleichzumachen, um zu verhindern, daß Menschen darin bleiben, die wir dann im Winter ernähren müßten».[6] Er schwärmte von den Reichtümern der riesigen russischen Weiten und von den Operationen, die, gestützt auf diese Ressourcen, dann vom östlichen Kriegsschauplatz noch weiter nach Afrika und Asien ausgreifen könnten. Von der Dynamik der anfänglichen Eroberungen in der Ukraine und Weißrussland überwältigt, schwelgte er in seinen nächtlichen Monologen in Träumen von Kolonien, die für die deutschen Herrenmenschen im Osten gegründet werden sollten. Schon im Sommer 1940 hatte er vor seinen Generälen von der «Vernichtung der Lebenskraft Russlands» gesprochen. Im März 1941 wurde er deutlicher und stellte die Weichen für den geplanten Vernichtungskrieg; die daraufhin entworfenen Richtlinien der Wehrmacht orientierten sich an diesen Anweisungen: «Dieser kommende Feldzug ist mehr als nur ein Kampf der Waffen; er führt auch zur Auseinandersetzung zweier Weltanschauungen.»[7] Die UdSSR müsse im Zuge dessen zerschlagen und die «jüdisch-bolschewistische Intelligenz» beseitigt werden. Rücksicht auf die Zivilbevölkerung sollte es in diesem «Weltanschauungskrieg» nicht mehr geben. Denn dieser bedeutete im Verständnis Hitlers vor allem die Vernichtung und Ausrottung des sowjetischen Systems und seiner gesellschaftlichen Trägerschichten und zugleich auch Terror gegen das ganze Land. Was im Frühjahr 1941 geplant und von der Wehrmachtsführung akzeptiert bzw. teilweise in Befehle umgesetzt wurde, war ein fundamentaler Verstoß gegen das Kriegsvölkerrecht. Gerechtfertigt wurden die Vernichtungspläne mit dem bolschewistischen Terror gegen die eigene Gesellschaft und mit der bolschewistischen Revolutionsdrohung gegen Europa. Auch für viele Repräsentanten der Wehrmachtsführung war dies Grund genug, eigene Bedenken gegen die geplante völkerrechtswidrige und barbarische Kriegsführung in dem «Weltanschauungskrieg» hintanzustellen. So gab es auch nur wenige Meinungsverschiedenheiten zwischen militärischer und politischer Führung und stattdessen eine umso größere Bereitschaft des Oberkommandos der Wehrmacht (OKW), bei der Planung und Formulierung der Einsatzbefehle mitzuwirken. Deshalb stimmte die Wehrmachtsführung, um Konflikten aus dem Weg zu gehen, auch einer Definition des Hoheitsgebietes der SS im Operationsgebiet des Heeres zu, was nicht weniger bedeutete als eine Beschränkung der Befehlsgewalt des Oberbefehlshabers. Der Reichsführer SS, Heinrich Himmler, erhielt im

Operationsgebiet des Heeres «Sonderaufgaben», die sich «aus dem endgültig auszutragenden Kampf zweier entgegengesetzter politischer Systeme» ergäben. Der Reichsführer sollte dort «selbständig und in eigener Verantwortung» handeln. Vor allem sollte er, ähnlich wie im Polenfeldzug, Einsatzgruppen bilden zur Vernichtung der von «Stalin eingesetzten Intelligenz». Die Aufgaben der Einsatzgruppen wurden erst kurz vor Beginn des Feldzugs und offenbar nur mündlich festgelegt. Deutlich war nur die rassenantisemitische Begründung aller Befehle. Das Heer würde sich aus diesen Vernichtungsaktionen nicht heraushalten können, denn der Kriegsherr Hitler verlangte von den Soldaten, dem völlig anderen Charakter des «Weltanschauungskrieges» gerecht zu werden und vom «Standpunkt des soldatischen Kameradentums abzurücken». Denn: «Der Kommunist ist vorher kein Kamerad und nachher kein Kamerad.» Die Trennung zwischen dem Wehrmachts- und dem SS-Bereich müsse darum aufgehoben werden. Vor einer Versammlung von rund zweihundert hohen Offizieren verkündete Hitler am 30. März 1941: «Der Kampf wird sich sehr unterscheiden vom Kampf im Westen. Im Osten ist Härte mild für die Zukunft.»[8] Nach Hitlers Rede gingen die Stäbe von OKW (Oberkommando der Wehrmacht) und OKH (Oberkommando des Heeres), ob sie nun zustimmten oder sich reserviert verhielten, daran, die Forderungen des Kriegsherrn, vor dem sie schon längst kapituliert hatten, in Befehle umzusetzen. Hitlers Parole vom Entscheidungskampf der beiden Weltanschauungen war offenbar auf fruchtbaren Boden gefallen. Selbst ein Mann wie General Erich Hoepner, der später aktives Mitglied im Widerstand gegen Hitler werden sollte, hatte in seinem Aufmarschbefehl vom 2. Mai die gewünschte Folgerung aus Hitlers Rede gezogen: «Der Krieg gegen Rußland ist die zwangsläufige Folge des uns aufgezwungenen Kampfes um das Dasein. Es ist der alte Kampf der Germanen gegen das Slawentum, die Verteidigung europäischer Kultur gegen moskowitisch-asiatische Überschwemmung, die Abwehr des jüdischen Bolschewismus. Dieser Kampf muß die Zertrümmerung des heutigen Rußlands zum Ziel haben und deshalb mit unerhörter Härte geführt werden. [...] Insbesondere gibt es keine Schonung für die Träger des heutigen russisch-bolschewistischen Systems.» Der Erlass über die Ausübung der

Gerichtsbarkeit im Gebiet «Barbarossa» vom 13. Mai sowie der «Kommissarbefehl» vom 6. Juni 1941 zeigten, wie weit die Bereitschaft der Wehrmachtsführung ging, die nationalsozialistischen Feindbilder für das eigene Handeln zu übernehmen.[9] Sie öffneten der Willkür Tür und Tor und forderten die sofortige Erschießung der politischen Kommissare in der Roten Armee im rückwärtigen Heeresgebiet – also dem bereits eroberten Raum –, ohne deren Kombattantenstatus anzuerkennen. Beide Erlasse zielten darauf, die Wehrmacht in die Ausrottungspraxis mit einzubeziehen und die Einsatzgruppen der SS in einem Teil des Operationsgebietes zu entlasten, deren eigentliches Geschäft die physische Vernichtung des Weltanschauungsgegners gewesen wäre. Die Befehle wurden unterhalb der Armee-Ebene in der Regel mündlich weitergegeben und haben teilweise auch heftige Proteste hervorgerufen, die Hitler im Mai 1942 zur versuchsweisen Aufhebung des «Kommissarbefehls» veranlassten.[10]

Auch die geplante wirtschaftliche Ausbeutung der UdSSR verstieß gegen das Kriegsvölkerrecht. General Thomas, Chef des Wehrwirtschafts- und Rüstungsamtes, forderte eine Reduzierung des Getreideverbrauchs der einheimischen Bevölkerung, weil nur so die Versorgung der eigenen Truppe möglich sei. Im dritten Kriegsjahr, so Thomas bereits Anfang 1941, müsse der Krieg «aus Rußland ernährt» werden. Hierbei «werden zweifellos zig Millionen Menschen verhungern, wenn für uns das für uns Notwendige aus dem Land herausgeholt wird». Noch ungeheuerlicher war die Aufgabe der Einsatzgruppen hinter der Front. Sie sollten die feindlichen politischen und geistigen Führungsschichten, vor allem aber die Juden in der Sowjetunion liquidieren. Den Befehl zur Erschießung aller Juden in dem eroberten Territorium hatten die Einsatzgruppen schon im Mai 1941 erhalten. Dadurch, dass die Einsatzgruppen «hinsichtlich Marsch, Versorgung und Unterbringung» der Armee unterstellt waren, geriet die Wehrmacht endgültig in das Netz der «verbrecherischen Befehle». Teile der Truppen, vor allem im rückwärtigen Heeresgebiet, wurden dadurch direkt oder meistens indirekt durch ihre logistische Unterstützung an den Massenerschießungen der Einsatzgruppen beteiligt. Eroberungskrieg und Judenvernichtung waren sehr bald eng miteinander verbunden. Eine Woche nach der

Versammlung vom 30. März 1941, auf der Hitler zweihundert hohe Offiziere über den Charakter des bevorstehenden Feldzuges und über das, was er von ihnen erwartete, informiert hatte, erfuhr Ulrich von Hassell, Kopf des bürgerlich-konservativen Widerstands, von den Befehlen, die Generalstabschef Halder unterschrieben hatte. «Mit dieser Unterwerfung unter Hitlers Befehl», so urteilte Hassell eindeutig und weitsichtig, «opfert Brauchitsch die Ehre der deutschen Armee».[11]

Bevor der Termin für das «Unternehmen Barbarossa», wie Hitler seinen Angriff nannte, festgelegt wurde, weitete sich der Krieg noch auf den Balkan und auf Nordafrika aus. Mussolini hatte aus eigener Machtvollkommenheit und Selbstüberschätzung Feldzüge auf diesen Kriegsschauplätzen eröffnet und war dabei bald in eine für ihn militärisch bedrohliche Lage geraten. Um die «Achse» vor einer Niederlage zu bewahren, sah sich Hitler veranlasst, dem italienischen Bündnispartner zu Hilfe zu eilen. Der Feldzug gegen Griechenland und Jugoslawien endete mit einem deutschen Sieg am 21. April 1941 – dem letzten Sieg, den Hitler feiern konnte. Der deutsche Oberbefehlshaber in Nordafrika, General Erwin Rommel, konnte zwar kurzfristig spektakuläre Erfolge feiern, die ganz nach Hitlers Geschmack waren und den «Wüstenfuchs» in Deutschland populär machten, die aber angesichts der strategischen Gesamtlage nur von kurzer Dauer waren und letztlich in eine Niederlage mündeten.

Noch einen weiteren, innenpolitischen Fehlschlag musste Hitler hinnehmen, bevor «sein» Krieg eröffnet wurde. Auf dem Obersalzberg, wohin er sich wie bei anderen dramatischen Entscheidungen zurückgezogen hatte, vernahm er, völlig überrascht, die Nachricht, dass sein «Stellvertreter» Rudolf Heß nach England geflogen war. Auch wenn Heß seit Kriegsbeginn immer mehr ins politische Abseits geraten war, die Tatsache, dass Hitlers zweiter Mann und ebenso treuer wie fanatischer Gefolgsmann offenbar aus eigenem Antrieb und als geübter Pilot mit seinem Flugzeug von Süddeutschland nach England, von der Flugüberwachung unbemerkt, geflogen war, um «seinem Führer» einen Gefallen zu tun und doch noch das Bündnis mit England herbeizuführen, war ein herber Schlag für Hitlers Autorität und Nimbus. Zumal die englische Seite kein Interesse an Heß'

«Friedensmission» zeigte und ihn in Kriegsgefangenschaft überstellte. Hitler hingegen versammelte die Reichs- und Gauleiter auf dem Obersalzberg und stellte sich bei einer Ansprache als den Betrogenen dar. Ein ritueller Akt der Demonstration von nationalsozialistischer Gefolgschaftstreue sollte anschließend die Risse kitten, die dem Herrschaftsgefüge drohten: So schwor man dem «Führer» ewige Treue.

Die sollte bald in einem viel größeren Ausmaße gefordert sein. Doch niemand in der nationalsozialistischen Führungsclique noch einer der Generäle hegte einen Zweifel daran, dass man die Sowjetunion in kurzer Zeit besiegen würde. Tatsächlich war das «Unternehmen Barbarossa» von allen Lösungen, die aus dem strategischen Dilemma des Jahres 1941 führen sollten, das riskanteste. Denn man überschätzte die eigenen Kräfte und setzte sich zudem unter einen Zeitdruck, der bei etwaigen Verzögerungen im Ablauf des «Unternehmens Barbarossa» dieses sehr leicht zum Scheitern bringen konnte, was dann auch tatsächlich eintreten sollte. Dass es in der NS-Führung zu einer Überschätzung der eigenen und einer Unterschätzung der gegnerischen sowjetischen Macht kommen konnte, lag vor allem an der ideologischen Begründung der Feldzugsplanung. Das «bolschewistisch-jüdische System», wie Hitler und seine Führungsclique das Regime Stalins charakterisierten, galt als unfähig zu einer dauerhaften politischen und militärischen Planung bzw. Organisation. Darum meinte man den Zeitdruck, unter den man sich aus rüstungstechnischen bzw. wirtschaftlichen Engpässen wie aus politisch-strategischen Gründen setzte, aushalten zu können. Der wurde auch in der Wahrnehmung Hitlers noch größer, als immer deutlicher wurde, dass der amerikanische Präsident dem zum Widerstand entschlossenen neuen britischen Premier Winston Churchill nicht nur wirtschaftlich den Rücken stärken wollte, sondern sich als der eigentliche Gegenspieler des deutschen Diktators verstand und eine politische Führungsrolle zu übernehmen bereit war. Es zeichnete sich eine globale Ausweitung des Krieges ab, den Hitler nun als «Weltblitzkrieg» (Hillgruber) zu führen gedachte. Der knappe Zeitraum bis zum tatsächlichen Eingreifen der USA in den Krieg müsse genutzt werden. Freilich war davon so wenig wie von einem möglichen Krieg gegen die USA in der öffentlichen Erklärung Hitlers zum Überfall auf die

UdSSR, die Goebbels verlas, die Rede. Der Angriff, so ließ Hitler mitteilen, sei «im letzten Augenblick» erfolgt, um einem unmittelbar bevorstehenden Angriff Stalins zuvorzukommen. Dass dies eine Legende war, belegen die ersten Erfolge des deutschen Angriffs. Die Rote Armee war im Juni 1941 nicht auf einen Krieg vorbereitet, was auch die Dislozierung der sowjetischen Truppen weit hinter der Grenze zeigte.

Die deutsche Strategie sah das Vorrücken von drei Angriffsarmeen mit insgesamt drei Millionen Soldaten vor, die nach raschen Panzervorstößen den überraschten Gegner in Kesselschlachten vernichten sollten. In drei Monaten sollte die Rote Armee geschlagen und das politische System der Sowjetunion zerstört sein. Der Russlandfeldzug war als «Blitzfeldzug» geplant, Waffen- und Geräteausstattung des Ostheeres waren für eine Kampfdauer von drei Monaten ausgelegt. Aber man war sich sicher, wie Goebbels in seinem Tagebuch am 16. Juni 1941 notierte, dass der «Bolschewismus wie ein Kartenhaus zusammenbrechen wird». Hitler hatte gerade seinem Propagandaminister dargelegt, warum man auch aus weltpolitischer Perspektive jetzt einen Krieg gegen die Sowjetunion führen müsse. Man müsse sich durch eine «Präventivaktion» gegen Russland den Rücken freihalten für weitere Auseinandersetzungen mit dem Westen.[12] Wenn Hitler in diesem Augenblick von Präventivmaßnahmen sprach, dann trieb ihn nicht die Befürchtung um, dass mit einem vorzeitigen Angriff der Sowjetunion zu rechnen sei. Vielmehr sollte mit der Niederwerfung der Sowjetunion die Gefahr ausgeschaltet werden, dass Stalin im Falle eines größeren deutschen Engagements im Westen diese Situation ausnutzen könne. Wenn hingegen Russland erst einmal ausgeschaltet sei, dann könne man «ganze Jahrgänge entlassen und bauen, rüsten und vorbereiten». Dann könne man sich «andere Sicherheiten zum Sieg schaffen». Dass ein solcher Sieg angesichts Hitlers Politik des «Alles oder nichts» unbedingt erforderlich sei, machte dieser seinem Propagandaminister mit einem anderen, besonders zynischen Argument deutlich: Egal, «ob recht oder unrecht, wir müssen siegen […] Wir haben so viel auf dem Kerbholz, dass wir siegen müssen, weil sonst unser ganzes Volk, wir an der Spitze mit allem, was uns lieb ist, ausradiert würde.»

Einen Tag nach dem Angriff auf die Sowjetunion reiste Hitler als Oberbefehlshaber in sein neues Führerhauptquartier «Wolfsschanze» in der Nähe von Rastenburg in Ostpreußen, um während des Feldzugs möglichst nahe am militärischen Geschehen zu sein.[13] In der allgemeinen Siegeserwartung war man davon ausgegangen, dass der Aufenthalt in der sumpfigen Gegend rings um die «Wolfsschanze», in der es von Stechmücken wimmelte, nur von kurzer Dauer sein würde. Daraus sollten, unterbrochen von Aufenthalten in dem noch weiter ostwärts gelegenen anderen Hauptquartier «Werwolf» in Winniza in der Ukraine während des Sommers 1942, schließlich mehr als drei Jahre werden. Im innersten Sperrbezirk lag das Führerhaus, eine Holzbaracke mit Säuleneingang. Daneben befand sich Hitlers Luftschutzbunker. Das Führerhauptquartier wurde schließlich mit mehreren Sperrkreisen und Tarnnetzen zur eigentlichen Machtzentrale, in der sich nicht nur das Oberkommando des Heeres, sondern auch in einigen Kilometer Entfernung die Unterführer ansiedelten, für die die Nähe zum «Führer» wichtig für ihre Machtstellung war: Hermann Göring gehörte dazu, aber auch Heinrich Himmler. Goebbels kam öfter zu Besuch. Der Chef der Reichskanzlei, Hans Heinrich Lammers, pendelte ständig zwischen der Reichskanzlei in Berlin und der «Wolfsschanze» hin und her. Er war das Verbindungsglied in einem Führerstaat, in dem der «Führer» nicht mehr nur vorübergehend auf Reisen, sondern fast ständig abwesend war. Hitler hatte für sich eine Selbstisolierung gewählt, die sowohl seinen Tagesablauf und sein Verhältnis zur Zeit bestimmten[14] als auch die Umstände seiner politisch-militärischen Entscheidungen. Ein Tag glich dem anderen, und die in Hitlers bisherigem Lebenswandel schon übliche Tageseinteilung mit Arbeit und Lektüre bis weit nach Mitternacht verfestigte sich noch weiter. Hitler stand wie üblich sehr spät auf. Im Mittelpunkt des Tages stand die große, mehrstündige militärische Lagebesprechung am Mittag. Daran schloss sich ein Mittagessen in größerem Kreis an, am Nachmittag empfing Hitler Besucher. Anschließend traf er sich mit seinen Sekretärinnen zu Kaffee und Kuchen, danach folgte gegen sechs Uhr abends eine zweite Lagebesprechung. Nach dem Abendessen lud Hitler ausgewählte Gäste, darunter fast immer seine Sekretärinnen, zu nächtlichen «Tischgesprächen» ein, die sich regelmäßig als Monologe des «Führers» gestalteten und meist mehrere Stunden dauerten. Niemand durfte einschlafen, auch wenn die Teestunden bis in den frühen Morgen dauerten. Nur prominente Gäste wie Goebbels wagten es, sich in das «Gespräch» einzumischen.

Die Dynamik der Anfangserfolge verführte zu Eroberungsphantasien und überzogenen Siegeserwartungen. Bereits Ende Juni hatte die Heeresgruppe Mitte Białystok und Minsk in Weißrussland erobert und mehr als 300 000 sowjetische Soldaten gefangen genommen. In weiteren Kesselschlachten bis zum Herbst 1941 gerieten insgesamt drei Millionen sowjetische Soldaten in deutsche Gefangenschaft. Zunächst kam es in der Roten Armee zu Auflösungserscheinungen, bis die sowjetische Armeeführung nach schweren Niederlagen im Juli und August mit drakonischen Maßnahmen die Reihen ordnen und wieder auffüllen konnte. Dadurch wurde der Vormarsch der deutschen Truppen verlangsamt. Die drei Heeresgruppen konnten nicht mehr gleichmäßig vorrücken. So groß die Verluste der Roten Armee auch waren, die Masse der immer wieder herangeführten Reserven war größer. Umgekehrt geriet die deutsche Kriegsmaschinerie an die Grenzen ihrer Leistungsfähigkeit.

Ende Juli 1941 musste Hitler eingestehen, dass das politische System der UdSSR trotz der deutschen Erfolge nicht zusammengebrochen war. Mit den Stockungen des Vormarschs brachen die Gegensätze zwischen Hitler und seinen Generälen auf. Zunächst ging es um die Abkehr vom bisherigen Kriegsplan. Am 25. Juli 1941 ließ er durch Keitel, dem Oberbefehlshaber der Heeresgruppe Mitte, eine Änderung der deutschen Kriegsführung befehlen. Man solle nicht länger auf einen raschen Vormarsch der Panzertruppen mit dem Ziel einer Kesselbildung setzen, sondern sich in enger Verbindung mit der Infanterie auf «taktische Vernichtungsschlachten in kleineren Räumen» konzentrieren. Nicht allein der Raumgewinn sollte oberstes Ziel sein, sondern die Beherrschung fremden Bodens und die Unterwerfung bzw. Vernichtung der dort lebenden fremden Völker. Außerdem stellte sich die drängende Frage, welche Prioritäten man angesichts dieser unerwarteten Verzögerungen und Widerstände setzen müsse. Das gab Hitler zugleich die Möglichkeit, intensiver als in den ersten

Wochen in die Operationsplanungen einzugreifen. Er ordnete vor allem aus wirtschaftlichen Gründen den Vorstoß der Heeresgruppe Süd in Richtung Ukraine an, während die Generäle zunächst für ein Vorrücken der Heeresgruppe Mitte auf Moskau plädiert hatten. Mitte August kam es schließlich zu heftigen Auseinandersetzungen zwischen Hitler und seinen Generälen um die Schwerpunkte der Operationen. Hitler hatte ständig in die Entscheidungen der Heeresführung über Operationen auch von Divisionen und Regimentern eingegriffen, was die Vertrauensbasis zwischen politischer und militärischer Führung auflöste. Die Militärs unterstellten Hitler, durch sein ständiges Eingreifen ihre weit gefassten Planungen zu unterlaufen, während Hitler den Generälen unterstellte, die kriegswirtschaftlichen Notwendigkeiten völlig zu verkennen. Dahinter stand bei beiden, bei Hitler und Halder, die Einsicht, dass man trotz aller Großerfolge das eigentliche Kriegsziel nicht erreichen würde. Hitler gab gegenüber Goebbels zu, die Stärke der russischen Panzertruppe unterschätzt zu haben; Halder räumte schon im August ein, dass man den «Koloß Rußland» verkannt habe. Es stünden der deutschen Ostarmee nicht 200 feindliche Divisionen gegenüber, sondern 360.[15] Während am 19. September Kiew, am 21. November Rostow am Don eingenommen wurden, scheiterte im Oktober der verspätet aufgenommene Vormarsch auf Moskau. Die Erschöpfung der Soldaten, der fehlende Nachschub und der rasch aufeinanderfolgende Wetterwechsel von starkem Herbstregen zu heftigen Wintereinbrüchen führten dazu, dass der deutsche Vormarsch stecken blieb. Die Soldaten litten nun unter den eisigen Temperaturen, denn man hatte sie ohne Winterkleidung losgeschickt. Einzelne Einheiten, die besonders weit vorgestoßen waren, konnten zwar durch ihre Fernrohre die Türme Moskaus sehen, doch weiter kamen sie nicht, auch weil die Rote Armee inzwischen am 5. Dezember einen überraschenden Gegenangriff begonnen hatte. Daraufhin verbot Hitler den Truppenführern jedes Zurückweichen und verlangte von ihnen, dass sie ihre Stellungen halten sollten. Im Gegensatz zu den Verfechtern eines Bewegungskriegs vertrat Hitler, ganz aus seiner Erfahrung des Stellungskriegs des Ersten Weltkriegs heraus, eine Defensivstrategie, zu der auch der Ausbau rückwärtiger Stellungen gehörte. Nun war er richtig in seinem Element und meinte der Professionalität der Militärs eigene Erfahrungen aus dem Weltkrieg und Kenntnisse aus seinem Architekturstudium entgegensetzen zu können. Allerdings fand er mit seinem Haltebefehl vom 17. Dezember 1941 teilweise auch Unterstützung innerhalb der Heeresführung. Dabei gründeten sich die Empfehlungen der Generalstäbler auf die aktuelle, nicht zuletzt witterungsbedingte Krisensituation und nicht auf die Wiederbelebung von Weltkriegserfahrungen, wie das bei Hitler der Fall war.[16] Sein starres Festhalten am eroberten Raum stützte sich auch auf seine Erinnerung an Stellungsbauten und weckte bei dem verhinderten Architekten ein lebhaftes Interesse an Befestigungsbauten. Jede Abweichung von der Defensivstrategie bedurfte seither der Genehmigung durch Hitler, was den Heerführern jede Möglichkeit zu eigenständigen operativen Entscheidungen nahm. Eine dieser Ausnahmen war die Führerweisung vom Januar 1942, als Hitler angesichts der dramatischen Verluste und der Unmöglichkeit, rasch Befestigungsanlagen zu bauen, zu einer Änderung seiner starren Haltung und zu einem taktischen Rückzug in günstigere Verteidigungsstellungen rund einhundert Kilometer westlich bereit war. Bis Ende 1941 zählte die unzureichend ausgerüstete Wehrmacht fast eine Million Tote, Verwundete und Vermisste sowie gewaltige Materialverluste. Im Winter 1941 starben ebenso viele deutsche Soldaten an Hunger und Kälte wie durch die Angriffe der Roten Armee. Als Hitler kurz vor Weihnachten das deutsche Volk aufrief, Winterkleidung für die Truppen im Osten zu sammeln, breiteten sich in der Heimat Entsetzen und Sorge aus. Doch Hitler vermied es, ein klärendes Wort an die «Volksgemeinschaft» zu richten, so wie er es in der Folgezeit vermeiden sollte, sich vor den Trümmern zerstörter Städte zu zeigen. Sein Charisma erlebte fortan immer weitere Beschädigungen. Umgekehrt bestand Hitler darauf, dass er durch seine Haltebefehle den Zusammenbruch der Ostfront verhindert habe. Der deutsche Kriegsplan, die Rote Armee bis Jahresende zu schlagen, war gescheitert. Mit der Entlassung des Oberbefehlshabers des Heeres, Walther von Brauchitsch, Mitte Dezember 1941 war ein Sündenbock für die Winterkatastrophe gefunden, und Hitler löste die militärische Führungskrise wie alle anderen Krisen vorher auch: Er übernahm selbst den Oberbefehl des Heeres. Weitere Generäle wurden entlassen, um die eigene Autorität gegenüber der Wehrmacht durchzusetzen. Selbstbewusst und trotzig erklärte er, dass er das «bißchen Operationsplanung» selbst übernehme. Für Hitler bedeutete das eine erhebliche Steigerung seiner Arbeitsbelastung, was sich in seinem erhöhten Medikamentenverbrauch und in gesundheitlichen Schäden bemerkbar machte. Doch entsprach diese Entscheidung seinen früheren Formen des Krisenmanagements, das immer dazu führte, dass er eine weitere Entscheidungsposition an sich riss. Sein Misstrauen gegenüber den Generälen und anderen potentiellen Kritikern war so groß, dass er keine andere Lösung für sich akzeptieren wollte. Kein anderer Staatsmann der kriegführenden Mächte, weder Churchill noch Stalin oder Roosevelt, meinte sich in alle Einzelheiten der Kriegsführung einmischen zu müssen. Das Heer hatte mit der Winterkrise endgültig seine Autonomie verloren, was die Offiziere jedoch nicht daran hinderte, als Hitlers treue Helfer ihren militärischen Dienst weiter auszuüben – sei es aus Pflichterfüllung und militärischem Gehorsam, sei es aus Opportunismus und Karrieresucht.

Noch während der Wende vor Moskau hatte sich durch den Angriff japanischer Truppen auf die amerikanische Flotte in Pearl Harbor am 7. Dezember 1941 der Krieg zum Weltkrieg ausgeweitet. Am 11. Dezember erklärte Hitler den USA den Krieg, ohne dass das Deutsche Reich durch den Dreimächtepakt mit Japan dazu verpflichtet gewesen wäre. Nach dem Scheitern seines Blitzkriegsplanes in Russland suchte Hitler eine verzweifelte Flucht nach vorn – und damit die letzte Chance für eine erfolgreiche Wende seines Kriegsplanes zu nutzen, bevor das amerikanische Potential voll zum Einsatz gebracht würde. Das bedeutete eine weitere Steigerung seiner verantwortungslosen Risikopolitik, denn indem für ihn jetzt nur noch die Alternative Weltmacht oder Untergang bestand, zeigte er, wie gering sein Handlungsspielraum tatsächlich war. Mit der Kriegswende vom Dezember 1941 ging die Initiative auf die Alliierten über.

Das deutsche Ostheer setzte nach einer Erholungs- und Aufbauphase Ende Juni 1942 den Feldzug fort. Es war dem NS-Regime gelungen, sich auf einen langen Krieg einzustellen und auch die Kriegswirtschaft umzuorganisieren. Der Sommerfeldzug von 1942 war nicht einfach eine Fortsetzung von «Barbarossa», sondern ein neues militärisches Unternehmen mit veränderter Stoßrichtung. Hitlers Armeen sollten mit dem «Unternehmen Blau» nun den Süden des Landes erobern und gleichzeitig nach Stalingrad, der Industriestadt an der Wolga, und bis zum Kaukasus und zum Kaspischen Meer vorrücken. Das war angesichts der kriegswirtschaftlichen Engpässe zwar begründbar, aber durch die drohende Verlängerung der Frontlinien aus militärischer Perspektive ein äußerst riskantes Abenteuer mit selbstzerstörerischem Ausgang. Denn die Aufspaltung der offensiven Heeresgruppe Süd führte dazu, dass keines der beiden Ziele erreicht werden konnte.

Das wurde vorerst dadurch verdeckt, dass auf den ersten Blick Hitlers Imperium im Spätsommer 1942 seine größte Ausdehnung erfahren hatte, und doch war die Niederlage unausweichlich geworden. Deutsche Truppen standen im Sommer 1942 vom Nordkap entlang der Atlantikküste, auf dem Balkan und in Nordafrika. Im Osten standen die Armeen Hitlers im Kaukasus und an den zerstörten Ölfeldern von Maikop im Süden der Sowjetunion. Einheiten der 6. Armee hatten zur selben Zeit die Wolga bei Stalingrad erreicht. Damit war aber die äußerste Leistungsgrenze erreicht und die Front hoffnungslos überdehnt. Hitler versteifte sich, allen Warnungen zum Trotz, darauf, beide vorgeschobenen Posten zu behaupten. «Wunschträume» wurden zum «Gesetz des Handelns», wie der Ende September entlassene Halder es später formulierte (auch um die eigene überlegene Professionalität zu behaupten). Stalingrad war längst zu einem Prestigeobjekt geworden, und mit seiner großspurigen Ankündigung zum Jahrestag des 9. November, «Wir haben Stalingrad schon», hatte der Propagandist Hitler dem Feldherrn Hitler jegliche Operations- und Entscheidungsfreiheit genommen.

Die Rote Armee war von der Verlagerung des deutschen Angriffs auf den Süden zunächst überrascht worden, wählte aber mit ihrem flexiblen Zurückweichen eine Taktik, die den Gegner in immer größere Räume lockte, wo allein schon die Versorgung der Truppen nicht mehr gesichert war und immer größere Lücken in der Front entstanden. Auch Hitler muss sich im September bewusst geworden sein, dass die Ziele des Sommerfeldzugs verfehlt würden und «der Krieg aus eigener Initiative nicht mehr zu gewinnen war».[17] Schon zu Beginn des Monats war es zu einem erneuten Konflikt mit seinen führenden Generälen und zur bereits erwähnten Entlassung seines Generalstabschefs Franz Halder gekommen. Nachdem Hitler schon in den Monaten zuvor massiv in die Kriegsführung eingegriffen hatte, konnte er nun allerdings keinen Sündenbock mehr finden und berief sich jetzt immer häufiger auf Schicksal und Vorsehung.[18] Er beschwor «den blanken Willen, das fanatische Durchhalten und die glückliche Fügung». Mehr blieb ihm nicht mehr.

Seit Ende August hatte die 6. Armee unter General Friedrich Paulus mit dem Angriff auf Stalingrad begonnen und die Stadt tagelang bombardieren lassen. Die Kämpfe zwischen den Soldaten der Roten Armee und der Wehrmacht waren besonders heftig, das Leiden der in der Kampfzone eingeschlossenen Zivilbevölkerung (soweit sie nicht vorher auf die andere Wolgaseite evakuiert worden war) entsetzlich. Mitte November waren etwa neunzig Prozent der mittlerweile fast völlig zerstörten Stadt in deutscher Hand. Am 19. November begann die Rote Armee im Nordwesten und im Süden der Ruinen mit einer Gegenoffensive, und es gelang ihr, mit einer Panzeroffensive die völlig erschöpfte 6. Armee innerhalb von wenigen Tagen einzuschließen. Hitler befahl, die belagerte Stadt aus der Luft mit Nachschub und Lebensmitteln zu versorgen, weil er sie auf keinen Fall aufgeben wollte. Doch die von Göring vollmundig versprochene Versorgung aus der Luft war zu keinem Zeitpunkt ausreichend, um die eingeschlossenen Soldaten zu versorgen. Auch der angekündigte Entsatz durch eine deutsche Panzerarmee scheiterte fünfzig Kilometer vor Stalingrad. Daraufhin untersagte Hitler am 21. Dezember Paulus erneut den Ausbruch. Die Soldaten waren damit ihrem Schicksal überlassen, nur wenige Verwundete konnten noch ausgeflogen werden. Obwohl die Lage aussichtslos war, lehnte Paulus am 8. Januar 1943, wie befohlen, eine Kapitulation der 6. Armee ab. Daraufhin wurde sie von der Roten Armee in einer erneuten Offensive am 25. Januar in zwei Hälften aufgespalten und weiter zurückgedrängt. Obwohl Paulus wusste, dass die Verantwortung für die Katastrophe vor allem auf Hitler fiel, sandte er am Jahrestag der Machtübernahme, wie es dem üblichen Ritual entsprach, Hitler ein Telegramm und demonstrierte seine Treue zum «Führer». Der untersagte ihm noch einmal, sich zu ergeben. Als Paulus sich am folgenden Tag mit seinen Offizieren in die Gefangenschaft der Roten Armee begab und nicht den «Heldentod» suchte, tobte Hitler wutentbrannt.

Am 3. Februar 1943 verkündete das Oberkommando der Wehrmacht über den Großdeutschen Rundfunk, die «6. Armee habe bis zum letzten Atemzug» gekämpft. Sie sei der Übermacht des Gegners und den eisigen Winterverhältnissen erlegen und vernichtet worden. Das NS-Regime ordnete eine dreitägige Staatstrauer an und versuchte mit allen Mitteln der gelenkten Propaganda, die katastrophale Niederlage in einen Sieg zu verwandeln. Paulus und seine Soldaten hätten sich geopfert, um den Einbruch des Bolschewismus nach Europa zu verhindern. In der Bevölkerung löste die Nachricht vom Ende der 6. Armee einen Schock aus. Von «tiefer Niedergeschlagenheit» berichteten alle Beobachter, die «Stimmung habe einen nie gekannten Tiefpunkt erreicht».[19] «Die labilen Volksgenossen», so ein SD-Bericht, «sind geneigt, im Fall von Stalingrad den Anfang vom Ende zu sehen.» Die Nachrichten von Stalingrad und das wochenlange öffentliche Schweigen von Hitler beschleunigten den Zerfall des Führermythos. Der Oberlandesgerichtspräsident von Bamberg stellte eine «starke Zunahme und Verschärfung der Kritik an der politischen und militärischen Führung» fest. «Diese Kritik richtet sich, was früher nie der Fall war, in steigendem Maße gegen die Person des Führers.»[20] Vereinzelt tauchten Hitler-Bilder mit der Unterschrift «Stalingrad-Mörder» und Mauerinschriften «Hitler, Massenmörder» auf. In dem Maße, in dem der Führermythos zerbröckelte, wurden Verfolgung und Gewalt zur letzten Stütze des Regimes.

Hitler beschränkte sich darauf, am 5. und 6. Februar seine Reichs- und Gauleiter zunächst nach Posen zu beordern, damit sie dort Richtlinien für den totalen Kriegseinsatz erhielten, und sie anschließend am 7. Februar zu sich ins Führerhauptquartier zu einer Treuebekundung und propagandistischen Aufrüstung einzuladen. Er vermied alle Spuren von Entmutigung und versuchte, Siegeszuversicht zu vermitteln. Die Ursachen für die «Katastrophe an der Ostfront» sah er nicht bei sich selbst, sondern, wie er das immer schon getan hatte, bei den anderen, diesmal bei den Verbündeten – den Rumänen, Italienern und Ungarn. Seinen Appell zum entschlossenen Kampf um den endgültigen Sieg verband er mit der Erinnerung an die gemeinsame «Kampfzeit». Nun seien wieder radikale Entschlossenheit und Maßnahmen notwendig, um Sparsamkeit und Opferbereitschaft wiederzuerwecken und alle Privilegien abzubauen. Denn man stehe, wie schon einmal Friedrich der Große, vor der extremen Entscheidung über Sieg oder Untergang. Auch wenn sein Luftwaffenadjutant Below wieder die Fähigkeit Hitlers feststellte, einer Niederlage doch noch etwas Positives abzugewinnen,[21] mischte sich in Hitlers zweistündige Rede voller Alles-oder-nichts-Parolen eine Endzeitstimmung, wenn er die Parteielite zwar in ihrem Glauben an den Sieg zu bestärken versuchte, aber zugleich Untergangs- und Zerstörungsvisionen entwickelte: «Würde das deutsche Volk wieder einmal schwach werden, so verdiente es nichts anderes, als von einem stärkeren Volk ausgelöscht zu werden; dann könnte man mit ihm auch kein Mitleid haben.» Aber dazu würde es nicht kommen, fügte er hinzu. Niemals gebe es eine Kapitulation. Selbst den alliierten Kriegszielen, die in der Forderung nach einem «Unconditional Surrender» mündeten, meinte er noch etwas Positives abgewinnen zu müssen. Denn dieser Beschluss der Konferenz von Casablanca, die er erwähnte, mache ihn «völlig frei von allen Versuchen, an irgendeiner Stelle der Welt Gespräche über einen Sonderfrieden führen zu wollen».[22]

Was er gegenüber seinen Kampfgefährten noch an Überzeugungskraft aufbieten konnte, wollte er offenbar in der Öffentlichkeit nicht einsetzen. Hitler überließ es Goebbels, die Proklamation des «Schicksalskampfes» in Szene zu setzen. Nach sorgfältiger propagandistischer Vorbereitung und vor einem ausgewählten Publikum hielt der Propagandaminister am 18. Februar 1943 im Berliner Sportpalast seine berüchtigte Rede zum «totalen Krieg». Er feierte das «Heldentum» der Soldaten von Stalingrad und hetzte gegen die Kriegsgegner und gegen die Juden, die Deutschland in den Krieg gezogen hätten. Dann stellte Goebbels seinem Publikum, darunter Prominenten aus Theater und Film, zehn rhetorische Fragen, die das vermittelten und verschärften, was Hitler zuvor vor seinen Gauleitern gefordert hatte: Opferbereitschaft und bedingungslosen Einsatz. Zur Bekräftigung brüllte die zur Akklamation versammelte, handverlesene «Volksgemeinschaft» auf jede Frage ein kollektives «Ja». Den Höhepunkt bildete die Frage: «Wollt ihr den totalen Krieg? Wollt ihr ihn, wenn nötig totaler und radikaler, als wir ihn uns heute überhaupt erst vorstellen können?» Die Anwesenden sprangen auf und erhoben den Arm zum Hitler-Gruß. Goebbels hatte seine gesamte propagandistische Energie in die Inszenierung der Sportpalast-Veranstaltung und die Verbreitung seiner Rede in einer sorgsam aufbereiteten Wochenschau gesteckt, auch weil er sie dazu nutzen wollte, Hitler von der Radikalität seiner Vorstellungen von einem «totalen Krieg» zu überzeugen.

«Volksgemeinschaft» und «totaler Krieg»

Mit Kriegsbeginn erhielt das nationalsozialistische «Ordnungsideal»[23] der «Volksgemeinschaft» eine neue Bedeutung. Es wurde zur Chiffre für eine Kampf- und Opfergemeinschaft inmitten einer Welt von Feinden. Höchster und nicht hinterfragbarer Bezugspunkt blieb bis zum Ende der «Führer», auch wenn dessen Präsenz in der deutschen Gesellschaft immer geringer und die Herrschaftszentrale seines Führerstaates in die entrückte Welt der Führerhauptquartiere ausgelagert war. Für Hitler und die NS-Führungsgruppen stellte der Krieg die zweite Etappe der nationalsozialistischen Revolution dar, die die Notwendigkeit und Chance enthielt, die Verheißung einer «rassisch homogenen» und militarisierten kämpfenden «Volksgemeinschaft» verstärkt als Instrument der Mobilisierung und Loyalitätssicherung zu propagieren. Die militärischen Anfangserfolge und die zunächst noch zunehmende Führerbegeisterung gaben den Verheißungen einer nationalsozialistischen «Volksgemeinschaft» nicht nur zusätzliche Aktualisierungschancen, sondern auch scheinbar konkrete Anknüpfungsmöglichkeiten. Die «Volksgemeinschaft» nahm offensichtlich Gestalt an und bestimmte damit ein Stück weit die soziale Praxis der Kriegsgesellschaft. Sie gab ihren eigentlichen politischen Kern zu erkennen, nämlich die Rechtfertigung von rassischer Exklusion, d. h. der Ausgrenzung und Verfolgung einer sich stetig ausweitenden Gruppe von «Gemeinschaftsfremden», und gleichzeitig die Forderung nach erhöhter Leistungs- und Opferbereitschaft, die den Bedingungen des Krieges angepasst werden müssten.

Hermann Göring hatte die Mobilisierungskraft und die Ambivalenz der Volksgemeinschaftsparole bereits am 9. September 1939 in einer Rede vor der Belegschaft der Rheinmetall-Borsig-Werke in Berlin beim Namen genannt: «So rufe ich Sie alle auf, Mann für Mann, Frau für Frau, Jungen und Mädel. Wir sind alle Frontkämpfer.» Denn der Feind führe nicht einen Kampf gegen einzelne Schichten, sondern gegen das «ganze deutsche Volk».[24] Um die Kampfbereitschaft der «Volksgemeinschaft» nicht zu sehr zu strapazieren, hatte das Regime bald erkannt, dass die Mobilisierung aller Ressourcen für den Krieg, auch wenn sie kriegswirtschaftlich erforderlich wäre, eine gegenteilige Wirkung erzielen könnte. Die Rationierung von Grundnahrungsmitteln, die sofort bei Kriegsbeginn verordnet wurde, durfte darum das Leben nicht grundlegend verändern, da eine mangelnde Lebensmittelversorgung wichtigstes Kriterium für Unzufriedenheit und Kritik zu werden drohte. Die Erinnerung an die Hungerwinter im Ersten Weltkrieg war noch zu lebendig, und die Gefahr, dass die Auflösungserscheinungen an der Heimatfront sich wiederholen könnten, sollte nach dem Willen von Hitler vermieden werden. Das Regime setzte alles daran, das ohnehin bescheidene Niveau der Versorgung nicht weiter absinken zu lassen, was vor allem durch die Ausbeutung der besetzten Gebiete auch gelang. Lohnkürzungen und deutliche Arbeitszeitverlängerungen, die ebenfalls im September 1939 verkündet wurden, mussten im Winter 1939/40 teilweise zurückgenommen werden, um die Stimmungslage nicht zu gefährden. Auch die Belastungen durch Steuern und andere Abgaben hielten sich in Grenzen und waren im Vergleich zu England geradezu bescheiden. Dramatisch war der Arbeitskräftemangel, der sich bei Kriegsbeginn verschärfte. Den verstärkten Einsatz von Frauen zur Arbeit in den Rüstungsbetrieben vermied das Regime jedoch weitgehend, so dass nur die Ausbeutung ausländischer Arbeitskräfte als Ausweg blieb und diese sich tatsächlich seit dem Polenfeldzug in Quantität wie Inhumanität der Arbeitsbedingungen ständig verschärfte und sich in einer Pyramide sozialer und rechtlicher Ungleichheit vorwiegend nach rassenideologischen Motiven ausbildete; auf der untersten Stufe schließlich wurden sowjetische Kriegsgefangene und jüdische KZ-Häftlinge zum Arbeitseinsatz gezwungen.

Hatte das Regime zunächst versucht, für die Bevölkerung den Eindruck einer «Friedenswirtschaft» im Krieg zu erwecken, so änderte sich die Kriegswirtschaftspolitik seit 1942 und verstärkt seit der Katastrophe von Stalingrad, ohne dass es jedoch wirklich zur totalen wirtschaftlichen Mobilisierung gekommen wäre. Stattdessen legte Albert Speer, den Hitler nach dem Tod von Fritz Todt im Februar 1942 überraschend, aber mit Gespür für wichtige Personalentscheidungen, zum «Reichsminister für Bewaffnung und Munition» ernannt hatte, zunächst größten Wert auf eine umfassende Rationalisierung der Kriegsproduktion. Dadurch und durch eine Erhöhung der Arbeitszeiten erzielte er eine beträchtliche Leistungssteigerung, die er freilich in seiner Propaganda größer machte, als sie tatsächlich war. Die Leistungsfähigkeit der Kriegswirtschaft, die vor allem auch durch die materielle und personelle Ausbeutung der besetzten Gebiete lange Zeit aufrechterhalten werden konnte, sackte erst im Sommer 1944 ab, als aufgrund der Kriegslage vor allem die Rohstoffversorgung in eine schwere Krise geriet.[25]

Angesichts der großen Engpässe bei der Versorgung mit Rohstoffen, Devisen und Arbeitskräften, die von Anfang an bestanden, mussten die Eroberungen eines Feldzuges die Ressourcen für den nächsten beschaffen. Das Deutsche Reich verfügte 1940 nach dem Sieg im Westen in Frankreich, Belgien und Luxemburg über zusätzliche wichtige Rohstoff- und Treibstoffvorräte sowie über die dortigen Stahlindustrien, Devisen- und Goldvorräte. Damit war die aktuelle Versorgungskrise vorerst gebannt, denn selbst die deutschen Soldaten, die sich in Frankreich wie im Paradies fühlen mussten, versorgten sich und ihre Familienangehörigen im großen Umfang mit Lebensmitteln, Kleidung und anderen Gebrauchsartikeln aus den Besatzungsgebieten.[26] Die Erwartung, dass mit der brutalen Ausbeutung der besetzten Ostgebiete vor allem die Versorgung mit Rohstoffen gesichert sein würde, erfüllte sich nur bedingt. Einerseits hatte die sowjetische Führung durch die Politik der verbrannten Erde viele Ressourcen zerstört, andererseits hatte die nationalsozialistische kriegswirtschaftliche Planung nicht auf eine langfristige Indienstnahme der Produktionsanlagen gesetzt, sondern war nur auf Raub und Eroberung aus. Erst durch die Verschlechterung der militärischen Verhältnisse änderte sich das, so dass die «Reichswerke Hermann Göring» auch den größten Teil der sowjetischen Anlagen der Stahlgewinnung und Kohleförderung übernahmen. Anders entwickelte sich die deutsche Kriegswirtschaft in den westeuropäischen Besatzungsgebieten, wo man das Augenmerk weniger auf Raub als auf Kooperation mit den jeweiligen nationalen Volkswirtschaften richtete und wo sich die Zusammenarbeit französischer oder belgischer Unternehmen mit deutschen Geschäftspartnern relativ erfolgreich entwickelte. Die Radikalisierung der deutschen Besatzungspolitik auch in Frankreich und den Beneluxstaaten durch Geiselmorde, Judendeportation und politische Verfolgungen seit 1943 sorgte allerdings auch dort dafür, dass die Kooperation stagnierte.

Es war dem Regime nach der Erfahrung der Winterkrise von 1941/42 gelungen, seine Kriegswirtschaft in relativ kurzer Zeit auf einen langen Krieg einzustellen, so dass 1942 der Eindruck vermittelt werden konnte, die Wehrmacht sei vorerst unbesiegbar. Neben der Rationalisierung der Rüstungsproduktion konnte vorübergehend auch das Arbeitskräfteproblem gelöst werden. Hitler hatte den thüringischen Gauleiter Fritz Sauckel, einen «skrupellosen Nationalsozialisten» (Sandkühler), zum führerunmittelbaren, mit weitgehenden Vollmachten ausgestatteten «Generalbevollmächtigten für den Arbeitseinsatz» gemacht. Er sollte Arbeitskräfte aus allen besetzten Gebieten rekrutieren, teils mit brutalem Zwang, teils mit materiellen Verlockungen. Immerhin gelang es, rund zwölf Millionen ausländische Zwangsarbeiter «anzuwerben». Die meisten kamen aus Polen und der Sowjetunion, und sie sollten die deutschen Arbeitskräfte in der Landwirtschaft und Industrie ersetzen, die in immer größerer Zahl zum Wehrdienst eingezogen wurden. Sie stellten oft bis zu drei Viertel der Belegschaft und mussten nicht selten unter der deutschen Stammbelegschaft leiden, die sich vorübergehend als «Herrenmenschen» fühlen konnte. Vor allem in der Rüstungsindustrie mussten sie unter oft schrecklichen Bedingungen arbeiten. Im Falle von Verweigerungen warteten Gestapo und ihre «Arbeitserziehungslager».

Mit der zweiten Kriegswende von 1943 drohten die Rohstoffe und die Zwangsarbeitskräfte immer knapper zu werden. Das war der Hintergrund der Forderungen nach einer Totalisierung des Krieges. Während Goebbels zusammen mit Himmler und Speer eine vollständige Militarisierung der deutschen Gesellschaft für notwendig hielt, um doch noch den Sieg zu erringen, war Hitler sehr viel vorsichtiger. Er schreckte ähnlich wie Göring vor der Stilllegung von allen kriegsunwichtigen Betrieben und Geschäften sowie vor der konsequenten Umsetzung einer Dienstpflicht für Frauen zurück, da er davon nicht nur wirtschaftliche Schäden befürchtete, sondern Widerstände und zusätzliche Unruhe in der deutschen Gesellschaft. Seine Sensibilität für Stimmungslagen in der Bevölkerung trog ihn nicht; er meinte zu wissen, wie wichtig eine positive Grundhaltung in der Gesellschaft auch in schwierigen Zeiten sei. Interne Stimmungsberichte bestätigten, dass die Nation tatsächlich nicht zu einem totalen Kriegseinsatz bereit war. Darum geschah erst einmal wenig, um die Forderung nach einem «totalen Krieg» konsequent umzusetzen. Goebbels musste erkennen, dass die Machtspiele hinter dem Herrschaftsthron des «Führers», der meist weit weg war, eine systematische Organisation und Planung der Politik der angestrebten Totalisierung ausschlossen. Die Unterführer verzettelten sich in Machtkämpfen, da es keine klare Kompetenzregelung gab. Auch Goebbels Hoffnungen, dass Hitler ihm selbst nach seiner Ernennung zum «Generalbevollmächtigten für den totalen Kriegseinsatz» am 25. Juli 1944 endlich freie Hand geben würde, erwiesen sich als Illusion, denn sie widersprachen Hitlers personalisierter Herrschaftsform.

Auch das bislang bewährte Mobilisierungs- und Integrationselement der «Volksgemeinschaft», die Masseninszenierung, wurde zunehmend wirkungslos, weil Bombenkrieg und zunehmende Atomisierung der Gesellschaft, in der jeder nur noch an sein Fortkommen bzw. Überleben dachte, kaum noch Raum boten für solche Akklamationsmedien. Auch kam Hitler kaum noch aus seiner Bunkerwelt heraus und mied öffentliche Auftritte, es sei denn in parteiinternen Veranstaltungen vor treuen Parteisoldaten. Hitler hielt sich seit 1941 insgesamt nur wenige Tage in Berlin oder München auf. Zwar blieb der «Führer» noch für einige Zeit von Unzufriedenheit und Kritik ausgenommen, und man tröstete sich damit, dass der «Führer» in seinen Führerhauptquartieren von all den Missständen nichts wisse. Doch der Unmut über die Parteibonzen wuchs umso mehr. Man nannte sie spöttisch «Goldfasane» und hielt ihnen vor, dass sie sich vor dem Kriegsdienst drückten und ein Leben in Saus und Braus führten. Auf der anderen Seite blieben da zur Aufrechterhaltung der «Volksgemeinschaft» nur noch Zwang und Repression.

Terror und NS-Besatzungspolitik

Der Kriegsbeginn hatte im Inneren des Reiches eine Verschärfung der Verfolgungs- und Strafandrohungen mit sich gebracht. Tiefsitzende Ängste der NS-Führungsclique, vor allem der SS, verstärkten die Sorge vor einem neuerlichen «Dolchstoß» der Heimat gegen die Front. Für die SS bedeutete «totaler Krieg» vor allem verschärfte Kontrolle nach innen. Seit August 1943 war Heinrich Himmler noch zusätzlich Reichsinnenminister und entledigte sich damit vollkommen der Kontrolle durch die Ministerialbürokratie. Die Deutschen lebten nun in einem Polizeistaat, den die Parteiarmee SS in Verbindung mit den vielen Blockwarten und Ortsgruppenleitern der NSDAP beherrschte. Jede unbedachte Äußerung über die Kriegslage konnte von der Gestapo verfolgt werden, der die vielen Parteifunktionäre und eifrigen «Volksgenossen» als Denunzianten Zuträgerdienste leisteten.

Die Partei übernahm im Krieg, vor allem seit der Kriegswende, immer mehr staatliche und halbstaatliche Funktionen. Mittlerweile gehörten der NSDAP und ihren Untergliederungen weit mehr als die Hälfte der Bevölkerung an. Die Parteifunktionäre konnten ihre neue soziale Macht dadurch demonstrieren, dass sie eine Uniform trugen, oft auch noch eine Dienstpistole. Vor allem verfügten sie über Einfluss und Beziehungen. Zehntausende von Ortsgruppenleitern und Blockwarten, von Luftschutzwarten und Amtswaltern der NS-Volkswohlfahrt oder der Deutschen Arbeitsfront fungierten als Wächter und Repräsentanten der «Volksgemeinschaft», obwohl die zahlreichen Fälle von Korruption und ihre Privilegien, die sie sich besorgt und geborgt hatten, dem Ideal der «Volksgemeinschaft» zutiefst widersprachen. Aber sie machten sich unentbehrlich, weil sie Teil eines Netzwerkes der Unterstützung und Kontrolle waren. Sie übernahmen soziale Betreuungsdienste und Hilfeleistungen nach Bombenangriffen. Sie organisierten Unterkünfte und Wohnungen für ausgebombte Familien, vermittelten Arbeitsplätze und stellten politische Beurteilungen aus. Sie konnten sogar über Leben und Tod entscheiden, denn sie konnten eine «uk»-Stellung bewirken, d. h. vor allem mit entscheiden, ob jemand für «unabkömmlich» erklärt oder zur Front eingezogen wurde.

Eine Flut von Verordnungen richtete sich gegen vermeintliche «Volksschädlinge» und «verbrecherische Elemente». Der Katalog der Straftaten wurde ständig erweitert, vom Abhören feindlicher Sender bis zum Schwarzschlachten. Die Liste der Straftaten, die mit der Todesstrafe geahndet werden konnten, wurde ausgeweitet. Zwischen 1939 und 1945 verhängten die Strafgerichte, speziell die Sondergerichte und der Volksgerichtshof, mehr als 15 000 Todesurteile, von denen mehr als drei Viertel vollstreckt wurden. Hinzu kamen die Hinrichtungen durch fliegende Standgerichte der SS am Kriegsende, die noch einmal über 10 000 Menschen das Leben kosteten.

Das Netz der Konzentrationslager wurde enger geknüpft als zuvor und auch über die besetzten Gebiete ausgeworfen. Fortan wurden auch dorthin Häftlinge aus vielen Nationalitäten überstellt, gequält und ermordet. Bei Kriegsende betrug die Zahl der «reichsdeutschen» Häftlinge in den Lagern mitsamt ihren Außenlagern, deren Insassen vor allem zu Zwangsarbeit in Industriebetrieben und unterirdischen Produktionsstätten herangezogen wurden, weniger als zehn Prozent. Als die Rote Armee im Januar und Februar 1945 vorrückte, wurden die Lager von den Schergen aufgelöst und die Gefangenen von der SS in entsetzlichen Fußmärschen nach Westen getrieben. Zwischen 200 000 und 350 000 der insgesamt etwa 700 000 Häftlinge, die noch in den Lagern waren, kamen bei diesen «Todesmärschen» um.

Die Besatzungspolitik in den einzelnen eroberten Ländern hatte sich in Organisation und Praxis deutlich unterschieden. Während in Westeuropa, vor allem im besetzten nördlichen Teil von Frankreich, zunächst eine reine Militärverwaltung herrschte, die eine moderate, anfangs noch an Völkerrechtsnormen orientierte Politik betrieb, wurden in den osteuropäischen Zonen sehr bald die Militärbefehlshaber von nationalsozialistischen Zivilverwaltungen abgelöst. Die verstanden ihre Besatzungsherrschaft als Vollzug der verbrecherischen Befehle Hitlers. Nur dort, wo die militärische Eroberung wie in der Sowjetunion seit 1942/43 stagnierte, kam es zu einem Nebeneinander von Militärbefehlshabern (in den Armeegebieten und rückwärtigen Heeresgebieten) und von NS-Verwaltungen in den neu geschaffenen Reichskommissariaten. Es bestand im Hinblick auf die Besatzungspraxis ein deutliches, wiederum rassenideologisch definiertes Gefälle von West nach Ost. Während es im Westen zunächst um die militärische und polizeiliche Sicherung des Landes und auch um dessen wirtschaftliche Ausbeutung ging, kamen im Osten die Verfolgung, Enteignung und Ermordung der einheimischen Juden sowie die Umsiedlung und auch die Vernichtung der einheimischen, nichtjüdischen Bevölkerung zu der wirtschaftlichen Ausbeutung hinzu. Mit dem Verlauf des Kriegs erreichten Radikalisierung und Barbarisierung der dortigen Besatzungsherrschaft immer wieder neue Höhepunkte der Grausamkeit und mündeten in einen millionenfachen Völkermord an der polnischen und russischen Zivilbevölkerung, vor allem aber an den osteuropäischen Juden. Hinzu kam der industriell praktizierte, historisch ohne Vergleich dastehende Massenmord an den in die Vernichtungslager im Osten deportierten Juden, die auch aus dem west- und südosteuropäischen Bereich stammten.

Die deutschen Besatzungsgebiete in Polen waren 1939/40 in zwei Zonen unterteilt worden: Die westlichen Regionen wurden als Reichsgaue Wartheland und Danzig-Westpreußen an das Reich angeschlossen; die östliche Hälfte wurde als «Generalgouvernement» unter deutsche Verwaltung gestellt. Damals war mit der sowjetischen Besatzungsmacht ein Bevölkerungsaustausch vereinbart worden. Die deutschsprachigen Minderheiten aus den nun sowjetisch besetzten polnischen Ostgebieten wurden in die von Deutschland besetzten westpolnischen Gebiete umgesiedelt. Für sie sollte dort Platz geschaffen werden, indem man die dort lebende polnische Bevölkerung nach Osten umsiedelte. Der Zweite Weltkrieg begann mit gewaltsamen Bevölkerungsverschiebungen, die sich bis Kriegsende fortsetzten. Mit der nationalsozialistischen bevölkerungspolitischen «Neuordnung» wurde Himmler als «Reichskommissar für die Festigung deutschen Volkstums» betraut, was ihn zum Herrn über die inneren Verhältnisse in den deutschen Besatzungsgebieten im Osten machte. Die polnische Bevölkerung sollte entweder auf ihre «Eindeutschungsfähigkeit» überprüft oder deportiert bzw. als Arbeitskräftereservoir ausgebeutet werden. Die polnischen Juden sollten in ein «Judenreservat» gebracht werden, tatsächlich wurden sie in völlig überfüllte Ghettos verschleppt und anschließend in die Vernichtungslager verbracht. Das war das Werk der für den Angriff auf Polen zusammengestellten Einsatzgruppen der SS und der Polizei, die hinter der Front vorrückten und die später beim Angriff auf die Sowjetunion von Anfang an umfassend organisiert und mit einbezogen wurden. Ebenso war die Wehrmacht, wenn auch in ihrer Haltung uneinheitlich, an Gewalttaten gegen die Zivilbevölkerung in Polen und verstärkt in der Sowjetunion beteiligt.

Für die deutsche Besatzungspolitik auf dem Gebiet der Sowjetunion zeigte die sofort einsetzende ideologische Gleichsetzung von «Vernichtung des Bolschewismus» mit «Vernichtung des Judentums» eine noch schrecklichere Konsequenz. Die «verbrecherischen Befehle» Hitlers und der Wehrmachtsführung vom Frühjahr 1941 gaben den Weg in den Vernichtungskrieg vor, in den auch die Wehrmacht verstrickt wurde: Der «Kommissarbefehl» bestimmte, wie bereits erwähnt, dass politische Offiziere der Roten Armee sofort erschossen werden mussten. Abgesehen davon führte die völkerrechtswidrige Entscheidung, sich nicht um die zu erwartenden Millionen sowjetischer Kriegsgefangener zu kümmern, zum Hunger- und Seuchentod von etwa drei Millionen sowjetischen Kriegsgefangenen. Ferner sollten die deutschen Armeen sich allein schon aus Gründen des schwierigen Nachschubs über die dafür vorgesehenen Linien vorwiegend aus dem besetzten Land ernähren, was nach der Feststellung von General Thomas den Hungertod von «zig Millionen» in der Zivilbevölkerung bedeuten würde.

Holocaust. Die Ermordung der europäischen Juden

Mit dem Krieg im Osten ließ sich realisieren, was Hitler als seine «historische Mission» betrachtete, nämlich die Verwirklichung seiner Rassenideologie. Alles «minderwertige Leben» sollte ausgerottet werden, um dem Sieg der arischen Rasse Dauerhaftigkeit zu verleihen. Das bedeutete Ausgrenzung und Vernichtung der europäischen Juden, die als negative und zersetzende Rasse definiert wurden, und umgekehrt die Schaffung des «neuen Menschen» durch die «Reinerhaltung der Rasse» und die Förderung der Rassenhygiene. Durch den Krieg bekam das «Judenproblem» für die nationalsozialistischen Ideologen auch dadurch eine neue Dimension, als in Polen mehr Juden als in jedem anderen europäischen Staat lebten, mit Ausnahme der Sowjetunion.

Hitler und seine Führungsclique hatten seit Mitte der dreißiger Jahre immer wieder erörtert, wie man die deutschen Juden vertreiben könne. Man wollte sie mit immer radikaleren Maßnahmen zur Auswanderung zwingen und die antisemitischen Hassgefühle der Anhänger befriedigen. Einige, vor allem Hermann Göring, wollten sich nicht zuletzt ihres Vermögens bemächtigen oder ihre Arbeitskraft noch ausbeuten. Doch beides ließ sich nicht gleichzeitig verwirklichen, so dass bei Kriegsbeginn nur ein Teil der deutschen Juden das Land verlassen hatte. Der Krieg brachte eine Beschleunigung und Radikalisierung der Judenverfolgung und den Beginn eines immer hastigeren Suchens nach Lösungen, um die ideologischen Visionen von einer «biologischen Revolution» in die Tat umzusetzen. Es wurden die bisherigen Praktiken gebündelt und radikalisiert. Doch mit den deutschen Eroberungen vervielfachte sich die Zahl der Juden im deutschen Herrschaftsbereich. Auch darum war die Judenverfolgung abhängig von der deutschen Kriegsplanung und vom militärischen Verlauf des Krieges. Jede Verlängerung des Krieges bedeutete überdies eine Ausweitung und Verschärfung der Verfolgungsaktionen.[27]

Es lassen sich drei Phasen der deutschen Judenpolitik im Krieg voneinander unterscheiden. Die erste Phase reicht vom Überfall auf Polen im September 1939 bis zum Sieg über Frankreich im Juni 1940. Sie war gekennzeichnet durch die Fortsetzung der erzwungenen

Emigration der deutschen Juden wie durch die Flucht bzw. Deportation von Juden aus den eingegliederten polnischen Gebieten bzw. aus dem Protektorat Böhmen und Mähren. Die polnischen Juden wurden misshandelt, zu Zwangsarbeit herangezogen, deportiert und in Ghettos eingewiesen. Die Zahl der in das Generalgouvernement deportierten Juden betrug allein bis März 1940 110 000. Sie wurden in Ghettos gepfercht, das größte entstand im April 1940 in Łódź. Die Idee Heydrichs, im Gebiet um Lublin ein «Judenreservat» als Vorstufe für eine «territoriale» Lösung der «Judenfrage» zu schaffen, wurde bald wieder aufgegeben. Stattdessen wurden die deportierten Juden nun planlos über das Generalgouvernement verteilt.

Die zweite Phase der Judenverfolgung begann mit dem Ende des Frankreichfeldzugs und dauerte bis zum Sommer 1941. Diese Phase war beherrscht von einer weiteren Variante der «territorialen» Lösung in Form des sogenannten Madagaskar-Planes. Die Idee, die aus dem Arsenal traditioneller antisemitischer Vernichtungsträume stammte, wurde vom Auswärtigen Amt propagiert und von Adolf Eichmann aus dem Reichssicherheitshauptamt aufgenommen. Er wollte die europäischen Juden auf Madagaskar in Sammellagern unter Polizeiaufsicht sich selbst überlassen und sie dort einer schleichenden Vernichtung durch das Klima aussetzen. Nachdem aber das französische Kolonialgebiet außerhalb des deutschen Herrschaftsgebietes blieb, entfielen auch die machtpolitischen Bedingungen für die Verwirklichung dieses Planes. Gleichzeitig wurden die Zustände in den polnischen Ghettos, wo die zur Abschiebung vorgesehenen Juden leben mussten, immer katastrophaler. Die SS hatte sich mit den Massendeportationen große Überwachungs- und Versorgungsprobleme geschaffen. Nach Einschätzung von einigen SS-Führern galt es daher zu überlegen, «ob es nicht die humanste Lösung ist, die Juden, soweit sie nicht arbeitsfähig sind, durch irgendein schnell wirkendes Mittel zu erledigen». Die Ghettoisierung mit ihren organisatorischen Folgen hatte ganz offensichtlich die Bereitschaft zum Töten, die verbal in der Judenpolitik schon immer angelegt war, freigesetzt und die Suche nach einer wirksamen Form der Vernichtung weiter beschleunigt.

Mit dem Russlandfeldzug erfuhren die Vernichtungspraktiken eine nochmalige Radikalisierung. Die Ghettoisierung hatte sich als ein nur bedingt taugliches Mittel erwiesen, und durch die militärischen Eroberungen im Zuge des «Unternehmens Barbarossa» hatte sich die Zahl der europäischen Juden, die nun im deutschen Herrschaftsbereich lebten, um weitere 2,4 Millionen sowjetische Juden auf insgesamt 5,8 Millionen vergrößert. Außerdem hatte man mit der Sowjetunion einen neuen Zielort für die bisherigen Deportationen gefunden. Nun hoffte man in Erweiterung der Pläne einer «territorialen Endlösung», die deportierten Juden in den Pripjetsümpfen östlich vom Generalgouvernement oder in den Lagern des sowjetischen Geheimdienstes in der Eismeerregion unterbringen zu können. Das setzte allerdings einen Sieg über die Sowjetunion voraus. Entscheidend für die Bündelung und Verdichtung der verschiedenen Verfolgungs- und Vernichtungspläne war die extrem gewaltbereite mentale Situation bei der Vorbereitung des «Unternehmens Barbarossa» und in den ersten Wochen und Monaten baldiger Siegeserwartungen. Sie schufen eine psychopathologische Aufladung sowohl der Verfolgungsvisionen als auch der Vernichtungsbereitschaft. Hitler und seine Unterführer sprachen auffällig häufig über eine «endgültige Abrechnung» mit den Juden. Auch fielen in diese Phase des Sommers und Herbstes 1941 etappenweise die Entscheidungen für den Judenmord. Viele der Initiativen oder Weichenstellungen gingen von Hitler aus, oder er billigte sie, nachdem Unterführer entsprechende Anfragen und Vorlagen gemacht hatten. Himmler und Heydrich kümmerten sich mit ihrem SS-Apparat um die Durchführung, bei der sie sich stets auf Hitler berufen konnten. Einen schriftlichen Befehl Hitlers gab es, ganz im Unterschied zum «Euthanasiebefehl» von 1939, nicht, und auch der Zeitpunkt der Entscheidung zur Vernichtung ist nicht genau datierbar. Auch in dieser Phase handelt es sich um einen schrittweisen Vorgang, mit dem der Krieg nun auf allen Ebenen, vor allem auch als Krieg gegen die wehrlose Minderheit der europäischen Juden geführt wurde.

Schon bei dem Vormarsch der Einsatzgruppen in der Sowjetunion kam es zu ersten massenhaften Erschießungen von jüdischen Männern, die sich im Herbst 1941 zu Erschießungen von mehreren Hunderttausend sowjetischen Juden steigerten. Nach einem Besuch

Himmlers an der Ostfront Ende Juli 1941 wurde das Mordprogramm auf jüdische Frauen und Kinder ausgedehnt. Auch die Begründungen für die Mordaktionen wurden erweitert: Nicht mehr nur politische Gründe wurden angeführt, sondern auch die Behauptung, hier existierten «unnütze Esser» und Arbeitsunfähige, die man nicht länger durchfüttern könne. Am 31. Juli hatte sich Heydrich von Göring eine Vollmacht für eine «Gesamtlösung der Judenfrage im deutschen Einflussgebiet in Europa» erteilen lassen, offenbar um die Koordination der überall einsetzenden Verfolgungs- und «Vergeltungsmaßnahmen» in einer Hand zu behalten. Einsatzgruppen, Waffen-SS und Polizei, unterstützt von Wehrmachtseinheiten erschossen seit Juni 1941 bis zum Frühjahr 1942 in den besetzten Gebieten der Sowjetunion insgesamt mehr als 600 000 Juden. Das war zwar eine Vorstufe zur systematischen Massenvernichtung in den Vernichtungslagern, aber noch galt die Richtlinie, dass man nach einem Sieg über die Rote Armee alle Juden in die Sowjetunion deportieren müsse, um sie dort auch als Zwangsarbeiter einzusetzen.

Auch den Juden in Deutschland drohte nun dieses Schicksal. Mitte September 1941 entschied Hitler, dass in Abänderung früherer Pläne die deutschen Juden nicht erst nach dem Krieg, sondern sofort in den Osten deportiert werden sollten, was bald danach in vielen Städten im «Altreich» vor aller Augen passierte. Zuvor hatte Hitler die Stigmatisierung der deutschen Juden mit einem gelben Stern an ihrer Kleidung angeordnet. Immer häufiger stellte sich den NS-Verfolgern die Frage, was sie mit den Juden, die sie nun zusammengepfercht hatten, anfangen sollten, vor allem seitdem Mitte Oktober deutlich wurde, dass mit einem raschen Sieg über die Rote Armee nicht mehr zu rechnen war. Es häuften sich in dieser Zeit noch einmal Äußerungen Hitlers, der «Vergeltung» und «Ausmerzung» der Juden forderte. Am Abend des 25. Oktober sagte er in der «Wolfsschanze» in Anwesenheit von Himmler und Heydrich, die Juden seien eine «Verbrecherrasse», die «die zwei Millionen Tote[n] des Weltkriegs auf dem Gewissen» hätten «und jetzt wieder Hunderttausend. Sage mir keiner: Wir können sie nicht in den Morast schicken! Wer kümmert sich denn um unsere Menschen? Es ist gut, wenn uns der Schrecken vorangeht, dass wir das Judentum ausrotten.»[28] Auch der selbsternannte

Abb. 28 Am 25. April 1942 wurden die mainfränkischen Juden vor aller Augen in Sammelstellen zusammengetrieben und nach «Osten» deportiert. Zwar war das Fotografieren des Geschehens verboten, doch hielt ein Gestapo-Beamter auf Anordnung des Polizeipräsidenten von Nürnberg die Verfolgungsaktion auf 139 Fotos fest und versah sie mit zynischen Kommentaren. Dass die Deportierten im Osten Opfer des Massenmordes werden sollten, war zu diesem Zeitpunkt schon entschieden.

Chefideologe der NSDAP Alfred Rosenberg verkündete am 18. November 1941, am Tag nach seiner Ernennung zum «Reichsminister für die besetzten Ostgebiete», vor Journalisten: «Im Osten leben noch etwa sechs Millionen Juden, und diese Frage kann nur gelöst werden in einer biologischen Ausmerzung des gesamten Judentums in Europa.» [29] Als Hitler in einer weiteren Rede am 12. Dezember 1941 – bezeichnenderweise in einer Phase des Scheiterns des «Unternehmens Barbarossa» und der Radikalisierung des Krieges – von der Vernichtung des Judentums sprach, sahen sich die Unterführer endgültig zur Tat angespornt. Heydrich hatte schon für den 9. Dezember zu einer Konferenz zur Koordination der Verfolgungskampagnen eingeladen, die aufgrund der dramatischen politisch-militärischen Entwicklung auf den 20. Januar 1942 verschoben wurde. Sie fand in der ehemaligen Villa Minoux am Berliner Wannsee statt, dem Gästehaus von Sicherheitspolizei und SD. Beteiligt waren führende NS- und SS-Funktionäre und Spitzenbeamte der Reichsbehörden.[30]

Die endgültige Entscheidung über die systematische Vernichtung der Juden war schon zwischen Ende Oktober und Ende November 1941 gefallen. Die beteiligten Ressorts sollten in der Villa am Wannsee über die aktuelle Entscheidungssituation nur informiert und die folgenden Schritte koordiniert werden. Das Reichssicherheitshauptamt wollte überdies sicherstellen, dass es die Federführung aller Maßnahmen in der Hand behielt. Dass die Teilnehmer trotz der Tarnsprache verstanden hatten, wird aus verschiedenen Äußerungen führender nationalsozialistischer Funktionäre deutlich. Hans Frank, Chef des Generalgouvernements, der an der «Lösung der Judenfrage» besonders interessiert war, erfuhr, dass mit den Juden «so oder so Schluß gemacht werden» müsse. Ein weiteres Abschieben der Juden nach Osten komme nicht mehr in Frage, auch die Massenerschießungen von Juden durch die Einsatzgruppen, wie das noch im November in Riga und Minsk geschehen war, sollten durch andere Verfahren ersetzt werden. Fünf Tage nach der Wannseekonferenz stellte Hitler bei einem Mittagessen mit Himmler noch einmal klar: «Der Jude muß aus Europa heraus. Wir kriegen sonst keine europäische Verständigung. Ich sehe nur eines: die absolute Ausrottung, wenn sie nicht freiwillig (!) gehen.»[31]

Ohne Hitlers Vernichtungswillen, der immer wieder zu neuen Maßnahmen und Kampagnen antrieb, hätte die Ermordung von Millionen europäischer Juden diese Ausmaße nicht erreicht. Auch wenn es einige Monate dauerte, bis alle organisatorischen Vorbereitungen getroffen waren: Politisch und mental war es nur ein kurzer Schritt von den Massenerschießungen zu dem Plan einer Ermordung in stationären Vernichtungslagern, die dann im Generalgouvernement seit November 1941 eingerichtet wurden. Von Januar bis Juli 1942 wur-

Abb. 29 Selektion an der Rampe: Die deportierten europäischen Juden wurden in Auschwitz von SS-Mannschaften in «arbeitsfähig» und «arbeitsunfähig» aufgeteilt, was im Ergebnis nur eine Entscheidung über den Zeitpunkt ihres Todes bedeutete. Den Auftrag, die besetzten Ostgebiete «judenfrei» zu machen, d. h. zur Ermordung der Juden vor allem des Generalgouvernements, hatte Hitler im Sommer 1942 an Himmler erteilt. Die Befreiung des Lagers Auschwitz erfolte Ende Januar 1945.

den die Deportationen in allen besetzten Gebieten vorbereitet und durchgeführt. Die Opfer wurden in die Vernichtungslager nach Bełzec, Chełmno, dann im Frühjahr nach Auschwitz, Sobibor und schließlich Treblinka gebracht. Im Sommer 1942 fiel die Entscheidung, alle polnischen Juden umzubringen, anschließend breitete sich die Verfolgung auf alle besetzten Gebiete aus, und die Opfergruppen wurden unter anderem um Sinti und Roma erweitert. Das Lager in Auschwitz, das zum Symbol für die nationalsozialistische Vernichtungsmaschinerie werden sollte, bestand aus drei Lagern: dem Konzentrationslager in Auschwitz, das später «Stammlager» genannt wurde, dem Konzentrations- und Vernichtungslager in Birkenau (Auschwitz II) und dem Konzentrations- und Arbeitslager der IG Farben Industrie und anderer Unternehmen in Monowitz (Auschwitz III). Die Gesamtzahl der in Auschwitz und anderswo ermordeteten Juden betrug nach neueren Schätzungen etwa 5,7 Millionen.

In Auschwitz selektierten SS-Ärzte die in Güterwagen ankommenden Opfer in «arbeitsfähig» und «arbeitsunfähig». Die «Arbeitsunfähigen», meistens Frauen und Kinder, wurden in Bauernhäusern, die zu Gaskammern umgebaut worden waren, sofort ermordet. Später wurde die Anlage um weitere Gaskammern und Krematorien erweitert. Das dritte Lager in Auschwitz, Monowitz, das deutschen Industriekonzernen als Produktionsstätte diente, setzte die «Arbeitsfähigen» ein, bis sie dazu physisch nicht mehr in der Lage waren.

Hitlers dogmatische Fixierung auf die Vernichtung der Juden hat die Entscheidung zum Holocaust weitgehend beeinflusst und auch bestimmt. Ein Konzentrationslager hat Hitler nie besucht, und er hat auch niemanden erschossen. Doch ohne ihn wäre es nicht zum organisierten Massenmord gekommen. Allerdings hat sich das ungeheuerliche und massenhafte Verbrechen selbst in einem vielschichtigen, sich radikalisierenden Vorgang entfaltet, und es wurde von verschiedenen nationalsozialistischen Verfolgungsapparaten mit Unterstützung der Wehrmacht und auch einheimischer nationalistischer Milizen exekutiert. Es wurde in einem bürokratischen Prozess, an dem verschiedene NS-Dienststellen und Machtgruppen in Berlin und vor Ort in den besetzten Gebieten beteiligt waren, in die Tat umgesetzt. Oft liefen verschiedene Praktiken der Verfolgung und Vernichtung nebeneinander und verstärkten sich wechselseitig.

Himmler hatte während der Vorbereitungen für die «Endlösung der Judenfrage», wie die SS-Bürokraten das Massenverbrechen in charakteristischer Sprachverschleierung nannten, gleichzeitig seine Rassen- und Siedlungspolitik vorangetrieben und sich von renommierten Landwirtschafts- und Bevölkerungswissenschaftlern den «Generalplan Ost» ausarbeiten lassen. Die Experten hatten ein Konzept unterbreitet, wie man in Polen und der Sowjetunion die einheimische Bevölkerung aussiedeln und den dadurch gewonnenen Raum mit deutschen «Volksgenossen» aufsiedeln könne. Dabei ging man davon aus, dass bei diesem gigantischen Siedlungsprojekt rund dreißig Millionen Menschen vertrieben und ggf. umgebracht werden müssten. Dass bis zu diesem Zeitpunkt in Osteuropa keine Juden mehr leben würden, war stillschweigende Voraussetzung für dieses rassistische Raumordnungsvorhaben. Auch das war ein Grund dafür, dass die Vernichtungsaktionen im Sommer 1942, dem Zeitpunkt der am weitesten ausgreifenden deutschen Machtentfaltung, mit größter Intensität betrieben wurden.

Widerstand gegen Hitler

In den beiden letzten Jahren des Krieges nahm auch in Deutschland der Widerstand gegen Hitler und das NS-Regime zu.[32] Während sich im faschistischen Italien der Widerstand an bestehenden Institutionen und Personen – wie dem König, der weitgehend eigenständigen Armee und dem faschistischen Großrat – orientieren konnte, gab es diese politischen Möglichkeiten zum Widerstand aus dem Regime heraus im Deutschen Reich schon längst nicht mehr. Hitler hatte alle potentiell regimekritischen Institutionen zerstört oder gleichgeschaltet. Der Widerstand aus der Arbeiterbewegung, der sich 1933 formiert hatte, war spätestens 1934/35 zerschlagen; viele Funktionäre der SPD, der KPD und der Gewerkschaften waren ins Exil gegangen, sofern sie der Verfolgung entkommen konnten. Tausende waren in Konzentrationslager verbracht, gequält und viele ermordet worden. Erst mit Beginn des Russlandkrieges bildeten sich Kontakte zwischen Sozialdemokraten und Kommunisten, Gewerkschaftlern und liberalen, konservativen und christlichen Hitler-Gegnern heraus. Auch in der Wehrmacht, die seit 1938 zunehmend gleichgeschaltet worden war bzw. sich selbst aufgegeben und gleichgeschaltet hatte, bedurfte es erst der bitteren Erfahrung der Niederlage, bis der weitgehende Zusammenhalt zwischen Hitler, seinem Regime und der bislang loyalen deutschen Gesellschaft zu bröckeln begann – vor allem innerhalb des Offizierskorps.

Der Widerstand gegen Hitler litt von Anfang an daran, dass er keine einheitlichen Positionen und Trägergruppen besaß. Er spiegelte vielmehr die tiefen Spaltungen innerhalb der deutschen Gesellschaft und Politik und entfaltete sich nur stufenweise, ohne je eine einheitliche Organisation und eine breitere Basis in der Gesellschaft zu finden. Auch machte die wachsende totalitäre Durchherrschung, zusammen mit der gesellschaftlich verbreiteten Bereitschaft zum Mitmachen oder gar zur Denunziation, organisierten Widerstand immer schwieriger, bis während des Krieges nur noch einzelne Funktionsträger aus verschiedenen Institutionen sich zum aktiven Widerstand entschlossen, da sie noch über ein eigenes geschlossenes Weltbild verfügten und ein Stück weit ihren Handlungsspielraum hatten erhalten können. Wichtig für ihre widersetzliche Haltung war, dass sie sich gegenseitig vertrauen konnten, weil sie meist aus denselben sozialen Beziehungsgeflechten stammten. Das galt in besonderer Weise für den militärisch-konservativen Widerstand, der schließlich auch informelle Bündnisse mit einzelnen Repräsentanten aus Kirchen, aus den Resten der Arbeiterbewegung und den Parteien fand. Das machte erst die Koalitionsbewegung des 20. Juli 1944 möglich, die zudem die Chance besaß, militärische Einrichtungen und Befehlsstrukturen für ihre Widerstandspläne und -handlungen zu nutzen.

Allerdings fanden die Militärs erst relativ spät – einige wenige bereits seit 1938, teilweise aber erst 1940 bzw. 1942/43 – zum Widerstand gegen Hitler, nachdem sie ihn mehrheitlich zuvor noch unterstützt hatten. Für sie bedeutete der Weg in den Widerstand einen erheblichen Lernprozess. Sie mussten sich von den Bindungen des Eides auf Hitler, den die Wehrmacht im August 1934 geleistet hatte, befreien und auch die Bereitschaft zum Tyrannenmord entwickeln, was vielen Offizieren aus ethischen Gründen schwerfiel. Auch waren sie noch weit davon entfernt, die künftige Ordnung als eine demokratische Verfassungsordnung zu denken; zu sehr waren sie in autoritäre Denkformen verstrickt, zumal das Scheitern der Weimarer Republik sie darin noch bestärkt hatte. Nur im Kreisauer Kreis um den weltläufigen Grafen Moltke begründete man das eigene oppositionelle Handeln mit der Achtung der Menschenwürde und öffnete damit einen gangbaren Weg in die Nachkriegsordnung.

Zum Widerstand geradezu herausgefordert waren hingegen die Angehörigen kommunistischer und sozialdemokratischer Parteien und Bewegungen, da sie seit 1933 zu den frühen Verfolgten und Opfern des Regimes gehörten. Zu Tausenden entschlossen sich anfangs Arbeiter zur offenen Opposition; nach der Zerschlagung der frühen Arbeiteropposition 1934/35 setzten einige Gruppen, wie die Rote Kapelle, wenn sie nicht emigrierten oder sich auf das Aufrechterhalten ihrer Netzwerke beschränkten, immer wieder die aktive Opposition fort und riskierten dafür Verfolgung, Denunziation durch die Nachbarn und Verhaftung durch die Gestapo – und letztlich den Tod. Auch für sie gab es einen Lernprozess, mussten sie doch die inneren Spannungen und das tiefe Misstrauen zwischen KPD und SPD überwinden und später auch den Weg zum Bündnis mit konservativen Kräften finden. In völliger Isolierung und ganz alleine, aber mit großer Konsequenz und großem Mut leisteten hingegen Arbeiter wie Georg Elser aktiven Widerstand und griffen zum Mittel des Attentats, dem einzigen Mittel, das noch blieb. Die Studenten der Weißen Rose setzten hingegen ihre Hoffnung auf breite Mobilisierung und Aufklärung, nachdem der Krieg sein schreckliches Gesicht gezeigt hatte. In ihren Flugblättern prangerten sie den menschenverachtenden Charakter des Nationalsozialismus hellsichtiger und schärfer als andere an. Allerdings gelang es ihnen nicht mehr, nach Bündnispartnern zu suchen, nachdem die Gestapo sie durch die Anzeige eines eilfertigen Hausmeisters an der Ludwig-Maximilians-Universität München verhaften konnte.

Im Unterschied zu den Studenten der Weißen Rose verfügte die Militäropposition noch über eigene Handlungsspielräume. Auch waren vor allem die jüngeren Offiziere mittlerweile bereit, sich von dem Eid auf Hitler zu lösen und zum letzten Mittel des Tyrannenmordes zu greifen. Das unterschied ihre Haltung in den Jahren 1943/44 noch von ihren Widerstandsplänen der Jahre 1938 und 1940, in denen man noch von einer Absetzung Hitlers ausging. Auch hatten die Erfahrungen des Eroberungs- und Vernichtungskrieges seit 1942 entscheidend zur Neuformierung des militärisch-konservativen Widerstands beigetragen. Vor allem verfügten einige der zum Widerstand entschlossenen Offiziere, an ihrer Spitze Claus Graf Schenk von Stauffenberg, über dienstliche Möglichkeiten, an Hitler trotz der strengen Sicherheitsmaßnahmen und seiner fast vollständigen Abschirmung nahe genug heranzukommen, um ein Attentat auf ihn zu verüben. Diese Militärs hatten im Bündnis mit einigen hohen Beamten und Juristen, die teilweise auch dem oppositionellen Kreisauer Kreis um Helmuth James von Moltke angehörten, erkannt, dass der Widerstand von innen kommen müsse und dass es nicht ausreichen bzw. völlig unmöglich sein würde, Hitler nur abzusetzen und ihm den Prozess zu machen. Daher versuchten jüngere Offiziere um Claus Graf Schenk von Stauffenberg im Zusammenwirken mit General Friedrich Olbricht, Leiter des Allgemeinen Heeresamtes in Berlin, die geheimen Einsatzpläne, die unter dem Stichwort «Walküre» für den Fall von Aufständen von «Fremdarbeitern» entwickelt worden waren, so zu verändern, dass die Kommandowege nicht mehr zur Abwehr von Gefährdungen der Regierung, sondern zu ihrem Sturz zu nutzen wären. Nachdem man im Frühjahr 1943 zwei Gelegenheiten nicht hatte nutzen können, Hitler mit einer Bombe zu töten, blieb nur noch die Möglichkeit, die neue Funktion Stauffenbergs als Stabschef und Stellvertreter des Befehlshabers des Ersatzheeres für einen Anschlag zu nutzen. Denn Stauffenberg musste häufiger in der «Wolfsschanze» an Lagebesprechungen teilnehmen und kam so mit Hitler in engen Kontakt. Aber auch dieser Plan setzte voraus, dass Hitler seine Besprechungen termingemäß abhielt und dass sich dabei die Möglichkeit bot, eine Bombe, die Stauffenberg in seiner Aktentasche in den Besprechungsraum schmuggelte, auch zünden zu können. Noch problematischer für das Gelingen des Planes war der Umstand, dass Stauffenberg nach einem Attentat im fernen Ostpreußen möglichst rasch wieder zurück in Berlin sein musste, denn er war zugleich Leiter der «Operation Walküre» und der leidenschaftliche Kopf des Widerstandskreises, der auch die unterschiedlichen Gruppen zusammengehalten hatte. Zudem konnte man nicht ausschließen, dass es nach dem Gelingen des Attentats zu einem Bürgerkrieg kommen könnte, war man sich doch über die Wirkungskraft des Führermythos in der Gesellschaft unsicher, zumal die Widerstandsbewegung eine Bewegung von Offizieren ohne Mannschaften darstellte. Doch bestand immerhin die Hoffnung, bald den Krieg beenden zu können. Die Widerständler waren sich der Risiken, die sie für ihr eigenes Leben eingingen, durchaus bewusst. Doch sie wollten trotz der vielen Unwägbarkeiten und eingeschränkten Chancen, um die sie für das Gelingen ihres Planes wussten, daran festhalten, auch um ein moralisches Zeichen zu setzen.

Am 20. Juli 1944, mittags um 13.15 Uhr, ging die Bombe hoch. Es gelang Stauffenberg und seinem Begleiter Hans Bernd von Haeften, den Sperrbezirk um die «Wolfsschanze» zu verlassen und mit dem Flugzeug nach Berlin zurückzukehren. Stauffenberg war sich sicher, dass Hitler bei der Explosion ums Leben gekommen war. Doch Hitler war von den 24 Personen, die in der Lagebaracke anwesend waren, am wenigsten verletzt. Der Lagetisch, über den er sich im Augenblick der Detonation gebeugt hatte, hatte die Sprengwirkung abgemindert. Sofort danach umarmte Keitel Hitler mit Tränen in den Augen: «Mein Führer, Sie leben, Sie leben.» Hitler hatte Verletzungen am rechten Arm und Splitterverletzungen an Händen und Beinen davongetragen. Beide Trommelfelle waren geplatzt. Als die Nachricht vom Überleben Hitlers im Berliner Bendlerblock eintraf, war das Unternehmen so gut wie gescheitert. Denn der Befehlshaber des Ersatzheeres, General Friedrich Fromm, weigerte sich nun, den Einsatzbefehl «Walküre» herauszugeben. Noch in der Nacht ließ er vier der Verschwörer, darunter Stauffenberg, im Hof des Bendlerblockes erschießen. Hitler meldete sich am Abend im Rundfunk und pries die Vorsehung, die ihn vor dem Anschlag der angeblich «kleinen Clique verräterischer und feiger Offiziere» bewahrt hatte – und er kündigte eine schreckliche Rache an.

Freislers Volksgerichtshof sollte die Schauprozesse gegen die Männer des 20. Juli durchführen. «Das ist unser Wyschinski», soll Hitler bei Freislers Beauftragung gesagt und damit auf das Vorbild der Stalin'schen Schauprozesse angespielt haben. Bei den polizeilichen Untersuchungen hatte die Gestapo feststellen müssen, dass der Kreis der Opposition gegen Hitler wohl doch größer war, als jener behauptete. Es begann ein wilder Verfolgungsprozess. Mehr als zweihundert Personen wurden hingerichtet. Die Familien der Putschisten wurden auf Befehl Hitlers in «altgermanische Sippenhaft» genommen und teilweise in Konzentrationslager verbracht. Auf Befehl Hitlers wurden nicht nur die Verhandlungen gefilmt, sondern auch die Hinrichtungen der Widerständler in der Haftanstalt Plötzensee. Voller Genugtuung betrachtete Hitler die Bilder von den grausamen und entwürdigenden Exekutionen, die man sich ausgedacht hatte.

Stauffenbergs Attentat wurde von der Mehrheit der Deutschen abgelehnt, und nicht wenige äußerten ihre Erleichterung darüber, dass Hitler überlebt hatte. Zum letzten Mal funktionierte der Krisenmodus, der Hitlers Führerherrschaft so lange gestärkt hatte. Im Augenblick einer drohenden Gefahr durch Krieg oder innere Unruhen wuchsen die Ängste und das Bedürfnis nach einem festen Halt, auch wenn dieser Orientierungspunkt sich nicht nur räumlich von den Lebenswelten der Deutschen entfernt hatte. In der Atmosphäre der Angst und des Terrors war die Mehrheit der Bevölkerung bereit, Hitler bis zum Ende zu folgen, obwohl dieser aus der Realitätsferne seines Führerbunkers immer sinnlosere Durchhalte- und Vernichtungsbefehle ergehen ließ. Doch nahmen bald die Hinweise zu, dass die Bevölkerung sich gar nicht mehr mit dem «Führer» beschäftigte, sondern nur noch mit dem eigenen Überleben. Die Widerstandsbewegung war mit dem Scheitern des Putsches so gut wie zerstört, ihre Aktivitäten aussichtsloser denn je.

Ein Gelingen des Umsturzes hätte möglicherweise Millionen von Menschen das Leben retten und jene Zerstörungen ohne Beispiel verhindern können, die folgen sollten. Denn in den letzten Monaten des Krieges forderten die Verschleppungen und Ermordung der Verfolgten und das Zusammenbrechen der Fronten mehr Menschenleben als während des ganzen bisherigen Krieges. Noch in seinem Untergang entfaltete das Regime seine ganze Destruktionskraft. Himmler wurde damals auch zum Befehlshaber des Ersatzheeres ernannt, Goebbels zum Reichsbevollmächtigten für den totalen Kriegseinsatz. Hitler stützte sich fortan ausschließlich auf die «Treue» seiner Gauleiter und Reichsleiter sowie auf den Überwachungs- und Verfolgungsapparat der SS. Sein Misstrauen, vor allem gegenüber den Generälen, steigerte sich zu einem haltlosen und von Wutausbrüchen begleiteten Verfolgungs- oder Verschwörungswahn. Der «Amoklauf» (Mommsen), zu dem Hitlers Politik sich immer mehr zugespitzt hatte, erreichte bizarre und zerstörerische Züge. Es gab niemanden mehr, der den Weg in die Katastrophe stoppen konnte.

Die totale Niederlage

Mittlerweile war überall und an allen Fronten eine Wendung des Krieges eingetreten.[33] Im Ausland hatte sich, wie schon erwähnt, eine breite Anti-Hitler-Koalition formiert und schließlich auf der Konferenz von Casablanca im Januar 1943 die Forderung nach bedingungsloser Kapitulation der Aggressoren als wichtigstes Kriegsziel formuliert. Zwar musste Stalin auf eine Invasion der Westalliierten in Frankreich, auch zur Entlastung der eigenen Anstrengungen, noch mehr als ein Jahr lang warten, doch im November 1942 hatten stattdessen englische und amerikanische Truppen Französisch-Nordafrika erobert. Die deutschen Truppen mussten zusammen mit den italienischen Bündnispartnern im Mai 1943 in Tunis kapitulieren. Das ermöglichte es den Soldaten der USA und des Vereinigten Königreichs, auf Sizilien zu landen und von dort aus Italien zu besetzen. Das Deutsche Reich konnte zwar noch mehr als zwei Jahre lang den Krieg weiterführen und riss damit Millionen von Menschen in den Tod. Mit dem Scheitern der deutschen Offensive «Zitadelle» im Mittelabschnitt bei Kursk im Sommer 1943 ging die militärische Initiative im Osten dann endgültig auf die Rote Armee über. Zur selben Zeit wurde Mussolinis Regime in Italien gestürzt; die neue italienische Regierung vereinbarte mit den Westalliierten einen Waffenstillstand. Damit war die zweite Front gegen Hitler in Südeuropa endgültig gefestigt, doch Hitler war nach wie vor nicht zum Nachgeben und zum politischen Kalkül bereit. «Es gibt jetzt nur noch eines», erklärte er in dogmatisch-menschenverachtender Erstarrung, «und das ist Kampf.»

Seit 1943 kehrte der Krieg als Luftkrieg endgültig in das Land zurück, von wo aus er seinen Ausgang genommen hatte. Die Westalliierten hatten ihre Bombenangriffe auf deutsche Städte intensiviert und zu apokalyptischen Flächenbombardements ausgeweitet. Im Oktober 1943 erklärte das befreite Italien Deutschland den Krieg. Dem Abfall seines italienischen Verbündeten bereits im September 1943 begegnete Hitler mit der Besetzung der italienischen Halbinsel. Das verlangte der Wehrmacht zusätzliche Kampflinien und einen zähen, letztlich erfolglosen Widerstand gegen die vorrückenden amerikanischen und britischen Truppen ab. Außerdem ließ Hitler seinen faschistischen Kampfgenossen Mussolini in einem gewagten Unternehmen von Fallschirmjägern und Elitetruppen der Waffen-SS am 12. September 1943 aus seiner Haft in einem italienischen Gebirgsort auf dem Gran Sasso befreien. Der körperlich stark geschwächte «Duce» wurde zunächst ins Führerhauptquartier nach Rastenburg gebracht, wo er zwar am 14. September von Hitler demonstrativ herzlich begrüßt wurde, um später als Chef einer faschistischen Marionettenregierung, der «Repubblica Sociale Italiana», am Gardasee in völliger Abhängigkeit von seinem «Freund» Hitler bis zum verdienten Ende am 28. April 1945 ausgehalten zu werden, als er von einem Partisanenkommando erschossen wurde.

Mit der Besetzung eines Großteils des italienischen Territoriums und anschließend auch der vom Deutschen Reich bis dato kontrollierten Besatzungszonen in Frankreich und Südosteuropa konnte Hitler seine «Festung Europa» zwar vorübergehend konsolidieren, aber die Landung der Westmächte an der französischen Küste war nur eine Frage der Zeit. In der Zwischenzeit hatte auch Goebbels im September und Oktober 1943 mehrmals versucht, Hitler zum Abschluss eines Sonderfriedens zu bewegen. Doch allein schon die Frage, in welche Richtung man die Verhandlungsfühler ausstrecken sollte, nach England oder zu den Sowjets, blieb nach den Berichten von Goebbels offen. Hitler wollte abwarten, bis sich vielleicht ein Riss in der gegnerischen Front zeigte oder bis er die militärische Initiative wieder zurückgewonnen hätte. Die eine Lösung war so illusorisch wie die andere. Hitler war im Kern seiner Politik unfähig zu Frieden und Ausgleich. Allein schon die Herrschafts- und Repressionspolitik in Westeuropa, die nach der Besetzung Italiens und Vichy-Frankreichs durch deutsche Truppen und durch die Verfolgungskommandos der SS eine deutliche Radikalisierung erfahren hatte, zeigte diese Unfähigkeit zum Kompromiss und zur Mäßigung in Hitlers Imperium. Je größer der Druck von außen wurde, desto radikaler wurde die politische Praxis der Nationalsozialisten. Auch die Hoffnung Hitlers, mit der Verlagerung der militärischen Stoßkraft von der Ostfront in den Westen einer Landung der Alliierten zuvorzukommen, war von einer grandiosen Fehleinschätzung der militärischen Kräfteverhältnisse wie der alliierten Politik geleitet. Durch einen Erfolg im Westen wollte Hitler eine Wende in der Gesamtkriegslage herbeiführen und dann angesichts der veränderten Kräfteverhältnisse vielleicht doch noch einen Gesinnungswandel in England und einen Sonderfrieden mit London erreichen. Doch bei allen politischen und ideologischen Gegensätzen zwischen den Westmächten und Moskau war die gemeinsame Front in der Koalition gegen Hitler so stark, dass bis zu einer völligen Niederlage Hitlers der Wille zur Zusammenarbeit in der Anti-Hitler-Koalition größer war als partikulare Interessen und Gegensätze.

Trotz der Verlagerung ihrer militärischen Stoßkraft in den Westen, was gleichzeitig eine Schwächung der Truppen an der Ostfront bedeuten musste, konnte die Wehrmacht die alliierte Invasion in der Normandie am 6. Juni 1944 nicht mehr aufhalten. Frankreich wurde bis zum Frühherbst 1944 befreit. Am 22. Juni 1944, am dritten Jahrestag des deutschen Überfalls auf die Sowjetunion, startete die Rote Armee zudem eine große Gegenoffensive gegen die Heeresgruppe Mitte, die unter der Wucht des Angriffs zusammenbrach. Erst Ende August konnte die Wehrmacht die Rote Armee an der Weichsel, in Lettland und an der ostpreußischen Grenze zwischenzeitlich stoppen.

An der Jahreswende 1944/45 stand die Rote Armee an der Weichsel, die amerikanischen und britischen Truppen in der Eifel. Zuvor hatte Hitler im Dezember 1944 in einem Verzweiflungsakt noch eine überraschende Offensive im Westen gegen die britischen und amerikanischen Verbände gestartet. Die Wehrmacht sollte dort, wo sie im Sommer 1940 ihren «Triumph im Westen» eröffnet hatte, in den Ardennen, mit einem neuerlichen Sieg die Westalliierten weit zurückdrängen und mit der Eroberung der belgischen Nordseehäfen die alliierten Nachschublinien abschneiden. Dann hätte man wieder freie Hand im Osten. Zweihunderttausend deutsche Soldaten mit sechshundert Panzern konnte die Wehrmacht aufbieten, und man hoffte, dass das schlechte Wetter die Offensive «Herbstnebel» begünstigen könnte. Denn dadurch konnten die Alliierten ihre Luftüberlegenheit nicht ausspielen. Doch diesmal misslang der Plan. Die deutschen Panzer konnten die US-Truppen zwar rund hundert Kilometer zurückschlagen, aber der Hafen von Antwerpen blieb in weiter Ferne. Als das Wetter am Heiligabend aufklarte, konnten die Alliierten ihre Luftangriffe gegen die deutschen Truppen starten. Die Wehrmacht verlor mehr als 90 000 Mann und große Reserven an Waffen und Ausrüstung. Der alliierte Vorstoß war um vier Wochen verzögert worden, in denen die Rote Armee in einem Wettlauf um größtmögliche Geländegewinne entscheidende Fortschritte machen konnte. Die Rote Armee konnte am 12. Januar mit ihrer Winteroffensive beginnen und erreichte Ende Januar 1945 Ostpreußen und Königsberg.

In seiner Rundfunkansprache am Neujahrstag 1945 sprach Hitler weniger von der katastrophalen Lage an der Front und in den zerstörten deutschen Städten, sondern klammerte sich an die Verheißung des «Endsieges», der im Laufe des Jahres 1945 kommen werde. Seine engere Umgebung musste allerdings beobachten, dass der Kriegsherr einen «völlig verzweifelten Eindruck» machte[34] und sich eingestehen musste, dass der Krieg verloren war. Er reagierte darauf, wie er das immer tat: Er suchte die Schuld bei den «Verrätern» und sprach davon, sich eine «Kugel durch den Kopf zu schießen». Im Untergang des «Dritten Reiches» kamen die selbstzerstörerischen Kräfte, die im Regime Hitlers angelegt waren, deutlich zum Vorschein. Am 30. Januar 1945, als Hitler in einer Rundfunkansprache zum zwölfjährigen Jubiläum der NS-Machtübernahme wieder einmal den Durchhaltewillen angesichts der drohenden Gefahr des «asiatischen Bolschewismus» beschworen hatte, unterbreitete ihm Speer, dass man nach dem bevorstehenden Verlust Oberschlesiens mit dem endgültigen Zusammenbruch der Wirtschaft rechnen müsse und dass danach eine Fortsetzung des Kriegs sinnlos wäre. Auch mit einer Denkschrift vom März 1945 versuchte Speer, Hitler davon zu überzeugen, dass er die letzten Reste der Wirtschaftsbasis für die Überlebenden erhalten müsse. Ebendies wollte Hitler nicht akzeptieren und ordnete am 19. März im sogenannten Nero-Befehl die vollständige Zerstörung der militärischen Verkehrs- und Industrieanlagen sowie von Sachwerten im Reichsgebiet an. Wenn er sich danach noch zu Modifikationen des Erlasses bereit fand, dann spiegelte das die allgemeine Unsicherheit, was angesichts der drohenden Niederlage überhaupt noch zu tun sei.[35] Der Rassenideologe sah schließlich keinen Grund mehr für die Erhaltung eines Volkes, das nach seiner Meinung im Lebenskampf unterlegen war. Das war auch Thema der Hasstiraden und Untergangsvisionen, die seine letzten Mitarbeiterbesprechungen im Führerbunker 1945 begleiteten. Das deutsche Volk habe versagt; es verdiene das Schicksal, das es jetzt erwarte.

Am 16. Januar hatte Hitler sein Führerhauptquartier in die Reichskanzlei in Berlin verlegt, um sich dort gegen den Vormarsch der Roten Armee zu stemmen. Dort erging er sich in Visionen eines heroischen Untergangs, um den eigenen Nachruhm und den des Nationalsozialismus über das Kriegsende hinaus sicherstellen zu können. Auch in seinem «Politischen Testament» vom 29. April 1945 sollte dieses Motiv wieder auftauchen. Doch selten klafften Inszenierung und Realität so weit auseinander wie in der Bunkerwelt Adolf Hitlers. Die Selbstheroisierung im Angesicht des drohenden Unterganges war nur der Stoff aus den Opern Richard Wagners, in denen der heldenhafte Kampf mit der Verheißung einer raschen Wiedergeburt verbunden war. Die Wirklichkeit des völligen Zusammenbruchs des nationalsozialistischen Regimes sah anders aus. Auch wenn er immer wieder Durchhaltebefehle ausgab, waren das Einzige, was er noch aufbieten konnte, Verbände des «Volkssturmes», die im Herbst aus alten Soldaten und blutjungen Hitlerjungen improvisiert aufgestellt worden waren. Sie sollten Panzergräben ausheben und mit Panzerfäusten hantieren. Währenddessen hatte seit den eisigen Wintermonaten 1944/45 eine Massenflucht der deutschen Zivilbevölkerung aus Ost- und Westpreußen, aus Pommern und Schlesien eingesetzt. Riesige Flüchtlingstrecks hatten sich – oft mit erheblicher Verzögerung, weil die politischen Leiter der örtlichen NS-Dienststellen sie daran gehindert hatten – vor den vorrückenden sowjetischen Truppen auf verstopften Straßen zu retten versucht. Wer von der Roten Armee eingeholt und überrollt wurde, dem drohten Verschleppung, Vergewaltigung oder Tod.

Mit der verlustreichen Eroberung des Territoriums des Deutschen Reichs bis zum April 1945 und der totalen militärischen Niederlage beschleunigte sich auch der Verfall politisch-administrativer Entscheidungsformen des NS-Regimes. Der Führerstaat zerfiel in einzelne Machtkomplexe und in heillose Aktivitäten und Pläne der Unterführer. Bormann wollte die Partei neu organisieren, um sie nach dem «Endsieg» besser kontrollieren zu können. Er drohte den Parteifunktionären in Rundschreiben mit einer drakonischen Bestrafung für Fahnenflucht und versuchte durch die Gründung von Freischärlerbanden, bestehend aus Parteifunktionären und dem «Werwolf» der Hitler-Jugend, den Kampf als Partisanenkampf fortzusetzen. Die ranghohe BdM-Führerin Melita Maschmann erinnerte sich an die hektische Betriebsamkeit in der Berliner Zentrale der Hitler-Jugend:

«Unzählige Projekte wurden angekurbelt, von Kriegseinwirkungen zerschlagen, fallengelassen, neu aufgenommen, widerrufen, abgeändert, abermals verworfen und so fort ... Unsere Gehirne produzierten Pläne und abermals Pläne, um ja nicht einem Augenblick der Besinnung Raum zu geben und dann erkennen zu müssen, dass all dieser Eifer schon begann, den Zuckungen eines Totentanzes zu gleichen.»[36]

Niemand konnte diesen hektischen Aktivismus stoppen, auch nicht Hitler. Während seine Unterführer und Mitläufer durch diese Betriebsamkeit vor sich selbst und den anderen beweisen wollten, dass sie nicht in Resignation oder Defätismus verfallen waren, war Hitler von der Realität so weit entfernt, dass es für ihn nur noch die Alternative Sieg oder Untergang gab. Er war der einzige Entscheidungsträger; ohne ihn wagte niemand einen politischen Entschluss, aber er verharrte im Bunker. Zugleich steigerte sich der Terror durch Gestapo und fliegende Standgerichte. Zivilisten und Soldaten waren davon gleichermaßen bedroht. Wer beim Herannahen feindlicher Truppen die Kapitulation seines Heimatortes forderte oder Zweifel am Endsieg äußerte, wurde wegen «Feigheit» hingerichtet.

Der Rückzug in den Bunker

Am 3. Februar wurden auch Hitlers Wohnräume in der Reichskanzlei durch Bombenangriffe zerstört, so dass er endgültig in den großen Luftschutzbunker unter dem Garten der Reichskanzlei umziehen musste. Er sei nun entschlossen, teilte er Goebbels mit, «in Berlin zu bleiben und die Stadt zu verteidigen».[37] Seither bildete der Bunker für die noch verbleibenden Wochen seines Lebens die letzte, düstere Führerresidenz. Nur die Arbeitsräume der Reichskanzlei blieben noch benutzbar. Dort fanden auch die letzten Lagebesprechungen statt. In einem Keller hatten eilfertige Helfer ein vom Architekten Hermann Giesler angefertigtes Modell seiner Heimatstadt Linz aufgebaut, das er immer wieder gedankenverloren betrachtete. In Linz hatte er ein Museum errichten und seinen Lebensabend verbringen wollen.

Der 24. Februar 1945, der 25. Jahrestag der Verkündung des Parteiprogramms der NSDAP, bis dato ein wichtiger Gedenktag im NS-Festkalender, hatte den Verlust seines Charismas demonstriert: Eine Rundfunkverlautbarung des «Führers», die Hermann Esser verlas, blieb ohne jedes positive Echo. Ein geheimer SD-Bericht aus Berchtesgaden hielt fest, dass Hitlers Appell zum «äußersten Fanatismus und verbissener Standhaftigkeit [...] bei der überwiegenden Zahl der Volksgenossen [...] vorbeirauschte wie der Wind im leeren Geäst».[38] Bei einem anschließenden Empfang seiner Gau- und Reichsleiter in einem noch intakten Saal der Reichskanzlei forderte er zum Weiterkämpfen auf und klammerte sich an die Ankündigung der «Wunderwaffen», die bald eine Wendung des Krieges brächten. Die Gauleiter müssten, so der sichtlich gealterte Hitler, die Menschen in ihren Gauen zum Durchhalten bewegen. Das klang angesichts des körperlichen Verfalls Hitlers wenig überzeugend. Es gelang ihm nicht einmal mehr, ein Glas Wasser an seinen Mund zu führen. Auch die motivierende Kraft seiner Rhetorik war verflogen und vermochte nicht einmal die engsten Getreuen zu bewegen. So blieb allein die Flucht in krampfhafte historische Analogien. Mit dem Tod des amerikanischen Präsidenten Franklin D. Roosevelt am 12. April 1945 werde jenes Wunder eintreten, das er schon immer prophezeit habe und das an die Wende des Siebenjährigen Krieges erinnerte, als Russland nach dem Tod der Zarin Elisabeth das gegen Preußen gerichtete Bündnis verließ und Friedrich damit rettete. In Hitlers Bunker träumte man eine Weile davon, dass nun ein Friedensvertrag mit Roosevelts Nachfolger Harry S. Truman möglich wäre. Das sollte sich sehr bald als Illusion erweisen.

Die kurze Euphorie war vollends verflogen, als am 20. April, dem Geburtstag Hitlers, die Rote Armee den Angriff auf Berlin eröffnete. Die üblichen Geburtstagsfeierlichkeiten unterblieben; vielmehr stand die Totenfeier des «Dritten Reiches» an. Nur die Bewohner des Bunkers und ein paar Adjutanten sowie einige höhere Offiziere, die zu Hitlers Lagebesprechung gekommen waren, traten um Mitternacht zur Gratulation an, die Hitler widerwillig und auf Betreiben von Eva Braun über sich ergehen ließ. Lediglich eine Abordnung von Hitlerjungen, die sich durch besondere Tapferkeit ausgezeichnet hatten,

Abb. 30 Noch im März und April 1945 zeichnete Hitler Mitglieder des «Volkssturmes», meistens Hitlerjungen, für ihren Einsatz aus. Er kam aus diesem Anlass aus seinem Bunker nach oben in ein Umfeld, das von Tod und Zerstörung gezeichnet war, während sich der Bunkerbewohner in einem letzten Akt der Realitätsverweigerung in Architekturträumen erging.

war am Nachmittag im Garten der Reichskanzlei angetreten, um von Hitler begrüßt und an der Wange gestreichelt zu werden. Es wurde sein letzter öffentlicher Auftritt.

Dabei entstanden die letzten Fotos von dem Mann, der noch kurz zuvor die Welt der Bilder und die politische Bühne dominiert hatte. Unmittelbar darauf verschwand Hitler wieder nach unten, es begann das nichtöffentliche Ende seiner Herrschaft. Am 22. April erklärte er Keitel, er wolle «unmittelbar die Truppen führend, den Verlauf des Schicksals abwarten». Spätestens am 23. April stand für ihn fest, dass er seinem Leben durch Selbstmord ein Ende setzen wolle, um nicht in die Hände der Sowjets zu fallen.

Kaum hatten die Gratulanten am späten Nachmittag des 20. April verlegen ihre Geburtstagswünsche vorgetragen, verließen die noch verbliebenen führenden Männer des Regimes über die wenigen Straßen, die noch nicht besetzt oder zerstört waren, die in Trümmern liegende Hauptstadt. Himmler, Speer, Dönitz, Ribbentrop, Rosenberg und Kaltenbrunner gehörten dazu sowie einige Minister, die ihre Macht längst verloren hatten. Hermann Göring verabschiedete sich nach Bayern, nachdem er seinen Kunstbesitz schon längst dorthin hatte bringen lassen. Göring schickte aus der «Alpenfestung», die es nie gab, ein Telegramm an den Bunker, in dem er ankündigte, er werde gemäß einer früheren Regelung von 1941 die Macht übernehmen, falls er bis zum 24. April nichts von Hitler höre. Hitler ließ sich von Bormann, einem Erzfeind Görings, davon überzeugen, dass dies einen Akt des Verrats darstelle. Er antwortete mit der Aufforderung an den Reichsmarschall, all seine Ämter niederzulegen, und ließ ihn auf dem Obersalzberg unter Hausarrest stellen. Als «schamlosesten Verrat der deutschen Geschichte» musste Hitler schließlich auch die Aktivitäten seines treuen Paladins Heinrich Himmler verstehen, der sich am 23. April, kaum dass er von Hitlers Selbstmordentschluss gehört hatte, mit dem schwedischen Vermittler, dem Grafen Bernadotte, traf, um den Westalliierten einen Kapitulationsentwurf zu unterbreiten.

Überall sah Hitler Verräter am Werk. Wutausbrüche, ungezügelte Racheakte, Entlassungen von Generälen waren die einzigen Reaktionen, zu denen er noch fähig war, um dann bei den militärischen Lagebesprechungen, die er noch abhielt, jedes Anzeichen für einen noch so kleinen militärischen Erfolg oder Vorstoß eines Truppenteils wie einen rettenden Strohhalm zu ergreifen. Es werde vielleicht doch noch zu einem militärischen Entsatz der Reichshauptstadt durch irgendeine bunt zusammengewürfelte Truppe kommen können – sei es ein Panzerkorps unter SS-Obergruppenführer Steiner, sei es durch Reste der Zwölften Armee unter General Wenck. Als mit dem Zusammenbruch der Oderverteidigung bereits am 22. April wieder einer dieser schwachen Hoffnungsschimmer erloschen war, verkündete er mit großer Erregung, dass er sich in Berlin erschießen wolle, falls die Hauptstadt nicht doch wieder freigekämpft würde. Die Drohung Hitlers, sich zu erschießen, war nicht neu. Aber in diesem Falle sprach alles dafür, dass er es damit ernst meinte. Denn die Aussicht auf Entsatz der Hauptstadt, so illusorisch sie von Anfang an war, wurde in den nächsten Tagen endgültig zerstört. Am 25. April hatten die sowjetischen Armeen unter den Generälen Schukow und Konjew den Ring um Berlin endgültig geschlossen. Am 29. April drangen sowjetische Soldaten in das Regierungsviertel ein. Es war nur noch eine Frage von Stunden, bis die letzten Reste von Hitlers Herrschaftsbereich eingenommen wären. Die Nachricht von der Gefangennahme und Hinrichtung Mussolinis und seiner Geliebten Clara Petacci durch italienische Partisanen bestärkte Hitler in seiner Entscheidung, auf keinen Fall dem Feind in die Hände zu fallen und auch nicht den Ausbruch aus dem Bunker oder aus Berlin versuchen zu wollen. Stattdessen entschied er sich, den Gedanken an einen Selbstmord, den er in den letzten Tagen verschiedentlich geäußert hatte, nun auch zu verwirklichen. Er ordnete an, seine persönlichen Akten und Papiere, die in drei Panzerschränken verwahrt waren, zu vernichten.

Mit den Vorkehrungen und Entscheidungen dieser Tage fiel Hitler endgültig zurück in jene kümmerliche private Existenz, aus der er gekommen war. Er beorderte am 28. April einen Standesbeamten in den Bunker, um Eva Braun, die bei ihrem Geliebten ausharren wollte, im letzten Augenblick zu ehelichen. Das geschah in der Nacht vom 28. auf den 29. April kurz nach Mitternacht. Goebbels und Bormann fungierten als Trauzeugen, während draußen Bomben und Granaten niedergingen. Bald darauf meldete Keitel, dass der letzte Versuch, Berlin zu entsetzen, gescheitert sei. Am Ende des Tages werde alles vorbei sein. Kurz nach der Trauung und einem kleinen Umtrunk diktierte Hitler einer seiner beiden im Bunker verbliebenen Sekretärinnen ein kurzes privates Testament, in dem er seinen persönlichen Besitz der Partei überließ, sollte diese nicht mehr existieren, dem Staat. Außerdem erklärte er seinen Entschluss zum Selbstmord damit, dass er «der Schande des Absetzens oder der Kapitulation» entgehen wolle. Das sehr viel längere «Politische Testament», in dem er jede Verantwortung für den Krieg von sich wies und die eigentlichen Schuldigen im Judentum sehen wollte, war ein letztes Zeugnis seines ungebrochenen ideologischen Dogmatismus und einer unaufrichtigen Selbstrechtfertigung. Noch einmal brach sein Antisemitismus als Kern seiner Weltanschauung mit Macht durch und brachte ihn zu dem kaum verhüllten Eingeständnis, dass er die Vernichtung der Juden als Rache für deren historische Rolle ins Werk gesetzt habe. Seine letzte Botschaft schließlich war eine Botschaft des ideologischen Hasses. Er rief das deutsche Volk zur «peinlichen Einhaltung der Rassegesetze und zum unbarmherzigen Widerstand gegen den Weltvergifter aller Völker, das internationale Judentum», auf.[39]

Nach dem Mittagessen verabschiedete sich Hitler von seinen Sekretärinnen; alle Bewohner des Bunkers erhielten Blausäurekapseln. Misstrauisch ob ihrer Wirkung, hatte Hitler zuvor seinen Schäferhund mit einer solchen Kapsel einschläfern lassen. Während draußen noch erbittert um den Reichstag und das Reichssportfeld gekämpft und gestorben wurde, nahmen sich am 30. April 1945 zwischen 15.15 Uhr und 15.50 Uhr Adolf Hitler und seine Frau Eva im engen Wohnzimmer des Bunkers das Leben. Hitler hatte seinem persönlichen Diener Anweisungen für den Umgang mit den Leichen gemacht. Seine engsten Mitarbeiter sorgten dafür, dass die beiden toten Körper in einem Granattrichter vor dem Gartenausgang des Führerbunkers mit Benzin übergossen und verbrannt wurden.

Goebbels, den Hitler noch in einem letzten Akt der Realitätsverweigerung zu seinem Nachfolger als Reichskanzler bestimmt hatte, tötete sich kurz darauf ebenfalls, als das NS-Herrschaftsgebiet in Berlin nur noch wenige Quadratkilometer groß war. Er hatte seine Frau und seine Kinder in den Bunker gebracht, damit sie zusammen mit dem bewunderten «Führer» in den Tod gehen sollten. Denn, so Goebbels: «Wenn der Führer tot ist, ist mein Leben sinnlos.»[40]

Am 1. Mai 1945 teilte der Sender Hamburg dem deutschen Volk und der Wehrmacht mit, dass «unser Führer Adolf Hitler heute Nachmittag in seinem Befehlsstand in der Reichskanzlei bis zum letzten Atemzug gegen den Bolschewismus kämpfend, für Deutschland gefallen ist. Am 30. April hat der Führer den Großadmiral Dönitz zu seinem Nachfolger ernannt.»[41] Noch einmal hatten Hitler und Goebbels die Wahrheit verfälscht, um dieses Mal ihr eigenes unrühmliches Ende mit einer Heroenlegende zu kaschieren. Die Falschmeldung, die Dönitz als von Hitler ernannter Reichspräsident der Wehrmacht mitteilen ließ, sollte den Eindruck vermeiden, dass Hitler die Soldaten und das deutsche Volk im Stich gelassen hatte. Ebendas aber hatte der letzte Stadtkommandant von Berlin, General Helmuth Weidling, in den frühen Morgenstunden des 2. Mai ausgesprochen, als er seinen Soldaten die Einstellung der sinnlosen Kämpfe um die letzten Straßen und Häuserzeilen von Berlin befahl. «Am 30.4.45 hat sich der Führer selbst entleibt und damit uns, die wir ihm, die Treue geschworen hatten, im Stich gelassen.» Fünf Tage später unterschrieb Generaloberst Jodl im Hauptquartier von Eisenhower in Reims die Gesamtkapitulation; am 8. Mai musste Generalfeldmarschall Keitel das im sowjetischen Hauptquartier in Berlin-Karlshorst wiederholen. Der verbrecherische Angriffskrieg Hitlers hatte insgesamt 55 Millionen Opfer gefordert, etwa die Hälfte davon waren Zivilisten. Unter ihnen knapp 6 Millionen Juden. Zu den Opfern zählten 27 Millionen Russen, 6 Millionen Polen, 407 000 Amerikaner und über 300 000 Engländer. Über 5 Millionen deutscher Soldaten waren gefallen; der Bombenkrieg hatte in Deutschland etwa 570 000 Zivilisten das Leben gekostet. Mit der deutschen Kapitulation hatte das Leiden und Sterben noch kein Ende: Für Millionen Besiegte folgten Gefangenschaft, Flucht und Vertreibung; für beinahe ebenso viele Befreite die Rückkehr aus Deportationen und Zwangsumsiedlungen – insgesamt die größte «Völkerwanderung» der Neuzeit. Auch die materiellen Zerstörungen waren unermesslich. In der Trümmerwüste von Berlin hatte damals jemand ein großes Schild mit einem Hitler-Zitat aufgestellt: «Gebt mir zehn Jahre Zeit und ihr kennt Deutschland nicht wieder.» [42]

8. HITLER UND KEIN ENDE

Der Tod Hitlers bedeutete auch das Ende des «Dritten Reiches», auch wenn das Deutsche Reich erst einige Tage später, am 8. bzw. am 9. Mai 1945, kapitulierte. Hitler allein hatte das zerfallende Reich zusammengehalten, umgekehrt war es seine Strategie des Alles oder nichts, die in den totalen Untergang führte. Schon allein die Tatsache, dass er in seinem Letzten Willen Ende April die Trennung seiner Ämter und seiner Titulatur in ihre ursprünglichen staatsrechtlichen Bestandteile als Reichspräsident und Reichskanzler verfügte, spiegelte noch einmal sein Selbst- und Machtbewusstsein. Der monomane Ideologe, der bis zuletzt an seinem eliminatorischen Antisemitismus festhielt, verstand sich als singuläre Führerpersönlichkeit, deren Tod auch das Ende einer besonderen Herrschaftskonstellation und politischen Mission bedeutete. Er war mehr als nur ein radikaler Nationalist, wenn er in seinem Untergang auch dem deutschen Volk völlig ungerührt von dessen millionenfachem Leiden und Sterben das Recht auf Überleben bestritt. Umgekehrt war mit dem Tod Hitlers die Kapitulation des Deutschen Reiches nicht mehr aufzuhalten, hatte doch Hitlers Prinzip des Führerstaats die deutsche Staatlichkeit so sehr ausgehöhlt, dass eine Trennung von nationalsozialistischer Herrschaft und deutschem Staat für die alliierten Sieger undenkbar war. Es trat das ein, was die deutsche Widerstandsbewegung befürchtet und vergeblich versucht hatte zu verhindern: Finis Germaniae. «Das Ende des Reiches». Dass mit dem Ende des «Dritten Reiches» und damit dem Untergang des Deutschen Reiches sich auch die vormodernen gesellschaftlichen und politischen Strukturen der obrigkeitsstaatlichen Vergangenheit auflösten, machte dieses Ende schließlich auch zu einer Befreiung und nicht nur zu einer Niederlage. Denn damit war die Chance verbunden, aus dem klassischen Land der Ungleichzeitigkeit schließlich den «langen Weg nach Westen» (H. A. Winkler) anzutreten, einem Westen der Demokratie und der Zivilgesellschaft.

Der Untergang des Großdeutschen Reiches des «Führers» Adolf Hitler markierte überdies mehr als nur das Ende von Bismarcks Nationalstaat; auch Europa verlor endgültig seine Hegemonie. Mit dem Jahre 1945 ging auch die Epoche der Faschismen als einer Variante totalitärer Herrschaft zu Ende, während die kommunistische Diktatur aus der Niederlage Hitlers so gestärkt hervorging, dass sie noch knapp fünfzig Jahre weiterbestehen konnte. Schließlich führten Krieg und Kriegsende auch einen tiefen Bruch in der Geschichte der deutschen Gesellschaft herbei.

Im Herbst 1939 hatte Carl Zuckmayer im amerikanischen Exil ahnungsvoll in sein Tagebuch geschrieben: «Ich weiß, ich werde alles wiedersehen, und es wird alles ganz verwandelt sein.»[1] Hitler hatte mit seiner Herrschaft und seiner totalen Niederlage genau das Gegenteil dessen bewirkt, was er lautstark und wirkungsmächtig versprochen hatte. Das «Dritte Reich» wurde nicht zum Retter vor dem Bolschewismus und war auch nicht die letzte Karte im Spiel um die europäische Selbstbehauptung. Es wurde vielmehr zum Henker Deutschlands und Europas. In einer letzten Übersteigerung europäischer Machtpolitik wollte Hitler das Deutsche Reich zu globaler Herrschaft führen und zerstörte damit für mehr als vier Jahrzehnte die Existenz eines souveränen deutschen Nationalstaates. Er wollte noch einmal die Welt von Europa aus organisieren und eröffnete tatsächlich das Zeitalter amerikanisch-sowjetischer Vorherrschaft. Er wollte die europäischen Juden vernichten und bewirkte damit, dass die Überlebenden des Holocaust umso entschlossener einen eigenen, demokratischen und freiheitssichernden Staat begründeten und behaupteten.

Auch in innen- und gesellschaftspolitischer Hinsicht verfehlte der Nationalsozialismus seine Ziele und bewirkte ihr Gegenteil. Hitler und die Nationalsozialisten haben die Dynamik der industriellen Revolution nicht gebremst, sondern mit ihrer forcierten Rüstungspolitik eher verstärkt. Sie haben Hunderttausende aus ihren herkömmlichen landsmannschaftlichen, sozialen und konfessionellen Bindungen gerissen, Privilegien beseitigt und soziale Machtverhältnisse aufgelöst. Sie haben den sozialen Wandel, anfangs durch ihre eigene Mobilisierungspolitik, dann aber vor allem indirekt durch die Folgen des Krieges und des Zusammenbruchs, vorangetrieben, wo sie doch den Stillstand des «Tausendjährigen Reiches» wollten, das allerdings unter Inkaufnahme von Abermillionen von Opfern und ungeheuren Kosten. Sie haben mit ihrer Inszenierung der «Volksgemeinschaft» die Verheißung einer sozialpsychologischen Egalisierung am Ende zwar nicht realisiert, doch als Erwartung und Maßstab aufgerichtet und bestärkt.

Der nationalsozialistische Aufstand gegen die Moderne war eine Revolution gegen die Revolution. Die nationalsozialistischen «Retter und Erlöser», allen voran Adolf Hitler, waren trotz ihrer meist defensiven und rückwärtsgewandten Hauptziele Figuren der Moderne. Sie waren Kinder der technischen Zivilisation, die sich der Möglichkeiten der Technik und der Faszination der Massenkommunikation bedienten. Sie waren Erben des demokratischen Zeitalters, allerdings in ihrer fatalen plebiszitären und antiliberalen Variante. Durch eine bis dahin unbekannte Verbindung von plebiszitärem Konsens und brutaler Gewalt, von Legalität und Terror setzten sie eine politische Revolution ins Werk, die schließlich den Aufbau und die Wertmuster der deutschen Gesellschaft unterhöhlte und selbst vor den politisch-sozialen Einflusssphären traditioneller Machteliten aus Militär, Bürokratie und Großlandwirtschaft nicht haltmachte, auch wenn die Fassaden der alten Elitenherrschaft bis in die Kriegsjahre bestehen blieben. Die zwölf Jahre der Herrschaft Hitlers haben die deutschen Verhältnisse teils vorsätzlich, teils unbeabsichtigt dramatischer und nachhaltiger verändert, als es die Errichtung des Kaiserreichs und dessen Untergang bewirkt hatten. Darin wurden langfristige Tendenzen der Modernisierung von Politik und Gesellschaft zum Zweck der Herrschaftssicherung teilweise aufgenommen und verstärkt, wobei freilich die Sicherung des Rechts als wichtige Errungenschaft der Moderne ebenso zerstört wurde wie die Fähigkeit zu rationaler Politik. Am Ende erwies sich Hitler einzig als die große Macht der Zerstörung und Vernichtung, als die ihn einige seine Gegner schon sehr früh erkannt hatten, ohne eine Vorstellung von den tatsächlichen Ausmaßen der dräuenden Verwüstung und Vernichtung zu haben.

Adolf Hitler hatte – nicht nur mit seiner außergewöhnlichen Fähigkeit zur Selbstinszenierung und Rhetorik – eine Massenbewegung des radikalen Protestes geschaffen und ihr seinen Stempel aufgedrückt. Mit seiner Machtübernahme hatte er in einem Wechselspiel von ideologisch fundiertem Machtwillen und politischer Massenmobilisierung, gestützt auf eine wachsende Massenzustimmung und die Bereitschaft gesellschaftlicher Funktionseliten, daran mitzuwirken, einen Prozess der Zerstörung von Recht und Verfassung sowie der Realisierung einer diktatorischen Machtmonopolisierung ausgelöst und immer wieder weitergetrieben, der in den Krieg und in ideologisch begründete Massenverbrechen mündete. Dass dieser Weg nicht zu stoppen war, lag nicht nur in der Person Adolf Hitlers und seinem Willen zum Krieg begründet, sondern auch in den gesellschaftlichen Kräften, die ihn ermöglicht haben und für ihre eigennützigen Interessen und Erwartungen einzusetzen gehofft und in seiner Wirkungsmacht unterschätzt hatten. Mit seinem Machtwillen hatte es Hitler immer wieder verstanden, die Existenz widersprüchlicher Interessen und polykratischer Kräfte unter Kontrolle zu halten und zur Steigerung seiner Machtgrundlage einzusetzen. Ohne dass es einen Fahrplan der Eroberung gab, entstand so in einem äußerst dynamischen Prozess – der freilich nur vor dem Hintergrund vorausliegender und andauernder, tiefgehender politisch-gesellschaftlicher Krisenvorgänge möglich war – in kürzester Zeit ein diktatorisches Regime persönlicher Herrschaft, in dem alle institutionellen Grundlagen einer Opposition ausgeschaltet und alle politischen Entscheidungen von Hitler bestimmt waren oder die ohne ihn als Bezugspunkt nicht getroffen werden konnten. Hitler war der Dreh- und Angelpunkt des nationalsozialistischen Herrschaftssystems. Er war für alle wichtigen außen- und militärpolitischen Entscheidungen und für die Durchsetzung der Rassenpolitik verantwortlich, indem er sie selbst vorantrieb oder sich selbst in einem komplizierten Machtspiel seiner Unterführer die letzte Entscheidung bzw. die entscheidende Intervention vorbehielt. Dabei besaß er eine große taktische Flexibilität und ein Gespür für die Konkurrenzen innerhalb seines Machtsystems. Nach dem Prinzip des «divide et impera» wurden einzelne Unterführer sehr früh in Entscheidungen einbezogen, andere nicht oder erst sehr spät. Joseph Goebbels beispielsweise wurde oft sehr spät über außenpolitische Entscheidungen informiert, vor allem wenn es darum ging, eine getroffene Entscheidung durch eine gezielte Propagandapolitik abzusichern oder vorzubereiten. Falls er zuvor für sich eine andere außen- oder auch bündnispolitische Option gehabt hatte, dann aber feststellen musste, dass Hitler eine gegenteilige oder abweichende Entscheidung getroffen hatte, blieb ihm nur die opportunistische Anpassung oder Anerkennung, dass der «Führer» doch recht gehabt habe. Nach den blutigen Säuberungen und der Ausschaltung der inneren Opposition gab es keinen «Unterführer» mehr, der sich zu einem grundsätzlichen Widerspruch entschlossen hätte: sei es, weil er selbst von dem Führermythos beseelt war und die grundsätzliche ideologische Einstellung teilte, nicht aber die operative Umsetzung; sei es, weil er in dem feudalen System Hitlers auf eine andere Chance bzw. einen weiteren Machterwerb hoffen konnte und in diesem System der Amts- und Gunstverteilung auf Hitler angewiesen war; sei es, weil er auf weitere lukrative materielle oder symbolische Vergünstigungen bis hin zu üppigen Donationen hoffen konnte, die Hitler ohne Rücksicht auf die Staatsfinanzen in der Manier eines Despoten verteilte, um sich Loyalitäten bis zuletzt zu sichern.

Was Hitler zu seiner taktisch flexiblen, aber rücksichtslos machtbewussten politischen Praxis befähigt hat, waren neben seinen politischen Erfahrungen aus der «Kampfzeit» vor allem sein unbedingter Machtwille und sein politischer Instinkt besonders für die Schwächen seiner Gegner, gepaart mit der Unfähigkeit, Konkurrenz und abweichende Positionen zu ertragen, vor allem aber auch seine Fähigkeit zur Inszenierung von Entschlossenheit und Identität. Zu dieser politischen Erfahrung gehörten auch eine mitunter skrupellose taktische Flexibilität und sein theatermäßiges Rollenspiel von Täuschung und Verleugnung, das in einem Verwirrspiel immer wieder zur Sicherung der Macht eingesetzt werden konnte. Dies wiederum führte dazu, dass das zerstörerische Potential von Hitlers Denken und Handeln immer wieder unterschätzt wurde und die Durchsetzung seiner Macht begünstigte. Das Endergebnis dessen war, dass in der Götterdämmerung des nationalsozialistischen Regimes alle Alternativen zerstört waren und Hitlers Herrschaft eine ganze Nation mit sich in den Abgrund riss.

Wie die Ursachen des Nationalsozialismus in tiefere Zeitschichten zurückreichen, so reichen die Wirkungen der zwölf Jahre nationalsozialistischer Herrschaft über die viel beschworene «Stunde null» des Jahres 1945, die es eigentlich nicht gab, weit hinaus. Die Diktatur Hitlers hat die politische Kultur und die nationale Identität, aber auch den mentalen Haushalt der Deutschen schwer belastet. Dass die politische und soziale Revolution, die der Nationalsozialismus bewirkte, neben den vielen Zerstörungen und menschlichen Katastrophen langfristig auch eine Chance zum modernen demokratischen und gesellschaftlichen Neubeginn bedeutete, das wurde vielen Deutschen erst wirklich bewusst, als sie die Niederlage und den Untergang des «Dritten Reiches» als Befreiung verstanden und den langen Weg von der Zeitgenossenschaft und Bereitschaft, im und am «Dritten Reich» mitzuwirken, in die Staatsbürgergesellschaft bzw. in eine pluralistische Zivilgesellschaft der demokratischen Nachkriegszeit hinter sich gebracht hatten.

Der Umgang der Deutschen in beiden deutschen Nachkriegsstaaten mit der nationalsozialistischen Vergangenheit und vor allem mit Hitler war voller Widersprüche und Wandlungen und prägte die «zweite Geschichte des Nationalsozialismus». Darin spiegelte sich die politische Kultur der Bundesrepublik. Das Hitler-Bild der deutschen Öffentlichkeit veränderte sich mit dem Wandel der politisch-gesellschaftlichen Verhältnisse und mit den Erfordernissen der gesellschaftlichen bzw. intergenerationellen Selbstverständigung.[2] Es spiegelt die wachsende Entfernung vom Nationalsozialismus, aber auch die Wirkungskraft von Mythen wie die Veränderungen von Erinnerungskulturen.

Die größte Veränderung erfuhr das Hitler-Bild. Die Deutschen machten sehr schnell Adolf Hitler für Niederlage und Zerstörung allein verantwortlich. Der einstige Führernimbus, der sich auf Aufstieg und Erfolge gestützt hatte, verkehrte sich damals in sein Gegenteil. Die Herrschaftsform und Selbstdarstellung des Nationalsozialismus, die auf Hitler allein zugeschnitten waren, ließen sich leicht umkehren. Fortan war Hitler an allem schuld, die Funktionseliten des NS-Regimes und die Deutschen insgesamt fühlten sich entlastet. Die Nachgeschichte des «Dritten Reiches», das auch und vor allem eine Zustimmungsdiktatur war, sollte auf diese Weise rasch beendet werden.[3] Dem kam die Tatsache entgegen, dass Hitler und die Mehrheit seiner Führungsclique sich ihrer Verantwortung durch Selbstmord oder Flucht entzogen hatten, andere von dem Internationalen Militärgerichtshof in Nürnberg zu Todes- oder Haftstrafen verurteilt oder in weiteren Entnazifizierungsmaßnahmen zur Rechenschaft gezogen, entlastet oder später vorzeitig entlassen wurden. Auf jeden Fall ließen sich diese Verfahren, so umstritten sie waren, als vollzogener Abschluss einer Epoche, ja als Schlussstrich und individuelle Entlastung missverstehen.

Die Art und Weise, wie die Deutschen mit Hitlers Tod und dem Zusammenbruch des nationalsozialistischen Herrschaftssystems umgingen, trug nach Auffassung der Psychologen Alexander und Margarete Mitscherlich zur deutschen «Unfähigkeit zu trauern» bei, d. h. zur Verdrängung ihrer nationalsozialistischen Vergangenheit, und ließ sie einen Ausweg aus ihrer moralischen und psychischen Krise durch ihre volle Fixierung auf den Wiederaufbau und auf das «Wirtschaftswunder» suchen. Erst die Strafverfolgung von NS-Verbrechern, die in den 1960er Jahren mit dem Eichmann-Prozess in Jerusalem und dem Frankfurter Auschwitz-Prozess wieder einsetzte und das öffentliche Bewusstsein in Deutschland nicht mehr zur Ruhe kommen ließ, brach das «kommunikative Beschweigen» (Lübbe) der NS-Vergangenheit und gab der nachgeborenen Generation berechtigten Anlass zu heftigen Anklagen gegen die Elterngeneration. Der Umgang mit der NS-Vergangenheit veränderte sich und geriet in den Modus der lang währenden Tribunalisierung, die erst allmählich von einer Historisierung abgelöst wurde, d. h. von einem Versuch, Hitler und den Nationalsozialismus in die deutsche und europäische Geschichte einzuordnen und als einen zwar singulären, aber dennoch mit historischen Fragestellungen zu erklärenden Prozess zu verstehen.

Zur frühen Begründung des Hitler-Mythos hatten auch die Sowjets nicht unwesentlich beigetragen. Obwohl sowjetische Offiziere und Nachrichtenagenturen Anfang Mai 1945 mitteilten, man habe eine «Leiche gefunden, die fast mit Sicherheit Hitler zugeschrieben werden konnte»,[4] teilte Marschall Schukow am 9. Juni 1945, offenbar auf Anweisung Stalins, plötzlich mit, dass Hitlers Leiche noch nicht identifiziert sei. Stalin weigerte sich auch in der Folgezeit, die zahlreichen Belege dafür, dass Hitler wirklich tot sei, anzuerkennen. Offenbar war er lange von der Furcht besessen, dass Hitler am Leben sein könnte, weil er an eine Verschwörung glaubte. Er witterte eine mögliche Gefahr, die von einem untergetauchten Hitler oder einem Wiedergänger ausgehen könnte. Hitler wurde damit zu einem umherirrenden Dämon, der überall hätte auftauchen können. Dem Verwirrspiel, das Stalin trotz besseren Wissens um die Leiche Adolf Hitlers betrieben hat und das von sowjetischer Seite andeutungsweise erst 1968, vollends in den frühen 1990er Jahren aufgelöst wurde, hatte ein bundesdeutsches Gericht nach gründlichen Recherchen 1956 Hitlers Tod eindeutig entgegengehalten, dass «nicht mehr der geringste Zweifel daran bestehe, dass Hitler sich am 30. April 1945 im Führerbunker der Reichskanzlei in Berlin mit eigener Hand, und zwar durch einen Schuss in die rechte Schläfe, das Leben genommen hat».[5] Der Mythos, der sich mittlerweile um den Tod Adolf Hitlers rankte, konnte damit nicht wirklich entkräftet werden.

Während in der DDR Hitler längst zum «Agenten des Monopolkapitals» umgedeutet und solcherart verharmlost worden war, hinter dem nicht Millionen von Arbeitern standen, sondern nur die Kapitalisten mit ihren Manipulationsstrategien, war auch im Westen aus dem umjubelten «Führer» und Erlöser längst eine «Unperson», ein Verführer und Dämon geworden. Mit der zumeist bruchlos erfolgenden Integration von ehemaligen NSDAP-Angehörigen in den öffentlichen Dienst der Bundesrepublik, insbesondere in das Justizwesen seit den fünfziger Jahren, veränderte sich auch das Hitler-Bild. Nicht nur dass die Mehrheit der Deutschen, wie Hannah Arendt bei einer Deutschlandreise feststellte, leugnete, jemals «Nazi» gewesen zu sein, auch Hitlers Herrschaft wurde positiver beurteilt. Fast die Hälfte der Befragten meinte, der Nationalsozialismus sei eine gute Sache gewesen, die nur schlecht ausgeführt worden sei. Und sie hielten Hitler für einen «großen Staatsmann», wenn er nur den Krieg und «das mit den Juden» nicht begonnen hätte.

Das war der Nährboden für eine Trivialisierung des «Dritten Reiches» und seines «Führers», der zur Attraktion vieler Illustriertengeschichten und eines heimlichen Massentourismus auf den Obersalzberg oder zum Nürnberger Reichsparteitagsgelände wurde. Seither konstatierten kritische Beobachter das Entstehen immer neuer «Hitler-Wellen», die in eine tiefe Diskrepanz zu den Erkenntnissen der Zeitgeschichtsforschung gerieten. Denn eine jüngere Historikergeneration hatte sich seit den späten 1960er Jahren intensiv um eine strukturgeschichtliche Interpretation der nationalsozialistischen Herrschaft und damit auch um die Frage nach der Mitwirkung und Mitverantwortung weiter Teile der deutschen Gesellschaft an den NS-Massenverbrechen bemüht und Hitlers Macht dadurch in eine Systemanalyse eingebunden. Das barg freilich die Gefahr, die Rolle Hitlers kleiner zu machen, als sie wirklich war. Umgekehrt hatte, das zeigt die lange Forschungsgeschichte, die alleinige Fixierung auf Hitler unter dem Motto «Er war's» die scheinbare Entlastungswirkung für die Deutschen, die von diesem Diktum ausging, nicht verhindern können. Erst der Abstand von einem Dreivierteljahrhundert sollte die Möglichkeit der Historisierung bieten und durch historisch differenzierte Interpretationen den Fall Hitler als eminentes politisches Lehrstück für einen totalitären Machtmissbrauch im Zeitalter der Extreme betrachten, der sich auf plebiszitäre Zustimmung stützen konnte und zu millionenfacher Vernichtung, unvorstellbarem Leid und unendlicher Zerstörung von materiellen und immateriellen Werten führte, die für immer mit der Erinnerung an die Geschichte der Deutschen im 20. Jahrhundert verbunden bleiben wird. Denn mit Hitler werden wir so schnell nicht fertig.

ANMERKUNGEN

1. EINLEITUNG

1 So die übereinstimmende Charakterisierung in der neueren Forschung. Vgl. Ian Kershaw, Hitler. Bd. I: 1889–1936, Bd. II: 1936–1945, Stuttgart 1998/2000; Peter Longerich, Hitler. Biographie, München 2015; Wolfram Pyta, Hitler. Der Künstler als Politiker und Feldherr. Eine Herrschaftsanalyse, München 2015; Thomas Sandkühler, Adolf H. Lebensweg eines Diktators, München 2015.

2 Joachim Fest, Hitler, Frankfurt am Main/Berlin/Wien 1973, S. 24.

3 Zu den Elementen des Privaten in Hitlers Politik neuerdings Volker Ullrich, Adolf Hitler. Biographie. Bd. 1: Die Jahre des Aufstiegs 1889–1939, Frankfurt am Main 2013, S. 16–18.

4 Fest, Hitler, S. 27.

5 Sebastian Haffner, Anmerkungen zu Hitler, München 1978, S. 9.

6 Dies ist vor allem die These von Kershaws Hitler-Biographie, auch wenn er bei der Erklärung von Hitlers Macht den personellen Faktor und die Rolle Hitlers als zentraler politischer Akteur keineswegs ausklammert.

7 Gerhard Schreiber, Hitler. Interpretationen 1923–1983. Ergebnisse, Methoden und Probleme der Forschung, Darmstadt 1984.

8 Alan Bullock, Hitler. Eine Studie über Tyrannei. Bd. 1: Der Weg zur Macht, Bd. 2: Der Weg zum Untergang, Frankfurt am Main 1964.

9 Eberhard Jäckel, Hitlers Weltanschauung. Entwurf einer Herrschaft. Neuausgabe Stuttgart 1981.

10 So die ältere, sehr dezidierte These bei Norman Rich, Hitler's War Aims, 2 Bde., London 1973/74.

11 Martin Broszat, Soziale Motivation und Führerbindung des Nationalsozialismus, in: Vierteljahrshefte für Zeitgeschichte, Jg. 18 (1979), S. 392–409.

12 Hans Mommsen, Zerstörung der Politik und Amoklauf des NS-Regimes. Politikverständnis und kumulative Radikalisierung, in: Hans-Ulrich Thamer/Simone Erpel (Hrsg.): Hitler und die Deutschen. Volksgemeinschaft und Verbrechen, Dresden 2010, S. 68–74.

13 Dazu zusammenfassend Karl Dietrich Bracher, Die deutsche Diktatur. Entstehung, Struktur, Folgen des Nationalsozialismus, Köln/Berlin 1980.

14 So schon sehr früh und richtungsweisend Martin Broszat, Der Staat Hitlers.

Grundlegung und Entwicklung seiner inneren Verfassung, 9. Aufl. München 1981.

15 Fest, Hitler, S. 21.

16 Kershaw, Hitler, Bd. 1, S. 9 ff.

17 Peter Longerich, Joseph Goebbels. Biographie, München 2010; ders., Heinrich Himmler. Biographie, München 2008; Magnus Brechtken, Albert Speer. Eine deutsche Karriere, München 2017.

18 In diesem Sinne auch Longerich, Hitler, S. 10.

19 Die Bedeutung einer Ästhetisierung des Politischen und der Performativität in Hitlers Politik hebt neuerdings Pyta, Hitler, S. 10 ff., besonders stark hervor.

2. EIN NAMENLOSER

1 Zum Quellenwert von Hitlers «Mein Kampf»: Othmar Plöckinger, Geschichte eines Buches. Adolf Hitlers «Mein Kampf» 1922–1945, München 2006; Hitler, Mein Kampf. Eine kritische Edition. Hrsg. von Christian Hartmann u. a. im Auftrag des Instituts für Zeitgeschichte, Bd. I, München 2016. Einleitung, bes. S. 30 ff.

2 So die überzeugende These von Andreas Wirsching, Hitlers Authentizität. Eine funktionalistische Deutung, in: Vierteljahrshefte für Zeitgeschichte, Jg. 64 (2016), H.3, S. 387–417.

3 Dazu Rudolf Herz, Hoffmann & Hitler. Fotografie als Medium des Führer-Mythos, München 1994.

4 Ian Kershaw, Der Hitler-Mythos. Volksmeinung und Propaganda im Dritten Reich, Stuttgart 1980.

5 Dazu jetzt Brigitte Hamann, Hitlers Wien. Lehrjahre eines Diktators, München 1996; Anton Joachimsthaler, Hitlers Weg begann in München 1913–1925, überarbeitet und erweiterte Neuauflage, München 2000.

6 Dazu Hamann, Hitlers Wien, S. 15–77.

7 So z. B. Helm Stierlin, Adolf Hitler. Familienperspektiven, Frankfurt am Main 1975.

8 Dazu jetzt Wirsching, Hitlers Authentizität, S. 391 ff.

9 Hamann, Hitlers Wien, S. 31.

10 Franz Jetzinger, Hitlers Jugend, Wien 1956, S. 105 f.

11 «Unser Führer Adolf Hitler als Student in Steyr von seinem einstigen Lehrer Gregor Goldbacher Prof. i. R.», Bundesarchiv Berlin-Lichterfelde, NS 26/17 a; zit. bei Ullrich, Adolf Hitler, Bd. 1, S. 34.

12 Hitler, Mein Kampf, S. 15. Krit. Edition, S. 123.

13 August Kubizek, Adolf Hitler. Mein Jugendfreund, 6. Aufl. Graz und Stuttgart 1995, S. 18 f.

14 Hitler, Mein Kampf, S. 16. Krit. Edition S. 125.
15 Kubizek, Adolf Hitler, S. 22.
16 Pyta, Hitler, S. 64 f.
17 Kubizek, Adolf Hitler, S. 286.
18 Hamann, Hitlers Wien, S. 48.
19 Ebd., S. 52.
20 Hitler, Mein Kampf, S. 118. Krit. Edition, S. 131.
21 Hamann, Hitlers Wien, S. 54.
22 Ebd., S. 55.
23 Hitler, Mein Kampf, S. 18; Krit. Edition, S. 131.
24 Kubizek, Adolf Hitler, S. 188.
25 Ebd., S. 167.
26 Brigitte Schwarz, Geniewahn. Hitler und die Kunst, Wien/Köln/Weimar 2009, S. 63.
27 Zit. bei Ullrich, Hitler, Bd. 1, S. 52.
28 Hitler, Mein Kampf, S. 39. Krit. Edition, S. 175.
29 Ebd., S. 137.
30 Wirsching, Hitlers Authentizität, S. 397.
31 Konrad Heiden, Adolf Hitler. Das Zeitalter der Verantwortungslosigkeit. Eine Biographie, Zürich 1936, S. 28; zit. bei Ullrich, Hitler, S. 59.
32 Dazu Ullrich, Hitler, S. 59.
33 Hitler, Mein Kampf, S. 35–38. Krit. Edition, S. 167 ff.
34 Wirsching, Hitlers Authentizität, S. 395.
35 Dazu Hamann, Hitlers Wien, S. 308 ff.
36 Dazu Roman Töppel, «Volk und Rasse». Hitlers Quellen auf der Spur, in: VfZ 64 (2016), S. 1–35.
37 Hitler, Mein Kampf, S. 79. Krit. Edition, S. 265.
38 Dazu Hamann, Hitlers Wien, S. 337 ff., S. 393 ff.
39 Hitler, Mein Kampf, S. 41. Krit. Edition, S. 179.
40 Ebd., S. 137. Krit. Edition, S. 383.
41 Pyta, Hitler, S. 81 f.
42 Ebd., S. 119.
43 Schwarz, Geniewahn, S. 67.
44 Hamann, Hitlers Wien, S. 564.
45 Hitler. Sämtliche Aufzeichnungen 1905–1924. Hrsg. von Eberhard Jäckel zusammen mit Axel Kuhn, Stuttgart 1980, S. 53–55.
46 Schwarz, Geniewahn, S. 76.
47 Jetzinger, Hitlers Jugend, S. 258 ff.
48 Anton Joachimsthaler, Korrektur einer Biographie, München 1989, S. 78 f.
49 Hitler, Mein Kampf, S. 169. Krit. Edition, S. 453.
50 Adolf Hitler, Monologe im Führerhauptquartier 1941–1944. Die Aufzeichnungen Heinrich Heims, hrsg. von Werner Jochmann, Hamburg 1980, S. 79.
51 Heinrich Hoffmann, Hitler wie ich ihn sah. Aufzeichnungen seines Leib-

fotografen, München 1974, S. 32. Dazu Thomas Weber, Hitlers erster Krieg. Der Gefreite Hitler im Weltkrieg-Mythos und Wahrheit, Berlin 2011, S. 24.

52 Zu Hitlers Kriegserlebnis die kritische Untersuchung von Weber, Hitlers erster Krieg, der ich weitgehend folge.

53 Hitler, Aufzeichnungen, S. 60.

54 Ebd., S. 64.

55 Spruchkammer Akte Max Amann zit. bei Joachimsthaler, Hitlers Weg, S. 156.

56 Hitler, Aufzeichnungen, S. 86.

57 Pyta, Hitler, S. 127.

58 Hitler, Mein Kampf, S. 181.

59 Hitler, Aufzeichnungen, S. 69.

60 Weber, Hitlers Krieg, S. 235.

61 Hitler, Aufzeichnungen, S. 62.

62 Dazu Othmar Plöckinger, Unter Soldaten und Agitatoren. Hitlers prägende Jahre im deutschen Militär 1918–1920, Paderborn 2013, S. 16[illegible].

63 Hitler, Mein Kampf, S. 215. Krit. Edition, S.553.

64 Hitler, Mein Kampf, S. 215. Krit. Edition, S. 553.

65 Dazu jetzt Plöckinger, Unter Soldaten, S. 29–41.

66 Zit. bei Friedrich Hitzer, Anton Graf Arco. Das Attentat auf Eisner und die Schüsse im Landtag, München 1988, S. 331.

67 Fest, Hitler, S. 123.

68 Dazu Thomas Weber, Wie Adolf Hitler Nazi wurde. Vom unpolitischen Soldaten zum Autor von «Mein Kampf», Berlin 2016, bes. S. 98.

69 Ebd., S. 117.

70 Hitler, Mein Kampf, S. 218. Krit. Edition, S. 561.

71 Weber, Wie Adolf Hitler, S. 111.

72 Hitler, Mein Kampf, S. 219. Krit. Edition, S. 563.

73 Helmut Auerbach, Hitlers politische Lehrjahre und die Münchner Gesellschaft 1919–1923, in: Vierteljahrshefte für Zeitgeschichte, Jg. 25 (1977), S. 18.

74 Zit. bei Joachimsthaler, Hitlers Weg, S. 227. Dazu kritisch Plöckinger, Unter Soldaten, S. 102, Anm. 11.

75 Wirsching, Hitlers Authentizität, S. 400.

76 Plöckinger, Unter Soldaten, S. 107.

77 Weber, Wie Adolf Hitler, S. 151.

78 Ebd., S. 150.

79 Weber, S. 149.

80 Karl Alexander von Müller, Mars und Venus. Erinnerungen 1914–1919, Stuttgart 1954, S. 338 f.

81 Ebd.

82 Pyta, Hitler, S. 141.

83 Plöckinger, Unter Soldaten, S. 248.

84 Ebd., S. 126 f.

85 Ebd., S. 125.
86 Weber, Wie Hitler, S. 183. Bericht des Oberleutnants Bendt.
87 Pyta, Hitler, S. 67 f.
88 Wirsching, Hitlers Authentizität, S. 402.
89 Hitler, Mein Kampf, S. 227. Krit. Edition, S. 579.
90 Weber, Wie Adolf Hitler, S. 186.
91 Pyta, Hitler, S. 143.
92 Ullrich, Hitler, S. 102.
93 Text in Hitler, Aufzeichnungen, S. 88–90.
94 Hitler, Mein Kampf. Krit. Edition, S. 582 f., Anm. 1.

3. DER AGITATOR

1 Karl Mayr an Wolfgang Kapp, 24.9.1920, in: Erwin Könnemann/Gerhard Schulz (Hrsg.): Der Kapp-Lüttwitz-Ludendorff Putsch. Dokumente, München 2002, S. 526.
2 Longerich, Hitler, S. 93.
3 Einvernahme Max Amanns vor Spruchkammer in Nürnberg, 5.11.1947, zit. bei Joachimsthaler, Hitlers Weg, S. 264.
4 BA Berlin-Lichterfelde, NS 2618: Brief von Heinrich Heim an Fritz von Trützschner, 12.8. 1920. Entdeckt und zitiert von Ullrich, Hitler, Bd.1, S. 125.
5 Pyta, Hitler, S. 179.
6 Die überzeugende Interpretation Pyta, Hitler, S. 171, gegen die ältere Deutung von Ernst Nolte, Eine frühe Quelle zu Hitlers Antisemitismus, in: Historische Zeitschrift 192 (1961), S. 584–606.
7 Wolfgang Martynkewicz, Salon Deutschland. Geist und Macht 1900–1945, Berlin 2009, S. 382.
8 Hitler, Rede vor dem Nationalen Klub 1919, in: Hitler, Aufzeichnungen, S. 643.
9 Ludolf Herbst, Hitlers Charisma. Die Erfindung eines deutschen Messias, Frankfurt am Main 2016, S. 138 ff.
10 André Schlüter, Moeller van den Bruck. Leben und Werk, Köln/Weimar/Wien 2010, S. 299, zit. bei Ullrich, Hitler, S. 149.
11 Hitler, Rede vor dem Nationalen Klub 1919, in: Hitler, Aufzeichnungen, S. 643.
12 Zit. bei Werner Maser, Frühgeschichte der NSDAP. Hitlers Weg bis 1924, Frankfurt am Main/Bonn 1965, S. 350; auch bei Herbst, Charisma, S. 143.
13 Völkischer Beobachter, 6.2.1921, zit. bei Thomas Weber, Wie Adolf Hitler zum Nazi wurde, Berlin 2016, S. 324.
14 Hitler, Aufzeichnungen, S. 726; dazu Hans-Ulrich Thamer, Der Marsch auf

Rom. Ein Modell nationalsozialistischer Machtergreifung, in: Wolfgang Michalka (Hrsg.), Die nationalsozialistische Machtergreifung, Paderborn 1984, S. 245–260.

15 Hitler, Monologe im Führerhauptquartier, S. 43.

16 Dazu jetzt Wolfgang Schieder, Der italienische Faschismus, München 2010.

17 Hitler, Aufzeichnungen, S. 785.

18 Dazu Harald J. Gordon, Hitlerputsch 1923. Machtkampf in Bayern 1923–1924, Frankfurt am Main 1971.

19 Hitler, Aufzeichnungen, S. 1054; Ernst Deuerlein (Hrsg.), Der Hitler-Putsch. Bayerische Dokumente zum 8./9. November 1923, Stuttgart 1962, S. 193.

20 Hitler, Aufzeichnungen, S. 1053.

21 Dazu Der Hitler-Prozeß. Hrsg. und kommentiert von Lothar Gruchmann und Reinhold Weber unter Mitarbeit von Otto Gritschneder, 4 Teile, München 1997.

22 Ebd., T. 4, S. 1591 f.

4. DIE ERFINDUNG DES «FÜHRERS»

1 Zit. bei Fest, Hitler, S. 288; außerdem Peter Longerich, Joseph Goebbels, S. 68.

2 Zit. bei Hans Frank, Im Angesicht des Galgens, München/Gräfelfing 1953, S. 46.

3 Timothy W. Ryback, Hitlers Bücher. Seine Bibliothek. Sein Denken, Köln 2010, S. 98–125.

4 Zur Komposition von «Mein Kampf» Hitler, Mein Kampf. Kritische Edition, Einleitung, S. 13–38.

5 Dazu Roman Töppel, «Volk und Rasse». Hitlers Quellen auf der Spur, in: VfZ 64 (2016), S. 1–35.

6 Vgl. Anm .4.

7 Ebd., ferner Ullrich, Hitler, S. 199–206.

8 Dazu zusammenfassend Othmar Plöckinger, Hitlers «Mein Kampf». Von der «Abrechnung» zum «Buch der Deutschen», in: Thamer/Erpel, Hitler und die Deutschen, S. 50–57.

9 Ebd., außerdem Othmar Plöckinger, Heinrich Himmlers Privatexemplar von «Mein Kampf» als zeitgeschichtliche Quelle, in: Zeitschrift für Religions- und Geistesgeschichte 61 (2009), S. 171–178.

10 Longerich, Hitler, S. 150.

11 Lars Lüdicke, Hitlers Weltanschauung. Von «Mein Kampf» bis zum «Nero-Befehl», Paderborn 2016.

12 Hans-Ulrich Thamer, Der Nationalsozialismus, Stuttgart 2002, S. 44–57.

13 Hitler, Hitlers Reden, Schriften, Anordnungen. Hrsg. vom Institut für Zeitgeschichte, München 1995, Bd. III/1, S. 308.
14 Zur Parteigeschichte der NSDAP seit 1925 Kershaw, Hitler, Bd. 1, S. 277–398; neuerdings auch Sven Felix Kellerhoff, Die NSDAP. Eine Partei und ihre Mitglieder, Stuttgart 2017.
15 Joseph Goebbels, Tagebücher, hrsg. von Elke Fröhlich, 32 Bde., München 1993–2008, T. I, Bd. 1/1, S. 344 (21.8.1925).
16 Goebbels Tagebücher, Bd. 1. 1/II, 15.2.1926.
17 Ebd., 19.4.1926
18 Ebd., 24.7.1926. Longerich, Hitler, S. 169.
19 Kershaw, Hitler, Bd. 1, S. 357.
20 Dazu Longerich, Hitler, S. 166.
21 Völkischer Beobachter 3.7.1926, in: Hitler, Reden, Schriften Anordnungen. Februar 1925 bis Januar 1933. Hrsg. vom Institut für Zeitgeschichte, München 1992, Bd. 2, Dok. 3.
22 Herz, Hoffmann & Hitler, S. 90 ff.; Claudia Schmölders, Hitlers Gesicht. Eine physiognomische Biographie, München 2000, bes. S. 86–119.
23 Hitler, Aufzeichnungen, Dok. 263, S. 443.
24 Friedrich Nietzsche, «Götzen»-Dämmerung. Sämtliche Werke. Kritische Studienausgabe Bd.6, München 1999, S. 145; zit. bei Pyta, Hitler, S. 254.
25 Joseph Goebbels, Michael. Ein deutsches Schicksal in Tagebuchblättern, 7. Aufl. München 1935, S. 21.
26 Fest, Hitler, S. 527.
27 Dazu Thamer/Erpel, Hitler und die Deutschen, S. 202 ff.
28 Pyta, Hitler, S. 253.
29 Schwarz, Geniewahn, S. 91.
30 Ebd.
31 Herbst, Hitlers Charisma, S. 204.
32 Albrecht Tyrell (Hrsg.): «Führer befiehl». Selbstzeugnisse aus der «Kampfzeit» der NSDAP. Dokumentation und Analyse, Düsseldorf 1969, S. 129; Tilmann Allert, Der deutsche Gruß. Geschichte einer unheilvollen Geste, Frankfurt am Main 2005, S. 82.
33 Herbst, Hitlers Charisma, S. 236.
34 Claudia Schmölders, Hitlers Gesicht, in: Thamer/Erpel, Hitler und die Deutschen, S. 41.
35 Zit. bei Claudia Schmölders, Hitlers Gesicht, S. 40.
36 Hitler, Monologe, 25./26.1.1942, S. 230.
37 Heike B. Görtemaker, Eva Braun. Leben mit Hitler, München 2010.
38 Thomas Sandkühler, Adolf H. Lebensweg eines Diktators, München 2015, S. 103.
39 Heiden, Hitler, S. 359.
40 Görtemaker, Eva Braun, S. 288.

5. MACHTANSPRUCH UND MACHTKÄMPFE

1 Dazu Ulrich Herbert, Geschichte Deutschlands im 20. Jahrhundert, München 2014, S. 259–296 ; Kershaw, Hitler, Bd. 1, Kap. 9, S. 399–470.
2 Fritz Dickmann, Die Regierungsbildung in Thüringen als Modell der Machtergreifung. Ein Brief Hitlers aus dem Jahre 1930, in: Vierteljahrshefte für Zeitgeschichte, Jg. 14 (1966), S. 454–464, S. 461.
3 Reinhard Kühnl, Die nationalsozialistische Linke 1925–1930, Meisenheim am Glan 1966, S. 292, Dok. 5.
4 Karl Dietrich Bracher, Die Auflösung der Weimarer Republik. Eine Studie zum Problem des Machtverfalls in der Demokratie, 5. Aufl. Villingen 1971, bes. S. 529.
5 Goebbels, Tagebücher, 16.9.1931. Dazu Longerich, Goebbels, S. 167–169.
6 Longerich, Goebbels, S. 169.
7 Als Zusammenfassung der aktuellen Forschung Armin Nolzen, Der Durchbruch der NSDAP zur Massenbewegung, in: Thamer/Erpel, Hitler und die Deutschen, S. 44–49.
8 Dazu Der verpaßte Nazi-Stopp. Die NSDAP als staats- und republikfeindliche, hochverräterische Verbindung. Preußische Denkschrift von 1930. Herausgegeben und mit einer Einführung von Robert M. W. Kempner. Frankfurt am Main/Berlin 1983.
9 Dazu Longerich, Hitler, S. 239–260.
10 Goebbels, Tagebücher, T. I, Bd. 2/II, 16.3.1932, S. 43.
11 Henrik Eberle (Hrsg.), Briefe an Hitler. Ein Volk schreibt seinem Führer. Unbekannte Dokumente aus Moskauer Archiven – zum ersten Mal veröffentlicht, Bergisch-Gladbach 2007.
12 Goebbels, Tagebücher, T. I, Bd. 2/II 26.8.1932. S. 230; Longerich, Hitler, S. 271.
13 Goebbels, Tagebücher, T. I, Bd. 2/II, 28.9.1932, S. 250.
14 Reinhold Neebe, Großindustrie, Staat und NSDAP. Paul Silverberg und der Reichsverband der deutschen Industrie in der Krise der Weimarer Republik, Göttingen 1981.
15 Dazu Wolfram Pyta, Hindenburg. Herrschaft zwischen Hohenzollern und Hitler, München 2007, S. 729.
16 Longerich, Hitler, S. 289.

6. DER «FÜHRER» DER NATION

1 Die Tagebücher von Joseph Goebbels. Hrsg. von Elke Fröhlich, T. 1, Bd. 2, 31. Jan. 1933, S. 357.
2 Dazu die klassische Studie von Karl-Dietrich Bracher u. a., Die national-

sozialistische Machtergreifung. Studien zur Errichtung des totalitären Herrschaftssystems in Deutschland 1933/34, Köln 1960.

3 Hans-Ulrich Thamer, Verführung und Gewalt. Deutschland 1933–1945, Berlin 1985, S. 446.

4 Andreas Wirsching, Man kann nur Boden germanisieren. Eine neue Quelle zu Hitlers Rede vor den Spitzen der Reichswehr am 3.2.1933, in: Vierteljahrshefte für Zeitgeschichte, 49 Jg. (2001), S. 517–550, S. 545–548.

5 Max Domarus (Hrsg.), Hitler. Reden und Proklamationen, 1933–1945, 2 Bände in vier Teilbänden, Wiesbaden 1973, Bd. 1/1, S. 203.

6 Domarus, Hitler Reden, Bd.1/1, S. 208.

7 Akten der Reichskanzlei. Regierung Hitler 1933–1938. Hrsg. von Konrad Repgen und Hans Boom, T. I: 1933/34, Boppard 1983, S. 140 ff.

8 Hans Mommsen, Van der Lubbes Weg in den Reichstag. Der Ablauf der Ereignisse, in: Uwe Backes u. a. (Hrsg)., Der Reichstagsbrand. Aufklärung einer historischen Legende, München/Zürich 1986, S. 33–57.

9 Goebbels, Tagebücher. T. 1., Bd. 2, 28.2.1933, S. 384.

10 Zit. bei Hans-Ulrich Thamer, Legitimation durch Inszenierung. Stufen der nationalsozialistischen Machtdurchsetzung und Selbstdarstellung, in: Rituale der Amtseinsetzung. Inaugurationen in verschiedenen Epochen, Kulturen, politischen Systemen und Religionen. Hrsg. von Helene Basu, Gerd Althoff, Würzburg 2015, S. 129–148, S. 137.

11 Manfred Görtemaker, Der Händedruck von Potsdam. Symbol der «Machtergreifung», in: Bilder im Kopf. Ikonen der Zeitgeschichte, Bonn 2009, S. 30–39. Zit. nach Ursachen und Folgen, Hrsg. H. Michaelis/E. Schraepler, Bd. 9, Berlin 1964–76, S. 631.

12 Akten Reichskanzlei. Regierung Hitler, T. I/1, S. 216.

13 Zum Begriff und Konzept Broszat, Staat Hitlers, S. 108 ff.

14 Akten Reichskanzlei. Reg. Hitler, T. I/1, S. 270 ff.

15 Julius H. Schoeps/Werner Treß (Hrsg.), Orte der Bücherverbrennung in Deutschland 1933, Hildesheim 2008.

16 Reichsminister Goebbels spricht zu den Studenten, in: Deutsche Allgemeine Zeitung, 12. Mai 1939; abgedr. in: Die Bücherverbrennung 10. Mai 1933. Eine Dokumentation von Gerhard Sauder, München 1983, S. 181.

17 Hitlers Machtergreifung. Dokumente vom Machtantritt Hitlers am 30. Januar 1933 bis zur Besiegelung des Einparteienstaates 14. Juli 1933. Hrsg. von Josef und Ruth Becker, München 1983, Dok. 339, S. 379.

18 Domarus, Hitler Reden. Bd. 1/I, 6.7.1933, S. 286 f.

19 Longerich, Goebbels, S. 235.

20 Hans-Ulrich Thamer, Gleichschaltung und nationaler Aufbruch in der Region. Die nationalsozialistische Machtdurchsetzung in der lokalen symbolischen Kommunikation, in: Der weite Blick des Historikers. Einsichten in Kultur-, Landes- und Stadtgeschichte. Peter Johanek zum 65. Geburtstag. Hrsg. von Wilfried Ehbrecht u. a., Köln/Weimar/Wien 2002, S. 777–788.

21 Abgebildet in: Ausstellungskatalog Hitler und die Deutschen. Hrsg. von Hans-Ulrich Thamer und Simone Erpel, Dresden 2010, S. 238.
22 Wibke Bruhns, Meines Vaters Land. Geschichte einer deutschen Familie, Berlin 2004, S. 261.
23 Kershaw, Hitler, Bd. 1, S. 663 ff.
24 Zit. nach Heinz Höhne, Mordsache Röhm. Hitlers Durchbruch zur Alleinherrschaft, Reinbek b. Hamburg 1984, S. 246.
25 Akten Reichskanzlei. Reg. Hitler, T. I/2, S. 1357.
26 Zur Rede Domarus, Hitler Reden, Bd. 1/, S. 407.
27 Fabrice d'Almeida, Hakenkreuz und Kaviar. Das mondäne Leben im Nationalsozialismus, Paris 2006 (dt. Übers. 2008), S. 248–253; Thamer, Legitimation durch Inszenierung, S. 141.
28 Dazu Sven Reichardt, Wolfgang Seibel (Hrsg.): Der prekäre Staat. Herrschen und Verwalten im Nationalsozialismus, Frankfurt am Main 2011. (Darin Rüdiger Hachtmann, Elastisch, dynamisch und von katastrophaler Effizienz. Zur Struktur der Neuen Staatlichkeit im Nationalsozialismus, S. 34, 67).
29 Zusammenfassend: Wehler, Nationalsozialismus, S. 96–111; Ian Kershaw, «Führerstaat». Charisma und Gewalt, in: Thamer/Erpel, Hitler und die Deutschen, S. 58–67.
30 Zusammenfassend Wehler, Nationalsozialismus, S. 129–160; Michael Wildt, Geschichte des Nationalsozialismus, Göttingen 2008, S. 109–132.
31 Zu den Nürnberger Gesetzen Cornelia Essner, Die «Nürnberger Gesetze» oder die Verwaltung des Rassenwahns 1933–1945, Paderborn u. a. 2002.
32 Zum Novemberpogrom Hans Jürgen Döscher, «Reichskristallnacht». Die Novemberpogrome 1938, Frankfurt am Main 1988; Dieter Obst, «Reichskristallnacht». Ursachen und Verlauf des antisemitischen Pogroms vom November 1938, Frankfurt am Main 1991.
33 Text in, Das Dritte Reich, Bd. 1: «Volksgemeinschaft» und Großmachtpolitik 1933–1939. Hrsg. von Wolfgang Michalka, München 1985, S. 266 f.
34 Dazu Detlef Schmiechen-Ackermann (Hrsg.): «Volksgemeinschaft»: Mythos, wirkungsmächtige soziale Verheißung oder soziale Realität im «Dritten Reich»?, Paderborn u. a. 2012.
35 Domarus, Hitler Reden, Bd. I/2, S. 722 (ähnlich schon ein Jahr zuvor, Domarus, S. 641).
36 Wildt, Nationalsozialismus, S. 109 ff.
37 Dazu Bestimmung: Herrenmensch. NS-Ordensburgen zwischen Faszination und Verbrechen. Hrsg. von Klaus Ring und Stefan Wunsch, Dresden 2016.
38 Bayern in der NS-Zeit. Hrsg. von Martin Broszat u. a., 6 Bde., München/Wien 1977–1983, Bd. 1: Soziale Lage und politisches Verhalten der Bevölkerung im Spiegel vertraulicher Berichte, S. 336.
39 Otto Dietrich, 12 Jahre mit Hitler, München 1955, S. 149.

40 Peter Reichel, Der schöne Schein des Dritten Reichs. Faszination und Gewalt des Faschismus, München 1991, S. 149, 155.
41 Sandkühler, Adolf H., S. 166.
42 Herz, Hoffmann & Hitler, S. 247.
43 Sandkühler, Adolf H., S. 165.
44 Dazu der Katalog der «Dokumentation Obersalzberg»: Die tödliche Utopie. Bilder, Texte, Dokumente, Daten zum Dritten Reich. Hrsg. von Horst Möller u. a., München 1999.
45 H. Görtemaker, Eva Braun, S. 157 f.
46 Zit. bei H. Görtemaker, Eva Braun, S. 173.
47 Ebd., S. 173.
48 Ebd., S. 190.
49 Ebd., S. 179.
50 Norbert Ohler, Der totale Rausch. Drogen im Dritten Reich, Köln 2015, Teil III, S. 150–234; Henrik Eberle/Hans-Joachim Neumann (Hrsg.); War Hitler krank? Ein abschließender Befund, Bergisch-Gladbach 2009.
51 Schwarz, Geniewahn, S. 257–300.
52 Zur nationalsozialistischen Außenpolitik Marie-Louise Recker, Die Außenpolitik des Dritten Reichs, München 1990; Klaus Hildebrand, Das vergangene Reich. Deutsche Außenpolitik von Bismarck bis Hitler, Stuttgart 1995.
53 Akten Reichskanzlei. Reg. Hitler, Bd. 1, S. 313–318; dazu Wollstein, Eine Denkschrift des Staatssekretärs Bernhard von Bülow vom März 1933, in: Militärgeschichtliche Mitteilungen 1 (1973), S. 77–94.
54 Text in: Das Dritte Reich, Bd. 1: Volksgemeinschaft, S. 188–190.
55 Dazu H.-U. Thamer, Geschichte und Propaganda. Kulturhistorische Ausstellungen in der NS-Zeit, in: Geschichte und Gesellschaft 1998, S. 345–381.
56 Das informelle Protokoll dieser Ansprache, verfertigt von Hitlers Adjutant Friedrich Hoßbach, in: Internationales Militärtribunal: Der Prozess gegen die Hauptkriegsverbrecher vor dem Internationalen Militärgerichtshof, 14. Oktober 1945 bis 1. Oktober 1946, 42 Bde., Nürnberg 1947–1949, Bd. 25, 386-PS, S. 402–413.
57 Longerich, Hitler, S. 588 f.
58 Text in Das Dritte Reich, Bd. 1, S. 261–265.
59 Der sog. Schmundt-Bericht von dieser Ansprache in: Das Dritte Reich, Bd. 1, S. 205.
60 Ansprache Hitlers an die Oberbefehlshaber am 22.8.1939, in: Das Dritte Reich, Bd. 1, S. 279 und S. 280.
61 F. Halder, Kriegstagebuch. Tägliche Aufzeichnungen des Chefs des Generalstabs des Heeres 1939-1942. Bearb. v. H.-A. Jacobsoen, 3 Bde., Stuttgart 1962, Bd. 1, S. 42.
62 L. E. Hill (Hrsg.), Die Weizsäcker-Papiere 1933–1950, Frankfurt/Main 1974, S. 162.
63 Domarus, S. 1315.

7. DER KRIEGSHERR UND DIE NATIONALSOZIALISTISCHEN VERBRECHEN

1 Longerich, Hitler, S. 684.
2 Dazu Jochen Böhler, Der Überfall. Deutschlands Krieg gegen Polen, Frankfurt am Main 2009, bes. S. 131–140.
3 Ludolf Herbst, Das nationalsozialistische Deutschland 1933–1945. Die Entfesselung der Gewalt: Rassismus und Krieg, Frankfurt am Main 1996, S. 288.
4 Franz Halder, Kriegstagebuch. Tägliche Aufzeichnungen des Chefs des Generalstabes des Heers 1939–1942. Bearb. von Hans-Adolf Jacobsen, 3 Bde. Stuttgart 1962–1964, Bd. 1., 19. September 1939, S. 27 ff.
5 Mark Mazower, Hitlers Imperium. Europa unter der Herrschaft des Nationalsozialismus, München 2008.
6 Halder, Kriegstagebuch, Bd. III, S. 53.
7 Oberkommando der Wehrmacht. Richtlinien für das Verhalten der Truppe gegen Kommunisten, Saboteure und Juden, 19. Mai 1941, in: Die Verfolgung und Ermordung der europäischen Juden durch das nationalsozialistische Deutschland 1933–1945, Bd. 7: Sowjetunion mit annektierten Gebieten I. Bearbeitet von Bert Hoppe und Hildrun Glass, München 2011, Dok. 3, S. 120.
8 Text in: Das Dritte Reich, Bd. 2, S. 51 ff.
9 Richtlinien für die Behandlung politischer Kommissare, 6.6.1941, in: Das Dritte Reich, Bd. 2, S. 56 f.
10 Dazu Felix Römer, Der Kommissarbefehl. Wehrmacht- und NS-Verbrechen an der Ostfront 1941/42, Paderborn 2008.
11 Ulrich von Hassell, Vom anderen Deutschland. Tagebuchaufzeichnungen 1938–1944. Hrsg. von Friedrich Freiherr Hiller von Gaertringen, Berlin 1986, S. 200.
12 Goebbels, Tagebücher, 16. Juni 1941.
13 Uwe Neumärker, Robert Conrad, Cord Woywodt: Wolfsschanze. Hitlers Machtzentrale im Zweiten Weltkrieg, Berlin 1999.
14 Pyta, Hitler, S. 363.
15 Halder, Kriegstagebuch, Bd. 3, 11. August 1941.
16 Dazu Pyta, Hitler, S. 387 f.
17 Johannes Hürter, Matthias Uhl: Hitler in Vinniza. Ein neues Dokument zur Krise im September 1942, in: Vierteljahrshefte für Zeitgeschichte 63 (2015) S. 599.
18 Zit. bei Hürter/Uhl, S. 600.
19 Zit. nach Kershaw, Hitler-Mythos, S. 168.
20 Ebd., S. 170.
21 Nicolaus von Below, Als Hitlers Adjutant 1937–1945, Mainz 1980, S. 329 f.
22 Ebd., S. 330, Joseph Goebbels, Tagebücher. T., 2, Bd. 7, S. 285 (8.2.1943).

23 Ulrich Herbert, Das Dritte Reich. Geschichte einer Diktatur, München 2016, S. 105.

24 Hermann Göring, Ansprache in den Rheinmetall-Borsig-Werken, 9.9.1939, abgedruckt in: Das Dritte Reich, Dokumente, Bd. 2, S. 271.

25 Zu Speer jetzt Magnus Brechtken, Albert Speer, Berlin 2017.

26 Dazu Götz Aly, Hitlers Volksstaat. Raub, Rassenkrieg und nationaler Sozialismus, Frankfurt am Main 2005.

27 Zusammenfassend Dieter Pohl, Holocaust. Die Ursachen, das Geschehen, die Folgen, Freiburg u. a. 2000; Frank Bajohr/Andrea Löw (Hrsg.), Der Holocaust. Ergebnisse und neue Fragen der Forschung, Frankfurt am Main 2015.

28 Hitler, Monologe, 25. Oktober 1941, S. 106.

29 Rede von Reichsminister Rosenberg anlässlich des Presseempfangs am Dienstag, 18. November 1941, BA NS 8/71, Bl. 10; zit. bei Ernst Piper, Alfred Rosenberg. Hitlers Chefideologe, München 2005, S. 546.

30 Dazu: Die Wannsee-Konferenz und der Völkermord an den europäischen Juden. Katalog der ständigen Ausstellung. Haus der Wannseekonferenz, Berlin 2008, bes. S. 98–118.

31 Zit. bei Sandkühler, Adolf H., S. 265.

32 Zum Widerstand Hans Mommsen, Alternative zu Hitler. Studien zur Geschichte des deutschen Widerstandes, München 2000; Joachim Fest, Staatsstreich. Der lange Weg zum Widerstand, Berlin 1994.

33 Zur militärischen Entwicklung vgl. Das Deutsche Reich und der Zweite Weltkrieg. Im Auftrag des Militärgeschichtlichen Forschungsamtes. Bd. 7: Das Deutsche Reich in der Defensive. Strategischer Luftkrieg, Krieg im Westen und in Ostasien 1943–1944/45. Hrsg. von Horst Boog u. a., München 2001; Die Ostfront 1943/44. Hrsg.von Karl Heinz Frieser, München 2007; Bd. 10/1 und 10/2: Der Zusammenbruch des Deutschen Reiches, hrsg. von Rolf-Dieter Müller, München 2008.

34 Below, Adjutant, S. 399.

35 Zum Nero-Erlass und der Rolle Speers jetzt Brechtken, Speer, S. 276–280.

36 Melita Maschmann, Fazit. Mein Weg in die Hitler-Jugend, München 3. Aufl. 1983, S. 147 f.

37 Hans-Ulrich Thamer, Der tote Hitler, in: Thomas Großbölting und Rüdiger Schmidt (Hrsg.), Der Tod des Diktators. Ereignis und Erinnerung im 20. Jahrhundert, Göttingen 2011, S. 84.

38 Staatsarchiv München, LRA 29656, Bericht der SD-Außenstelle Berchtesgaden, 7.3.1945, zit. nach Kershaw, Hitler, Bd.2, S. 1010.

39 Hitlers politisches Testament, in: Ursachen und Folgen: Bd. XXIII, S. 117; ferner Fest, Hitler, S. 1018.

40 Longerich, Goebbels, S. 673.

41 Domarus, Hitler, Bd. 2/2, S. 2250; Anton Joachimsthaler, Hitlers Ende. Legenden und Dokumente, München 2004, S. 284.

42 Hans-Ulrich Thamer, Berlin im Dritten Reich. Herrschaft und Alltag unter dem Hakenkreuz, Berlin 2014, S. 395.

8. HITLER UND KEIN ENDE

1 Carl Zuckmayer, Gedichte 1916–1948, Berlin/Frankfurt am Main 1948, S. 137.
2 Norbert Frei, Führerbildwechsel, in: Thamer/Erpel, Hitler und die Deutschen, S. 142.
3 Dazu Peter Reichel, Harald Schmid, Peter Steinbach (Hrsg.), Der Nationalsozialismus. Die zweite Geschichte. Überwindung, Deutung, Erinnerung, München 2009.
4 Thamer, Der tote Hitler, S. 90.
5 Presseerklärung in «Bayerischer Staatsanzeiger» Nr. 43, 27.10. 1956, zit. bei Wolfdieter Bihl, Der Tod Adolf Hitlers. Fakten und Überlebenslegenden, Wien u. a. 2000.

AUSGEWÄHLTE LITERATUR

Dokumentationen, Memoiren und Quellensammlungen

Akten der deutschen auswärtigen Politik 1918–1945. Aus dem Archiv des Auswärtigen Amtes, Serie C: 1933–1937, Serie D: 1937–1941, Serie E: 1941–1945, Göttingen 1950–1981.

Becker, Josef und Ruth (Hrsg.), Hitlers Machtergreifung. Dokumente vom Machtantritt Hitlers. 30. Januar 1933 bis zur Besiegelung des Einparteienstaats 14.7.1933, München 1983.

Below, Nicolaus von, Als Hitlers Adjutant, 1937–45, Mainz 1980.

Deuerlein, Ernst, Der Aufstieg der NSDAP in Augenzeugenberichten, München 1974.

Deuerlein, Ernst (Hrsg.) Der Hitler-Putsch. Bayerische Dokumente zum 8./9. November 1923, Stuttgart 1962.

Deutschland-Berichte der Sozialdemokratischen Partei Deutschlands. Sopade 1934–1940, Nachdruck Salzhausen 1980.

Domarus, Max, Hitler. Reden und Proklamationen 1932–1945. Kommentiert von einem deutschen Zeitgenossen, 2 Bde. in jeweils zwei Halbbdn., München 1965.

Eberle, Henrik (Hrsg.), Briefe an Hitler. Ein Volk schreibt seinem Führer. Unbekannte Dokumente aus Moskauer Archiven, zum ersten Mal veröffentlicht, Bergisch-Gladbach 2007.

«Führer-Erlasse» 1939–1945. Ed. sämtlicher überlieferter, nicht im Reichsgesetzblatt abgedruckter, von Hitler während des Zweiten Weltkrieges schriftlich erteilter Direktiven aus den Bereichen Staat, Partei, Wirtschaft, Besatzungspol. und Militärverwaltung, zusammengestellt von Martin Moll, Stuttgart 1992.

Halder, Franz, Kriegstagebuch. Tägliche Aufzeichnungen des Chefs des Generalstabes des Heeres. 1939–1942, bearb. von Hans-Adolf Jacobsen, 3 Bde., Stuttgart 1962–1964.

Hill, Leonidas E. (Hrsg.), Die Weizsäcker-Papiere, Teil 2: 1933–1950, Berlin 1974.

Hitler, Mein Kampf. Eine kritische Edition, 2 Bde., hrsg. von Christian Hartmann u. a. Im Auftrag des Instituts für Zeitgeschichte, München/Berlin 2016.

Hitler, Reden, Schriften, Anordnungen: Februar 1925 bis Januar 1933, hrsg. vom Institut für Zeitgeschichte, 17 Bde., München 1992–2003.

Hitler, Monologe im Führerhauptquartier 1941–1944, aufgez. von Heinrich Heim, hrsg. und komm. von Werner Jochmann, Hamburg 1980.
Hoffmann, Heinrich, Hitler wie ich ihn sah. Aufzeichnungen seines Leibphotographen, München 1974.
Jäckel, Eberhard/Kuhn, Axel (Hrsg.), Hitler. Sämtliche Aufzeichnungen. 1905–1924, Stuttgart 1980.
Kubizek, August, Adolf Hitler. Mein Jugendfreund, Graz 1995.
Michalka, Wolfgang (Hrsg)., Das Dritte Reich. Dokumente zur Innen- und Außenpolitik, 2 Bde., München 1985.
Müller, Karl Alexander von, Mars und Venus. Erinnerungen 1914–1919, Stuttgart 1954.
Regierung Hitler 1933–1945. Akten der Reichskanzlei, bearb. von Friedrich Hartmannsgruber, 7 Bde., Berlin/München 1983–2015.
Rosenberg, Alfred, Die Tagebücher von 1934 bis 1944, hrsg. und komm. von Jürgen Matthäus und Frank Bajohr, Frankfurt a. M. 2015.
Die Tagebücher von Joseph Goebbels. Sämtliche Fragmente, hrsg. von Elke Fröhlich, im Auftrag des Instituts für Zeitgeschichte und in Verbindung mit dem Bundesarchiv, 2 Teile, 9 und 15 Bde., München 1993–2006.
Tyrell, Albrecht (Hrsg.), Führer befiehl … Selbstzeugnisse aus der Kampfzeit der NSDAP. Dokumentation und Analyse, Düsseldorf 1969.
Ursachen und Folgen. Vom deutschen Zusammenbruch 1918 und 1945 bis zur staatlichen Neuordnung Deutschlands in der Gegenwart, hrsg. von Herbert Michaelis und Ernst Schraepler, 27 Bde., Berlin 1958–1979.
Die Verfolgung und Ermordung der europäischen Juden durch das nationalsozialistische Deutschland 1933–1945, 9 Bde., hrsg. im Auftrag des Bundesarchivs, des Instituts für Zeitgeschichte u. a., von Susanne Heim, Ulrich Herbert u. a., München 2011 ff.

Gesamtdarstellungen und Überblicke

Benz, Wolfgang, Geschichte des Dritten Reiches, München 2000.
Broszat, Martin, Der Staat Hitlers. Grundlegung und Entwicklung seiner inneren Verfassung, München 1969.
Evans, Richard, Das Dritte Reich, 3 Bde., München 2004–2009.
Fest, Joachim, Hitler. Eine Biographie, Frankfurt a. M. 1970.
Frei, Norbert, Der Führerstaat. Nationalsozialistische Herrschaft 1935 bis 1945, München 1987.
Herbert, Ulrich, Geschichte Deutschlands im 20. Jahrhundert, München 2014.
Herbst, Ludolf, Das nationalsozialistische Deutschland 1933–1945. Die Entfesselung der Gewalt: Rassismus und Krieg, Frankfurt a. M. 1996.
Hildebrand, Klaus, Das Dritte Reich, 6., neubearb. Aufl. München 2003.

Kershaw, Ian, Hitler, 2 Bde., Stuttgart 1998–2000.
Longerich, Peter, Hitler. Biographie, München 2015.
Mazower, Mark, Hitlers Imperium. Europa unter der Herrschaft des Nationalsozialismus, München 2009.
Mommsen, Hans, Zur Geschichte Deutschlands im 20. Jahrhundert. Demokratie, Diktatur, Widerstand, München 2010.
Pyta, Wolfram, Hitler. Der Künstler als Politiker und Feldherr. Eine Herrschaftsanalyse, Berlin 2015.
Sandkühler, Thomas, Adolf H. Lebensweg eines Diktators, München 2015.
Thamer, Hans-Ulrich, Verführung und Gewalt. Deutschland 1933–1945, Berlin 1986.
Ullrich, Volker, Adolf Hitler. Die Jahre des Aufstiegs 1889–1939. Biografie, Frankfurt a. M. 2013.
Wehler, Hans-Ulrich, Deutsche Gesellschaftsgeschichte, Bd. 4: Vom Beginn des Ersten Weltkriegs bis zur Gründung der beiden deutschen Staaten 1914–1949, München 2003.
Wehler, Hans-Ulrich, Der Nationalsozialismus. Bewegung, Führerherrschaft, Verbrechen, München 2009.
Wendt, Bernd-Jürgen, Deutschland 1933–1945. Das Dritte Reich. Handbuch zur Geschichte, Hannover 1995.
Wildt, Michael, Geschichte des Nationalsozialismus, Göttingen 2008.
Winkler, Heinrich August, Der lange Weg nach Westen, 2 Bde., München 2000.
Zitelmann, Rainer, Hitler. Selbstverständnis eines Revolutionärs, 5., erw. Auflage Reinbek 2017.

Studien zu einzelnen Themen

Aly, Götz, Hitlers Volksstaat. Raub, Rassenkrieg und nationaler Sozialismus, Frankfurt a. M. 2005.
Bayern in der NS-Zeit. Hrsg. von Martin Broszat u. a., 6 Bde., München/Wien 1977–1983.
Böhler, Jochen, Der Überfall. Deutschlands Krieg gegen Polen, Frankfurt a. M. 2009.
Bracher, Karl Dietrich, Die Auflösung der Weimarer Republik. Eine Studie zum Problem des Machtverfalls in der Demokratie, Stuttgart 1955.
Bracher, Karl Dietrich/Sauer, Wolfgang/Schulz, Gerhard, Die nationalsozialistische Machtergreifung. Studien zur Errichtung des totalitären Herrschaftssystems in Deutschland 1933/34, Köln 1960.
Brechtken, Magnus, Albert Speer. Eine deutsche Karriere, Berlin 2017.
Die tödliche Utopie. Bilder, Texte, Daten zum Dritten Reich. Hrsg. von Horst Möller u. a. (Dokumentation Obersalzberg), München 1999.

Echternkamp, Jörg (Hrsg.), Die deutsche Kriegsgesellschaft 1939 bis 1945. (Das Deutsche Reich und der Zweite Weltkrieg, hrsg. vom Militärgeschichtlichen Forschungsamt, Bde. 9/1 und 9/2), München 2004/05.

Falter, Jürgen W., Hitlers Wähler, München 1991.

Falter, Jürgen W. (Hrsg.), Junge Kämpfer, alte Opportunisten. Die Mitglieder der NSDAP 1919 bis 1945, Frankfurt a. M. 2016.

Friedländer, Saul, Das Dritte Reich und die Juden, 2 Bde., München 1998–2006.

Gellately, Robert, Die Gestapo und die deutsche Gesellschaft. Die Durchsetzung der Rassenpolitik 1933–1945, Paderborn 1993.

Gerlach, Christian, Kalkulierte Morde. Die deutsche Wirtschafts- und Vernichtungspolitik in Weißrussland 1941 bis 1944, Hamburg 1999.

Görtemaker, Heike B., Eva Braun. Leben mit Hitler, München 2011.

Hamann, Brigitte, Hitlers Wien. Lehrjahre eines Diktators, München 1996.

Herbert, Ulrich/Orth, Karin/Dieckmann, Christoph (Hrsg.), Die nationalsozialistischen Konzentrationslager. Entwicklung und Struktur, 2 Bde., Frankfurt a. M. 2002.

Herbst, Ludolf, Hitlers Charisma. Die Erfindung eines deutschen Messias, Frankfurt a. M. 2010.

Hildebrand, Klaus, Das vergangene Reich. Deutsche Außenpolitik von Bismarck bis Hitler, Stuttgart 1995.

Joachimsthaler, Anton, Hitlers Weg begann in München 1913–1923, München 2000.

Kater, Michael H., Hitler-Jugend, Darmstadt 2005.

Keller, Sven, Volksgemeinschaft am Ende. Gesellschaft und Gewalt 1944/45, München 2013.

Kellerhoff, Sven Felix, Die NSDAP. Eine Partei und ihre Mitglieder, Stuttgart 2017.

Kershaw, Ian, Das Ende. Kampf bis in den Untergang. NS-Deutschland 1944/45, München 2013.

Longerich, Peter, Politik der Vernichtung. Eine Gesamtdarstellung der nationalsozialistischen Judenverfolgung, München/Zürich 1998.

Longerich, Peter, Heinrich Himmler. Biographie, München 2008.

Lüdicke, Lars, Hitlers Weltanschauung. Von «Mein Kampf» bis zum «Nero-Befehl», Paderborn 2016.

Martynkewicz, Wolfgang, Salon Deutschland. Geist und Macht 1900–1945, Berlin 2009.

Mommsen, Hans, Alternative zu Hitler. Studien zur Geschichte des deutschen Widerstands, München 2000.

Müller, Rolf-Dieter, Der Zweite Weltkrieg 1939–1945 (Gebhard Handbuch zur deutschen Geschichte, Bd. 21) Stuttgart 2004.

Plöckinger, Othmar, Unter Soldaten und Agitatoren. Hitlers prägende Jahre im deutschen Militär 1918–1920, Paderborn 2013.

Pohl, Dieter, Verfolgung und Massenmord in der NS-Zeit 1933–1945, Darmstadt 2003.

Paul, Gerhard, Aufstand der Bilder. Die NS-Propaganda vor 1933, Bonn 1992.

Raichle, Christoph, Hitler als Symbolpolitiker, Stuttgart 2014.

Recker, Marie-Louise, Die Außenpolitik des Dritten Reiches, München 2010.

Reichardt, Sven, Faschistische Kampfbünde. Gewalt und Gemeinschaft im italienischen Squadrismus und in der deutschen SA, Köln u. a. 2002.

Reichel, Peter, Der schöne Schein des Dritten Reiches. Faszination und Gewalt des Faschismus, München 1991.

Reichel, Peter/Schmid, Harald/Steinbach, Peter (Hrsg.), Der Nationalsozialismus. Eine zweite Geschichte. Überwindung, Deutung, Erinnerung, München 2009.

Ryback, Timothy W., Hitlers Bücher. Seine Bibliothek, sein Denken, Köln 2010

Schmiechen-Ackermann, Detlef/Buchholz, Marlis/Roitsch, Bianca/Schröder, Christiane (Hrsg.), Der Ort der «Volksgemeinschaft» in der deutschen Gesellschaftsgeschichte, Paderborn 2018.

Steinbacher, Sybille (Hrsg.), Volksgenossinnen. Frauen in der NS-Volksgemeinschaft, Göttingen 2007.

Steinbacher, Sybille, Auschwitz. Geschichte und Nachgeschichte, München 2004.

Schwarz, Brigitte, Geniewahn. Hitler und die Kunst, Wien u. a. 2009.

Thamer, Hans-Ulrich/Erpel, Simone (Hrsg.), Hitler und die Deutschen. Volksgemeinschaft und Verbrechen, Dresden 2010.

Tooze, Adam, Ökonomie der Zerstörung. Die Geschichte der Wirtschaft im Nationalsozialismus, München 2007.

Weber, Thomas, Hitlers erster Krieg. Der Gefreite Hitler im Weltkrieg. Mythos und Wahrheit, Berlin 2011.

Weber, Thomas, Wie Adolf Hitler zum Nazi wurde. Vom unpolitischen Soldaten zum Autor von Mein Kampf, Berlin 2016.

Wildt, Michael, Volksgemeinschaft als Selbstermächtigung. Gewalt gegen Juden in der deutschen Provinz 1919 bis 1939, Hamburg 2007.

Winkler, Heinrich August, Weimar 1918–1933. Die Geschichte der ersten deutschen Demokratie, München 1994.

BILDNACHWEIS

akg-images, Berlin: Abb. 1 (© akg-images/M.Kjeldgaard); Abb. 17; Abb. 18 (akg-images/Imagno)

Bayerische Staatsbibliothek München/Bildarchiv: Frontispiz (Sign. Fotoarchiv Hoffmann. Hitler, Adolf.3); Abb. 5 (FA Hoffmann B.1); Abb. 6 (FA Hoffmann B.8); Abb. 7 (FA Hoffmann F.1); Abb. 9 (FA Hoffmann F.15); Abb. 10 (FA Hoffmann F.18); Abb. 11 (FA Hoffmann F. 21); Abb. 14 (FA Hoffmann F.91); Abb. 15 (FA Hoffmann F.112); Abb. 24 (FA Hoffmann M.14)

bpk, Berlin: Abb. 20, 21; 26 (bpk/Heinrich Hoffmann); 27 (bpk/Heinrich Hoffmann)

Deutsches Historisches Museum, Berlin: Abb. 2 (Inv.-Nr. P 62/1138.2); Abb. 4 (Inv.-Nr. Hoffmann 0001); Abb. 22 (Inv.-Nr. GZB46)

Haus der Geschichte, Bonn: Abb. 3 (1987/2/017.06; Rechte: Atelier Freytag; Winterdruck Heidelberg)

Rudolf Herz, München: Abb. 13

Kreisheimatmuseum, Rotenburg an der Fulda: vorderer Vorsatz (links), hinterer Vorsatz (rechts)

Landesarchiv Berlin: vorderer (rechts) und hinterer Vorsatz (links) (Landesarchiv Berlin/Otto Martens F Rep. 290 Nr. 20538); Abb. 19 ([Fotograf k. A.], F Rep. 290 Nr. II6939)

Simplicissimus Online/Klassik Stiftung Weimar: Abb. 12 (© VG Bild-Kunst, Bonn 2017), Ausgabe vom 23. Mai 1923

Staatsarchiv Würzburg: Abb. 28 (Gestapostelle Würzburg 18880a, Nr. 27–30)

Stadtarchiv Nürnberg: Abb. 25 (A39/I Fi-78-N)

Karl Stehle, München: Abb. 16

ullstein bild, Berlin: Abb. 8; Abb. 23 (ullstein bild/Roger Viollet/Album Eva Braun); Abb. 29; Abb. 30 (ullstein bild – United Archives/World History Archive)

ORTSREGISTER

PERSONENREGISTER

Gebt mir 10 Jahre Zeit und ihr
kennt Deutschland nicht wieder
Adolf Hitler